U0856730

# 中国之治

## 国家治理体系与治理能力现代化

刘世军 刘建军 等◎著

上海人民出版社

目录

# 序：拓展中国国家治理现代化的新路

党的十九届四中全会围绕“坚持和完善中国特色社会主义制度、推进国家治理体系和治理能力现代化”这个主题，回答了“坚持和巩固什么，完善和发展什么”的重大政治问题，形成一系列重大理论判断和重要制度安排，打开了中国国家治理现代化的理论视野，开出了一条中国特色社会主义国家治理现代化的新路，明确了推进国家治理体系和治理能力现代化的未来走向，是新时代中国国家治理现代化的理论导言和行动纲领，在中华民族伟大复兴的历史进程中具有里程碑意义。

治理与人类社会同样古老，也与人类社会同样现代。治理文明作为政治文明之主干，是人类社会发展进步的重要标志，也是衡量国家社会发展进步的重要尺度。新时代的中国既是历史长河里的中国，也是当今世界大变局下之中国，中国“快速发展”与“长期稳定”的“双奇迹”，把国家治理体系和治理能力现代化这个命题呈现在世人面前。毫无疑问，解读

“中国之治”是破解“中国之谜”的一把钥匙。新中国成立 70 年来，中国共产党运用马克思主义世界观和方法论，把人类社会治理文明的先进经验与中国实际相结合，走出了一条具有中国特色的社会主义国家治理现代化新路。这条治理新路以制度体系建设为基础，以治理能力建设为根本，坚持党的领导、人民当家作主、依法治国有机统一，坚持治理体系、治理能力、治理绩效有机统一，坚持继承本来、吸收外来、面向未来有机统一，具有鲜明的民族性、时代性、人民性和科学性。

中国特色社会主义国家治理现代化新路不是从天上掉下来的，也不是一朝一夕形成的，而是中国社会新陈代谢的历史逻辑与实践逻辑的产物。理解中国治理文明与治理现代化之路，要有古今中西的“双重视野”，从中华文明 5000 年、中国国家治理文明 3000 年、鸦片战争以来 170 多年、新中国成立 70 年、改革开放 40 多年的历史长时段来观察。自秦置郡立县、一统六国以来，中国国家治理在治乱兴衰的周期律中缓慢发展，尽管历朝历代在国家治理上各有不同，但基本治理结构陈陈相因，从未中断，正所谓“祖龙魂死秦犹在”，“百代都行秦政法”。毫无疑问，认识今天的中国治理文明，要立足中华文明的传统，特别是秦汉以来两千多年在国家治理上形成的独特经验和智慧，比如大一统与多样性、家国一体、德法并治、察举科举、选贤任能、内圣外王、“修身齐家治国平天下”、“天下为公”、“协和万邦”，等等。1840 年鸦片战争后，中国传统国家治理体系受到前所未有之挑战，国家主权和治权沦丧，民生凋敝，战乱频仍，正所谓“三千年未有之大变局”，但中华民族没有就此沉沦，而是奋起反抗，经过几代人特别是新中国成立 70 年、改革开放 40 多年来接续奋斗，我们国家的治理体系发生了历史性变革，走出一条中国特色社会主义国家治理现代化新路。把这条新路放在中西视野下认识，就是中西政治文明的对话，这个真正的对话是从近代鸦片战争后开始的。从古希腊的城邦民主，到近代人民主权、代议制、分权制衡、法治传统、政党政治等西方国家的治理文明体系，从社会主义 500 年的理论构想到苏联社会主义国家治理的经验得失，都成为中国人探寻国家治理现代化的参照，与近代 170 年来，特别是新中国成立以来中国社会治理探索是密切交叉的，对话互鉴的。认识和研究今日中国之国家治理，有了这两个视野，就能更清晰地看到中国国家治理体系和治理能力现代化历史的必然逻辑。

中国特色社会主义国家治理现代化新路，是中国共产党人在中国革命、建设和改革开放的伟大实践中走出来的。中国共产党的成立，中华人民共和国的成立，社会主义基本制度的建立，为中国特色社会主义国家治理现代化奠定了根本政治前提和制度基础，在这个基础上，中国的国家治理完成了“双重超越”，形成了具有显著优势的治理体系。一个是超越了传统中国的治理体系。传统中国是皇权治理体系，天高皇帝远，皇权不下县，县以下是乡村自治，社会的组织性很弱。所以，到了近代，在西方的坚船利炮下，治理体系很快土崩瓦解，看上去是人口众多地域辽阔的大国，实际上是原子化的分散体，面对西方列强入侵，毫无招架之力。中国共产党成立特别是新中国成立以来，中国共产党通过组织化创造性地完成了中国社会最深刻的变革，实现了对传统治理体系的革命性超越。另一个是超越西方治理窠臼。近代以来，西方国家制度和治理模式在中国粉墨登场，但都以失败告终。历史雄辩地证明，只有社会主义才能救中国，只有坚持完善中国特色社会主义制度，才能实现中华民族的伟大复兴。30 年前，柏林墙倒塌后，美国政治学者福山作出“历史终结”的预言，当时西方舆论普遍认为西方国家会迎来一个“黄金时代”，但实际上“黄金时代”不仅没有到来，相反迎来的是战乱冲突、社会动荡、经济衰退、难民危机、民主破产等乱局。与此同时，出现了中国发展的“黄金时代”和“中国之治”奇迹，这就是习近平总书记讲的百年未有之大变局，中国在治国理政的实践中成功实现对自我和西方的“双重超越”，实现了经济的快速增长和社会的长期稳定，也正是这种“双重超越”，实现了国家治理的“两个转化”，一个是传统治理文明的创造性转化与创新性发展，一个是外来治理文明的创造性转化与创新性发展，由此而成就的发展“奇迹”和治理“奇迹”，成为21世纪国家治理文明的典范。

中国国家治理体系现代化大厦的框架结构已基本成型，在这个治理大厦中，政党治理体系，即党的领导体系，人民当家作主体系，依法治国体系，政府治理体系以及经济、文化、城乡、社会、生态、军队、特别行政区、边疆、外务等方面的治理制度，构成大厦的“四梁八柱”。坚持走中国特色社会主义国家治理现代化新路，需要正确处理党与国家、党与社会、党与人民的关系，中央与地方的关系，中国与世界的关系，改革发展稳定的关系，创造超强政党、超大国家、超大社会、超长历史、超大人口、超速发展、超常稳定的治理景观，把改革发展稳定的逻辑贯穿于中国治理体系、治理能力现代化的全进程各领域，不断为这座治理大厦添砖加瓦。

刘世军

2020年3月

# 第一编　历史与理论

# 第一章　和而不同：现代国家治理体系的三重属性

孔子曰：君子和而不同，人小同而不和。南怀瑾先生在《论语别裁》中说："和而不同，就是自己要有中心的思想，能够调和和左右矛盾的意见，而自己的中心思想还是独立而不移。"①中国致力于推进国家治理体系和治理能力现代化与孔子倡导的"和而不同"不谋而合。一方面，推进国家治理体系和治理能力现代化，就是要适应时代变化，既改革不适应实践发展要求的体制机制、法律法规，又不断构建新的体制机制、法律法规，使各方面制度更加科学、更加完善，实现党、国家、社会各项事务治理制度化、规范化、程序化。另一方面，这又是完善和发展中国特色社会主义制度的必然要求，是实现社会主义现代化的应有之义。②也就是说，中国推进国家治理体系和治理能力现代化既要有世界眼光和开放视野，又要展

① 南怀瑾：《论语别裁》，复旦大学出版社 2010 年版，第 539 页。
② 习近平：《切实把思想统一到党的十八届三中全会精神上来》，《人民日报》2014 年 1 月 1 日。

示中国之立场，关照中国之本根。这是典型的孔子式的“和而不同”的政治智慧和政治策略。可以预见，国家治理体系和治理能力现代化这一命题对于超越“左”“右”之争、跳出“民主—专制”二元思维的窠臼、凝聚各方力量、达成政治共识具有重要的引导作用。

既然中国已经把推进国家治理体系和治理能力现代化作为新一轮改革的总目标，那么我们就需要在理论上明白国家治理体系为什么会实现从传统到现代的转型？为什么现代国家治理体系在不同国家和不同任务情境下展示着不同的形态和内容？我们应该在何种理论视野中推进国家治理体系的现代化？本章试图通过现代国家治理体系之一般属性、国别属性和任务属性这一“三重属性”框架的构建对以上问题作出澄清与解答。

## 一、国家治理体系：从传统到现代的转型

国家治理体系这一概念的主体词汇是“国家”。国家存在的历史至少有两千多年了。只要有国家，则必然有国家治理。国家治理体系并不是现代性的产儿。国家治理这一概念的好处就在于它是对国家权力体系和国家管理体系的客观描述。国家治理自然不同于家族治理、地方治理和企业治理。从韦伯对国家煞费苦心的定义来看，国家治理首先涉及的一个根本、致命的问题就是关于暴力的。国家是拥有合法使用暴力垄断权的共同体。这一处心积虑国家的定义，显示出韦伯对国家治理体系的警觉。国家治理体系首先是基于对军事、暴力等强制资源的垄断而显示出其咄咄逼人的态势。如果说在国家还不是很成熟的时候，战争是作为诸侯或贵族的宿命而存在的，那么当国家日渐成熟的时候，统治者则越来越将对暴力的垄断视为国家的特权。因此，早期国家的治理体系首先表现为对军事、暴力等强制资源的垄断。社会力量对军事和暴力资源的窃取很可能就意味着国家治

理体系的瓦解。

可见，在近代民族国家诞生之前，统治者对国家治理体系的探索与构建实际上早就开始了。中国秦始皇时代的废封建、立郡县，罗马帝国、拜占庭帝国所构建的中央集权的、标准化的行政机构，以及统一的文化、语言和法律，都是早期世界性帝国治理体系的重要标志。就是在西欧近代民族国家产生之前的绝对主义国家，也形成了极为复杂的国家治理体系。安德森对这一治理体系的基本特征作过这样的概括：军队、官僚机器、外交与王朝构成坚固的封建复合体，统治着整个国家机器，操纵着国家的命运。绝对主义国家的统治就是资本主义过渡时代封建贵族的统治。这一统治的结束标志着封建贵族阶级权力的危机，资产阶级革命的来临，资本主义国家的诞生。① 当我们在谈论国家治理体系现代化这一命题时，绝对不能忘记现代化国家治理体系与早期国家治理体系的连续性和继承性。正是早期国家在治理体系上的诸多发明，为现代国家治理体系的成型奠定了重要的基础。例如，中华帝国对官僚阶层和常备军的发明，希腊城邦对民主政体的发明，罗马共和国对共和政体和民主政体之区别的发明，罗马帝国对“法治国”的发明，哈里发帝国对君主受神律约束这一概念的发明以及中世纪欧洲对“代议制”的发明，② 都对现代化国家理体系的形成产生了持久性的影响。

国家仅仅凭借对军事、暴力资源的垄断，还不足以显示出国家治理体系的复杂性和专业性。恩格斯认为国家和旧的氏族组织不同的地方有两点：第一是它按地区来划分它的国民；第二是公共权力的设立。只要存在公共权力，就必然涉及两点：一是由谁来执掌公共权力，公共权力按照何

① 佩里·安德森：《绝对主义国家的系谱》，刘北成、龚晓庄译，上海人民出版社 2001 年版，第 26 页。

② 芬纳：《统治史》卷 1“古代的王权和帝国”，马百亮、王震译，华东师范大学出版社 2010 年版，第 70—75 页。

种制度进行有效的配置。二是维持公共权力运转的物质资源是如何源源不断得被提取上来。这就是恩格斯所说的，为了维持这种公共权力，就需要缴纳费用——捐税。当捐税也无法满足公共权力肆无忌惮的扩张需要时，公债就产生了。所以，恩格斯断言，官吏既然掌握着公共权力和征税权，他们就作为社会机关而驾于社会之上。[①] 尽管早期国家所构建的税收体系和财政体系与现代国家极为精密的税收制度和公共财政系统不可相提并论，但它的确在源头上揭示了现代国家治理体系的经济属性。

当然，在现代国家治理体系诞生之前，几乎所有国家的治理体系都具有鲜明的文化性质。特别是当受制于各种限制，国家难以将其暴力完全扩展到其统治范围内的时候，当国家治理的经济形态还比较粗陋、简单和质朴的时候，国家治理体系的文化性质就很容易被特殊的信仰力量凝固下来，将散布于国家空间范围内的群体和个体串联起来，构成了极具广延性的政治共同体。例如统一的教会成为东罗马帝国联系在一起的强大的文化纽带，中国自西周以来形成的天命论与后来的儒学相结合，成为支撑中国国家体系的独特信仰系统，都证明了先于近代民族国家之前的国家认同实际上已经出现，而且这一认同成为早期国家治理体系极为重要的组成部分。日后形成的近代民族国家的认同体系不过是将信仰领土化而已。信仰的领土化（territorialization of faiths）将以前基于宗教想象的共同体缩小到现代国家的版图之内。

既然在现代国家诞生之前，国家治理体系已经达到了一个令人震惊的成熟地步。但为什么会有现代国家治理体系与传统国家治理体系的分野呢？为什么会出现从传统国家治理体系向现代国家治理体系的转变呢？这仅仅是修辞上的差别还是逻辑和基础的根本对立？

---

① 恩格斯：《家庭、私有制和国家的起源》，《马克思恩格斯选集》第4卷，人民出版社1972年版，第166—168页。

尽管在传统国家治理体系和现代国家治理体系之间存在着如此之多的相似之处，但我们还是把现代国家治理体系视为人类政治文明获得历史性突破的重要象征。在这个问题上，有两点是需要明确的：一是国家治理体系从传统到现代的转型，是多重力量和逻辑合成作用的结果。二是这一转型过程是没有终点的，国家治理体系永远行进在完善和优化的道路上。

之所以说国家治理体系从传统到现代的转型是多重力量和逻辑合成的结果，乃是因为现代国家的诞生是一个极为复杂的过程。当传统的国家治理体系能够消灭、消化和消解来自内部和外部的各种斗争时，这一体系是不会瓦解的，更不会退出历史舞台的。正如马克思在《〈政治经济学批判〉序言》中所说的："无论哪一个社会形态，在它们所能容纳的全部生产力发挥出来以前，是决不会灭亡的；而新的更高的生产关系，在它存在的物质存在条件在旧社会的胎胞里成熟以前，是决不会出现的"[①]，现代国家的诞生也是诞生于传统治理体系无法包容它所面临的阶级冲突、国家间冲突以及民族冲突的时候。于是，我们发现，在不同的国家，由不同阶级所主导的现代化进程将会直接决定了日后不同的政体形式和国家治理形式。现代国家治理体系的成长也经历了很多迂回和殊途同归的发展进程。正如当我们面临中世纪的欧洲，你不能在德国和法国城镇之间划定一条界线、不能在法国的封建制和德国的封建制之间做出区分一样[②]，尽管现代国家治理体系在不同时段和不同国家表现出丰富多彩的特征，但它们在合法性、国家能力和治理结构等诸多方面获得了一种宝贵的统一性。当然，最为重要的现象就是现代国家赖以存在的理由出现了根本性的转换。无论"国家是必需的"，还是国家是不同阶级相互博弈和斗争的偶然性产物，形形色

① 马克思：《〈政治经济学批判〉序言》，《马克思恩格斯选集》第2卷，人民出版社1972年版，第83页。

② 弗朗西斯·马尔文等：《西方文明的统一》，屈伯文译，大象出版社2013年版，第66页。

色的国家理论并不能否认这样的基本事实：肇始于18世纪中叶的科学革命、工业革命和政治革命，不仅赋予了现代国家超乎以往的资源汲取和集中能力，而且也为其注入了完全不同于神权信条的思想资源和知识资源。黑格尔说，一旦个人和民族关于充分发展的自由的抽象概念进入他们的头脑，就没有比这更具有控制不了的力量。尽管这一论断带有极强的观念至上论的论调，但不能否认的是，当今服膺于现代性的所有国家，都毫无例外地把人民主权、法治精神、自由平等等政治修辞作为其赖以存在的理由。那些至今还令人肃然起敬的思想王国的立法者们，为现代国家注入了崭新的灵魂。国家理由的转变代表了现代世界的诞生，标志着现代国家治理体系摆脱了个人的宿命和神性的召唤，成为包容各种差异性的世俗权力体系。与其说古典的民主原则、法治原则在现代国家治理体系获得再生与复活，还不如说近代思想王国中伟大的立法者、新型治理者和来自底层的社会抗争者在漫长的时段中共同缔造了现代国家治理体系，尽管这种缔造有时候是具有明显的目的论色彩，有时候是各方力量身不由己、不由自主或无心插柳的行动所致。

当代西方国家在政治、经济、文化诸方面所面临的困境，证明国家治理体系的优化还没有结束，苏东剧变之后诞生的“历史终结论”是掩盖西方国家治理体系之局限性的虚假命题。国家治理体系的完善与优化是目前世界范围内每一个国家所面临的重要任务。“国家治理体系现代化的终结”这一命题是永远不会降临的。因为任何国家的治理体系在不同的历史时期总会面临崭新的议题，国家治理体系现代化的进程也就永远处于进行时之中。

## 二、现代国家治理体系的一般属性

现代国家治理体系有其可以通约的一般属性。这是现代国家原理的一致性所决定的。凡是宣称自己摆脱神权国家、封建国家和君主国家的现代国家，几乎都要毫无例外地遵循这一一般属性。构成现代化国家治理体系一般属性的要素都不是一夜之间奠定下来的，它们的成长都经历了一个漫长的历程。

### 1. 关及合法性（正当性）的治理体系

合法性是政治科学中最重要的概念之一。它意指人们内心的一种态度，这种态度认为政府的统治是合法的和公正的。资产阶级政治科学家将合法性的基础理解为“同意”。但是，通过民主和社会改革的扩展营造出来的同意，乃是对阶级对抗的抑制。故新马克思主义者哈贝马斯认为资本主义社会的合法性危机使得资本主义国家难以单独凭借制造同意来维持稳定。合法性危机的核心是资本主义积累逻辑和民主政治释放的大众压力之间不可调和的矛盾。[①] 合法性（legitimacy）一词的原意包括两重意思：一是合法性，正统性；二是正确性、合理性、正当性。国王的儿子继承王权指的就是前者；代表人民和国家的利益进行战略规划且被事实证明是正确的，指的就是后者。所以，把合法性单纯地与选举相联结是有缺陷的。选举产生的政权有其合法性但不一定有正确性。关及合法性的治理体系不是单一的，而是复合的；不是短时段的分析所能奏效的，只有立足长波段的分析才能把握其实质。政治科学家将政府获取合法性的途径归结为四种：一是长时间的存在，二是良好的政绩，三是能够公平代表民众的政府构成，四是对国家象征的制造和操纵。[②] 因此，关及合法性（正当性）的国家治理体系并不是大多数人想当然地认为是维系在选举之上的。基于选举产生的政权丧失其合法性的例子屡见不鲜。在此，本章认为关及合法性

---

① 参见安德鲁·海伍德：《政治学核心概念》，天津人民出版社 2008 年版，第 35—36 页。
② 迈克尔·罗斯金：《政治科学》，吴勇译，华夏出版社 2001 年版，第 6 页。

（正当性）的国家治理体系包括以下三个方面：一是具有形式合法性（正当性）的国家治理体系，二是具有实质合法性（正当性）的国家治理体系，三是具有认同合法性（正当性）的国家治理体系。具有形式合法性（正当性）的国家治理体系往往是与政权产生的程序有关系，具有实质合法性（正当性）的国家治理体系则是与国家治理的有效性、国家治理目标的长远性等因素联系在一起的。而具有认同合法性（正当性）的国家治理体系则是与公民或国民对政权系统的意愿联系在一起的。纵观现代国家的发展史，我们发现具有形式合法性（正当性）和实质合法性（正当性）的政权系统往往会因为缺乏实施统治的权利（right to rule），而面临民众对合法性（正当性）的信仰真空。从这个角度来说，关及合法性（正当性）的国家治理体系是与国家治理者的权威联系在一起的。我们最好用“正当性”替代容易引发歧义和误解的“合法性”这一说法，因为权威体现了正当性的威力、威严和魅力。在正当性的理论视野中，国家治理体系可以处于道德、法律和舆论多重力量的监视之下。关及合法性（正当性）的国家治理体系是与国家存在的理由、公民对国家治理的服从程度联系在一起的，因此，它作为现代国家治理体系一般属性的首要部件，关系到国家治理体系内在生命力的强弱。

### 2. 关及国家能力的治理体系

关及国家能力的治理体系最容易引发经济学者和战争研究者的兴趣。崇尚现代国家得益于战争逻辑的著名学者查尔斯·蒂利就曾经说过：要让真正的国家军队派上用场也得依赖统治者筹措钱粮的能力。统治者要建立军队，其短期策略是靠贷款；中期策略是攫取那些容易到手的财产；长期策略则是征税。因此，选择何种军事组织和战略对国家的性质有决定性的影响。[①]美国奥利佛·温德尔·霍姆斯大法官曾经说过一句非常经典的话：税是我们文明社会所付出的代价。[②]《法国革命论》作者埃德蒙·柏克也说过：国家的岁入即是国家。规范的经济学家认为，国家岁入生产（revenue production）的历史即国家的演进史。人类社会中曾经没有任何产品，或者仅仅存在着私人产品。随着劳动分工和专业化的发展，人们更需要由国家来提供公共产品。在由国家提供物品和劳务的生产中，规模经济的引入，增强了国家提供公共产品的能力。而且，国家改善了对民众和资源的协调，这使国家能力得到进一步提升。居民逐渐认识到可以通过贸易获取收益，当然，他们也变得更加依赖国家。国家提供物品和服务增加的基础，在于它的岁入生产体系。[③]国家是神奇之物，日渐强烈的军事战争、经济竞争以及贸易战争，为国家职能的扩张提供了最好的借口。特别是当人需要借助国家识别来界定自己的身份、求取国家力量保护的时候，关及国家能力的治理体系就冠冕堂皇地登上了历史的高峰。

关及国家能力的治理体系从最初的国家军事能力逐渐扩展到国家的资源[④]汲取能力、再分配能力、公共产品的提供能力等。本书认为，能力性的国家治理体系包括两个层面：一是国际层面的治理体系；二是国内层面

---

① 参见查尔斯·蒂利为约瑟夫·R. 斯特雷耶为《现代国家的起源》一书撰写的序言。格致出版社 2011 年版，第 4—5 页。

② 保罗·萨缪尔森、威廉·诺德豪斯：《萨缪尔森谈财税与货币政策》，萧琛译，商务印书馆 2012 年版，第 90 页。

③ 玛格丽特·利瓦伊：《统治与岁入》，周军华译，格致出版社 2010 年版，第 1 页。

④ 中国最早关注国家能力的学者当属王绍光和胡鞍钢，他们在《中国国家能力报告》一书中，将国家能力定义为国家将自己的意志、目标转化为现实的能力，国家能力包括四种：第一，汲取能力，即国家动员社会经济资源的能力，国家汲取财政的能力集中体现了国家汲取能力；第二，调控能力，即国家指导社会经济发展的能力；第三，合法化能力，即国家运用政治符号在属民中制造共识，进而巩固其经济地位的能力；第四，强制能力，即国家运用暴力手段、机构、威胁等方式维护其统治地位的能力。他们认为财政汲取能力是最重要的国家能力，明确主张以汲取能力和调控能力作为衡量国家能力的指标。他们认为国家能力主要指中央政府能力，而不是泛指公共权威的能力。参见王绍光、胡鞍钢：《中国国家能力报告》，辽宁人民出版社 1993 年版。

的治理体系。特别是对于具有重要国际影响力的国家而言，国际层面的治理体系对国家能力提出了很高的要求，如国际议程的设定权、国际规则的制定权、国际组织的领导权、国际事务的介入权、国际冲突的调停权以及本国国家安全的捍卫权等。国家介入和影响国际社会的能力是由硬实力和软实力两部分组合而成的，其中硬实力是决定性的，软实力是辅助性的。国内层面的治理体系则主要与资源汲取能力、公共产品提供能力、资源再分配能力以及强制能力、调控能力等联系在一起的。能力性国家治理体系不仅对制度设计的要求比较高，而且还显示出对专业知识和专业精英的高依赖度。当然，在不同的发展阶段，受制于国家治理体系所面临的不同的任务情境，能力性国家治理体系在其实现范围、目标指向等方面也就存在着明显的不同。总之，关及国家能力的治理体系是由国家外交制度、公共外交制度、公共预算体制、财政体制以及税收体制等诸多制度性要素组合而成的。

### 3. 关及治理主体和治理结构的治理体系

在国家治理体系中，治理主体由谁来承担？治理结构是怎样的？治理结构中主导者和驾驭者在不同的国家又有何不同？

本书认为，现代国家的治理主体和治理结构在政道和治道两个层面得以展示。政道层面的治理主体和治理结构带有更多的政治属性，它更强调权力的来源和权力的组织方式。正是在这个意义上，政党被推至国家治理体系的中心地位。如果把一国宪法设立的政府视为一座庞大的工厂，那么政党就是这座工厂中的发电机，只有当政党这副发电机开发马力之后，机器才能运转，工厂才能进入永不停息的运作轨道。所以人们习惯于把政党组织称为“机器”，这是一副坚固而有效率的“机器”。如果这架“机器”运作得当，可以提供给那些以“政治”为职业的、并在选举时出力的人物以各种职位。[1] 执政党给予国家机器以“政治能源”，是国家这座“工厂”的“发电机”，已被达成广泛共识。当然，在奉行不同政党制度的国家，政党向国家输入“能源”的通道和方式也就各不相同。

其次，在治道层面的国家治理体系中，治理主体不是一元的，治理结构也不是单一中心的。这是由现代社会的复杂性原理和有限政府原理所决定的。政府、企业、社区、社会组织都有充当治理主体的资格与可能。当然，最具权威性的理论概括就是政府—社会—市场三元组合的合作治理结构。这一合作、协同治理的结构也是降低政府治理风险的一种务实选择。以研究公共治理之道而闻名于世的奥斯特罗姆为合作、协同治理体系提供了精彩的理论证明。她认为，集权制和分权制作为过去经常用到的两种制度安排，有无法克服的缺陷，如集权制增加管理过程的信息成本和策略成本，并容易滋生寻租与腐败，分权制难以避免制度的缺失和规避责任。正是为了解决这两种单中心制度安排所无法解决的“一收就死，一放就乱”的两难选择格局，她提出了多中心治理概念，建立了多中心的制度安排。所有的公共当局具有有限但独立的官方地位，没有任何个人或群体作为最终的或全能的权威凌驾于法律之上。这样它就打破了单中心制度中最高权威只有一个的权力格局，形成了一个由多个权力中心组成的治理网络。[2] 因此，现代国家治理体系越来越具有多中心的特征。合作治理、协同治理、协商治理等诸多范式跳出了以往个人—国家、市场—政府、自由主义—社群主义等二元对立的制度框架和现代化思维方式。尤其是在互联网时代，数字化生活方式、数字化治理方式与数字化表现方式渗透到现代社会的每一根毛细血管。随着以政府权力为中心的金字塔型的传统治理体

---

① 参见詹姆斯·布赖斯：《现代民治政体》，张慰慈等译，吉林人民出版社 2001 年版。

② 参见埃莉诺·奥斯特罗姆：《公共事物的治理之道》，余逊达、陈旭东译，上海三联书店 2000 年版。

系的终结，构建具有弥散性、广延性的多中心治理格局势在必行。

4. 关及政治秩序的治理体系

现代国家包含着各种各样的冲突。现代国家中的冲突规模、冲突强度是以往的社会冲突所不能比拟的。不仅阶级冲突或带有阶级色彩的族群冲突，往往会使现代国家陷入不能自拔的无序和混乱之中，而且现代的社会冲突可能会通过应得权利和供给、政治和经济、公民权利和经济增长的对抗全方位地爆发出来。① 如何将现代国家保持在秩序的状态中？这个严峻的问题刺激了法治国家的诞生。现代国家必须要依靠理性化的现代制度提供保持社会秩序和个人发展的基础，这一现代制度最为集中的体现就是法律制度。② 因为法律的使命在于创造秩序，减少社会交往过程中的机会主义行为，降低社会调控过程中附加成本。这对于维护社会秩序和经济秩序来说是至关重要的③。现代国家几无例外地都是奉行法治精神的国家。试想一下，如果美国没有这部成文宪法会是怎样的一副状况。无论是将法律视为“普遍性的陈述”，还是将法律当作国家治理的手段，法律在现代国家治理体系中的地位都是不容小觑的。所以，法律决不是单一性的控制手段的组合，而是一种社会制度，是一种社会规范，它与风俗习惯有着密切的关系，它维护现存的制度和道德、伦理等价值观念，它反映某一时期、某一社会的社会结构。④ 如果一个国家在其治理过程中不断面临着个人意志的左右，充满着各种机会主义的陷阱，那么它离法治国家就还有很长的一段距离。尽管法律不是万能的，聪明的国家治理者肯定不是法律的偏执狂，但是现代国家的政治过程却与法律有着天然的内在契合性。这是现代

① 参见拉尔夫·达仁道夫：《现代社会冲突》，林荣远译，中国社会科学出版社 2000 年版。

②③ 参见柯武刚、史漫飞：《制度经济学——社会秩序与公共政策》，韩朝华译，商务印书馆 2001 年版。

④ 参见瞿同祖：《中国法律与中国社会》，中华书局 1981 年版。

国家治理体系与传统国家治理体系最为显要的区别。建立在爱、道德、个人关系和血缘关系之上的社会秩序是不牢靠的，法律意味着治理者和被治理者都有勇气在公共事务上运用理性。更为重要的是，法律是对治理者和被治理者的双重约束。法律不仅缔造了国家权力扩张的边界，而且也是规范被治理者行为的强制性规则。正是在这个意义上，我们说司法腐败往往是一个国家最为严重的腐败，因为它是对法律正义的公开亵渎。司法正义是衡量国家治理体系现代性程度的重要标杆。总之，国家治理过程的制度化、程序化、规范化依赖于法治国家的构建，在观念多元、结构复杂、横向与横向差异都异常显著的现代国家之中，唯有按照法治的尺度才能缔造具有稳定性、连续性、再生性、扩展性的政治秩序；唯有依靠法治才能将国家治理的制度和程序固定下来并传递下去。法治国家本身就是国家长治久安的同义语。

## 三、现代国家治理体系的国别属性

虽然从理论上来说，现代国家治理体系有其一般属性。但从现实来看，世界上没有两个国家的治理体系是完全相同的。这就是现代国家治理体系的国别属性。任何国家都有其特定的历史—社会—文化条件，每个国家所承受的国际压力和与国际社会的交往程度也有不同。因此，每个国家的成长路径、治理体系的演进过程以及导致国家与社会革命的动力都具有鲜明的国别色彩。例如，在先进近代国家中，尤其在英国，所谓政治是为了解决“市民社会”的发展所共生的各种问题，市民在协商解决问题的过程中，孕育出了作为政治中心的议会，这是与普鲁士截然不同的“内政优位”的政治体制。日后两国的全球扩张道路也就完全不同。日本构筑的近代国家政治体制正是从普鲁士导入的。以国王和天皇为中心的制度安排为日后德、日两国军国主义的盛行铺平了道路。[①] 同样是实行联邦制，美国、加拿大、澳大利亚实行的国家之间的联邦制、分立联邦制或并行联邦制，而德国实行的却是复合联邦制或“国家之内的联邦制”[②]。为什么出现这一差别？显然是与联邦国家诞生之前的国内力量分布、阶级构成以及国家诞生的历史起点等诸多因素的差异性所导致的。现代国家治理体系的国别属性会有助于消除对国家治理体系现代化的单向度追求，也有助于深化对不同国家权力结构和政府间关系、机构间关系的深层透视。

### 1. 基于历史、文化与地理而形成的国家治理体系

历史与文化是影响国家治理体系之国别属性的恒久变量。因为历史与文化几乎是难以改变的，由此塑造了国家治理体系的政治基因。一般来说，国家治理体系诞生之初所铸就的历史起点，往往会缔造日后国家治理赖以遵循的轨道与路径。即便国家治理体系经历多次革命性改造，都难以改变其政治基因。例如中国历史上秦始皇缔造的中央集权体系，就通过制度将《诗经》里所说的“普天之下，莫非王土；率土之滨，莫非王臣”这一政治想象变成现实，并以此为起点确立了国家治理体系赖以构建的轴心。后世的国家治理体系则以此为准绳巩固着中国国家形态的延续与再生。而美国的建国历史与世界上其他所有国家几乎没有任何共同点，在这一方面，它的确有例外主义的色彩。美国是先有市县，后有州；先有州，后有国家；先有邦联，后有联邦。特别是美国开国之初通过地方利益、家族利益和阶级利益之间的协商与谈判所形成的联邦制，则塑造了美国国家治理体系的历史起点。即便后来不断兴起的联邦集权主义运动，也难以改变以纵向分权为基本特征的联邦体制。其次，任何历史与文化都是在一定

① 安世舟：《漂流的日本政治》，高克译，社会科学文献出版社 2011 年版，第 4—5 页。
② 童建挺：《德国联邦制的演变（1949—2009）》，中央编译出版社 2010 年版，第 2 页。

的空间上展开的，它所赖以存在的空间载体也是现代国家治理体系之国别属性的重要依据。毫无疑问，美国国家治理体系与地缘安全度如此之高的新大陆、地理环境和气候较为优越的北美大陆是有着密切关系的。南美种植园奴隶制塑造出来的军人政权以及南美植物结构所导致的脆弱性的经济体系，与北美作为天赐之物的地理与气候形成了鲜明的对照。尽管有人对治水社会导致中央集权的说法有很多怀疑，但中国独特的地理环境与中央集权的关联性是不容否定的。例如中国的南北之间既不像非洲和墨西哥北部那样被沙漠阻断，也不像中美洲那样被狭窄的地峡隔开。倒是中国由西向东的大河方便了沿海地区与内陆之间作物和技术的传播，而中国东西部之间的广阔地带和相对平缓的地形最终使这两条大河的水系得以用运河连接起来，从而促成了南北之间的交流。所有这些地理因素促成了中国早期的文化和政治统一，而西方的欧洲虽然面积和中国差不多，但地势比较高低不平，也没有这样连成一体的江河，所以欧洲直到今天都未能实现文化和政治的统一。① 古希腊多城邦政体则与条状山脉的隔离有着密切关系。英国国家治理体系与大陆国家国家治理体系的差异显然是与英国作为岛国这一特殊的地理条件有关系的。英国作为岛国与大陆的隔离使其摆脱战争威胁和邻国压力而能专注于制度创新。② 历史、文化与地理合成塑造的国家治理体系往往具有贯穿古今的恒定性，它与基于社会结构和国际环境压力而成长起来的国家治理体系有着很大的不同，因为社会结构和国际环境是不断变化的。尽管国家治理体系会基于社会结构调整和国际环境的变化而做出一些调整，但万变不离其宗，这就是历史、文化和地理塑造的政治基因所致。

---

① 贾雷德·戴蒙德：《枪炮、病菌与钢铁：人类社会的命运》，谢延光译，上海译文出版社2006年版，第353页。

② 参见阎照祥：《英国政治制度史》，人民出版社2012年版。

### 2. 基于社会结构而形成的国家治理体系

此处的社会结构意指一个社会的阶级构成、族群构成及其相互关系。任何国家的治理体系都是与其一定阶段的社会结构相适应的。当然，国家的治理者也会动用意识形态和政策的力量去改变社会结构。但是，社会结构一经形成便在较长时段内具有相当的稳定性。因此，基于社会结构而形成的国家治理体系往往会具有两重面貌：第一，在历史转折时期，革命的领导阶级往往会决定日后国家治理体系的性质；第二，社会结构一旦固化便具有了左右甚至决定国家治理体系的能力，此种状态下的国家治理体系便表现出对既定社会结构的迎合性质。随着矛盾的日积月累，这种具有单向迎合性质的国家治理体系便面临着变革的需要。从长波段的历史演进过程来看，国家治理体系与社会结构表现出典型的互动性。

历史的经验已经证明，一个国家的治理体系与其阶级构成、阶级地位以及驱动国家治理体系变革的领导阶级有着紧密的关联性。对这一问题做出经典阐述的当属巴林顿·摩尔在《民主与专制的社会起源》做所的精彩研究。资产阶级民主道路、法西斯主义的道路以及共产主义的道路都是由革命的领导阶级及其与何种阶级的联盟所决定的。[①] 美国标榜自己的民主制度是建立在庞大的中产阶级基础之上，英国和日本的不同政党与其赖以支持的阶层在城乡、不同区域的分布有着异常明显的关联。托克维尔曾说"只有阶级才能占据历史"，在历史转折的重大关头，在国家治理体系诞生的历史起点上，居于领导地位的阶级往往成为主导日后国家治理走向的决定性力量。处于历史转折关头的阶级绝不是像今天所说的阶层那样，仅仅具有狭隘的统计学价值。领导阶级所信奉的意识形态、所采取的政治行动策略及其依靠的联盟力量，决定了国家治理体系的性质和形态。在资产阶

① 参见巴林顿·摩尔：《民主与专制的社会起源》，拓夫等译，华夏出版社1987年版。

级崛起的过程中，尽管资产阶级的发展的每一个阶段，都有相应的政治上的成就伴随着，但现代的国家政权不过是管理整个资产阶级的共同事务的委员会罢了。① 即便是出现令人为之神往的社会流动，也不是民主化的产物，而是对新加入统治集权的来自其他阶级的人士的“资产阶级化”的过程。② 时至今日，资本主义社会国家的国家治理体系依然显示出对以资产阶级为主导的社会结构的迎合与服从。但 21 世纪初旷日持久的经济衰退和金融危机已经暴露出这一令西方社会引以为豪的国家治理体系，释放出困弱的信号。

在一些国家，阶级间的不平等往往是与族群这样的自然结构联系在一起。内嵌于族群结构的阶级压迫更具有隐蔽性和欺骗性。因为它借助不可更改的自然因素把阶级关系永久地固化了。在这样的状态中，阶级被镶嵌在族群之中，族群的肤色就是阶级的肤色。与这一族群结构相匹配的国家治理结构更加肆无忌惮地强化了统治阶级的垄断和特权地位。在印度以及实行种族隔离的南非，国家治理体系就是依靠暴力和宗教确定了具有不同肤色的“族群阶级”的地位。当族群平等运动与以往的国家治理体系难以共处的时候，国家治理体系的变革也就来临了。

### 3. 基于国际环境压力而形成的国家治理体系

国际政治与国内政治的互动范式是解释国家治理体系之国别属性的重要变量。因为很多国家的治理体系是在应对不同的国际环境压力的过程中成长起来的。日本目前的国家治理体系就包含着强烈的美国意志，欧洲近代民族国家的治理体系与其所处的纷繁复杂的国际局势息息相关。正如

① 马克思、恩格斯：《共产党宣言》，《马克思恩格斯选集》第 1 卷，人民出版社 1972 年版，第 253 页。

② 参见拉尔夫·密里本德：《资本主义社会的国家》，沈汉等译，商务印书馆 1997 年版。

基佐所认为的，英法之间的战争促进了法兰西国家的形成，推进了它的统一。促使法国进入了建立常备军和以公权取代封建权力的时代。[①] 如果说在资本主义成长之前，世界还是“世界性帝国”（如罗马帝国、中华帝国等）唱主角，整个世界还没有因为某种机制联系在一起形成具有吸纳力和扩展力的国际环境的话，那么自 16 世纪以后以世界范围内的劳动分工为基础而建立起来的资本主义世界体系，[②] 则孕育了日后几乎所有国家治理体系赖以成长的国际环境。当全球范围内大多数国家被拉入到被核心国家主宰的世界体系中的时候，后发国家治理体系的成长便拥有了天然的参照物和对旧国家体系进行变革的动力。于是，我们看到的是新型治国理念对传统治国理念的替代，新型治国坐标对传统治国坐标的置换。现代国家强化了世界政治的内外结构。在它作为一个独具特色的角色登上历史舞台三四百年的时间里，现代国家将全球几乎所有其他的政治单位湮没并取代，使之殖民化或屈从于它的统治。少数几个从前占主导地位的、依旧保持独立的更古老的单位（日本、中国、埃塞俄比亚、奥斯曼帝国、泰国）被迫做出调整，从而呈现出类似国家的形式。[③] 尽管后人对流行一时的“冲击—回应”学说进行了诸多反思，但资本主义世界在全球范围内的影响力仍然是分析后发国家治理体系转型的重要动因，尽管新型国家治理体系的外衣掩盖着绵延已久的政治基因。这种复合型、杂交型的国家治理体系恰恰是其国别属性的重要体现。

当然，影响国家治理体系的国际环境力量并不是像西方学者所宣称的，沿着单向线路从中心向边缘流动。冷战体系的形成则加剧了社会主义国家和资本主义国家治理体系的相互竞争，冷战格局强化了两大体系中不

---

① 基佐：《欧洲文明史》，程洪奎等译，商务印书馆 1998 年版，第 177—178 页。

② 参见伊曼纽尔·沃勒斯坦：《现代世界体系》，吕丹等译，高等教育出版社 1998 年版。

③ 巴里·布赞、理查德·利特尔：《世界历史中的国际体系》，刘德斌等译，高等教育出版社 2004 年版，第 219 页。

同性质国家的治理体系的排他性。“第二次世界大战以后，大国之间没有政治和经济的团结。世界分为两方，苏联及其卫星国为一方，世界的其余部分为另一方，在这两方之间存在着完全的割裂。简言之，地球上有两个世界，而不是一个世界。”① 在冷战体系瓦解之后，很多国家的治理体系都经历了天翻地覆的变化。以至于福山乐观地认为“历史终结”的曙光开始出现。当然，完全独立于现代国家治理体系一般法则之外的国家，其治理体系都经受了前所未有的冲击。但是，如何在从容应对国际环境压力的前提下，探索适合自身国情的国家治理体系，使之具有更强的正当性、稳定性和延续性，则是很多转型国家还没有完成的现代使命。目前的国际环境已经显示出沃勒斯坦所言的世界体系正在经受着多重力量的侵蚀和瓦解，后发国家的崛起以及西方世界的危机与困境，使许多国家在探索新型治理体系的道路上更加清醒。资本主义国家治理体系的制度性困境、政策性困境、理念性困境以及结构性困境，使得目前的国际环境远没有像冷战时期和苏东剧变时期那样弥漫着西方人引以为豪的自由主义气息。

## 四、现代国家治理体系的任务属性

任何国家的治理体系都要面对它所要解决的政治议题或者危机。人类依靠制度化的方式每化解一次新型的政治议题或政治危机，国家治理体系的完善就会向前推进一步。任何国家的治理体系有其恒定的一面，也有其变迁的一面。国家治理体系的恒定性是与治国理念、治国原则以及治国传统联系在一起的，变迁性是与该国所面临的任务与使命联系在一起的。当这一任务和使命完成之后，国家治理体系也就面临着调整甚至革新的命运

---

① 约翰·刘易斯·加迪斯：《冷战》，瞿强、张静译，社会科学文献出版社2013年版，第98页。

了。一般而论，现代国家治理体系的一般属性与国别属性就包含着更多的恒定性和持久性，而其任务属性显示了国家治理所要解决的重大议题或危机。

## 1. 资本逻辑与现代国家治理体系的创建

马克思和恩格斯在《共产党宣言》中将基于资本逻辑而产生的国家体系阐述得入木三分：资产阶级日甚一日地消灭生产资料、财产和人口的分散状态。它使人口密集起来，使生产资料集中起来，使财产聚集在少数人的手里。由此必然产生的后果就是政治的集中。各自独立的、几乎只有同盟关系的、各有不同利益、不同法律、不同政府、不同关税的各个地区，现在已经结合为一个拥有统一的政府、统一的法律、统一的民族阶级利益和统一的关税的国家了。[①] 没有人怀疑，资本主义世界的国家是在服从资本的逻辑中得以构建起来的，其国家治理体系也被迫服从于资本逻辑的要求。尽管蒂利认为英国、法国最终遵循资本强制模式，把更多的精力花在直接把资本家和资本的来源吞并到他们的国家机构中去，资本和强制的拥有者在相对平等的条件下相互作用。这一中间性的资本强制模式比单纯的强制密集型（例如俄国、波兰、匈牙利等）和资本密集型国家（例如热那亚、荷兰共和国等城邦国家、城市帝国、城市联盟等）成长模式更高明，更容易建立起成熟的民族国家。[②] 但是，资本高于权力、资本重于权力、资本支持权力乃是所有资本主义国家的根本特征。所以，资本主义国家的国家治理体系在其创建之初，是在资本的轨道上按照资本的逻辑孕育出来的。这一属性至今未变。马克思说：资本家作为资本的人格化在直接生产

① 马克思、恩格斯：《共产党宣言》，《马克思恩格斯选集》第 1 卷，人民出版社 1972 年版，第 255—256 页。

② 查尔斯·蒂利：《强制、资本和欧洲国家（公元 990—1992 年）》，魏洪钟译，上海人民出版社 2007 年版，第 34—35 页。

过程中取得的权威，他作为生产的领导者和统治者而担任的社会职能，同建立在奴隶生产、农奴生产等基础至上的权威，有重大的区别。[①]这种内嵌于经济过程中的国家治理比单纯依靠政治统治和神权统治更具隐蔽性。资产阶级就是借助作为天然平等派的商品颠覆了权力支配财产的传统，从而以资本的逻辑为轴心构建了完全区别于以往的国家治理体系。当资本突破民族国家边界在世界范围内驰骋时，资本精英改善本国政治制度的愿望和动力就变得严重不足了；在虚拟经济压缩实体经济的后工业时代，政治权力的根基发生了变化，资本与权力间的关系和距离也发生了改变。由于国内治理体系长期缺乏更新，就导致了国家治理体系与社会生产间的匹配失衡，并导致了现代国家治理体系的失效，这种失衡和失效就是西方政治制度危机的政治经济根源。沿着资本轨道无限驰骋的国家治理必然要在资本的极度膨胀中陷于自身无法克服的危机和困境。

### 2. 民主逻辑与现代国家治理体系的变革

尽管现代国家治理体系打着民主的旗号摆脱了绝对王权的束缚，但是，民主的逻辑在很长一段时期始终无法展示其古典性的魅力和功能。民主逻辑的有限性使现代国家的治理体系始终面临着纯正的民主主义者的批评。民主逻辑在现代国家治理体系中的实现程度取决于统治者的让步程度和抗争者的压力程度。民主逻辑的展现并不是一帆风顺的。尽管任何现代国家的统治者都把民主奉为至高的政治法则，但是，任何国家的统治者都对民主持有足够强的警惕。因为所有人都明白，任何时代、任何国家都不可能按照实质民主的要求，将所有的资源实现彻底的民主性的再分配。那么，现代国家治理体系又是如何应对来自抗争者的民主压力呢？换言之，

① 马克思：《资本论》第3卷，人民出版社2004年版，第997页。

统治者又是如何将民主逻辑巧妙地融合进现代国家治理体系之中呢？

基于民主逻辑构建的国家治理体系要解决的首要问题是如何将民主原则融入规模较大的国家有机体之中。这既是新型国家所面临的重要使命，又是发掘新的国家理由、构建合法性治理体系的重要一环。这直接导致了萨托利所说的“纵向民主”的产生。如果说选举式民主典型地概括了民主的横向安排，民主的纵向装置或纵向形变就是代议制民主。① 因为在民族国家诞生之前，西方社会不是一个纵向的社会，仅仅是一个横向社会。人们通常说，中世纪的分割线是水平的而不是垂直的。② 但当国家这一庞大的政治有机体出现后，复杂的纵向社会马上就形成了。也就是说，西方现代国家治理体系将民主的横向安排锁定在基层治理领域，使之与城邦民主、中世纪的庄园治理的横向民主更加接近。与此同时，又借助灵巧的制度安排、对选举权的门槛制限制及其操纵，在程序主义的轨道上构建起了显示现代西方国家治理体系之霸权地位和“普世地位”的纵向民主制度。令人眼花缭乱的精英民主、多元民主、审议民主、耦合民主等层出不穷的民主理论范式，对这一纵向性的国家治理体制进行了貌似固若金汤的理论包装和逻辑证明。

民主逻辑的崛起确实激发了国家治理体系的重大变革。著名的“李普塞特假设”总结了经济发展与民主化的关联，即当经济发展将人们带离困境之时，人们或许能够满足于没有政治自由的生活。而一旦他们富裕起来，他们通常会主张更多的政治自由。③ 与此同时，统治者和治理者也认识到，原先基于资本逻辑而构建起来的国家治理体系，必然要在民主化的资源再分配体系中才能拥有更高的安全系数。因此，西方现代国家治理体

① 乔万尼·萨托利：《民主新论》，冯克利、阎克文译，上海人民出版社 2009 年版，第 150 页。
② 弗朗西斯·马尔文等：《西方文明的统一》，屈伯文译，大象出版社 2013 年版，第 70 页。
③ 参见西摩·马丁·李普塞特：《政治人：政治的社会基础》，张绍宗译，上海人民出版社 2011 年版。

系在民主轨道上的变革是统治者的让步与平民的抗争在不同时期、不同程度的组合中得以推进的。民主赋予了现代国家治理体系在形式、程序上的正当性与合法性。彰显民主的逻辑是现代国家治理体系不可或缺的使命与任务，问题的关键是治理者和大众在多大程度上对民主的理解达成何种共识，这直接决定着民主在国家治理体系中的实现程度。

### 3. 发展逻辑与现代国家治理体系的强化

几乎所有后发国家都经受着来自西方资本主义世界的压力，这直接刺激了后发国家对发展的渴望。发展与国家能力的提升是互为因果的。在国家上升时期，发展逻辑与民主逻辑的交集是难得一见的。在政体变化与国家能力组合而成的坐标中会有不同类型的国家治理体系。① 在西方资本主义世界经济体系的压力下，大多数后发国家都经历了从统治性政权到革命型政权再到发展性政权的转变。这直接促成了比较政治经济学中“发展型国家”这一范式的诞生。② 发展逻辑的轴心地位必然导致发展型国家的产生，而发展型国家必然要求国家治理体系侧重于对强国家能力的青睐。更为重要的是，这一强国家能力更多的是表现为国家权威的凝聚力而不是国家对阶级的承诺。阿图尔·科利在其经典著作《国家引导的发展》一书中提出新世袭性国家、凝聚性资本主义国家和分散性多阶级国家这三种理想类型，为我们理解后发国家中不同的国家权威类型提供了重要的理论判据。新世袭国家虽有现代国家的外表，但国家官员倾向于将公共资源当作他们的家传物品来使用。凝聚性资本主义国家开创了一系列与社会主要经济团体的明确连结，并发明了一些有效的政治工具。分散性多阶级国家虽然有广泛的阶级联盟，但无法像凝聚性资本主义国家那样缩小目标范围并

① 查尔斯·蒂利：《民主》，魏洪钟译，上海人民出版社2009年版，第14—22页。
② 参见禹贞恩编：《发展型国家》，曹海军译，吉林出版集团有限责任公司2008年版。

有效地追求这些目标。因为分散性多阶级国家的领袖比其他类型国家的领袖更担心政治支持。① 分散性多阶级国家奉行发展逻辑的程度取决于执政党的统摄程度和精英之间的团结程度。与发展逻辑相匹配的国家治理体系往往是国家干预主义、国家规划主义、国家—资本联盟主义的代名词。国家治理体系更多的是体现一种效率取向和迎合资本的秉性。国家本身往往也是作为一种经济主体直接介入经济过程。在官言官、在商言商的现代分野往往是被在官言商、在商言官的交错状态所替代。发展型国家治理体系在权力—资本的联盟中得到了极大的巩固，一方面国家拥有了足够强的资源汲取能力和供其汲取的社会资源总量，另一方面，资本在国家权力的保护和推动下跨越国界直接进入世界资本主义经济体系之中。从经验层面来看，发展逻辑的演进不是没有终点的，资本的傲慢和权力的全能也不是没有边界的。伴随着经济的快速发展，经济资源分布的不平等以及官商联盟所缔造的贫富分化，使得发展型国家治理体系的导向必然要完成从效率向公平、从特权向公正的转变。

人类对国家治理的探索已经经历了漫长的历史时期。国家是人类政治文明演进过程中最为重要的政治发明。具有早熟性的文明体系曾经孕育出庞大的世界性帝国，这些世界性帝国的治理原理和治理形态为后来现代国家的治理提供了非常重要的参照。特别值得注意的是，现代国家在空间和要素两个层面上完成历史性的突破以后，就与早期城邦、史前国家以及昔日辉煌的世界性帝国完全区别开来了。现代国家标榜自己拥有完全不同的生成原理和治国理念。故自现代国家诞生之后，探索国家治理体系的现代化进程就开始了。与现代国家形态和现代国家原理相适应，现代化的国家治理体系有其独特的制度、机制和要素。

---

① 阿图尔·科利：《国家引导的发展——全球边缘地区的政治权力与工业化》，朱天飚等译，吉林出版集团有限责任公司2007年版，第11—14页。

本书试图构建一个理解国家治理体系现代化的三重属性的理论框架，以此来呈现现代国家治理体系的通约性和差别性。从国家治理体系现代化的历程来看，有两点是至关重要的：第一，国家治理体系现代化的进程是没有终点的，它永远处于改进和调整之中。“国家治理体系现代化的终结”与“历史的终结”一样都是虚假的命题。第二，国家治理体系的一般属性、国别属性和任务属性都是同等重要的，过度强化某一属性都会导致政治教条主义。现代国家治理体系就是在以上三重属性的组合中展现出政治文明的多样性。现代国家治理体系具有鲜明的和而不同的特色。不同国家、不同民族对国家治理体系现代化的探索也是应遵循孔子“和而不同”这一政治智慧和政治策略的。

（刘建军）

# 第二章　治理理论：正本清源与中国实践

2013 年 11 月 12 日，中共十八届三中全会通过的《中共中央关于全面深化改革若干重大问题的决定》提出了全面深化改革的总目标，即“完善和发展中国特色社会主义制度，推进国家治理体系和治理能力现代化”。2019 年 10 月 31 日，中共十九届四中全会通过《中共中央关于坚持和完善中国特色社会主义制度，推进国家治理体系和治理能力现代化若干重大问题的决定》，这标志着治理理论在当代中国作为推动当代中国政治、经济、文化、社会与生态文明发展的有力武器，登堂入室，步入当代中国国家治理和社会治理的正式范畴。

了解治理在当代中国的正式登场，需要从正本清源角度把握治理理论在西方发达国家兼具理论与实践双重创新的发展特色，了解其不同取向背后的价值追求，而不仅仅笼统地将其作为一种理论武器来大而化之对待；更为重要的是，在将治理理论应用到当代中国全面改革实践的历史进程中时，要深刻反省以往地方创新实践所获得的基本经验和深刻教训，为全面深化改革确立正确的发展方向。

## 一、治理理论的正本清源

迄今为止，国外关于治理理论的探讨，从理论视角看主要有三种，一是从语源学视角对治理的内涵分析，二是从历史主义视角考察作为国家治理形态的现代官僚制的成长与变革历程，三是从价值目标视角对治理所内蕴的秩序追求进行探讨。治理理论的这三种理论发展路向从不同的视角丰富了治理理论的内涵，并体现了它在不同发展阶段的不同价值取向。

### 1. 关于治理内涵的语源学分析

治理一词（governance）源于拉丁文的 gouvernail，原意是掌舵、引导和操纵。① 起初，gouverne（指导、指引）、gouvernement（统治、政府）、gouvernance（治理）这三个词有同样的词源，表示主导、驾驭某事物。船舵（gouvernail）是其最原始的意思，后来由此引申出内涵丰富的比喻义：选择航向，以及根据不断变化的自然环境持续调整修正。最初在中世纪末期，gouverne、gouvernement、gouvernement 这三个词的意思是等同的，并且可以相互替代使用。后来，gouvernement 的理念逐渐确立起来，它逐渐只代表一种含义：统治的思想与等级化的权力、垂直和自上而下的指挥关系，以及以整齐划一的方式推行的意志等概念联系到一起，与对国家整体性的思考紧密相关。②

---

① 皮埃尔·卡蓝默：《破碎的民主——试论治理的革命》，高凌瀚译，生活·读书·新知三联书店 2005 年版，第 4—5 页。

② 让-皮埃尔·戈丹：《何为治理》，钟震宇译，社会科学文献出版社 2010 年版，第 14 页。

自20世纪90年代以后，西方学者赋予governance以新的含义，不仅其涵盖的范围远远超出了传统的经典意义，而且其涵义也与government相去甚远。在关于治理的各种定义中，全球治理委员会的定义具有很大权威性和代表性。“治理是各种公共的或私人的个人和机构管理其共同事务的诸多方式的总和。它是使相互冲突的或不同的利益得以调和并且采取联合行动的持续的过程。这既包括有权迫使人们服从的正式制度和规则，也包括各种人们同意或以为符合其利益的非正式的制度安排。”① 也就是说，治理与统治的最大不同在于，“统治意味着由正式权力和警察力量支持的活动，以保证其适时制定的政策能够得到执行。治理则是由共同的目标所支持的，这个目标未必出自合法的以及正式规定的职责，而且它也不一定需要依靠强制力量克服挑战而使别人服从。换句话说，与统治相比，治理是一种内涵更为丰富的现象。它既包括政府机制，同时也包括非正式、非政府的机制，随着治理范围的扩大，各色人等和各类组织得以借助这些机制满足各自的需要、并实现各自的愿望”。所以，“治理就是这样一种规则体系：它依赖主体间重要性的程度不亚于对正式颁布的宪法和宪章的依赖”。② 不过，需要引起我们注意的是，虽然治理更加突出众多公共与私人机构共同参与公共事务的管理，并依赖于正式与非正式的规则体系，但人类社会至今还无以超越由科层制而奠定的基本治理体系。

2003年，笔者曾对治理理论的突出特征和考察维度作了一个概括③：治理最为突出的特征就是要求人们重新理解政府的作用，科学合理地界定政府、市场、社会组织与公民之间的关系。它包括三个维度：第一，治理

---

① 全球治理委员会：《我们的全球伙伴关系》，转引自潘小娟、张辰龙主编：《当代西方政治学新词典》，吉林人民出版社2001年版，第223页。

② 詹姆斯·N. 罗西瑙：《没有政府的治理》，张胜军、刘小林等译，江西人民出版社2001年版，第4—5页。

③ 唐亚林：《社会资本与治理》，《探索与争鸣》2003年第8期。

的主体从一元走向多元，即从以政府为唯一治理主体的治理模式转向以政府、市场、企业、社会组织、公民为多元主体的共同参与治理模式。传统上，人们通常认为社会公共事务的治理主要由政府承担，即治理的主体是一元的，而治理则认为社会公共事务的治理是一个多元的、多向度的互动过程，它由政府、市场、企业、社会中介组织以及公民等多个主体来共同分担，并由此形成一个以合作、协商和伙伴关系为特征的纵横交错、多向互动的治理网络体系。第二，治理的结构从垂直型走向扁平化，即从科层制的垂直治理结构向扁平化的网络治理结构转型。传统的科层制结构过分强调等级制，权力过于集中，上下级机构与同级职能部门之间缺乏有效沟通和协调，权力运作的向度是自上而下的，这种缺乏弹性的垂直型治理结构不仅影响行政效率，而且大大增加行政机构的交易成本，进而影响到政府机构对民众的有效需求的及时回应。因此，通过重新界定政府的权限范围及其行使方式，以分权的方式重塑政府治理结构，并借助于网络与信息技术的优势，构建扁平化的网络治理结构作为对垂直型治理结构的有效补充，是当今世界各国治理结构变迁的一大特点，以此来达到权力的双向互动以及社会主体对社会公共事务的广泛参与之目标。第三，治理的运作机制从垄断走向竞争，即在公共产品与公共服务的提供方面，打破政府一家独自垄断的局面，引入竞争机制，实行社会化与市场化改革。通过合同承包、特许经营、委托、补助、出售、放松规制等方式，将一部分社会公共事务交由企业、非政府组织、中介组织、公民等其他主体经营，用企业家精神改造政府，重新确立以效率、效能、回应性和责任性为导向的价值准则，追求实现“良好治理”或“善治”之目标。

### 2. 关于作为国家治理形态的官僚制的历史主义考察

17、18 世纪，与工业化时代的降临相伴而生的，是现代官僚制随着西欧中央集权制政府的建立的逐渐成形。起初，这种现代官僚制是以专业化的公共服务面貌而出现的："官僚体制的行政管理意味着根据知识进行统治；这是它所固有的特别合理的基本性质"，"知识即专业知识和实践知识"。① 由此而创造了一批代表公共利益的职业化精英官僚，其直接后果是推动了行政组织体系的重建进程，建构了诸如理性、自由和平等这类现代组织的价值基础。

到了 19 世纪中期，封建主义经济秩序瓦解，商业主义显现，新的城市中心崛起，摆脱王权的绝对专制成为一种潮流，而建立基于保护人权、财产权、自由市场资本主义的国家，决定了政府的根本作用在于维护公民的权利和自由，并置于法律的统治之下。自 19 世纪末期开始，现代官僚制的发展遭遇两大历史性机遇，一是基于功绩制的公务员制度的建立，二是在公共服务功能方面政府财政机构的作用大大增强。随着 20 世纪干预主义的兴起，执行权力愈来愈集中在行政部门手中，而传统的议会权力不断衰落。与此同时，政府强调经济性和效率，提升官员的金融技能，强化评估，加强审计，并逐渐形成公共组织的新型文化——以产出为导向、成本意识、分权化与以顾客为导向的公共服务、用民营化的方式减少政府的作用。② 这一发展趋势自 20 世纪 80 年代后在英国撒切尔夫人政府时期、美国里根政府时期，主要表现在将市场竞争力量全面引入政府治理领域，推动国有垄断企业的私有化进程，大规模缩减政府项目规模，重新界定政府与市场的关系等方面，从而掀起了国家治理的改革浪潮。

作为国家治理形态的官僚制改革进程，其演进脉络主要体现在三大方面：一方面是建构一个高效的制定和执行公共政策的治理体系，③ 其内容

① 马克斯·韦伯：《经济与社会》上卷，林荣远译，商务印书馆 2004 年版，第 250 页。
② Jamil E. Jresisat，*Comparative Public Administration and Policy*，Westview Press，2002，pp.136—140.
③ Jamil E. Jresisat，*Comparative Public Administration and Policy*，Westview Press，2002，p.135.

涵盖宪法体制与官僚制体制；一方面是建构一个能对民众的需求意愿进行快速回应的政府，以维持其合法性；再一方面是建构一个对其行为进行负责的精英政治，这种负责是"指能够让那些精英形成观念的结构，这个观念就是他们的政治利益要求他们能够根据公共利益的一些想法，来证明他们统治的结果是正当的"。

然而，在人类社会难以超越代议制和官僚制的组织形态这一根本约束性条件下，要充分发挥作为国家治理形态的官僚制的有效运作作用，就需要"既依赖于正式组织，又依赖于非正式合作；既依赖于国家或私人组织内部自下而上的倡议，又依赖于自上而下的决策传递"，① 这是因为"完成组织使命的工作需要仰仗组织外部环境，大部分工作必须通过协调各级组织（公共组织和私人组织）之间的复杂链条来完成，大部分政府雇员的大部分工作不直接与完成组织使命的人员相关联"。②

### 3. 关于治理所内蕴的秩序价值的探讨

人们生活在大大小小的共同体之中，需要有一系列的制度安排来为共同体成员提供行为指南和价值预期，进而为共同体成员塑造安身立命的秩序模式。是以文森特·奥斯特罗姆认为，任何社会中的秩序模式都有赖于一套共同的规则，这套规则使得大众和个人能够按照一种共同的知识而行动，进而把大众改变成为一个有秩序的关系共同体。因此，人类社会基本制度的建立是为了创造出动力和约束的结构，以引导人们采取可预测的因而是有秩序的行为。在人类社会的制度结构中包含着逻辑性或合理性。③

---

① Jefferey M. Sellers，*Governing from Below*，Cambridge University Press，2002，p.9.

② 斯蒂芬·戈德史密斯、威廉·D. 埃格斯：《网络化治理：公共部门的新形态》前言，孙迎春译，北京大学出版社 2008 年版，第 7 页。

③ 文森特·奥斯特罗姆：《制度分析与发展的反思——问题与抉择》，王诚等译，商务印书馆 1996 年版，第 45—46 页。

政治制度的生长奥秘，在于“根据对共同福利或共同利益的某种看法，以阐明人、追求的目标和发生的事情三者的关系”。[①] 因此，关系便成为政治制度的基础性结构。基于共同利益的“人、追求目标和发生事情”三者间关系的建构，体现在国家层面，最为核心的关系就是公民与社会、公民与政府、社会与国家、政府与市场、国家与政党、国家整体与部分六对核心关系；体现在国际关系层面，最为核心的关系就是主权国家间关系、主权国家、跨国公司与非政府组织间关系这两对核心关系。

面对全球化时代人类社会日益增强的复杂性和不确定性的交织与叠加问题，仅靠政治统治无以解决共同目标的全球性秩序建构问题，这就既需要考虑在一国内部的地方治理、国家治理层面探讨共同目标的秩序建构问题，又需要考虑在国际层面探讨共同目标的秩序建构问题，而治理所内蕴的秩序价值由此而得到张扬，其实质是要弱化作为统治的公共权力，强化“各级公共权力的相对化”，[②] 以建构多元主体共同参与各种关系共同体与治理活动的秩序。关系共同体的治理，通过制度模式的建构来实现对秩序的追求，而秩序模式的建构则靠关系的运作和信任的建构来保持制度的稳定，由此而形成共同体治理的制度—秩序模式。

## 二、治理理论与改革实践的有机互动

从实践角度看，国外自 20 世纪 80 年代开始将治理理论广泛地应用于政府治理、社会治理的历史实践中，并形成了被称为“新公共管理”理论（New Public Management）以及“重塑政府”运动（Reinventing Government）或“再造政府”运动（Reengineering Government）的理论与

① 乔治·霍兰·萨拜因:《政治学说史》上册，盛葵阳等译，商务印书馆 1986 年版，第 4 页。
② 让-皮埃尔·戈丹:《何为治理》，钟震宇译，社会科学文献出版社 2010 年版，第 22 页。

实践有机互动与共同发展的局面。

20 世纪 80 年代，面对西方发达国家普遍面临的政府财政赤字高筑、通货膨胀居高不下、失业率节节攀升、经济发展停滞不前等众多弊端问题，新自由主义和新保守主义思潮全面抬头，尤其是“在全球化、技术进步、市场拓展以及私有经营者队伍扩大等因素的推动下，出现了对政府的支配地位提出质疑并要求加强私营部门的新趋势。这种趋势主要表现为对大批原本属于公共领域的行业进行私有化，同时伴随着在原来受保护的行业引入竞争、减少对私营企业行为的限制等放松管制形式”。①

由新自由主义和新保守主义所主张的“新公共管理”理论与“政府再造”实践，其最显著的特征是将市场机制引入政治领域。具体而言，这意味着：第一，在僵化的缺乏回应的官僚体制中引入竞争，提高效率；第二，在政治和行政关系中引入经济学的市场分析模式——公共选择、契约协议、交易成本以及委托—代理理论；第三，引入并广泛运用竞争、基于绩效的合同承包、公共服务供给、顾客满意、市场激励和放松规制等概念。②

这种由“新公共管理”理论与“政府再造”实践有机互动并共同推进的治理理论，又因 1979 年上台的英国首相玛格丽特·撒切尔夫人和 1981 年上台的美国总统罗纳德·里根大力推行的国有企业私有化以及分权化改革，以及得到澳大利亚、新西兰、北欧诸国的全面呼应和推行，而呈现出一派生机勃勃的繁荣景象，并以 1993 年美国克林顿政府时期由国会通过的《政府绩效与成果法案》( *The Government Performance Results Act*,

---

① 魏伯乐等：《私有化的局限》，王小卫等译，上海三联书店 2006 年版，第 6 页。

② Linda Kaboolian, “The New Public Management, Challenging the Boundaries of the Management vs. Administration Debate”, *Public Administration Review* 58, no.3, May-June 1998, pp.189—193. 转引自 E. S. 萨瓦斯：《民营化与公私部门的伙伴关系》，周志忍等译，中国人民大学出版社 2002 年版，第 350 页。

GPRA，1993 年 1 月 5 日美国第 103 次国会通过）为鼎盛标志。①

质言之，治理理论的最显著特征主要有两个，一个是通过回应的方式，推动民众广泛参与公共事务的决策、执行、监督与评估过程；另一个是通过民营化的方式，推动公共服务的市场化与社会化进程，以全面提高福利和服务生产与提供以及政府治理的绩效。

然而，时至今日，国内学术界对西方发达国家基于“新公共管理”理论与“政府再造”实践有机互动的治理理论的分析，尚存在着巨大的误读。最大的误读，首先在于没有分清楚治理理论的理论范式来源是不一样的，即治理理论的来源有两大平行理论范式，一是建构在“让政府运转得更好但花费更少”理念上的“以经济学为基础的新范式”（Economics-Based “New Paradigm”），二是建构在强调“责任与行政伦理”理念上的“组织与文化传统新范式”（Organization and Management Traditions “New Paradigm”）②；其次在于没有分清楚这两大平行理论范式在实践中的应用重点是不一样的，前者强调竞争、效率和顾客导向，后者强调责任、公平和民主，二者只是侧重点不一样，并没有因为强调前者而否定后者，或者在强调后者时就否定前者。

也就是说，在西方发达国家，治理理论是“以经济学为基础的新范式”与“组织与文化传统新范式”的一种有机综合与平衡，其核心内容包括五个方面——“权力分配的平衡体系；以结果为导向；在管理服务上使用技术；在公共服务领域对伦理与责任的深度关注；对公共行政作用的重新界定以及与私人部门的有机连接。”③ 更为重要的是，在治理理论广泛应

① 财政部财政科学研究所《绩效预算》课题组：《美国政府绩效评价体系》，经济管理出版社 2004 年版，第 1 页。

② Jamil E. Jresisat，*Comparative Public Administration and Policy*，Westview Press，2002，pp.144—150.

③ Jamil E. Jresisat，*Comparative Public Administration and Policy*，Westview Press，2002，p.153.

用于治理实践后所暴露出的各种问题，有着很强的西方理论与实践场景约束特征，很多经验型反思也只是基于西方发达国家的历史实践而得来的，并不适合简单地套用于中国。

## 三、地方治理创新实践路径及其中国式逻辑

具有反讽意味的是，国外发达国家在实践中普遍推行且在理论上不断得到发展的治理理论，常常以一种改头换面的“民营化”方式[①]，在中国各地悄然进行，但这种民营化的推力机制则各不相同，从而创造了迥然不同的中国式地方治理创新实践路径及其中国式逻辑。

### 1. 地方治理实践的三条中国式发展路径

（1）国有中小企业与集体所有制经济领域的民营化实践

当代中国的企业改革从20世纪80年代初就走上了市场化发展之路，其改革历程大致可分为扩权让利改革、承包经营责任制改革、现代企业制度改革、现代产权制度改革四大阶段，其根本原因在于“公有企业的预算软约束对政府主管部门构成了日益沉重的融资负担，财政和国有银行无法继续在资金上为大批公有企业源源不断地‘输血’，要‘搞活企业’只能

① 民营化在英文里的对应词是privatization，其本来中文对应词是私有化，但私有化会涉及财产所有权的变更问题，在当代中国的现实话语情境中会导致经济制度变化方面的意识形态争论，后来人们用民营化一词替代私有化一词，主要强调通过引入市场竞争力量来推动服务和福利的多元化与有效率的生产与提供问题，主要表现为“通过安排政府向私营供货商购买产品或服务来实现，或者通过用许可证、执照、特许权、租赁或特许合同方式，将资产使用或融资权或者服务提供权移交给私营企业，尽管从法律上说所有权还保留在公共手中；甚至还可以包括诸如‘建造—经营—移交’合同这样的情形”。（参见魏伯乐等：《私有化的局限》，王小卫等译，上海三联书店2006年版，第5页。）但在当代中国的实际生活中，强调多元化与有效率的生产与提供的民营化方式，最终大多会蜕变为财产所有权变更的私有化方式。

指望民间资金。而要动员民间资金进入企业，不可能靠行政强制，只能靠保障民间出资主体权益的制度来吸引。于是，重组企业产权结构、导入适应民间投资主体需要的制度安排就成为众多公有企业在发展甚至生存上的必然选择”。[①] 有鉴于此，在 1992 年中共提出建立社会主义市场经济体制战略目标之后的第五年，即 1997 年的中共十五大有针对性地提出了“公有制实现形式可以而且应当多样化”、“股份制是现代企业的一种资本组织形式，有利于所有权和经营权的分离，有利于提高企业和资本的运作效率，资本主义可以用，社会主义也可以用”等新论断，直接推动了当代中国省级以下国有中小企业与集体所有制经济领域的民营化浪潮，其直接后果是“据有关资料，到党的十六大（2002 年）召开之际，我国国有中小企业中有 80% 以上已完成改制。国务院确定的建立现代企业制度百户试点企业和各地选择的 2700 多户试点企业中，绝大部分企业实行了公司制改造”。[②]

然而，在各地推行国有中小企业与集体所有制经济领域的民营化实践过程中，由于缺乏有效的监管和职工的广泛参与，以及过于追求股权的非公有化、非集体化，导致各地在改制过程中实行简单的“一卖了之”的民营化举措，而且在对职工的安置补偿方面又武断地采取诸如“买断工龄”等措施后就将其推向市场的办法，其后果是造成全国共有 3000 万职工下岗，政府的安置成本不断攀升，部分通过权力与资本合谋的人一夜暴富。这一后果至今仍教训惨重、影响深远。国家主席习近平在 2014 年“两会”期间曾专门强调：“发展混合所有制经济，基本政策已明确，关键是细则，成败也在细则。要吸取过去国企改革经验和教训，不能在一片改革声浪中

① 中国社会科学院经济研究所微观室：《20 世纪 90 年代中国公有企业的民营化演变》，社会科学文献出版社 2005 年版，第 2 页。

② 王忠明：《国企改革：从现代企业制度到现代产权制度——纪念改革开放 30 周年》，《中国发展观察》2008 年第 7 期。

把国有资产变成牟取暴利的机会。改革关键是公开透明。”

（2）以自来水、供气、公共交通、污水处理为代表的公用事业领域的民营化实践

公用事业一般包括公共基础设施建设、公共交通、污水处理、垃圾收集与处理、环境卫生、绿化以及供水、供气、供热等内容。公用事业是一种特殊的自然垄断产业，具有不可替代性、地域性、公益性、投资大但回收期长、市场化程度低、易受政府与社会干预等特点。由于公用事业具有这些特点，因此，传统上公用事业的提供，主要靠政府及由政府控制的公营部门来承担，即政府既是政策制定者和监督者，又是具体业务的实际经营者。这种由政府统包的公用事业发展模式其弊端也是显而易见的——政府垄断经营导致公益事业的建设、运营不计成本，政府财政补贴沉重，生产效率低下，公共服务质量差，公营企业缺乏自主权和积极性，公用事业建设投资主体单一，投融资渠道不畅等。①

因此，自 20 世纪 90 年代初始，东部地区以 1992 年中共十四大提出建立社会主义市场经济体制战略目标为标志，中西部地区以建设部 2002 年 12 月 27 日出台的《关于加快市政公用行业市场化进程的意见》为标志，相继选择以自来水、供气、供热、公共交通、污水处理为代表的公用事业领域开展民营化实践，主要采取特许经营权方式推进社会资金、外国资本采取独资、合资、合作等方式，参与市政公用设施的建设。但由于各地在推进过程中，急于引进外资，甩政府庞大的财政包袱，且采取了固定投资回报率、无偿奉送等不公平的举措，导致这类公用事业领域出现被外资差不多全行业控制的局面，如英国泰晤士水务公司、法国昭和水务公司、法国威望迪公司全面进军各大中等城市的公用事业就是典型。由此而

① 王俊豪等：《美国联邦通信委员会及其运行机制》，经济管理出版社 2003 年版，第 1—2 页。

引发的后果是，政府虽然暂时甩掉了财政包袱，但经过若干年的试错后，又不得不重新以高昂的代价进行回购，或者继续由外资控股公用事业后，使民众继续为不断攀升的公用事业价格而支付过于沉重的费用。

以自来水、供气、公共交通、污水处理为代表的公用事业领域的民营化，其结果却变成了地方政府“卸责式民营化”与民众“支出攀升式民营化”以及外资“巨额垄断利润式民营化”。

（3）以中小学教育、医院为代表的公共服务领域的民营化实践

20世纪80年中期以后，随着当代中国的改革重心从农村社会转移到城市社会，从农业体制改革领域转移到经济体制改革领域，各级政府对于传统由政府统包的广覆盖低水平的政府公共物品，尤其是中小学义务教育、医疗卫生事业等公共物品，采取了事权下放的做法，但财权并没有有机跟进和治理理论：正本清源与中国实践与之匹配，导致中小学义务教育、医疗卫生事业这类公共物品的生产和提供缺口很大，更难以有效满足民众不断增长的普遍与多元化需求。一些地方政府因自身的财力限制以及“预算软约束”的状况，也在民营化的口号下，纷纷将中小学义务教育、医院外包，让民间资本、外资参与公共物品的生产和提供，出现了20世纪90年代中后期风靡一时的中小学教育和医院的“民办潮”。

这种通过合同外包的方式，将公共物品、准公共物品的生产和提供交由民间资本、外资来承担，从效率角度上讲是可以行得通的，但问题的核心是各地政府借此推卸了自身应肩负的责任，又缺乏有效的监管措施，更没有意识到在竞争不充分、规模不经济、政府不精明的情况下贸然推行民营化其后果往往适得其反。① 这种贸然推卸责任的公共服务领域民营化实践的后果，是各级政府经过多年的试错后再以回购的方式，将公共物品和

① David M. Van Slylce，“The Mythology of Privatization in Contracting for Social Services”，*Public Administration Review*，May/June 2003，Vol.63，No.3.

准公共物品的生产与提供又重新回归政府的责任体系之中。

### 2. 地方治理创新实践的中国式逻辑

与西方发达国家自20世纪70年代末就广泛推行的治理创新实践主要靠整个官僚体系的主动推进，以及将整个官僚体系也作为治理创新的改革对象所迥然不同的是，当代中国所进行的治理创新实践却是在地方层面的某些领域率先开展的，其背后的运作逻辑并不是作为执政党和政府的自上而下式整齐划一的治理意志，而是基于窘迫的财政状况而被“逼”出来的治理创新实践，①甚至是基于地方政府推卸责任后的无奈治理创新实践。毫无疑问，这种非制度化的地方治理创新的动力机制，无以转化为相对固化的制度形态的典型特征。

与此相对应的是，针对国有垄断行业的民营化改革实践却迟迟难以启动。虽然2005年2月24日《国务院关于鼓励支持和引导个体私营等非公有制经济发展的若干意见》（国发〔2005〕3号）强调“允许非公有资本进入垄断行业和领域。加快垄断行业改革，在电力、电信、铁路、民航、石油等行业和领域，进一步引入市场竞争机制。对其中的自然垄断业务，积极推进投资主体多元化，非公有资本可以参股等方式进入；对其他业务，非公有资本可以独资、合资、合作、项目融资等方式进入”，2010年5月13日《国务院关于鼓励和引导民间投资健康发展的若干意见》（国发〔2010〕13号）再次强调“鼓励和引导民间资本进入基础产业和基础设施、市政公用事业和政策性住房建设、社会事业、金融服务、商贸流通、国防科技工业等领域”，但由于各地对这些公用事业或者垄断行业的准入门槛太高、监管乏力等因素，其市场化前景和效果并不明朗。

---

① 唐亚林等：《小城镇公益事业民营化：经验、问题与对策》，《江淮论坛》2004年第6期。

更让人感到十分遗憾的是，针对政府自身的治理创新活动，虽然近年来在一些市场体系较为发达的东部地区或者先进区域，有关部门尝试了如政府购买社会服务以及行政服务流程再造等举措，但仍然局限于局部改良、局部重组以及体制内循环之一隅，或者仅仅只是把治理当作一种技术来对待，没有将其上升为一种思想，转化为治理国家和社会的有效方略，并没有对政府治理理念、治理结构、治理机制、治理环境进行革命性变革和整体性的设计与推进，从而极大地限制了用治理理论来全面提升政府治理、市场治理和社会治理的实际绩效的进程。

（唐亚林）

# 第三章　现代国家建设中的国家治理：意义、取向与主题结构

大约自20世纪90年代起，西方学术界尤其政治学、经济学和管理学领域流行的“governance”传入中国并被译为“治理”以后，这个词语获得了或被赋予了某种特殊的新意，很快引起人们的关注。[①]按照治理理论的主要创始人之一詹姆斯·罗西瑙（James N. Rosenau）的界定，治理是相对于政府统治而言的，是指一种由共同目标和多元主体支持的活动与过程，这种活动与过程未必由政府来实施，亦无须依靠国家的强制力量来实现，治理远比统治的内涵更加丰富，既可以由政府居间主导，也可以由

① “治理”一词并非新词。改革开放以来，频繁见诸执政党和各级政府文件及大众媒体中的“治理”，从关于宏观经济的“治理整顿”、社会治安的“综合治理”、国土生态资源的“环境治理”、新农村建设的“乡村治理”等提法，一直到具有特定政策行动意义的“专项治理”，如针对出行秩序紊乱的“交通整治”、针对特定越轨人群的“行为矫治”、针对乱排乱放的“污染管治”，如此等等，其“治理”的含义其实与“管理”大体无异，更多的是体现了一种非常规的问题导向的思维，表达了以公共权力动员和集中资源解决所积累的问题的事功考虑，具有强烈的“战役”任务特点。

非政府力量驱动和参与，既可以包括正式的机制，也可以包括非正式的非政府的机制。在中国学术界，正是“治理”这种多元的、多中心的公共管理特征，倡导国家与社会、政府部门与非政府部门、公共机构与私人机构的互动合作精神，以及强调公共权威来自市场原则、公共利益和社区认同三者之上的合作伙伴关系的要义，被认为契合了30余年国家与社会关系的深刻变革以及市场和社会力量的成长趋势，从而大大促进了人们对“治理”的讨论热情。党的十八届三中全会《决定》提出“国家治理体系和治理能力的现代化”的总目标，在文字上第一次把“治理”写入了执政党的最高文件，进一步激发了人们对“治理”的无限想象和促进“优良公共生活”(“善治”)的要求，以至于“国家治理体系与治理能力的现代化”被视为“第五个现代化”。[①]不过，在众多的阐释和解析中，关于“治理”，尤其是“国家治理”的理解，仍然存在着一些并非无关紧要的差异。对中国这样的处于现代化进程中的超大国家来说，把治理的意义放在属于中国特定问题的背景下来把握，考察国家治理在中国现代国家建设中面临的结构约束以及行动逻辑，有助于深化我们对这一概念及其价值的认识。

## 一、治理问题的不同背景

治理研究在西方主要有两个方向，一是着眼于公民自治的社区治理，二是强调共同参与的协商民主，前者是对西方社会运动发展的响应，代表着通过社群主义解决社会冲突和把社区变为实现国家责任的重要途径的取向，后者是对传统代议制民主的批判性反思，体现了公民对公共政策过程以及公民与政府关系朝着更透明、更平等、更多保护和更多制约的方向发

① 《人民论坛》近期发表的一组关于国家治理现代化的文章，封面所印的大字标题是：“关于‘第五个现代化’讨论”，见《人民论坛》2014年第4期（上）。

展的要求。不论哪一个方向，治理理论的兴起，都反映了战后工业市场民主化条件下国家与社会关系发生的深刻变革，其直接的动力，按美国加州大学伯克利分校马克·贝维尔（Mark Bevir）教授的观点，很大程度是为了应对和解决现代国家危机。①

现代国家的运行依托于市场和政府两个轮子，现代国家危机在某种意义上就是市场失败和政府失败的危机。西方人提出治理概念，主张以治理替代“统治”、“控制”，是现代工业民主国家经历市场失灵和政府失灵双重失败的反思结果。在亚当·斯密学说占据话语主流的西方世界，很长一个时期，国家实行自由放任的经济政策，充分肯定市场的作用，把政府的作用限制在非常狭小的范围内，是因为人们相信，不断增进国民财富的最佳办法是给予市场完全的自由。与这种对市场的极其乐观的认识相适应的就是守夜人式的政治社会的制度安排。然而，市场扩张的历史表明，随着资本的集中和生产的垄断，仅仅依靠市场机制来实现充分就业和优化资源配置成为不可能，这是“市场失灵论”提出的背景。市场失灵一般被认为是由于私人产品的排他性质，导致了宏观经济的失控，其根本原因其实在于现实中并不存在一个完全竞争即纯粹竞争的市场，因而作为市场机制的价格信号不能充分发挥作用，不能使资源配置实现最优化，事实上，在一个信息传递必定发生成本的约束下，家庭和厂商不可能免费和迅速获得信息，市场机制的作用不可避免受制于各种条件，这就会发生生产不足或生产过剩，导致供求关系的平衡最后要通过强制性的破坏来实现。既然市场在限制垄断、提供公共物品、克服生产的无政府状态等方面存在着内在的局限，逻辑上必然提出干预或矫治市场缺陷的他种力量和机制，也就是说，市场的失灵必然呼唤政府的出场。人们相信实行政府干预不仅必要，

① Mark Bevir, “Democratic Governance: A Genealogy”, *Local Government Studies*, 37 (1), 2011，转引自张国清：《社会治理研究》，浙江教育出版社2013年版，第619页。

而且合理。政府频繁地运用各种财政货币政策，尤其是扩张性的财政政策和扩张性的货币政策，对宏观经济进行全面的调控和管理，政府也通过直接提供公共物品和服务来发展福利国家。但是，到 20 世纪 70 年代，西方国家对市场的积极干预也逐渐表现出来许多负面的后果，最明显的是伴随着政府的过分活跃导致了政府职能的扩张和机构的膨胀，政府扩张的组织成本和行政成本加重了社会的税负负担，压抑了市场逐利的原始动力，限制了社会的自主创造性，也造成经济滞胀和高失业率的局面。单纯的市场手段和单纯的政府干预都不能实现对社会资源配置的高效率，西方的政治学者和管理学者从社会资源的配置中看到了市场的失败，也看到了政府的失败，于是“愈来愈多的人热衷于以治理机制对付市场和 / 或国家协调的失败”①，作为解决西方国家危机的重要方法，治理问题便自然而然提上了议事日程。

在当代中国，人们面临的问题主要不是西方国家所经历的市场失灵和政府失灵，而是社会转型中市场机制的不成熟和政府监管责任的缺失。计划体制时期无所谓市场，也无所谓市场失灵，市场是改革开放后随着国家与社会关系的调整，由执政党推动并借政府之力成长起来的。换言之，在中国，市场的成长对国家具有天然的依赖性。市场体制建构的历史至今不过 20 多年（以 1993 年党的十四届三中全会决定为标志），其不成熟主要表现为：市场规则不健全；生产者和消费者地位严重不平等和信息不对称；非公有制企业对职工权益的侵凌；国有企业内部人控制衍生的腐败和企业行为短期化；社会信用体系尚处于起步阶段；如此等等。值得注意的是，在市场不成熟的情况下，政府监管责任的缺失表现为选择性缺失，一方面是政府对产权的界定和保护不够，过多地干预市场主体的决策权（如

① 杰索普：《治理的兴起及其失败的风险：以经济发展为例的论述》，《国际社会科学》（中文版）1999 年第 2 期。

招商引资），过度地限制市场主体的权利范围（如过度审批），从而阻碍市场机制作用的正常发挥，另一方面是政府对经济社会的宏观调控乏力，如对重复建设、过度投资、产能过剩、产业结构趋同、环境污染、收入分配不公等现象的解决失效。政府在制定市场游戏规则和监督规则的执行方面的不力，造成了市场和政府的真空地带，产生了大量危害社会经济的问题。

因此，在中国语境中，治理不仅具有充分释放市场机制、限制政府不当干预的意义，还有如何在市场体制环境下提高政府的管理品质和治理能力的问题。政府和市场的关系并不是一些人所想象的零和博弈关系，市场的缺陷和政府的缺陷都需要从对方吸收矫治的力量。由于市场在资源配置中的地位已经被提到如此高的程度，也由于市场在经济社会中越来越广泛深刻的作用，在目前的情况下，在推动市场机制走向成熟的同时，可能更需要关注的是如何进一步改进和加强政府的宏观调控，而宏观调控所依赖的“优质政府”——对政府结构和行为的优化本质上不是一个市场选择问题，而是一个政治民主问题。党的十六大以来，“完善宏观调控体系”、“提高宏观调控水平”一直是执政党经济政策的重心，党的十八届三中全会《决定》再度提出“健全宏观调控体系”，强调“科学的宏观调控”作用，并将其视为“发挥社会主义市场经济体制优势的内在要求”，显然和市场经济发展 20 多年来国家宏观调控体系仍未定型、宏观调控实践面临诸多矛盾的现实情况有关。这是中国的治理概念和西方的治理概念在问题意识上的最重要的区别之一。

对宏观调控的强调反映了中国国家治理对中央权威的需求。中国改革开放是以“放权让利”为先导的，它的突破性意义在于没有这样一个“放权”的初始条件，市场和社会都无法成长起来。中央向地方的“放权”实际上是一个“分权”（decentralization）过程。到 20 世纪 90 年代初，分权使地方政府掌控了大量的资源（财政收入），出现了中央政府缺乏足够的资源和手段对地方政府进行有效控制的局面，正所谓“国家能力”（汲取资源能力）下降①——这是当时宏观调控（“治理整顿”）失败的原因之一。面对地方势力的兴起，重新集权成为90年代后日益高涨的呼声。尽管随后的分税制改革极大地增加了中央掌控的经济资源，一定程度改变了“弱中央”的境况，但是地方以机会主义方式规避、消减或抵制中央决策的行为并没有减少，只是由于中国政治中政党系统和干部系统的组织因素的存在而在某种程度上掩盖了中央与地方的紧张性质。这从90年代中期以来历次党的代表大会报告反复申明“要维护中央权威”、“保证中央政令畅通”、“自觉遵守党的政治纪律”、“同中央保持高度一致”的告诫中可以看出。由此而论，治理并不仅仅是着眼于“多元、多中心”而来的分权式的活动，在中国现代化转型的今天，它还应该纳入有助于克服分散化、地方经济“诸侯化”，保证国家统一、经济增长和社会整合的政治过程。

## 二、政府在场的治理：权力与责任

国家治理对于中央权威的需求还有更为实际的政治考量。中国现在存在诸多问题，② 可以从三个层面上讲：（1）改革开放以来由于社会阶层利益关系广泛的调整，中国出现了大量的问题，问题的复杂性和尖锐性

① 王绍光、胡鞍钢：《中国国家能力报告》，辽宁人民出版社1993年版，第38—47页。

② 习近平在党的十八届三中全会上举列了目前中国存在的诸多问题，如“发展中不平衡、不协调、不可持续问题依然突出，科技创新能力不强，产业结构不合理，发展方式依然粗放，城乡区域发展差距和居民收入分配差距依然较大，社会矛盾明显增多，教育、就业、社会保障、医疗、住房、生态环境、食品药品安全、安全生产、社会治安、执法司法等关系群众切身利益的问题较多，部分群众生活困难，形式主义、官僚主义、享乐主义和奢靡之风问题突出，一些领域消极腐败现象易发多发，反腐败斗争形势依然严峻，等等”。见习近平《关于〈中共中央关于全面深化改革若干重大问题的决定〉的说明》，《人民日报》2013年11月16日。

前所未有；（2）随着改革进入“深水区”，其中一些问题越来越具有深刻的结构性或体制性特征，所谓“剩下的都是难啃的硬骨头”；[①]（3）所提供的关于解决问题的许多建议和方案是冲突的，它们反过来又成为问题的一部分，加剧了问题的困境。问题不一定意味着危机，但危机肯定是由问题引起的，通过问题表现出来的，在这个意义上，问题和危机联系在一起。20世纪发展政治学文献对第三世界国家的研究曾提出后发国家在社会转型中的发展危机“症候群”，其中，贯彻危机指国家权力的分散化问题，整合危机指社会或民族分裂的问题，认同危机指忠诚与归属感被切割的问题，参与危机指制度不堪重负的问题，分配危机则是贫富差距恶化的问题。[②]不幸的是，这些危机程度不同地也存在于今天发展中的中国。在中国，把问题与危机相联，应不会发生大的争议，否则执政高层就不会发出“逆水行舟”、“如履薄冰”、“要有忧患意识”的慨叹。面对这样一个问题与危机相联的状况，如何统筹解决困难，如何协调处理关系，很显然就成为国家经常要考虑的问题。“统筹”与“协调”的先决条件是事权统一、权责一致、令行禁止，事实上，自2000年以来，国家较之改革开放前期产生了对集权更强烈的需求。

另一方面，这些问题和危机又是由发展引起的，是发展中的问题和危机，国家希望通过发展来解决这些问题和危机。那么发展的方略或者良策是什么？现在一般认为就是市场，就是市场化的改革。40多年的改革的确是靠市场化解决了很多问题，当然市场化本身也带出了很多问题。在中国，市场是由国家建构起来的，理论上资源的配置由市场支配，但整个国家的现代化却是由政府来主导的，中国的发展离不开市场，同样离不开政

---

① 见习近平2014年2月7日在俄罗斯索契接受俄罗斯电视台专访的谈话，《人民日报》2014年2月8日。

② 白鲁恂：《政治发展面面观》，天津人民出版社2009年版，第80—85页。

府。政府主导型现代化的实践为市场和权力的结合提供了空间，权贵资本的利益集团由此形成，这个利益集团试图影响和左右政府的公共政策，对政府的自主性构成了强有力的挑战。市场化是经济领域的基本特征，但是市场的成功激发了“市场帝国主义”的想象，导致新自由主义试图把经济市场化的方案打包施加于政治领域和社会领域，变市场经济为市场社会，使政治的逻辑从属于市场的逻辑，这就使得由原有的社会主义意识形态和基本制度规范支撑的政治系统承受了很大的压力。从20世纪80年代以来，新自由主义与社会主义、激进民主化诉求与可控的有序的政治参与、集体抗争运动与维稳工作构成了经济、政治和社会领域的紧张之源，政治系统要排除、缓解或吸收这些紧张压力，维护政治系统的基本秩序和原则，以避免“犯颠覆性的错误”，客观上不能不对“改革、发展和稳定”的基本国策提出很高的要求。党的十八届三中全会上，习近平强调全面深化改革的复杂性和系统性，指出“单靠某一个或某几个部门往往力不从心，这就需要建立更高层面的领导机制”[①]。党的十八大以来党和国家推行的一系列重大政治行政措施，都表现出加强中央集权明显的倾向。可以预期，由于以上因素和条件的制约和激励，权力将进一步集中，以克服发展危机和寻求超大规模国家的改革治理的支撑力。

因此，对于发展中的中国来说，实际上不存在“没有政府的治理”，甚至也不存在“小政府大社会”式的治理。中国现代化至今没有改变“政府主导型”的特质，区别只在于，计划时期的政府主导表现为政府权力对经济生活不受限制的干预和政府职能的畸形活跃导致政府包办一切，而市场体制建立后的政府主导则表现为政府相对于社会经济生活所担负的创新、指引、推动、平衡、保护的重大责任。工业市场国家的经验表明，发

① 见习近平：《关于〈中共中央关于全面深化改革若干重大问题的决定〉的说明》，《人民日报》2013年11月16日。

达的市场经济仍然需要政府承担保持社会总需求与总供给的动态平衡、保证宏观经济稳定协调发展的职责；仍然需要政府承担建立市场规则、健全市场法规、维护经济秩序的职责；仍然需要政府承担组织与实现公共物品的供给、调节社会分配、实现社会保障、解决社会公平问题的职责，更不用说市场不成熟的国家。即使是建立起服务型的政府，也不意味着取消管制，按照市场经济有效运作的客观要求，运用法律的、行政的、价格的各种手段，对一些特殊产业、特殊产品实行微观管理，是现代政府的通常做法，不同只在于是依法行政还是随意行政，是程序公开还是暗箱操作，是有法定的救济措施还是没有。

在中国，政府主导的空间和强弱在一定范围内是和社会自主的空间和强弱成反比的，治理，就过程本身而言，落在政府主导和社会成长二者之间，是政府与社会的合作互动；就历史和现实而言，则偏向前者，即治理很大程度不得不由政府来主导，这是由尚处起步阶段的社会的性质决定的。换句话说，以政府为主体和为主导的治理，仍然是治理的重心。因此，如果不是停留在治理概念的西方语义上，具有现实可行意义的治理目标，恐怕不是“小政府大社会”，而是首先要构建一个对现代化复杂情境具有回应性、有效性的问责政府，一个权力和责任对称一致的政府。权力和责任永远处在一种相辅相成的状态，没有权力的政府谈不上施政履责，因而也无所谓公民对其问责，不承担责任的政府则势必导向滥权，从而失去政府存在的合法性。在现代化复杂程度越来越高、变化速率越来越快、专业化要求越来越强的情况下，政府扩张其权力（表现为编制、机构、财政规模的增长）是一个趋势，但这种扩张一要符合法律程序，二要适应国情，三要遵循民意，而最重要的是必须承当相应的职责——有多大权力就要承担多大责任，责任构成权力的边界。在这里，政府责任的基本规定是法律责任，即政府的责任须通过立法程序上升为法律责任体系，其内容包括政府责任的主体、性质、范围、承担方式、裁判标准；追究政府责任的主管机构及其职责、权限以及与其他执法机构的关系，等等。这也是人们通常所说的“责任政府”的基本内涵。在某种意义上，责任政府较之小政府对中国的国家治理更具有现实性和紧迫性。责任政府涉及政府的权力配置、行使和监督制度的改革，只有在以解决政府权力的配置、行使和监督问题为改革重心的过程中，关于治理的“多元”“多中心”“协商”“非正式”“民间”等特点的讨论才有合理可行的坚实基础。

## 三、国家治理：现代国家建设的双重目标

解决政府、国家的权力配置、行使和监督问题本质上是一个现代国家建设问题。如前所述，由于国家治理的重心仍然是以政府为主体和为主导的，政府的权力和责任就具有了关键的意义，这一方面要求政府必须不断履行培育市场、发展民生、保护社会的职责，另一方面，在市场和社会成长起来的同时，也要求政府必须开放公众对公共政策的有效参与，接受公众对政府行为的有效监督。这些都在制度上考验着政府能否拥有足够的权威和施政能力以及这种权威和能力是否在宪治的边界内合法地和规范地运用。在这里，国家治理体系和治理能力的现代化建构事实上需要纳入现代国家建设（state building）的维度来思考。从现代国家建设的高度来认识和推进国家治理体系及其能力的现代化，按照人民主权原理，依据宪法规定原则，建设强有力的国家和强有力的社会，使二者的合作形成优良有序的公共生活，是处理中国经济与政治、分权与集权关系的重要路径。

毋庸讳言，现代国家建设是西方人提出的一个概念，它的要义是建立一个对内法律政治统一的能保护资产阶级财产权和资本主义秩序、对外主权独立的能与他国竞逐富强的政权体系，所以国家建设又称国家政权建

设。国家建设的问题意识是从中世纪的封建历史与资本主义发展的矛盾中引发出来的，而作为国家建设的历史运动则是从克服封建制起步的。封建制是什么？按照马克·布洛赫（Marc Bloch）的观点，封建制是中世纪西欧的一种政治法律制度，其内容可概括为封建主之间的封君封臣关系；与这种封君封臣关系相适应的封土制度；以及封君在其领地内取得的独立的行政司法权力。[①] 就后一个特征而言，也可以说封建制就是没有中央权威的政治分裂或国家权力分割的状态。在西欧，大体上直到16、17世纪以前仍然是领主诸侯的封建政治。这样一个封建制不利于货币、资本、贸易的跨域发展，不利于资本主义全国性市场的形成，所以新兴的市民阶级要求要打破这样的封建壁垒，要求建立全国统一的市场，统一的赋税，统一的法律，统一的常备军，统一的官僚体制，等等，这些东西实际上预示了中央集权的前景。恩格斯说，封建时代的市民代表着商品生产和新经济关系，而作为封建主的贵族越来越成为多余并且阻碍着发展的阶级，王权所以是进步的因素，是因为它代表着“正在形成的民族”即以军事和政治力量建构中央集权统一国家的趋势。[②] 这样，市民与王权结盟，前者以货币关系排挤了封建关系，后者以军事政治轰开了骑士的城堡，两股力量汇合一起，迎来了绝对主义国家的时代。资产阶级革命在绝对主义国家的基础上，通过对绝对君权的改造或约束，建立了资产阶级民族国家，从而“建立了自由竞争、自由迁徙、商品所有者平等的王国，以及资产阶级的一切美妙的东西。资本主义生产方式现在可以自由发展了。”[③]

因此，西方人写世界史，提炼出一个主题：从分散的历史走向整合的历史。这个主题也可以更直接明确读成，从分散的历史走向集中的历史，

---

① 马克·布洛赫:《封建社会》下卷，商务印书馆2004年版，第584—604页。
② 《马克思恩格斯全集》第21卷，人民出版社1965年版，第450—453页。
③ 《马克思恩格斯选集》第3卷，人民出版社1972年版，第308页。

或走向集权的历史。马克思关于现代世界的分析充满了这种世界史观的色彩——历史潮流是由民族主义走向世界主义、由分散的孤立走向集中的相互依存。这个过程表现为资本主义的集中化趋向——“它使人口密集起来，使生产资料集中起来，使财产聚集在少数人的手里。由此必然产生的后果就是政治的集中。各自独立的、几乎只有联盟关系的、各有不同利益、不同法律、不同政府、不同关税的各个地区，现在已经结合为一个拥有统一的政府、统一的法律、统一的民族阶级利益和统一的关税的国家了。”[①]显然，在欧洲，资本的扩张意味着资本主义在民族国家内部对封建关系的破坏、资本主义对主权国家地位的谋取以及各民族国家对各自资本主义利益的推进。这种世界史观，反映在西方人写的政治学著作中，就具有一个显著的特点：衡量国家建设的成败，首先要看中央的权力能否自上而下有效地贯彻到基层，中央的权力有没有渗透性和贯彻性。因为中央权力的渗透性和贯彻性意味着统一的中央集权国家的存在，统一的中央集权国家的存在意味着全国性市场和法律体系有了政治的基础，如果这两点都没有做到，这肯定不是现代国家，在资本扩张竞逐富强的时代，这注定是失败的国家。20 世纪 70 年代，西方的发展政治学文献、比较政治学文献讨论了很多非洲国家的发展状况，指出这些国家的中央政府能力很低，根本没有办法克服地方主义、部族主义、分离主义，因而根本没有办法推动现代化，这些国家被归入失败的国家之列，所以才有阿尔蒙德针对后发国家分权主义而提出“要分配首先得经济增长，要参政首先得政府有能”的批评，[②]才有亨廷顿面对转型社会的政治失序问题而强调建立强有力的国家的主张。[③]

---

① 《马克思恩格斯选集》第 3 卷，人民出版社 1972 年版，第 255—256 页。

② 阿尔蒙德：《发展中的政治经济》，载罗荣渠：《现代化理论与历史经验的再探讨》，上海译文出版社 1993 年版，第 363 页。

③ 见亨廷顿：《变动社会中的政治秩序》第 1 章“政治秩序与政治衰败”，上海译文出版社 1989 年版。

中国的国家建设和西欧既有差异性，也有相似性。差异性包含在历史、文化传统许多方面，如中国国家的起源（早期国家）不是家庭私有财产制度瓦解了氏族制度，而是古代的宗法制度以宗亲为纽带“协和万邦”组成了国家；[①] 中国王朝时期的“地方自治”依靠的是高度认同帝国主流价值的地方文化精英（士绅）而非自由城市中享有政治自由的市民，乡村秩序的由来不以权利为基础而以伦理和扶助为支撑；社会分层结构不是表现为凝固化的阶级与等级的合一而是流动性的等级和职业的结合，如此等等。但就背景而言，最大的差异是起点和时点的不同。中国的国家建设问题发轫于19世纪中叶，当它被迫纳入世界现代化潮流时，并不是一个“封建”的国家，而是一个自秦汉以来就维持着统一的中央集权的官僚制帝国，这一点和西方是非常不同的。但是，这个差异是时空上的，不是逻辑上的。19世纪中叶以后，在外部列强入侵（主权危机）和内部政治衰败（权威危机）的双重打击之下，中国在政治上出现了“十八个行省直如十八个小国”（康有为语）的局面，地方主义的兴起，权力重心的下移，中央的日渐空虚，使得中央集权的帝国呈现出某种“类封建化”的趋势。大多数国家建设论者相信，这样的“类封建化”局面不可能应对现代化的挑战，不可能承载由农业文明走向工业文明的使命，它必须要解决权力的分散化问题。因此，和欧洲的国家建设相似的是，晚清以来的中国现代国家建设事实上也是遵循着“从分散的历史走向整合的历史”的逻辑。于是，重建具有现代化取向的中央集权国家便成为百年中国历史的主题，中国的民族革命、政治革命、文化革命所谋求的正是建立一个能够保障中国实现现代化转型的强大的国家。

1949年革命胜利的意义在于，共产党通过运用政党动员和革命战争

① 沈长云、张渭莲：《中国古代国家起源与形成研究》，人民出版社2009年版，第57—61页。

的手段，对外有效地争取到了国家主权独立和领土完整统一，在平等、互利、自主的基础上发展同其他国家的关系；对内按照民主集中制的原则建立了相对完备的国家政治与行政体系（各级人民代表大会制度和各级政府制度），使中央政府的政令以遍布国中的党的组织网络贯彻到基层；在多民族国家条件下实行单一制的国家结构安排，在坚持中央政府统一领导和民族平等原则的前提下，形成了多民族的政治共同体，促进了民族间的整体融合与边疆地区稳定；以阶级斗争和大规模的群众政治参与的方式重组了中国社会，实现了底层民众的政治经济平等，开展了有史以来最为深入广泛的国民政治训练。虽然这个过程经历了严重的曲折，但和 1949 年以前相比，中国的面貌的确发生了根本性的变化。共产党革命克服了中国社会组织的分散化状态，为中国现代化提供了坚实的权威基础。

当然，这只是国家建设走完的第一步，它终结了 20 世纪上半叶以来一直困扰着人们的政权“内卷化”趋势，① 但远没有完成政治共同体的正规化和合理化的现代化过程，即“获得现代性”的过程。一个具有渗透性和贯彻性的中央集权国家体制的建立，并不等于一个现代国家的建成。按照现代国家建设理论，中央集权国家建制是现代国家构建很重要的内容，但国家建设还有一个很重要的任务，就是用现代技术设备装配起来的中央集权的国家不仅能够管辖领土国民，还要能够管控中央集权国家自身，而后者是不能简单地诉诸国家理性本身的，换言之，对国家的管控需要来自国家之外的力量，而且需要把这种力量制度化，这意味着现代国家必须是公民授权的国家。强健有力的国家涉及的是国家建设中政权的有效性问题，公民授权的国家则和国家建设中政权的合法性问题联系在一起，本质

① “内卷化”是杜赞奇用来分析中国国家建设遭遇困境的一个概念，指国家不是靠提高自身的效率来增强国家的财力，而是靠外延式的增长（增设机构、增加税种）来扩大国家的能力，结果国家的扩张导致国家的削弱。见杜赞奇：《文化、权力与国家》，江苏人民出版社 2008 年版，第 53—56 页。

上是社会公众自下而上有效控制国家权力、参与国家事务和监督国家行为的问题，即民主化问题。没有社会公众自下而上控制、参与和监督国家，则中央集权自上而下贯彻到基层就会造成国家权力的滥用和专横，就会造成国家对社会的侵蚀，最终导致社会的困顿和凋敝，而经验表明，一个弱小的缺乏自主性的社会是无法支持一个强大的国家的。所以，建设强有力的国家和充满自主创造活力的社会是中国现代国家建设的双重使命，也是国家治理现代化的双重使命。总之，国家建设要求不仅应该有一个体系完整、职能科学、监管合理、调控有效的政府体系，还应该有一个相对独立自主、广泛参与公共事务、有力监督和控制政府的社会体系。

## 四、国家治理的三个主题结构

越来越多的人注意到在现代化极其复杂的环境下，由于超大型国家（人口和疆域规模）和人均资源相对贫弱的尖锐矛盾，国家面临的调控、动员、分配和管治的压力不断增加，强化国家在这些方面的能力，使之适应现代化平稳转型的需要，是国家建设亟待解决的问题。国家能力本质上是国家制度的执行能力，其强弱取决于国家建制的合理性与否，因而以国家能力建设为向度的国家建设也包括了政府管理体制和管理模式在内的政权制度体系的改革创新问题，这方面的工作远未完成，而在社会控权方面，如何培育相对国家而存在的具有自主组织和管理特性的社会交往空间，支持和保障公民对政府权力的制约和监督，并使之制度化、规范化和程序化，也越来越成为国家治理的重要内容。

从这个视角出发，可以看到，改革开放以来中国国家治理的基本进程是围绕着三个主题结构展开的：（1）政府与公民关系；（2）中央与地方关系；（3）政党与国家关系。这三组结构的合乎现代政府原理的制度安排决定了治理体系的好坏，在市场和社会成长起来的今天，在政治上是影响全局的。

在中国，政府与公民关系大多是从国家与社会关系、政府与市场关系的角度来阐释的，前者关注的是社会政治结构的变迁，后者强调的是资源配置体制的转换，两者都深刻影响和扩充了政府与公民关系的性质和范围。不过，在某种意义上，国家与社会关系的政治哲学思考和政府与市场的政治经济学构设，仍然不能替代政府与公民关系的政治学视角，这就是直接构成政府与公民关系内核的“官民关系”。作为管理者阶层和被管理者阶层二元分立的官民关系一直存在着韦伯意义上的现代性的紧张，这本来就是官僚制的宿命。近年的一些调查数据表明，中国现阶段各种社会矛盾对应群体中，官民矛盾却位居各种社会矛盾之首，成为经济社会发展不能承受之重。[①] 官民矛盾和阶层矛盾、劳资矛盾、贫富矛盾、国企民企矛盾等社会矛盾交织在一起，成为各种矛盾的焦点，使得大量的“群体性事件”的矛头指向政府，严重削弱了政府的公信力。党的十八大以来，执政高层以开展群众路线教育、颁布和落实八条规定、大规模反腐惩贪为先导，希望通过整顿吏治、刷新政风、改善民生、保障权利、约束公权来遏制或缓解官民矛盾，取得了不俗的成绩。不过，作为国家治理结构重要环节之一，政府与公民关系仍然有待于从现代政府原理的顶层设计战略着眼，对关涉政府与公民的组织结构、行为规则、权力关系和利益格局给予革命性的调整和制度性的再造。

第二个结构是中央与地方关系。改革开放以来，传统的中央高度集权的模式让位于中央集权和地方分权并存的格局，计划体制下的中央权力集

① 见汝信：《2004 年：中国社会形势分析与预测》，社会科学文献出版社 2004 年版；郑杭生：《中国人民大学中国社会发展报告 2007》，中国人民大学出版社 2007 年版；李培林：《中国社会和谐稳定报告》，社会科学文献出版社 2008 年版；吴忠民：《当代中国社会“官民矛盾”问题特征分析》，《教学与研究》2012 年第 3 期。

中过多、管控过严的状况，以及地方权力与职责长期背离的运行状态有了较大改观，地方政府拥有越来越多的自主权，逐渐成为一级公共管理的主体。地方自主性的成长，地方政府竞争力和地方社会活力的增加，是40余年持续繁荣的重要原因。但是，地方自主性的成长又造成了地方主义的兴起，其中最明显的表现是地方保护主义，如地方政府通过行政规制手段（以部门文件）对外来企业和生产要素收取的不合理费用，以设置进入壁垒、保护本地商企；地方政府运用行政审批性的技术控制手段（建立技术标准、认证制度、卫生检疫制度、检验程序、包装规格和标签标准）提高外来产品的技术要求，人为设租，排除外来竞争；地方政府直接介入本地企业或资源的微观运行，为保护本地企业、排斥外地企业进入本地并购，直接策划、干预乃至包办本地企业的资产重组活动。前面提到的政府监管责任缺失所导致的重复建设、过度投资、结构趋同、产能过剩、环境污染等很大程度是地方政府的地方保护和市场分割的结果，这对中央权威的全局治理构成了很大威胁。中央与地方关系的张力至今仍然依靠政治要素（执政党的组织系统）来约束，而缺乏足够的制度要素（国家结构和法律关系）来解决二者的博弈。以财政体制为例，中央虽然可以控制地方的预算内收入，但无力控制地方的预算外收入和非预算收入，这首先是因为监督的成本很高，中央无法控制地方财政的所有项目，其次是中央与地方在事权上的分割不尽合理，使得中央不得不在一定程度上容忍地方的预算外行为，否则不能保证地方政府的“正常运转”。因此每一次中央做出的收权之举或制定旨在限制地方自由裁量权的政策更严厉，都驱使地方政府经营预算外收入的动力更强，通过所控制的资源开辟新的攫取领域的冲动更大，① 这正是中国国家治理的软肋之一。

① 沈荣华：《地方政府改革与深化行政管理体制改革研究》，经济科学出版社2013年版，第140页。

现代国家治理的经验表明，中央与地方关系的制度性分权，有赖于按照现代政府原理对政府责任体系与行政问责的制度化建构。现代政府原理的首要原则即主权在民原则，衍生原则即代议民主原则和政府权责一致原则。中国政治制度中的地方政府具有双重性，一方面要对上级政府负责，另一方面要对本级人大负责。中央永远不可能对地方行为明察秋毫，而地方官员的行为机制又对上级的偏好最为敏感，如果能大大提高官员对民意偏好的敏感度，局面将会大为改观。① 这意味着，要根本约束地方官员的机会主义行为，必须将人民代表大会的权力真正延伸并落实到对地方政府治理模式的监督和制约上。在目前中央政府与地方政府职权关系尚无法律明确规定的条件下，中央政府对地方政府问责除了依靠政党系统的强大机制外，最合适的方式就是利用现有的人大制度资源，这当然又有赖于人大制度的进一步改革包括代表产生、代表履责、代表与选民关系等制度的改革，而在未来的制度设计中，中央与地方的权力、责任和利益的科学配置及合理调适，包括中央与地方关系的冲突，还需要引入一系列宪治要件来系统解决。

第三个影响国家治理全局的结构是政党与国家关系。改革开放以来，在市场经济体制建构的过程中，政党与国家的关系发生了某种变化，中国共产党将它的执政的合法性定位于代表先进生产力、先进文化和最广大人民根本利益，而不是像以往那样诉诸阶级阵线、阶级革命、总体决战这些意识形态色彩鲜明的口号，极大扩展了党的社会包容性和群众性基础，因而呈现出更贴近实际的倾向，美国政治学者沈大伟（David Shambaugh）以“收缩与调适”为题对中国共产党的这一过程作了比较完整的描述。最能够表明中国共产党处于这两个状态的地方莫过于意识形态领域。所谓

① 沈荣华：《地方政府改革与深化行政管理体制改革研究》，经济科学出版社2013年版，第145页。

“收缩”主要就是扬弃原来的超越性目标中的乌托邦成分，撤出或减弱对一些领域的控制；而“调适”则是有意识地利用市场、商业资源，和传统媒体和新媒体合作，通过话语与意义的创造性转换来重建党的政治凝聚力。①

但是，这并不意味着中国共产党放弃它的使命型政党、动员型政党或意识形态型政党的特征。第一，党仍然强调它的先锋队的政党性质（“工人阶级和中华民族先锋队”），这种强调延续了中国革命和列宁主义的传统，在意识形态上，它对未来社会理想和“终极价值”的体认和论证仍然被认为在理论上是有效的，在行动上是有约束力的。第二，党仍然强调它是中国现代化事业不可替代的领导力量，这种强调来自它对中国国情即社会结构、历史文化、资源禀赋、问题危机的认知，在主观上，它充满了引领民族复兴“舍我其谁”、主持国家大计“当仁不让”的强烈的历史意识，在客观上，它仍然起着维系中国社会平稳转型的权威保障的作用。第三，党仍然强调它在整个国家政治生活中的轴心和支配作用，对重大事项和决策的决定性作用，这种强调和它追求“长期执政”的目标紧密联系在一起，因而不允许有摆脱一党执政或挑战现存政治秩序的任何倾向存在。这是目前政党与国家关系的基本规定。

党的十七大报告提出，共产党要按照科学执政、民主执政、依法执政的要求，改善领导方式和执政方式。这里所说的“科学执政、民主执政、依法执政”，实质是指在政党与国家之间，党通过什么方式实现对国家政权的掌控，在现代国家的新的历史条件下，实际上属于党的执政权如何运用的问题。这些问题在过去十年关于“从革命党到执政党”的研究中已多

① 见沈大伟：《中国共产党“收缩与调适”》第6章“重建中国共产党：意识形态之维”，中央编译出版社2012年版。

有讨论。[①] 首先，政党不是国家，即使党缔造了国家，但国家一经成立，便具有公共权力的相对独立性，党的决定，对国家机关来说，都是建议性质的，不是强制性质的，党与国家机关在组织上也不具有上下隶属关系，所以党不能对国家机关直接发号施令。其次，既然政党不是国家，党又要"领导"国家，党就必须合法地进入国家，所谓"合法进入"就是循国家之宪法和法律规定及提供的既定路径和程序"进入"之，具体地说，就是党通过人大代表的制度化选举形成"议会多数"而控制人大，通过党在人大的"议会多数"而控制立法过程，同时通过向人大推荐自己的干部人选并经人大选举确认而控制行政当局（政府），这个理路是所有代议制政府的理路。第三，政党"进入"国家后要合法地运作国家，党对国家的"领导"不是直接通过干预或以党权代替政权实现的，而是通过国家机关内部的党组织，以及兼具国家公职人员身份的党员干部，按照法定的程序以国家的名义来实现的。最后，由党的执政权的合法运用可以看出，党既然不能凌驾于国家之上，党的组织及其领导人自然也没有超越宪法和法律的特权。总之，在政党与国家关系上，共产党执政方式面临的最大问题，在于它能否正确地解决现代国家治理中政党与国家的法律关系，而判断党的执政方式是否走向成熟，其重要标志之一则要看它能否成功地把宪法的最高权威和法律的刚性约束内化为党的行为的理性自觉。

（陈明明）

---

① 这方面的论著极多，论文更不可计数，较有代表性的著述有王长江、姜跃：《现代政党执政方式比较研究》，上海人民出版社 2002 年版；林尚立：《中国共产党执政方略》，上海社会科学院出版社 2002 年版；张恒山、李林、刘永艳、封丽霞：《法治与党的执政方式研究》，法律出版社 2004 年版；李忠杰、金钊：《中国共产党执政理论新体系》，人民出版社 2006 年版，等等。

# 第四章　国家治理体系与治理能力现代化：前提、内涵与目标

国家治理体系强调的是国家治理的结构，国家治理能力更多强调的是国家治理的功能。国家治理体系的构建首先要解决党政关系的合宪化、政治过程的法治化和政治生态的常态化。治理理念的现代化、治理制度的重构、治理主体的协作、治理过程的科学化和治理绩效的优化是国家治理体系与治理能力现代化的主要内涵。国家治理体系与治理能力的现代化则要全面提升决策能力、执行能力、发展能力、分配能力、保障能力和统筹能力，通过统筹治理实现国家治理的制度化、法治化和高效化。

## 一、国家治理体系与治理能力现代化的前提

### 1. 党政关系的合宪化

现代国家治理体系一般通过法律制度规范并限定不同治理主体及其

权力、关系和责任。中国国家治理体系中最为关键的是如何处理好党政关系。目前两者的关系主要体现为党政分工不明确且党政合一的趋势较为明显，这与治理理念是相悖的。分工不明确、权力不明使得党政治理责任模糊，从而导致治理体系的紊乱和治理低效。党政关系的合宪化要将执政党的权力、角色和责任纳入法律体系，实现党政职能分工和责任分解，各司其职，确保党政权责关系的制度化。

### 2. 政治过程的法治化

现代政治的一个显著特征是其治理主体及其行为要受到法治约束，一切公共权力的行使都要符合法治精神并遵守法律规定，依法治理和依法行政。政治过程的法治化意味着要告别暴力政治、人治与运动式治理。其次，法治化要杜绝政治过程中的人治，特别是长官意志和领导者随意决策，将权力关进笼子关键要将一把手的权力关进法治的笼子。再次，法治化要抛弃运动式治理这种不合时宜的治理方式。运动式治理体现的是领导者的权威意志，通过强制手段实现短期既定目标，而不考虑长远效益和法治精神。政治过程的法治化为国家治理体系划定了行为边界和责任追究机制，一旦越位则要受到法律的制裁。

### 3. 政治生态的常态化

政治生态的常态化要促进政治规则的理性化、开放式竞争。现代政治文明追求的是在制度框架内的权力角逐与利益分配。现代政治的理性化要正确看待政治参与者的合法而正当的利益追求，设定公开透明的游戏规则，使其在规则范围内有序竞争，塑造科学理性的政治文化规约其行为。其次，常态化还要求治理主体之间以及政府内部的官员之间的竞争是在平等和开放的政治生态下进行，而非你死我活的斗争高压下展开。

党政关系的合宪化、政治过程的法治化和政治生态的常态化为国家治理体系的构建提供了制度基础、行为规范和社会支持，三者共同影响中国国家治理体系和治理能力现代化的内涵及其目标。

## 二、我国国家治理体系与治理能力现代化的内涵体系

党的十八届三中全会制定了“五位一体”的制度建设和改革总体方案，全面推进统筹协调经济、政治、文化、社会、生态文明建设五大领域的改革以及党的建设制度改革。从治理的内在运作逻辑来分析，我国国家治理体系与治理能力现代化包括五个方面的内涵：一是治理理念的现代化，二是治理制度的重构，三是治理主体的协作，四是治理过程的科学化，五是治理绩效的优化。

### 1. 治理理念的现代化

治理理念的现代化是指由传统的统治观转变为治理观，同时在治理理念的指导下树立民主治理和法治治理精神。党的十七届二中全会指出市场经济、民主政治和法治国家是我国改革的目标和方向。① 奥斯特罗姆早在20世纪70年代就呼吁美国公共行政要从官僚制行政向民主行政转型。② 民主治理首先要符合并满足全体民众的真实需求而非官僚意志和资本利益，真正做到以民为本，为民服务；其次，民主治理要激发多元治理主体参与治理过程，鼓励社会组织、公民个人和其他公共组织一起参与公共事务的治理，形成协同治理的有效机制；再次，民主治理要为实现不同层级

① 中共中央十七届二中全会文件《关于深化行政管理体制改革的意见》，中华人民共和国中央人民政府网：http：//www.gov.cn/jrzg/2008-03/04/content_909225.htm。

② 文森特·奥斯特罗姆：《美国公共行政的思想危机》，毛寿龙译，上海三联书店1999年版。

的自治创造条件，逐步实现基层事务、地方事务和国家事务分层分类治理格局，实现治理权的下移，追求治理的实效性。

其次，治理理念的法治化。“现代政治的使命就是对国家权力施加制约，把国家的活动引向它所服务的人民认为是合法的这一终极目标上，并把权力的行使置于法治原则之下。”[①] 治理理念的法治化首先要维护和执行宪法权威，任何组织和个人都要在宪法框架内行事。其次，改变依附权力和关系的政治文化和社会心理，营造契约精神和理性精神，尊重规则，按规则而非潜规则办事。法治化主要针对的是掌握公共权力的主体，使其治理行为契合法治精神，遵循法律规定。近年来有些地方出现的“钓鱼执法”和强拆、血拆等暴力执法都是对法治理念的践踏，更遑论一些官员的贪污腐败行为。同时，治理法治化对其他治理主体如社会组织、事业单位乃至公民个人也同样适用。治理主体和整个社会法治意识的提升也会对政府形成强大的压力，迫使其更好地依法行政。

### 2. 治理制度的重构

胡鞍钢认为，一个国家的现代化包括两个最主要的方面：一是国家建设现代化，即经济、政治、社会、文化和生态文明建设现代化；二是国家制度现代化，即实现国家基本制度现代化，并实施“良治”，确保国家利益最大化，全体人民福利最大化。[②]

治理制度既包括正式的国家制度，也包括非正式的社会自治制度。治理制度的重构关键要对国家权力进行分立并加以制衡，其目的有二，一是有效发挥权力的功能，实现对公共事务的有效治理；二是将权力关进制度

---

① 福山：《国家构建——21世纪的国家治理与世界秩序》，黄胜强译，中国社会科学出版社2007年版，第1页。

② 胡鞍钢：《治理现代化的实质是制度现代化》，《人民论坛》2013年11月25日。

笼子，加强对其制约和限制，防止权力滥用和作恶。其次，要对各类治理主体的职能进行科学分解，具体而言，执政党要回归政党的本职功能，做好政治领导和战略决策；政府承担现代政府执行公共政策和提供公共服务等主要功能；市场有效配置资源，企业创造社会财富，共同增强经济活力；社会组织成为政府和市场之间的连接点，做好社会自我管理、自我服务等工作，形成良好的职能分工体系。第三，在权力分立和职能分工之后，还要构建严苛的问责体系，对治理不力的主体进行惩戒，对绩效优良者予以激励。治理制度的重构还要符合法治原则和精神，接轨制度文明，将一切恶法、恶政以及不文明的制度都予以废止。

### 3. 治理主体的协作

我国的治理主体主要包括执政党、政府、其他公共组织、社会组织和公民等。现代社会公共事务的复杂性和社会问题的多元使得任何一个单一主体都无法应对这些问题的挑战，因而需要这些主体之间通力协作。无论是公共决策、政策执行、公共产品供给、公共服务还是社会公平正义的维护都需要多元治理主体之间的合作。治理下的协调既包括行为体之间战略或利益的协调，还包括规则与行动价值之间的协调。① 从组织角度来说，要打破不同治理组织的边界、权力、信息和价值壁垒，构建无缝隙治理体系。从群体角度来说，要考虑国家治理的人力资本建设和人力资源的调配，加大不同领域不同组织治理人员的流动性和开放性，比如公务员队伍和企业、高校、事业单位之间的岗位流动、不同阶层之间的流动，让不同治理主体都经历不同的锻炼和历练；同时打破公务员和政府对优秀人才的垄断式吸引，比如近年来的“国考热”吸引了大批高学历的人才，这对

① 让-皮埃尔·戈丹：《何谓治理》，钟震宇译，社会科学文献出版社 2010 年版，第 23 页。

国家治理人力资本的科学配置可能就是一种浪费。从个人角度而言，提升不同治理主体的协作意识、协作能力和协作技能，推动治理主体在不同领域、不同层次和不同地域的合作。

### 4. 治理过程的科学化

治理过程的科学化是为了实现治理的高效。治理过程的科学化首先要求具备系统思考和战略决策能力，通过科学的战略规划指导国家的发展。国家发展和治理首先要从宏观上制定出战略规划，确定国家发展的理念、目标和路径。党的十八届三中全会成立中央全面深化改革领导小组显然体现了这一理念。“中央全面深化改革领导小组负责改革的总体设计、统筹协调、整体推进、督促落实，主要职责是研究确定经济体制、政治体制、文化体制、社会体制、生态文明体制和党的建设制度等方面改革的重大原则、方针政策、总体方案；统一部署全国性重大改革；统筹协调处理全局性、长远性、跨地区跨部门的重大改革问题；指导、推动、督促中央有关重大改革政策措施的组织落实。”①

其次，决策体系的科学化。科学的决策体系要求有现代决策支持体系，如信息支持系统、咨询系统、公开辩论平台、公众参与系统、决策监督系统、决策纠正系统和决策失误追责系统。再次，治理流程再造。通过运用现代管理理论、技术和方法从组织设计、机制优化、人员培训和技术辅助等实现管理效率的最大化。治理追求的管理高效除了经济效率最大化外，还要追求社会效益，也就是说治理要符合社会公正等价值规范和追求。治理理论吸收不同理论、不同学科的理论精华，也借助了最新的信息技术、网络技术来优化治理方式，比如电子政务、移动政务和大数据应

---

① 《习近平任全面深化改革领导小组组长》，新浪网：http：//news.sina.com.cn/c/2013-12-30/201729121817.shtml。

用，这进一步丰富了治理的内涵和治理的技术、方法和手段，使得治理过程迈向开放透明、多元民主、经济高效。

### 5. 治理绩效的优化

治理绩效的优化是指治理行为取得预期目标和效果，体现了治理的结果导向和责任导向。结果导向追求治理效率最大化，提供民众最需要的公共服务，有预见性的解决各种公共问题；责任导向通过严格的绩效评估体系来考核不同治理主体的治理绩效，根据其绩效决定其经费使用、晋升发展和奖惩，并将绩效评估与问责机制有机联系起来，形成严苛的责任文化和追责制度。治理绩效的优化不是关注短期目标，而是放眼未来，制止治理的短期行为以及非理性行为。比如只顾经济发展不顾社会效益和环境代价的 GDP 至上主义的发展思路，只注重当前或局部地区的社会秩序与稳定的“刚性维稳”的理念，只重视某个具体问题的短期解决的运动式治理以及简单粗暴的限购令、限行和限号等政策的使用。这种只关注眼前不注重长远也不通过自身能力的提升和改善的治理手段与政策的运用只会掩盖问题，激化矛盾并累积风险，最终会损害国家治理能力。

总之，治理理念的现代化、治理制度的重构、治理主体的协作、治理过程的科学化以及治理绩效的优化形成了一条完整的治理链条，并囊括了现实中治理运作的各个方面的重要内容，共同构成了中国国家治理体系的关键内涵。

## 三、国家治理体系与治理能力现代化的发展目标

治理能力的提升离不开政府能力建设。世界银行 1997 年的世界发展报告提出了“政府有效性”这一重要问题，认为政府的核心使命包括五项

最基本的责任：确定法律基础；保持一个未被破坏的政策环境，包括保持宏观经济的稳定；投资于基本的社会服务和社会基础设施；保护弱势群体和保护环境。① 这五个方面既构成了政府职能的五大范畴，也是一个有效政府的五项重要能力。福山指出，政府能力从广义上讲比其职能范围宽窄更为重要。在他看来，政府能力就是制度能力，包括制定和实施政策以及制定法律的能力、高效管理的能力，控制渎职、腐败和行贿的能力，保持政府机关高度透明和诚信的能力以及执法能力。② 在他最新一次的访谈中，福山修正了制度能力至上的主张，他提出了治理的四个维度的评价标准：程序性衡量（procedural measures），指的是政府官员的行为符合既定的规则；能力衡量（capacity measures），指汲取社会资源（尤指税收）能力角度；输出衡量（output measures），指国家治理显现效果角度；官僚机构的自主性衡量（measures of bureaucratic autonomy），指政府机构在规则范围内，相对独立、灵活变通的执行可操作政策。他继而以官僚自主性为横坐标，国家治理能力为纵坐标分析不同的国家的治理能力，在他的分析框架中，美国落在低自主性、高治理能力的第二象限；中国落在高自主性、高治理能力的第一象限。③

在有关治理指标的研究中，世界银行学院的 Daniel Kaufmann，Aart Kraay 及其团队推出的治理指标使用较为广泛。他们将治理定义为“国家权力运作的惯例和制度”，并认为治理包含三个维度：第一，政府的选举、监督和更替过程。（1）表达权和问责（Voice and Accountability，VA）：公民在政府选举过程中的参与程度。包括政治进程、公民自由和政治权利等多个方面。（2）政治稳定性（Political Stability，PS）：当权政府被非法

① 世界银行：《1997 年世界发展报告：变革世界中的政府》，中国财政经济出版社 1997 年版。
② 福山：《国家构建——21 世纪的国家治理与世界秩序》，黄胜强译，中国社会科学出版社 2007 年版，第 9 页。
③ 福山：《福山的新声音——什么是治理？》，《中国青年报》2013 年 12 月 23 日。

或暴力手段所破坏或颠覆的感知可能性，包括国内暴力和恐怖主义。第二，政府有效制定和实施合理政策的能力。（1）政府效能（Government Effectiveness，GE）：公共服务的感知质量、官僚机构的质量、公务员能力、政府服务相对于政治压力的独立性、政府承诺的可信度等。（2）监管质量（Regulatory Quality，RQ）：市场不友好政策的发生率，如价格控制、银行监督不力、外贸和商业开发等领域的过度监管所带来的感知压力等。第三，公民和政府对经济社会互动制度的遵守。（1）法治水平（Rule of Law，RL）：社会是否成功地为经济社会互动创建了公平、可预期的法规环境；物权受保护的程度。包括感知犯罪发生率、司法有效性和可预期性、合约执行力等。（2）腐败控制（Control of Corruption，CC）对腐败的感知程度。包括小腐败、大腐败和国家俘获。①

无论是以制度还是以自主性来衡量，一个国家的治理能力都至关重要。中国国家治理能力建设的核心目标是全面提升中国的制度能力和制度绩效，在制度能力建设的统领下，当下和未来我国国家治理要重点加强以下六种能力建设：一是决策能力；二是执行能力；三是发展能力；四是分配能力；五是保障能力；六是统筹能力。

### 1. 决策能力

决策能力首先体现为科学决策能力。科学决策要求决策主体具备较高的决策理论水平，建立系统完备的决策支持系统，提高决策过程的开放度、透明性以及参与性，提高决策质量。我国科学决策水平和能力还有很大提升空间，由于决策不科学所造成的决策损失是巨大的，国家治理中最大的浪费莫过于战略决策的失误。世界银行估计，“七五”到“九五”期

---

① 克里斯蒂纳·阿尔恩特：《政府治理指标》，杨永恒译，清华大学出版社2007年版，第35页。

间，我国投资决策失误率在30%左右，资金浪费及经济损失大约在4000亿至5000亿元。[①]如果加上最近10多年的决策失误损失，这个数字可能更为惊人。除了看得见的物质损失，决策失误带来的环境破坏和社会效益则很难用金钱来衡量。

其次，决策能力还体现为公正不偏不倚的制定政策的能力。公共政策作为价值分配的权威性工具，理应成为公共利益的维护者，对社会资源进行公正的调配。但现实中，如果政府官僚由于追求自身利益导致他们制定的公共政策成为维护其利益的工具，而忽略了其他社会阶层的利益，或者由于中国社会利益的多元化，不同社会群体由于利益分化而形成了不同的利益集团，这些利益集团基于自身的利益追求，从而选择与政府官僚的同盟与合谋，共同绑架了公共政策的制定过程，则会使公共政策成为这些强势利益集团谋利的工具。为了确保公共政策的公正性，未来需要提高公共政策参与性，加大政策过程的透明度和开放性，增强对政策过程的监督，对重大公共政策的出台必须要引入公众民意测评，形成公开辩论和讨论的制度平台，防止暗箱决策。

### 2. 执行能力

执行是贯彻基本的政策决定。一般来说，这样的政策决定体现在法规、条例或法令中，也可采取行政命令或法院决定的形式。[②]执行能力是政策执行者贯彻实施公共政策的意图、愿望以及强度，一般将实际取得的结果与原来所期望取得的效果进行比较，从而得出“执行差距”来考察其执行力。在实践中，“执行失效”和“执行不足”是执行能力低下的表现。此外，在政策执行过程中还存在着诸如各种“土政策”“潜规则”来对抗

① 高福生、朱四倍：《决策失误是中国最大的失误》，《决策与信息》2009年第7期。
② 迈克·希尔：《执行公共政策》，黄健荣等译，商务印书馆2011年版，第10页。

权威政策和正式规则，各种“运动式执法”来代替常态化的政策执行等都是政策执行不力和执行能力不足的典型表征。

加强执行能力首先要树立对制度权威和规则价值的遵从，提升公务人员的理性化精神和规则意识，强化对制度权威的认同。其次，要增强执行人员的政策素质和政策学习能力。政策执行是一种专业性很强的技能，这种技能既要在实践中不断地习得，也要通过系统的专业培训予以强化。再次，对执行结果及其绩效要有合理的激励和惩戒机制，从而能够形成良好的执行导向。

### 3. 发展能力

现代国家的发展是一个涵括了物质、制度、主体和理念等方面的全方位的发展进步。首先要更新传统的发展理念，从狭隘的经济发展或物质主义的发展导向转变为经济、政治、社会、环境、制度等全方面的发展，并最终回归到人的全面发展，为人的自由幸福生活而发展。其次，从当前的治理任务来看，政府的工作重心应该从发展型政府向发展型与服务型政府并重转型，提升发展质量和效益，将更多资源转移到公共服务和民众福祉上去，切实改善民众生活水平和幸福指数。再次，发展能力还意味着可持续发展的能力。未来中国的发展需要在可持续发展和包容性发展以及共享发展层面做出更多努力。中国改革开放 30 多年来在经济发展上取得了举世瞩目的成就，但这种成就是以高污染、高能耗和低劳动力成本的代价而获得的，随着国际经济竞争的加剧和国内资源环境的紧缺以及劳动力优势的丧失，中国经济的可持续发展将面临越来越大的挑战。而且，纯粹追求经济发展带来的后果是发展的非均衡性越来越严重，经济发展、政治改革、社会建设和文化价值的失衡对中国而言是不可承受之重。此外，不同群体不同阶层之间的贫富分化日趋严重，基尼系数普遍认为突破 0.5，社会冲突和官民矛盾累积到了爆发的临界点将给社会稳定带来严重威胁；城乡二元结构没有得到有效缓解，城乡发展差距越来越大；区域发展如东中西部之间的差距在逐步拉大，流动移民的权益没有得到公平对待，所有这些都是发展不均衡和发展能力不足的后果。未来中国的发展需要在可持续发展和包容性发展以及共享发展层面做出更多努力。最后，发展能力还意味着政府不断提升汲取能力，这点可从中国政府的财政增长上得以体现，问题在于，未来中国政府应该改变“国强民不富”，对我国税收政策进行调整，降低企业和民众税负，采取“藏富于民”政策，使民众一起分享改革的有益成果，实现国强民富的发展目标。

### 4. 分配能力

现代治理体系不仅要能够创造社会财富，实现社会繁荣，还要承担分配功能。分配能力首先体现为物质资源的分配。政府作为社会公平正义的维护者，分配能力体现了现代政府的价值导向和存在意义。政府需要通过公共政策来调节社会资源在不同群体间的分配，对弱势群体的基本生存予以保障，从而维系社会稳定与可持续发展。分配能力的第二层要义还在于分配正义。政府和公共管理者要维护社会公平正义等价值，其治理行为和理念要彰显并倡导法治、规则、平等、自由、责任、理性等现代理念，传递文明并与世界接轨。分配能力的第三层含义还在于分配公平机会的能力。要为社会不同阶层的自由流动和发展创造公平合理的制度空间和平台，使其能够通过自身努力看到向上流动的可能，为农村和社会弱势群体的发展提供扶持，从而增强社会活力，保持社会群体之间的有序竞争。近年来，农村孩子进入名牌大学就读的比例不断降低以及农村生源的大学毕业生在就业市场遭遇的种种困境就说明这种机会公平存在较大的问题。

### 5. 保障能力

治理能力现代化要具备强大的保障能力以维系社会的有序和稳定。政府得以存在的一个基本原因是需要它缓和与解决社会中的冲突，维护正义、秩序和稳定。保障能力首先体现在政府维护社会稳定和秩序的能力，对外能够维护主权领土完整，同时能够为本国国民在国际上的安全、尊严提供保障和支持；对内提供良好的公共治安和社会安全等公共产品。目前中国社会面临的社会矛盾和危机日益增多，由于利益分化和利益竞夺而发生的群体性事件也相当频繁，政府应该改变以往的刚性维稳逻辑，即不再依赖和借助强力手段去维护社会稳定，而更多采用公共政策和法律等柔性手段去创新柔性维稳方式，更加积极主动地调节和化解社会矛盾，加强社会保障和社会救助制度建设以满足弱势群体的各类基本需求，加强制度建设和法治建设惩戒各种违法犯罪行为，通过教育和文化建设提高民众的规范意识，为社会有序和可持续发展提供秩序保障。

保障能力的另外一层含义在于政府通过现代社会保障和福利制度为社会弱势群体的生存和发展提供基本保障。西方的发展历程表明，社会保障是社会安全网，社会救助制度的构建较好地满足了反贫困的需要、民众需求的满足以及公民权利的扩展等现实要求。中国要建立完善的社会保障制度，逐步从选择性福利制度向普惠式福利制度转型。最后，一个国家的保障能力不能完全寄希望于政府，还应该发掘和调动整个社会的凝聚力和向心力，在整个社会形成守望相助、乐善好施、关注公益的社会公德与社会风气，形成政府、家庭、市场和社会一起合作应对的风险防范体系，提高社会保障能力。

### 6. 统筹能力

统筹能力指的是全面驾驭改革发展的能力以及协调利益冲突达成社会

共识的能力。统筹的基本方式是协调和整合。① 现阶段我国面临着全面深化改革的重大任务，全面深化改革需要国家制定一揽子的战略改革清单并打破各种既得利益集团的阻力，既有思想观念的束缚和改革风险带来的畏难心理等。这就要求国家具备一定的综合统筹能力，站在国家和社会发展的战略高度做出前瞻性、全局性和长期性的改革方案，推进全方位的社会经济政治体制变革。从这个意义上讲，统筹能力也是一种革新的能力。与此同时，当下中国社会日趋多元化，不同的利益追求、不同的社会思潮、不同的社会群体之间的矛盾和冲突也会越来越多，国家要有能力协调这些不同的矛盾和冲突，将其需求、利益和要求纳入可以统一对话的平台，通过协商而非对抗来解决分歧，同时通过政策补偿来弥合不同阶层之间的利益失衡。西方发达国家政府也在努力求助于协同、合作与协调的理念及其一整套实现结构、机制与过程，重塑国家治理体系。② 中国社会稳定可持续的发展需要所有社会阶层的支持配合，因此要营造良好的社会心态与国民情绪，在中央与地方、政府与社会、富人和穷人、官方和民间之间形成广泛的共识，推动中国深化改革和可持续发展繁荣。

国家治理体系与治理能力现代化首先需要处理好三大前提，包括党政关系的合宪化、政治过程的法治化以及政治生态的常态化，唯有如此，才能构建现代国家治理体系。治理理念的现代化、治理制度的重构、治理主体的协作、治理过程的科学化和治理绩效的优化是国家治理体系与治理能力现代化的内涵。国家治理体系的构建与优化以及治理能力现代化的目标有三：从国家层面来看，增强政府的治理能力和自主性，实现管理的高效

① 李瑞昌：《统筹治理：国家战略和政府治理形态的契合》，《学术月刊》2009 年第 6 期。

② 杨冠琼、刘雯雯：《公共问题与治理体系——国家治理体系与能力现代化的问题基础》，《中国行政管理》2014 年第 2 期。

化和有效治理；从社会层面来看，提升社会的自治能力，增强社会活力，维护社会秩序；从个体层面观之，提高公民参与公共事务管理的能力，扩大民众权利，提升民众幸福感。总之，治理能力现代化意味着通过提升决策能力、发展能力、执行能力、分配能力和保障能力和统筹能力，完善合作治理机制，增强协作治理水平，形成统筹治理的新格局，从而保证国家治理的制度化、法治化和高效。

（陈水生）

# 第五章　后发展国家的治理能力：从行政到政治

党的十九届四中全会作出了《中共中央关于坚持和完善中国特色社会主义制度、推进国家治理体系和治理能力现代化若干重大问题的决定》，中央全会不仅明确了坚持和完善中国特色社会主义制度、推进国家治理体系和治理能力现代化的基本任务，而且强调指出，国家治理体系是中国特色社会主义制度的集中体现，中国国家制度和治理体系具有显著优势，必须将制度优势转化为治理效能。中央全会决定说明中国共产党对于国家治理现代化的认识不断深入、更加成熟，这不仅意味着要将推进国家治理体系和治理能力现代化贯穿在坚持和完善中国特色社会主义制度过程中，而且意味着国家治理体系和治理能力现代化是中国在世界大变局中实现中华民族伟大复兴的基本支持。作为当今世界上最大的、发展势头最好的后发展国家，中国在推进国家治理体系和治理能力现代化方面，既具有自身的独特性又具有后发展国家的一般性，也就是说，世界上其他后发展国家兴衰成败的经验和教训，对于中国实现国家治理体系和治理能力现代化有着重要的借鉴意义。其中蕴含的基本判断在于，国家治理能力是实现制度优势更好转化为制度效能的关键，因此归纳国家治理能力的一般性理论框架，对于理解中国国家治理而言就具有特别显著的意义。

## 一、问题缘起

20世纪50年代至70年代，世界经济经历了一个普遍繁荣的时期。欧洲经济在美国经济援助下得到恢复并快速发展，一些后发展国家也步入经济发展的快车道，缩小了同发达国家的差距从而成为新型工业化国家，而且有少数国家挤入了发达国家行列，对西方发达国家构成了强有力的经济挑战。这些变化究竟是怎样发生的？从20世纪70年代初期开始，一股西方世界相对衰落的思潮开始影响到美国学术界，在美国学术界的推动下很多学者开始关注后发展国家崛起的问题，试图解答后发展国家快速发展的秘密。

综观学术界的主要研究文献，不难发现它们集中关注如下问题：为什么后发展国家能够实现快速的经济发展？导致后发展国家迅速发展的因素具有普遍性吗？为什么后发展国家的崛起存在如此大的差异？例如新加坡、韩国、日本能够迅速崛起成为发达工业化国家，墨西哥、巴西等国家的发展则是不稳定的，而印度的发展速度尽管不快，但却是长期平稳的。如果说国家本身对于解释经济发展及其差异是重要的，那么应该如何理解国家的作用？学术界在这些问题的牵引下，提出了发展型国家理论、嵌入自主性理论、治理型相互依赖理论和依附性发展理论等解释。

发展型国家理论是由查默斯·约翰逊在日本发展经验的基础上提出来的。查默斯认定日本通产省与日本奇迹之间存在密切联系，因为通产省是凝聚共识、制定政策、推进发展目标的政府机构，通产省的存在使得日本成为了一个有着强劲发展意愿的国家即发展型国家。[①] 具体而言，发展型国家理论有着如下内容：第一，政治化的资本主义，政治精英与资产阶级建立了联盟，政治精英实现了对金融的有效掌控，资产阶级得到了国家干预政策的支持；第二，完善的官僚制度，一大批受过良好教育从而拥有专门管理技能的社会精英成为技术官僚，而且技术官僚同政治精英相对分离，能够长期保持稳定；第三，国家奉行压制和排斥工人阶级的治理策略，通过限制工人阶级的政治参与从而限制工人阶级的社会经济权利的增长；第四，国家对经济过程的干预，当然国家干预经济的产业政策并非要取代市场，而是遵循市场的前提下推动产业结构的优化升级；第五，地缘政治的机遇，冷战格局既给日本造成了压力，又为日本带来了机遇，特别是美国的工业品订货为日本工业发展注入了资金。[②]

彼得·埃文斯在国别比较研究的基础上提出了嵌入自主性理论。他认为国家并非是单纯的经济剩余掠夺者或者经济发展者，国家与经济之间关系的具体性质取决于国家与社会之间关系的具体形态。正如市场经济的运转是嵌入在一定的社会关系之中一样，国家的运转也是嵌入在一定的社会关系之中的，但是国家在嵌入之前是自主的，也就是说国家不会屈从于特定社会集团的利益，国家具有同社会集团的压力相隔离的能力。与此同时，国家也嵌入社会之中，即借助一定的制度来组织社会、塑造社会，特别是能够将资产阶级组织到发展的轨道上来，并且依靠发展的绩效来巩固和强化国家对社会的组织状态。自主性和嵌入性的结合赋予国家一种特殊的权力行使方式，这就是国家通过社会来行使权力，而非对社会行使权

---

① Chalmers Johnson，*MITI and the Japanese Miracle*：*the Growth of Industrial Policy*，California：Stanford University Press，1982.

② 禹贞恩：《发展型国家》，曹海军译，吉林出版集团有限责任公司 2008 年版，第 13—24 页。

力，因此国家嵌入社会越深，其自主性就越强，越是获得了巨大且有效的权力。① 埃文斯的核心思想，其实就是表明，国家自主性意味着强大的国家能力，从而构成了经济发展的关键。

治理型相互依赖理论是在嵌入自主性理论的基础上提出来的，这就是国家干预行为的有效性依赖于国家与社会之间的具体关系。琳达·维斯和约翰·霍布森认为是否存在治理型相互依赖是解释后发展国家经济增长的关键所在，后发展国家的经济发展确实是在国家的干预性政策下实现的，但是只有当干预性政策是在治理型相互依赖塑造的空间里推行，才能获得理想的经济效果。所谓治理型相互依赖是指在技术官僚与商业资本之间形成了一个政策网络，在此政策网络中技术官僚、商业资本相互竞争以实现合作，技术官僚在政策网络中并不是发挥主导作用，而是发挥协调作用以形成政策共识，商业资本在此政策网络中也积极提供工业发展的政策建议，技术官僚领导经济政策的执行并获得一个相对成功的经济表现，于是反过来支持了技术官僚与商业资本之间的政策网络，也能够强化技术官僚通过经济政策治理市场的领导地位。换言之，政商政策网络的维持和强化依赖于具体经济政策的执行效果，而具体经济政策的执行效果则依赖于政商政策网络形成的政策共识，由此可见，相互依赖是被治理的。②

依附性发展理论是世界体系理论谱系中重要的一支，它致力于回答后发展国家在现代世界体系中实现发展的可能性及其限度。后发展国家其实就是世界体系中的边缘或者半边缘国家，这些国家诚然是处在依附于中心国家的地位，依附地位也给后发展国家施加了种种限制并构成经济发展的障碍，特别是落后的产业结构和不平等的国际贸易等；然而，依附地位同

---

① Peter Evans, *Embedded Autonomy*: *States and Industrial Transformation*, New Jersey: Princeton University Press, 1995.

② 琳达·维斯、约翰·霍布森：《国家与经济发展》，黄兆辉、廖志强译，吉林出版集团有限责任公司 2009 年版，第 189—205 页。

样带来了后发展国家经济增长的空间，国际资本的流入、中心国家的产业转移、丰富的资源和廉价的劳动力造就的比较优势、技术引进等因素，能够帮助后发展国家实现经济的快速发展。但是世界体系中的依附性地位包含着结构性强制，它会限制后发展国家经济进一步增长的空间，因为中心国家的资本、技术、产业等转移的目的仅在于获得资源和廉价劳动力，于是后发展国家在经济发展的同时将遭遇激烈的社会冲突。依附性地位既不可能使后发展国家通过产品创新来获得超额利润，从而提高国民的福利水平以缓和社会冲突，也不可能使后发展国家通过资本转移将国内社会冲突转移到中心国家，于是后发展国家的经济发展造成了一种矛盾，这就是将后发展国家锁定在“半边缘状态”。①

依附性发展理论实际上是对发展型国家理论、嵌入自主性理论、治理型相互依赖理论的补充。因为发展型国家理论、嵌入自主性理论、治理型相互依赖理论的共同之处是，主要从国内角度来解释后发展国家的经济发展，而依附性发展理论则解释了后发展国家经济发展的国际环境。任何国家的经济发展都是在国内因素和国际环境相互作用的基础上发展的，在西方国家主导的国际环境中，国际环境肯定会给后发展国家施加一定的限制，但是后发展国家能否实现经济增长还是要取决于国内因素，也就是取决于国家内部对国际环境施加的限制的理解程度和应对效果。

现有的研究文献所提供的理论解释存在以下不足之处：首先，发展型国家理论、嵌入自主性理论、治理型相互依赖理论基本上都秉持了“行政吸纳政治”的解释逻辑，将后发展国家的经济增长以及结果差异归结为行政能力的不同，或者归结为比行政能力稍许宽泛的国家能力的不同，但是对于为何特定国家的行政能力存在差异则语焉不详；其次，面对上述疑

① Beverly Silver，“The Contradictions of Semi-peripheral ‘Success’”，in William Martin ed：*Semi-peripheral States in the World Economy*，New York：Greenwood Press，1990，pp.161—181.

问时，研究者不是从政治要素来寻求解释，而是诉诸历史传统、殖民地遗产、儒家文化、社会结构等因素来寻求答案，这样做虽然打开了研究者思考问题的视野，但同时也将问题的解释逻辑推到了十分复杂、无所不包的境地，故而未能提出一种建立在国家行为基础上的简明有效的理论。

后发展国家的经济发展以及结果差异的理论解释，应该从国家行为本身来寻找，因为不仅后发展国家的经济发展同国家的行为密不可分，而且后发展国家的经济发展水平的差异也同国家行为紧密联系。国家行为不仅包括以政府为中心的行政过程，而且包括以政权为中心的政治过程，因此国家经济发展就必须从政治和行政两个角度综合考虑。国家治理能力主要包括政治能力和行政能力，学术界的研究强调了行政能力，但是忽视了政治能力，对于国家治理的长远发展来说，政治能力更为根本。

## 二、国家治理能力的构成

国家行为就是国家权力的行使过程，在国家回归学派看来，国家行为是解释国家治理差异的关键变量。① 本章以学术界关于日本、韩国、巴西、墨西哥、印度等国家的研究文献为基础，尝试拓展国家回归学派关于国家行为与国家治理差异之间关系的理论观点。包括经济发展在内的国家治理差异应该从国家行为的角度进行充分解释，国家行为其实就是国家权力的实践状态，本章将国家权力的实践状态称为国家治理能力。本章的核心观点是：后发展国家的经济增长同特定的国家治理能力密切联系在一起，进而言之，国家治理能力是将制度优势转化为治理效能的枢纽。所谓国家治理能力就是指国家权力的实践状态，具体而言，影响经济发展的国家治理

① 彼得·埃文斯、迪特里希·鲁施迈耶、西达·斯考克波主编：《找回国家》，方力维、莫宜端、黄琪轩等译，三联书店2009年版。

能力包括汲取能力、再分配能力、强制能力、建制能力、协商能力。下文将首先对上述国家治理能力进行辨析，然后在对国家治理能力进行分类的基础上，解释后发展国家经济表现的差异。

在辨析国家治理能力之前有必要作出两个解释性说明。一个是本文虽然提出了五种国家治理能力，但是并不意味着只有五种国家治理能力，而是意味着在解释后发展国家经济表现差异时，上述五种国家治理能力是重要的，并且上述国家治理能力的重要性是由学术界的研究已经证明了。另一个是后发展国家的界定问题，所谓后发展国家就是指在西方世界的冲击下步入现代化进程的国家，它们广泛地分布于亚非拉地区，构成了当今世界上国家群体中的大多数，其中有一部分在“二战”之后获得了一定的发展空间，极个别国家甚至一跃而起成为发达国家。判断一个国家是否属于后发展国家的标准在于特定国家的现代化进程是否是外源性的，依据这样的界定，包括中国、新加坡、韩国、日本在内的亚洲国家，包括巴西、阿根廷在内的拉丁美洲国家，以及包括南非在内的非洲国家，都属于后发展国家的范畴。

汲取能力是国家权力以合法手段征收社会资源的实践状态。资源是国家运转的血液，尤其是税收和兵役是任何国家都不可或缺的，汲取社会资源以满足国家运转的需要是基础性的国家治理能力。国家汲取能力受到中介势力、经济结构、资本类型等因素的制约。国家为了征收社会资源必须借助一定的组织和人员，因此国家需要付出相应的成本，特别是要监督资源征收机构的工作人员将税收上交给国家。后发展国家普遍存在的困境恰是难以克服资源征收机构的工作人员的贪腐行为，尽管国家可以建立机构对资源征收机构进行监督，或者建立新的资源征收机构来取代旧的资源征收机构，其结果往往是出现了监督机构与资源征收机构的共谋，国家为了税收建立了庞大的工作机构、付出了巨大的成本，然而得到的税收却没有相应地增加。国家机构的膨胀和国家税收的相对减少两种现象共存，意味着国家汲取能力的“内卷化”，或者说国家建设的“内卷化”。①

后发展国家的经济结构越是落后，汲取能力越弱，因为以农业部门为主的经济结构不仅经济剩余少，而且小农经济缺乏有效的账目管理，所以国家难以对农业产出进行准确的评估和征税，这种情况就迫使国家借助乡村社会之中的精英履行征税职责，其后果无疑是掉进汲取能力“内卷化”的陷阱。资本类型根据其转移能力进行划分，当国家对资本家征税时必须考虑到资本的转移能力。如果后发展国家的资本主要是转移能力较强的金融、制造业资本，那么国家制定的税率超过资本家的预期就会导致资本的国际转移；如果后发展国家的资本主要是转移能力较弱的地产、矿山、石油等资本，那么国家制定的税率超过资本家预期就会导致资本家支持更为保守的政治体制。

再分配能力是国家权力确定经济剩余如何分配的实践状态，一方面要确定经济剩余如何在积累和消费之间进行分配，另一方面也要确定消费资金如何在社会阶层之间进行分配。再分配能力受到国家发展战略、经济不平等状况、社会阶层之间的力量对比等因素的影响。后发展国家是现代化的后来者，为了尽可能快地摆脱经济落后的局面，政治精英制定了赶超型的国家发展战略，力图以几十年的时间完成西方发达国家用几百年的时间完成的现代化任务，而赶超型发展战略的核心内容就是压低国民的消费需求，将尽可能多的经济剩余转化为积累资金，因此推行赶超型发展战略的后发展国家用于再分配的经济剩余是有限的。

有限的消费资金彰显出再分配能力的重要性，如果不能将消费资金在社会阶层之间进行合理的分配，将会引发激烈的社会冲突。再分配的合理

① 杜赞奇：《文化、权力与国家》，王福明译，江苏人民出版社1996年版，第66—68页。

性同经济不平等密切联系在一起，如果经济不平等的程度较高，贫穷阶层就会形成激进的再分配方案，即要求国家通过再分配手段为贫穷阶层提供补贴，这就将税收成本主要施加在了富裕阶层的身上，往往导致富裕阶层的反对，如果经济不平等的程度较低，再分配方案将以中产阶层的财富水平为基础，从而为缓和富裕阶层与贫穷阶级之间的冲突提供了折中方案。其实，再分配方案的最终确定取决于社会阶层之间的力量对比，即使贫穷阶层的激进再分配方案会招致富裕阶层的反对，如果贫穷阶层形成了广泛的团结，那么依然能够将激进的再分配方案强加在富裕阶层身上，但是富裕阶层将寻求军方的干预从而引发政体的变迁。①

强制能力是国家权力在威慑反对派精英、压制大众的反抗、破坏社会的组织和动员等领域中的实践状态。国家的强制能力受到统治精英的同质性程度、强制机构的集中程度、社会大众的组织水平等因素的影响。如果掌握国家权力的政治精英与掌握暴力的军事精英是融合在一起的，那么国家的强制机构更容易采取行动，因此国家的强制能力将会很强；如果掌握国家权力的政治精英与掌握暴力的军事精英是分离的，那么国家强制机构的行动将受到文人政府的限制，于是国家的强制能力将被削弱。如果强制机构是集中控制的，即军队与警察是由统治精英集中控制的，那么国家的强制能力将比较强；如果强制机构是分散控制的，那么国家的强制能力也将受到削弱。虽然国家可能掌握了强大的暴力资源，但是社会大众的组织水平却能够制约暴力资源向强制能力的转化，如果社会大众具有较高的组织水平，那么国家强制机构将不得不考虑行动的成本与后果，国家强制机构对社会大众的压制将引发大规模的社会动荡，反而削弱了强制机构的合法基础，因此组织起来的社会大众能够有效地制约国家的强制能力。

① 汪仕凯：《贫穷、经济不平等与再分配：民主的政治经济机理》，载《国外理论动态》2013年第6期。

建制能力是国家权力塑造、规定、引导社会力量的实践状态。任何政治体制都不可能直接建立在社会的基础之上，而是必须使社会处在特定的状态或者使社会中重要的集团处在特定的状态，从而为政治体制嵌入社会提供条件，只有当政治体制与社会的特定状态耦合在一起的时候，政治体制才能维持并巩固下去。所谓社会的特定状态就是指社会的政治构造，如政党、人民团体、利益团体、阶级、民族等，社会的政治构造是制造国家与社会之间制度性联系的枢纽，是政治体制嵌入社会并在社会扎根的部件。社会的政治构造并非是社会自发生成的，而是在国家权力的塑造、规定、引导下生成的，因此社会的政治构造往往在政治体制中得到了反映，并且成为政治体制的组成要素，国家的建制能力实际上就是借助相应的制度形式培育社会的政治构造的能力。

后发展国家的建制能力越强，就越是能够将社会力量的行为引入政治体制规定的轨道，政治体制的权威性也就越强。国家的建制能力受到国家政权建设推进的程度和统治精英的组织水平等因素的影响，首先，国家建设必须推进到直接统治阶段即中央政府扫除了地方障碍从而能够直接对国民行使权威时，国家才会产生塑造社会的强烈需求，也才具有相应的组织和制度资源；① 其次，统治精英的组织水平越高，国家的建制能力就越强，特别是当统治精英组建了中央集权制的大众动员型政党时，国家能够最大程度上按照自己的意愿改造社会。一般而言，现代国家都具备了较强的建制能力，因为现代国家已经极大地扩展了它的制度性基础，扮演着一个重要的社会建构者的角色；② 如果掌握现代国家的是一个组织化和制度化程度较高的大众动员型政党，那么现代国家的建制能力将会达到一个很高的

① 戴维·瓦尔德纳：《国家构建与后发展》，刘娟凤、包刚升译，吉林出版集团有限责任公司2011年版，第24—42页。

② 迈克尔·曼：《社会权力的来源》第2卷，陈海宏等译，上海世纪出版集团2007年版，第105页。

水平。

协商能力是国家权力在调解冲突、凝聚共识、做出承诺方面的实践状态，它决定了统治精英能否长期对发展目标以及实现发展目标的战略保持共识。协商过程可以依托正式的政治体制展开，也可以借助非正式的精英网络展开，统治精英越是能够长期对发展目标和实现目标的战略保持共识，说明特定国家的协商能力越强。协商能力受到政治包容性、精英异质性、过程的体制化程度、统治精英的妥协空间等因素的影响。政治包容性意味着协商过程涵盖的精英群体的广泛程度，如果主要的精英群体都被纳入了协商过程，那么协商的政治包容性就越高，而协商过程的政治包容性越是强，其所达成的共识就越是具有广泛的代表性。精英异质性意味着不同精英群体之间利益冲突的程度，不同精英群体之间利益冲突越是激烈，精英异质性程度就越高，而精英异质性程度越高，协商过程达成共识就越难，协商能力也就越弱，这就促使统治精英有选择地将与自身利益差距甚大的精英群体排斥在协商过程之外。

无论参与协商过程的精英群体之间的异质性程度如何，精英群体之间的利益冲突总是客观存在的，否则就无需协商了，因此协商能力需要得到政治体制和统治精英的支持。协商过程越是依托正式的政治体制进行，协商能力就越强，一方面是因为协商过程有明确的达成共识的规则，另一方面是得到政治体制保障的协商过程，赋予精英群体在未来协商中获得了利益满足的预期，要言之，协商过程的体制化程度越高说明协商过程是一个长期的重复博弈过程。① 统治精英的妥协空间意味着统治精英在多大程度上能够让渡一部分利益，以换取其他精英群体的合作，因此后发展国家的统治精英的妥协空间越大，就越是能够争取重要的精英群体支持统治精英

① 罗伯特·阿克塞尔罗德：《合作的进化》，吴坚忠译，上海世纪出版集团 2007 年版，第 92 页。

的政策主张，也就是说后发展国家的协商能力就越强。

## 三、国家治理中的行政能力和政治能力

国家治理能力主要是由汲取能力、再分配能力、强制能力、建制能力、协商能力等构成，它是国家权力在国家治理的不同领域里、针对不同对象、围绕解决不同的问题所呈现的实践状态。总体的国家治理能力不是五种主要的治理能力简单相加之和，五种主要治理能力之间存在着比较复杂的制约关系，一种国家治理能力的充分展现可能制约另一种国家治理能力的充分发挥。因此，无论是个别的国家治理能力，还是总体的国家治理能力，都不能有效地解释后发展国家治理绩效存在的差异。国家治理绩效是由国家治理能力决定的，但是国家治理能力的不同类型在发挥决定国家治理绩效上的作用则是不同的，并且正是由于这种不同，才进一步决定了国家治理绩效的差别。

国家治理是在一定的国家与社会之间关系的基础上进行的，只有在国家与社会之间相互支持关系的基础上，国家治理才能获得长远改进的空间。而要在国家与社会之间构造相互支持关系，不仅需要有效的政治行动，而且需要有效的行政行为，因此国家治理能力就必须包括政治能力和行政能力两种类别。具体而言，国家治理能力可以分为由汲取能力、再分配能力、强制能力组成的行政能力，和由建制能力、协商能力组成的政治能力。

对国家治理能力进行区分的基础是能力的归属主体，行政能力是属于技术精英的治理能力，技术精英依托官僚机构和暴力机构获得了行政能力，而政治能力则是属于政治精英的治理能力，政治精英依托议会、政党、统一战线组织、利益集团、非正式的精英网络等获得了政治能力。是

否具有行政能力是决定后发展国家能否实现经济发展的关键因素，而是否具有政治能力则是决定后发展国家的经济发展程度的关键因素。换言之，如果行政能力的强弱将后发展国家区分为经济发展和经济停滞两大类，那么政治能力的强弱则将经济发展的后发展国家区分为已经崛起和尚未崛起两大类。只有当后发展国家同时具有比较强的行政能力和政治能力时，经济发展才能够摆脱国际政治经济格局的限制和国内社会冲突的阻碍，最终跻身发达工业化国家的行列。

学术界在解释后发展国家经济发展时有一个重要的观点，这就是认为后发展国家的经济发展同国家的干预行为密不可分，而国家的干预行为必须建立在技术精英对官僚机构的有效运作基础上。[①] 技术精英对官僚机构的有效运作产生了行政能力，但是行政能力和政治能力都不能单独解释后发展国家治理绩效存在的差异，只有将行政能力和政治能力叠加起来，才能够对后发展国家的治理绩效差异形成有效的解释。主要的原因在于，行政能力内部的构成要素之间和政治能力内部的构成要素之间都存在着制约关系，所以行政能力只有借助政治能力的支持才能形成治理绩效，同样，政治能力也只有借助行政能力的支持才能形成治理绩效。如果没有外部力量的支持，行政能力和政治能力都将由于内部构成要素之间的制约关系而削弱，难以推动经济长期稳定发展。并且，就行政能力和政治能力之间的关系而言，政治能力实际上为行政能力充分发挥提供了政治支持联盟，行政能力则将政治目标付诸实施，从而进一步巩固政治支持联盟。

具体而言，可以从以下几个方面理解国家治理能力内部各种要素之间的关系，以及行政能力与政治能力之间的关系。

---

① 迪特里希·鲁施迈耶、彼得·埃文斯：《国家与经济转型》，载彼得·埃文斯、迪特里希·鲁施迈耶、西达·斯考克波主编：《找回国家》，方力维、莫宜端、黄琪轩等译，三联书店 2009 年版，第 69—72 页。

第一，汲取能力、再分配能力和强制能力之间存在着复杂的制约关系。汲取能力当然是再分配能力和强制能力的基础，如果国家不能从社会中获取税收和兵员，那么国家既不可能借助再分配机制干预经济发展，也不可能维持强制机构的忠诚从而获得强制能力。干预经济发展当然是再分配的重要功能，再分配机制“运用国家力量增加可投资的资源；确保其中大部分资源投资在生产活动上（而不是在譬如房地产业上）；引导投资到高附加值工业上以达到未来的高收入，并把有关发展项目置于国际竞争压力之下”①。一般来说，借助再分配机制引导经济发展能够增强汲取能力，经济发展的水平越高，国家越是能够汲取足够多的税收。但是，问题在于再分配机制能否引导经济持续平稳发展尚在两可之间，因为经济持续平稳发展需要国内政治安定为前提，也需要掌握积累与消费之间的平衡。

再分配能力不仅涉及对积累与消费之间平衡关系的把握，而且涉及对消费资金在社会阶层之间分配的平衡关系的把握，如果将过多的经济剩余转化为积累资金，必然导致消费资金的减少，消费资金的减少意味着国内消费市场的不足，除非后发展国家的经济发展主要依靠国际市场，否则消费资金的不足将制约经济的长足发展。即使是以出头导向为主的国家，也受制于国际市场的稳定，一旦西方发达国家的经济政策引起国际市场的波动，依赖国际市场的后发展国家将遭遇经济灾难，拉美国家在过去30年的发展经历无疑是最好的例证。消费资金能否在社会阶层之间平衡分配，是后发展国家能否维持国内政局稳定的基础，经济收入差距越大，社会矛盾越是尖锐，贫穷阶层越是容易受到极端主义思想的蛊惑，从而对社会秩序和政治体制构成严重的挑战。当然，国家可以诉诸强制能力来压制社会的不满和反抗，但是强制能力的真正意义在于威慑反对力量，一旦强制机

① 琳达·维斯、约翰·霍布森：《国家与经济发展》，黄兆辉、廖志强译，吉林出版集团有限责任公司2009年版，第167页。

构开展了具体的压制行为，就已经说明了强制能力的削弱，特别是在社会动荡、经济恶化的条件下采取压制行动，将导致难以预料的政治后果。

第二，建制能力与协商能力之间也存在着复杂的制约关系。建制能力意味着国家对社会力量的塑造、规定和引导，根据政治体制的需要将社会力量塑造成为一定的政治构造，从而为协商过程奠定基础。具体而言，首先，建制能力将重要的社会力量纳入了政治体制规定的轨道，制造了协商的主体；其次，建制能力将协商过程置于国家制度的调控之下，保障了协商结果的有效性；最后，建制能力能够使协商主体对未来抱有预期，利益妥协可以在未来的协商中得到补偿，也就是使协商成为一个重复博弈过程。同样，协商能力对社会矛盾的调处、发展共识的凝聚、利益妥协的制造，也为建制能力的巩固提供了基础，没有协商能力的支持，社会力量不会甘于接受国家意志的塑造、规定和引导，于是建制能力就只能依靠强制能力维持下去，所以有效的协商能力则有利于国家对社会力量的塑造、规定和引导。

建制能力与协商能力之间存在着支持关系，并不等于说两者之间的关系是一条单调递增的曲线，建制能力与协商能力之间还存在着制约关系，从而削弱了建制能力与协商能力之间的支持关系。建制能力的核心内容不在于协商，而在于创造政治体制存续的条件，因此建制能力需要对社会力量进行改造和排斥。改造意味着政治体制赋予的协商空间是有限度的，并不是精英群体之间发生的所有冲突都能够进行协商，社会力量进入政治体制设定的轨道本身就意味着对国家意志的接受；排斥则意味着同统治精英存在重要分歧的社会力量，被关在政治体制的大门之外，只有有限的精英群体能够获得协商资格、进入协商过程。而协商能力的核心内容在于凝聚政策共识，因此当精英群体在特定政策上出现冲突时，统治精英往往选择通过非制度化的精英网络进行妥协，这实际上是统治精英在政治体制的边缘地带寻求更大权力的举动，其后果将诱发精英群体更多的非制度性的协商过程，进而阻碍政治体制的巩固，拉美国家出现的“委托式民主”就是起源于精英群体在关键政策上的非制度性协商。①

由此可见，建制能力需要一定的协商能力，因为协商能力能够增强政治体制的韧性，但是如果协商在政治体制之外进行，将会削弱政治体制的有效性，也就是损害了国家的建制能力；协商能力也需要一定的建制能力，因为建制能力能够增强协商的刚性，但是如果协商结果的获得主要依靠政治体制所保障的统治精英的利益优先性，那么协商过程的有效性也将受到削弱，因此过于强大的建制能力反而会损害协商能力。

第三，政治能力与行政能力之间存在一种相互支持关系。国家治理中的政治能力将致力于塑造一个足够强大的政治支持联盟，这个政治支持联盟是国家与社会之间相互支持关系得以形成和持续的要害所在，政治体制所确定的目标以及根据目标指定的政策，都必须符合政治支持联盟的基本利益。在政治支持联盟的基础上，技术官僚能够有效地运转行政官僚机构从而高效地贯彻政策，也就是使得行政能力能够充分发挥。当然，政治支持联盟不是固定不变的，国家与社会之间的关系在国家治理过程中会不断调整，从而影响到政治支持联盟的改变、持续或者巩固，所以政治能力要想在不断调整的国家与社会之间关系的状态下，持续有效地塑造足够强大的政治支持联盟，就不能缺少行政能力的支持。行政能力致力于贯彻政治过程确定的政策目标，由于这些政策目标集中了政治支持联盟的基本利益，因此行政能力是落实政治支持联盟的基本利益的最终因素。不难发现，政治能力所塑造的政治支持联盟能够持续和巩固，将不得不依靠行政能力。

① 斯迪芬·海哥德、罗伯特·考夫曼：《民主化转型的政治经济分析》，张大军译，社会科学文献出版社2008年版，第377—380页。

## 四、国家治理能力与经济发展差异

20世纪50年代开始的经济繁荣为很多后发展国家带来了机遇，但是后发展国家在经济发展方面出现了巨大的差异。很多后发展国家的经济发展如同昙花一现，一部分后发展国家的经济发展取得了相当的成就，但是距离经济崛起尚有很长的路要走，而新加坡、韩国、日本等国家的经济发展则实现了腾飞，一跃成为发达工业国家，中国的经济发展则是更加令世界瞩目，在经历了数十年高速发展之后推动着国际格局的显著变化。造成后发展国家在经济发展上出现差异的根本原因是国家治理能力，强大的行政能力和政治能力在推动经济发展上各有其独特作用，强大的行政能力只能帮助后发展国家的经济发展取得成绩，但是无法保障后发展国家的经济发展实现腾飞，只有当强大的政治能力与强大的行政能力相配合时，后发展国家才能最终崛起。

行政能力对于后发展国家的经济发展来说是不可或缺的。现代国家最初就是围绕着行政能力而发展，行政能力也是现代国家最早形成的系统性的治理能力。完成国家构建的基本任务，建立专业性的官僚机构，实现对领土的有效控制和对暴力的合法垄断，进而形成具有权威性的行政、法律秩序，这是所有实现了经济发展的后发展国家的共同特点。但是伴随着经济发展的推进，一些重要的社会集团开始登上利益博弈的政治舞台，资产阶级的势力大增，力图更加广泛和深入地影响政策过程，而工人阶级和中产阶级也开始主张自己的权利，于是不同社会集团的精英之间出现了越来越大的利益冲突，精英群体之间的利益冲突成为阻碍后发展国家实现经济长足发展的重要障碍。

精英群体之间的利益冲突，归根结底是政治问题，或者必然要发展成为政治问题。因为精英群体之间的利益冲突，在表面上是利益分配引发的，但在深层次上则是力量对比决定的，所以解决精英群体之间的利益冲突的根本就在于政治体制，也就是政治体制对于不同精英群体的力量对比的承认和调整。其中，基本的取向则是塑造足够强大的政治支持联盟，从而以利益共识缩减利益冲突的领域或者限制利益冲突的影响。国家协调精英冲突的治理能力就是政治能力，当后发展国家出现激烈的精英冲突从而阻碍经济发展时，政治能力必须根据力量对比调整利益共识，并且同时改变政治支持联盟，竭力将精英冲突缓和下来或者重新纳入可以控制的范围之内，避免对行政能力的充分发挥造成干扰。换言之，必须以政治能力来强化行政能力，进而提升后发展国家的治理绩效。

阿图尔·科利在解释后发展国家的发展效力的差异时写道："一般的原则是，任何国家的发展效力不仅取决于国家是如何组织的，而且还取决于权力的主要阶级基础。"[①] 当后发展国家的经济发展到一定程度并引发了精英群体之间的冲突时，重新缔造国家权力的主要阶级基础也变得至关重要了，也就是政治能力开始变得越来越重要，并且成为决定后发展国家能否最终崛起的关键条件。很多后发展国家没有正视精英冲突的政治意涵，采取了行政吸纳政治的应对策略，以为只要保持强大的行政能力，不管政治能力如何，同样能够压制精英群体的冲突，从而实现经济发展。行政吸纳政治的结果往往事与愿违，一方面后发展国家的经济发展陷入了困境，另一方面后发展国家的政治体制在威权与民主之间反复变换。其实，政治体制的变换说明政治问题是无法通过行政能力妥善解决的，只能通过政治能力才能合理解决，而政治体制的变换只不过是通过对政治体制的选择来强化政治能力的尝试而已。

政治能力在于凝聚共识、达成妥协，而行政能力则在于兑现承诺、巩

① 阿图尔·科利：《国家引导的发展》，朱天飚、黄琪轩、刘骥译，吉林出版集团有限责任公司 2007 年版，第 449 页。

固联盟。一定的行政能力对于维持政治能力来说是不可或缺，但是并不存在行政能力对政治能力的持续强化效应，行政能力越强不会导致政治能力越强。一定的政治能力对于行政能力的维持来说也是不可或缺的，但是强大的政治能力则能够导致强大的行政能力，也就是说政治能力对于行政能力存在单方面的强化效应。由建制能力和协商能力组成的政治能力，将在国家与社会之间、不同的精英群体之间营造一个广泛的政治支持联盟网络，从而为行政能力的充分发挥乃至提高创造至关重要的资源。后发展国家能否具有强大的行政能力，在很大程度上取决于政治能力的具体水平，或者说，后发展国家能否形成强大的行政能力，关键在于国家是否能够借助强大的政治能力，去塑造一个广泛的政治支持联盟网络。

政治能力对行政能力的强化可以从两个方面来理解：一方面，政治能力构建了一个政治支持联盟网络，精英群体之间的妥协和合作提高了政策的合法性和有效性，减少了政策执行过程中可能遭受到的阻碍，当政策执行过程影响到的精英群体本身就是政治支持联盟网络的成员时，政策执行过程能够比较顺利地推进并获得最大程度的预期效果；另一方面，强大的政治能力使官僚机构处在自己应当处在的位置，官僚机构只需要确保政策执行过程的效力，无需应对精英群体冲突引发的政治问题，也就不会产生将政治问题转化为行政问题的需要，官僚机构能够集中资源投放到政策执行过程之中，唯有如此，官僚机构才能真正成为专业化、规模适当、高效率的技术治理型组织。

20 世纪 50 年代以来后发展国家在经济发展上出现的显著差异，其实已经证明了政治能力相对于行政能力而言，在促进国家治理水平不断提升从而实现经济崛起上的决定作用。凡是仅仅关注强化官僚机构的作用，忽视了政治能力的建设，没有在行政能力增强和经济发展的过程中不断提升政治能力的后发展国家，都只是经历了一段时间的经济增长，而且经济增长起伏性较大。而那些在完善行政官僚机构增强行政能力的同时，跟随经济发展带来的国家与社会之间关系的变迁，努力增强政治能力的后发展国家，最终都能够比较好地克服经济发展中的挑战，把握住经济发展的国际契机，实现了经济长足发展并最终迈入发达国家行列。如果说新加坡、韩国、日本，以及正在快速崛起的中国，能够给世界各个国家创造了新的经验，那么这个新的经验就是充分重视国家治理中的政治能力。由于政治能力是政治精英通过政治体制运作国家权力的实践状态，因而政治能力其实就是政治体制的能力。

对于后发展国家的经济发展所作的行政吸纳政治的解释，一方面指出了行政能力对于后发展国家的经济发展的重要性，另一方面也暴露出后发展国家的发展困境，缺乏强大政治能力支持的后发展国家不仅不能实现最终的崛起，而且会由于行政对政治的吸纳而加重官僚机构的负担，引发行政能力的内卷化，即行政能力难以伴随官僚机构的扩张而增强。后发展国家要在经济发展中保持强大的行政能力，只能依靠强大的政治能力通过协调精英群体之间的冲突、建构广泛的政治支持联盟网络来实现。政治绝非是后发展国家的经济发展过程中的无足轻重的旁观者，只有强大的政治能力才能使后发展国家在经济发展中维持强大的行政能力，强大的政治能力与行政能力的叠加效应决定了后发展国家的崛起，因此政治是至关重要的。对于后发展国家来说，成功的秘诀应该在于，既要充分发挥政治与行动的独立作用，使行政的归行政、政治的归政治，又要在政治与行政之间需求叠加效应，使行政巩固政治、政治提升行政。

（汪仕凯）

# 第六章　发展压力下的治理：中国意义

转型国家既面临着来自内部社会的诸多压力也面临来自外部国家的竞争。因此，如何拓展与巩固既有的发展成果并最大限度地维护社会的公平和正义成为决策群体亟待解决的问题。党的十八届三中全会把全面深化改革、推进国家治理体系和治理能力现代化作为一项重要目标。这反映出执政党感受到了治理方式改变的压力和紧迫。然而在面对相同的经济发展压力和官僚系统内竞争压力时，中国不同地域所表现出的治理方式却十分不同，本章将结合不同地域的先天禀赋及其不同治理方式之间所表现出的迥异特性，探讨面对发展压力时不同地域的不同治理模式背后所存在的运转机制及其经济根源。

## 一、转型社会的"发展"与"治理"

国内外学界对于"治理"（governance）的讨论由来已久。民族国家间不同的经济发展水平和制度约束造就了不同的治理结构。随着全球化的深入和后发展国家的大转型，民族国家面临着不同于以往的经济发展、社会分配和对外竞争压力。因此，探讨现实意义上的“治理”成为重中之重。2013年11月召开的中共十八届三中全会将治理问题提到了前所未有的高度。

从政治学的意义上来说，治理通常指的是公共权威为实现公共利益而进行的管理活动和管理过程。[①]也正因如此，人们通常会注意到“统治”(government)与“治理”(governance)之间的相通性。政治学教授R.A.W.罗斯认为治理意味着一种新的统治过程。[②]城市研究学者诺南·帕迪森认为“在发达经济体中，治理通常指向政府在机构调整方案中被动接受权力分享和其他措施，从而提高政府行政的透明度和可信度”。[③]同时，还有一些西方学者对于“治理”的理解也存在几点共性，即：各组织和部门之间的互动性、分权性、自主性和结构性等。可见，当研究经济发展压力给治理带来的影响时就需要我们把宏观性的理解与地方性的措施紧密联系起来。

改革开放以降，经济发展在提高人民的物质生活水准的同时也改变着人们的政治价值观。信息化程度的普及和科技水平的进步一方面为大众获取和捕捉信息动态提供了便利，另一方面又使每个行为人仅靠移动客户端成为社会的有力监督者成为可能。可以说，公众的声音透过大大小小的各式媒介渠道对治理提出了更高的要求，对于地方政府而言形成不可忽视的社会压力。其次，对于政治精英而言，新技术进步与新知识的传播很大程度上使得认识和了解国际化背景下的各国政治组织方式成为现实，对其借鉴与反思也促使着国内地方政治精英主动追求成长和进步。同时，来自政

① 俞可平：《中国治理变迁30年(1978—2008)》，《吉林大学社会科学学报》2008年第5期。

② R. A. W. Rhodes, *Understanding Governance: Policy Networks, Governance, Reflexivity and Accountability*, Open University Press, Buckingham, Philadelphia, 1997, p.15.

③ 诺南·帕迪森：《城市研究手册》，郭爱军等译，格致出版社、上海人民出版社2009年版，第415页。

治精英内部成员之间的价值观争执与认识差异也成为政府的内部压力来源之一。伴随着中国在世界市场经济舞台的活力不断涌现，来自全球的资本血液也源源不断地渗透进中国国内的经济组织当中，这些资本正借助市场与信息的力量影响着中国地方政府的治理方式。

### 1. 经济发展的类型

《现代经济辞典》对经济增长方式的解释是“生产要素的分配、投入、组合和使用的方式”。现实中我们通常也会根据不同的分类依据把发展进行分门别类，例如耳熟能详的“集约型和粗放型”、“可持续和不可持续”分别是根据资源的利用方式与发展的持续性与否进行划分的，还有诸如按照带动地方经济得以循环发展的主要动力源进行分类等等。

本章试图从中观的视角根据地方经济增长的主要动力类型将经济发展分为：资源型、溢出效应①型、科技型等三种类别。资源型发展是指经济增长的主要动力源于本地资源的开发和利用；溢出效应型发展指经济增长主要依靠外部的生产力转移，一般是通过贸易和加工类企业的落户来拉动；科技型增长是指地方的经济增长主要得益于新技术的应用。当然，并不能排除几种类型共存或交替存在的情形。由此，我们根据不同地区的发展对于政府治理规则提出的差异性重心要求来展现其中的关系。（见表6-1）需要指出的是，图表中的民主化压力既指政治民主也指经济民主。它除了要求分权，直接选举和基层自治之外还强调与自由市场环境，包括各类规则的稳定性和可预见性，对私有产权的适当保护，地方政府决策透明化，使公民和企业具备自由的表达环境，增设制度化的利益表达渠道，

① 溢出效应是指事物一个方面的发展带动了该事物其他方面的发展。阿罗最早用外部性解释了溢出效应对经济增长的作用。他认为新投资具有溢出效应，不仅进行投资的厂商可以通过积累生产经验提高生产率，其他厂商也可以通过学习提高生产率。罗默提出了知识溢出模型。本章在这里想说明全球化下跨国公司带动了各发展中国家劳动生产率的提高，使现代化浪潮席卷全球。

政策制定者受到政策相对方的监督，让不同的利益公平地竞争等。一般情况下，商业的发展要求安全的交易环境和可预期的交易规则，只有这样，资本的中、长期投入才会有保障。那些需要建厂房、买昂贵设备的企业才有信心落户；那些投入大、产出期长的高科技企业才不再担心规则改变带来的风险，因为民主制度的题中之义包含了制度的非私人化，制度改变的协商性和提前告知性。① 同时，成熟的民主制度会把社会冲突和社会运动纳入制度轨道，把发生社会动乱的可能性降到最低，从而最大限度地避免社会动乱对资本的伤害。②

**表 6-1　经济发展与地方治理分析表**

| 经济发展类型 | 资源型发展 | 溢出效应型发展 | 科技型发展 |
|---|---|---|---|
| 地方治理的特点 | 资源分配为主，权力占优势，产权占优势 | 治理规则与市场国家接轨，适应外资需求 | 效率优先 |
| 民主化压力 | 较小 | 中等 | 高 |
| 典型案例 | 辽宁阜新<br>黑龙江伊春<br>内蒙古鄂尔多斯 | 浙江义乌，<br>广东番禺 | 浙江杭州<br>上海浦东 |
| 主要发展动力 | 煤、石油、土地等的开发、利用 | 贸易、加工、组装等产业转移 | 新技术的应用和推广，金融等新行业的出现 |
| 治理转变的主要动力 | 对资源的分配，持续 GDP 增长 | 协调劳资关系，维护贸易规则。 | 交易安全，产权保护，资本增殖 |

资料来源：参见赵杰：《中国地方治理方式转变的经济根源》，《中共宁波市委党校学报》2012 年第 3 期。

---

① 约瑟夫 · R. 斯特雷耶：《现代国家的起源》，华佳等译，格致出版社 2011 年版，第 3、20、21、59 页。

② Mayer，David S. and Sidney Tarrow，*The Social Movement Society*：*Contentious Politics for a New Century*，Lamham，MD，Rowman and Littlefield，1998. 又见赵鼎新：《社会与政治运动讲义》，社会科学文献出版社 2006 年版，第 4—6 页。

在我国当代资源型经济发展的地区中，分别以煤炭资源和红松资源而闻名的辽宁省阜新市、黑龙江省伊春市是其中的典型代表。然而，昔日的煤炭重镇和林业强镇因资源的发掘和开采而熠熠生辉，然而近年来也因资源的快速枯竭而日渐凋敝。正是对于自然资源饥渴式的过度性追求，令原本没有多少实体产业支撑的资源型发展城市转型不力，成为彻头彻尾的典型“贬值”之城。资源储备量的急剧减少，切断了整个城市方方面面的长久以来的对于自然资源的“生命”依赖，地方政府往往面临前所未有的发展和治理难题。国务院分别在 2008 年、2009 年和 2012 年，先后确定了我国 69 个资源枯竭型城市（县、区），而且这个数字也在不断上升，可以说，对于资源型城市的发展转型所带来的压力成为中央和地方治理不可忽视的十分严峻的新局面。

浙江义乌、广东番禺等地是溢出效应型发展的典型代表。对外部经济动态的高敏感度使得这类地区的政府和企业十分关注来自国际和国内的经济环境态势及其波动给企业生存和社会发展所带来的影响。小到企业劳资关系，大到产业转移、汇率浮动，对于企业内部问题的协助以及企业与国际接轨的协商无时无刻不体现着该类型地方政府在面对不同的经济形势时所做出的变动反应，但同时这也是国内外不良经济形势的跨区域传导在当地的体现。尤其是近年来美元在全球市场的不断贬值、世界消费市场的疲软，当地投资性需求的急剧减少，原材料和人力资本的涨价，使该类型地区社会生产面临新一轮的危机。这就需要当地政府在治理中体现出应对性。除此之外，该类型地区在地方治理中要体现出技术性和弹性，把市场的健康发展与规则的灵活运用结合起来，不让资本血本无归也不让劳动力有劳无获。当越南、印尼和印度等国以更加廉价的劳动力作为强有力的竞争优势出现在国际市场上的时候，义乌等地的中小企业必须设法提高产品的竞争力并降低产品的价格才能生存下去。这一压力就要求当地政府改变劳动力流动的限制性，辅助当地市场以增强它们的国际竞争力。

国家治理体系与治理能力现代化作为科技型发展的长三角地区常常成为我国科技前沿和金融创新的桥头堡。科技资本和金融资本既要求交易安全又要求明确的产权保护，这种类型中极具代表性的上海浦东新区和浙江省杭州市就较早地制定规则谨慎地保护当地的新技术和新产业，这两个地区的发明专利授权量也是屡创新高。全中国的“专利高地”和“知识产权前沿地带”是对浦东和杭州作为科技型发展第一线的最佳称谓。众多耳熟能详科技专利和知识创新品牌诞生或设立于此。对于这类地区的地方政府治理而言，保护知识产权应当成为该地区的必然要务。对知识产权的保护，是作为治理方式的一个侧面出现的，而金融等产业有着对交易规则和市场信用的高度要求。这就使得地方政府在专利权等权力的约束下给企业自由的空间并在不经意间发展起对自由市场规则的尊重。

需要补充说明的是，上表所列三种发展类型主要是为了强调其阶段性特色，而在各个类型的发展中，土地的开发利用是存在经济发展动力共性的。不论是海淀区还是浦东新区，土地出让的收入都是该区政府收入的重要支柱，我们在此处控制了这个变量来进行讨论，下文还会单独对其进行探讨。

### 2. 地方治理模式的类型

透过上文我们不难看出，不同的经济资源禀赋给该地区的治理带来了不同的压力和动力。当自然资源对一个地区十分重要时，这个地区就有动力关注资源的开发和利益的分配；当一个地区的加工与贸易是经济支柱时当地政府就有必要去引进新的加工企业，留住旧的加工企业，并为这些企业的运行提供有序的社会环境和必要的劳资关系规则，这样一来，本地区的经济发展、就业和税收才能有保障，官僚机构的运行才有显性的、数字上的成就；当像浦东新区和海淀区这样的地区吸引新技术企业落户时，对资本安全和运行规则的许诺与对税收的优惠一样重要。换言之，经济发展的类型构成了一个地区的压力和动力。我们根据地方政府的压力来源将其治理模式分为下列几种类型（表 6-2）。

**表 6-2　经济发展模式与治理方式的类型化**

| 类　型 | 主动型治理　主要经济模式 | 被动应对型治理<br>主要经济模式 |
|---|---|---|
| 1 | 官员自身进步导致的自我成长型治理▲○ | A 应对国家纵向压力型治理★ |
| 2 | 追求效率和效益导致的主动型治理▲○ | B 应对横向竞争压力型治理★▲○ |
| 3 | 追求政绩导致的主动型治理▲○ | C 应对基层需求的压力型治理★▲○ |
| 4 | 社会进步引起的治理转变▲○ | D 应对外部政治环境压力型治理▲○ |

资源型经济 = ★　科技型经济 = ▲　溢出效应型经济 = ○

资料来源：赵杰：《中国地方治理方式转变的经济根源》，《中共宁波市委党校学报》2012 年第 3 期。

从表 6-2 分类的名称我们就可以看出这几种治理的特点。而经济发展对地方治理有何影响又如何影响呢？

首先，在治理方向上，中央集权的中国传统为自上而下的统治提供了制度环境，治理这一概念的应用是很晚近的事情，它与经济的发展和社会转型分不开。在这里，我们用“治理”指称“政治管理的理念及相关行为”。从方式上，传统社会习惯于从上而下的“上为天子分忧，下为黎民做主”，那么这种由上而下的方向性就是传统社会的一个标志，也是我国现阶段治理模式的历史遗产。随着经济的发展，尤其是科技型发展和溢出效应型发展的出现，地方政府的治理同跨国的主体、不同领域的主体和组织在发生联系，这样就要求地方政府不但要知晓而且要遵守一些市场规则、组织规则和法律规则。在规则面前就发生了由下往上的信息收集机制和自下而上的反馈机制，这些机制不但契合了 John Pierre 和 B. Guy Peters 关于治理中的层级组织（hierarchies）和网络（networks）问题[①]，也构成了政治治理的一个显著变化。

其次，从地方政府治理的压力源上看，除了传统的工作压力、升迁压力、横向竞争压力和基层需求压力外，经济的发展带来了新的压力：满足社会多元要求的压力、应对社会运动网络化的压力、遵守世界市场规则的压力。考核地方官僚精英政绩时有了更多的隐性裁判，他们是躲在网络媒体和电视媒体后面的全国甚至全世界的大众。一条看不见的商业、贸易、规则和权利之链串起了一双双遍布世界的监督之眼。

第三，治理技术的改变。随着经济的发展，地方政府的治理技术变得更灵活，更现代，更有效率，更组织化。地方政府往往更有艺术性地处理相关利益的分配，不管是否属实，地方官僚精英们都常常为自己加上法律的外衣、公益的外衣和国家利益的名号。比如在涉及征地、煤炭开发等问题上地方政府会组织和动员各个政府机构的人员以执法者的身份参与进去，以联合办公的形式加快进程，以为了公共利益的名义获取合法性，组织化地应对行政对象的不满。鉴于此，2011 年国家出台新的《国有土地上房屋征收与补偿条例》，公安部也出台文件禁止警察参与拆迁。这是应对地方政府灰色行为时中央政府的表态。目前，地方政府掌握了比以往任何一个时候都多的资源，所以它面对各方压力时会做出相应的调试。比如因为地方政府有着优势的话语权，它们可以利用政府的电视、报纸等媒体平台树立形象、发布利于治理的信息，用来引导民众向利于治理的方向

---

① Jon Pierre and B. Guy Peters，*Governance Politics and the State*，St. Martins's Press，New York，2000，pp.1—70.

行动。

第四，经济发展使地方政府与中央政府间的关系发生了变化。一方面，地方政府为本辖区居民提供公共产品，另一方面它可以充分利用所在地区的土地、矿藏等资源，代理国家行使各项权力。可以说，地方政府增强了自主性和自身抗风险性。深入分析我们认为：从积极意义的角度，这是地方成长的有利条件，也是地方自治的基础，有利于国家民主建构的开展。如果地方政府愿意，它们可以更多地为当地服务，实行更加有效率、有针对性的政治、经济措施，使国家的根基牢固，人民的境况改善。从消极意义的角度，经济发展带给地方政府的是逐年增加的预算外资金和难以遏制的基层腐败、浪费和虚假数字。理论上，当把地方政府置于本辖区民众的监督下时状况就会改善，就会利于它的正向功能的发挥。从地方政府的治理对象——民众的反应看，在得到有效的直接监督权的情况下人们就可以在本地资源分配上有更多的参与权和话语权，进而很少再寻求越级上访来解决问题。此时，中央政府对地方政府的监督压力也会减小。而中央与地方之间也会变成以指导、合作与互动为主的关系。

## 二、运转机制分析：发展压力下的治理模式

可以说，地方政府治理模式伴随经济增长的过程而发生改变，有时候二者还互为因果。这些都是可以观察到的经验事实，此处不做相关性定量分析。经济增长带来了社会财富和税收的增加，带来了土地利用方式的极大改变，以及人们对新一轮经济增长的高预期和对政治体制改革的诉求。这一连串的效应会以间接的方式来表达出它们对地方政府治理方式的影响。下面将针对发展对治理模式变化产生的影响及其影响方式进行分析。

### 1. 间接影响

（1）税收汲取及分配

经济发展的最直接后果之一就是税收的增加、财政盘子的做大和国家财政能力的增长。这些往往和社会总资产的增加并行。然而，税收总额的增加并不必然意味着国家能提供更多的公共物品，并不意味着国家能把这些钱进行合理的分配。所以，财政分配的问题是影响地方治理和国家治理的全局性问题。从财政包干制到 1994 年的分税制，中国经历了财权和事权的多次配置实验，而至今仍没有解决的问题是地方政府事权和财权的不对等。以 1994 年的分税制改革为例，它确立了国有土地有偿使用收入归地方政府方案，中央与地方间的分配格局形成，但对于地方政府如何使用这项收入却无明确规定，也没有对这项收入相对方（被征地者及被拆迁人）的利益补偿问题进行详细的探讨和规定。这个分配方案刺激了地方政府的逐利动机，产生了猛烈的地产扩张，建筑用地激增，进而严重危及到了国家的耕地安全。众所周知，公共服务是由地方政府来提供的，但中央的税收返还除了比例的限制还存在种种的转移配套限制，这虽然在一定程度上监督了地方政府的财政项目支出但也消减了地方财政支出的灵活性。更重要的是，当地方政府财政不足但有刚性的任务要完成时它就会自己寻找资金来源，这样一来，预算外收入和预算外支出就成了大问题。不仅如此，地方政府还会将这种压力和自主寻找资金来源的必要性传导到它的下一级行政单位，传给了乡镇甚至是名义上称为自治组织的村。这不但为各种腐败留下了滋生空间，也给了地方政府腐败以制度上的正当性。在这种情况下，地方治理的一个很重要的制度性激励就是尽可能地利用辖区的各类资源寻租，至于地方自身需要解决多少预算外资金就足以提供必要的公共品则存在主观性和弹性，很难对其进行评估，因此变相加税和“称费为税”的情况就屡见不鲜了。由此不难看出，经济发展给了地方政府和国家以更多的财政资源，而不能对税收资源有效、合理地利用则是存在于地方治理中的问题，此为影响之一。

（2）市场的发展和产权结构变化

经济的发展要求中国的企业具备现代化的产权制度，在不突破我国现行宪法框架的前提下，人们创造性地利用股权、合作等方式解决了所有制禁锢。国有企业和集体企业的产权改革是地方政府创造性治理模式的体现。有关这方面的研究可见白苏珊的《乡村中国的权力与财富：制度变迁的政治经济学》及学界关于企业改革的讨论。在这里我们想强调的是，产权结构的变化既改变了企业的经营模式又改变了政府的功能定位。在面对私人企业、外资企业、股份制企业时，扩大税收的导向使得地方政府培养起了服务的意识和互动合作的意识。尽管还有很长的路要走，但这种意识的形成本身就是一种革命性的变化，使县、市级代理人在面对经济发展时意识到权力边界的开始，也是权利—义务关系在企业、政府间实施的开端。这在政府的治理理念上是开创性的，许多地方提出了“打造服务型政府”的口号，这就是地方政府治理模式改变的体现。很重要的一点是，随着城市住房私有化的提高，城市成为国家权力的主要施展舞台、社会财富的聚集地和地方政府治理方式的试验室。

（3）经济多元化与民主化水平的提升

改革开放 30 多年以来，中国的多元经济得到了长足的发展，尤其是民营企业随着中国现代化的步伐逐渐崛起并成长为一支举足轻重的并影响今后国家发展前景的重要经济力量。根据全国工商联公布的“中国民营经济发展形势分析报告”数据我们发现：我国登记注册的民营企业数量从 2006 年“十一五”之初的 430.1 万户迅速增加到 2010 年“十一五”末的逾 840 万户，成为我国最大的企业群体。截至 2012 年 9 月，这一数量更是突破了 1000 万家，民营经济占 GDP 中的比重超过了 60%。[①] 同时，民营经济在活跃市场和影响交易规则的同时也在悄悄改变着基层民主的生态。从温岭的民主恳谈会到上海民政的“一门式”服务改革无不彰显出社会经济组织及经济格局在与国家政权网络的交往中慢慢彼此影响。这种活跃的界面成为了中国治理方式改革的力量交汇点。

同时，多元化经济的发展过程伴随着各类信息的传递和人类治理模式的相互借鉴，在中国近几十年的发展历程中，中国人权利意识的提升、法律意识的提升、参与意识的提升都带来了民主化要求的提升。地方政府在面对辖区民众的制度变革性需求时就不得不做出治理方式的转变以应对这种压力。我们在上文中把这归为被动应对压力型治理。压力的存在与否和压力内容的变化使地方政府在治理方式上向着更规范的方向转型。民主的压力使谈判代替了命令，平等代替了强制性“关怀”，参与代替了“替民做主”，开放代替了地区封闭。相应地，民主化给了媒体以空间，也给了媒体以动力和素材，这使得地方的治理压力进一步增大。在对地方干部的访谈中，他们反复提到“老百姓都喜欢要说法了，他们开始懂法律，懂国家政策，开始了解其他省市甚至其他国家的做法，地方执政不容易了”。这是民主化带给地方代理人的压力，也是经济发展的间接后果。

### 2. 直接因素

（1）不同城市化的方式的展现

城市化的不同方式展示了地方和国家的治理结构的差异。学界一直存在对城市化和城镇化方式的争论，并逐步形成了就地转移论、小城镇重点论、中等城市重点论、大城市重点论、大中小并举论、因地制宜论等多种

---

① 根据 2011 年、2012 年“中国民营经济发展形势分析会”文字整理，参见 http：//news.hexun.com/2013/myjj/。

对于“孰优孰劣”的探讨。从本质上讲，这种争论反映出一个有着庞大的人口基数的传统农业社会向现代化工业社会迅速转型的现实需求，不但体现着转型与现代化过程中工业对农业的替代，而且体现着决策组织对分配结构的艰难平衡。然而，发展大城市或者建设小城镇都是对城市外在物理形态和规模的描述，我们都需要从根本上去探讨不同城市化方式背后的动力机制和组织方式。

一方面，经济的发展带来了农业社会向工业社会和金融社会的转变动力，经济发展也作为最主要的因素使土地利用发生着改变，使其不断增值。另一方面有着计划经济制度遗产的中国存在着以行政命令为指挥棒的城市规划和开发，这一指挥棒往往点土成金，使得土地价格飞涨，增值数倍甚至几十倍、上百倍。在逐利动机的驱使和现有土地法规的保护下，地方政府以国家合法代理人的面目完成了土地的储备、整理和城市化开发，也完成了巨大的财富积累。同样的情况也出现在国有矿产、石油等资源的开发上。这样，地方政府就利用国家现有的所有权制度进行了强制性社会财富分配。从正面看，这种地方性自主性的财富积累和分配给了地方政府以独立性和“去财政依附性”，使地方事务的处理有了物质基础，但这种正面效应的发挥需要先决条件，即地方代理人高度的自觉性或民间力量强有力的监督。从经验来看，后者更值得期待。令人担忧的方面是，地方政府坐拥大量财富的状况使其离心趋势增加。这不但体现在违反中央精神盖豪华的办公场所上，还体现在混乱的账目和难以计数的腐败领域。表面上，地方政府对城市基础设施的热情建设是在主动行动，但这背后体现的是治理方面的被动性：不再看重本地区适合的、可持续的发展模式而是跟经济增长之风。总之，中国各地城市化的方式与其转型中的治理方式取向息息相关。

（2）政治参与主体结构的变化

经济的发展使商业及商人在社会上的地位发生了变化，我们不再恐惧资本和商业，甚至吸纳商界人士入党，让他们当人大代表、政协委员。这些做法都给地方政府的治理方式带来了改变。一方面，地方政府会做出利于商业发展的决策，会向高税收行业倾斜，并得到税收回报，增强地方财政能力；另一方面，地方政府面临商、政合谋的风险，腐败的风险和寻租的诱惑。这是新的压力源，也是地方治理的新挑战。经济的发展使得社会价值和社会利益多元了，而价值和利益的表达也成为了影响地方政府治理的重要因素。在如今的开放时代传统媒体在转型，以网络、通信等为平台的新媒体也方兴未艾。在中央政府更加开放的姿态和更加负责的态度下，各种媒体纷纷充当了更加切实的监督者和信息传播者角色。这给了地方政府以纵向的治理压力和横向的竞争压力，地方政府对于己不利的东西不能视而不见。同时，这也给地方代理人知识的积累创造了条件，提升了他们的主动治理的意识和水平。

（3）政府间的横向竞争

政府间的横向竞争是政府治理方式转型的重要诱因。地区间的竞争不但包含了 GDP 的竞争还包含了各种社会指标的竞争。这些社会指标包括：社会秩序、稳定水平，公共产品的提供水平以及由媒体而传播出的政府形象等。当问及“什么是您工作中面临的主要压力”时，89% 的回答是“领导的批评”，而这些领导的批评则主要集中在了经济发展水平（以 GDP 体现）和当地稳定水平上。不管是应对来自上级的压力还是来自民众的压力，同级政府间的横向竞争都成为地方政府治理方式的重大影响因素。

大国治理远远超越了经典理论和古代城邦所能提供的有限经验。代议制的发明虽然在一定程度上解决了直接民主所面临的规模限制问题。但它又带来了官僚制和层级政治的诸多问题。官僚制由于其过度专业化而在一定程度上隔离了社会个体的真实参与意愿。在互联网时代，像中国这样的大国获得了信息传播和利用上的便利，但也使得横向和纵向的比较更容易进行。在这样一个执政党决策与国家决策较难分清的大国，经济增长的压力也会以较大的放大效应展现在社会及各级官僚系统面前。因此，如何避免形成国家治理与社会自我治理间的牴牾并最大限度地把这种可能的潜在冲突转化为国家与社会的基层组织间合作成为一个需要重视的问题。同时，由于地理差异带来的发展方式差异仅仅是问题的表现，它提醒决策者关注这样的全局性的动态差异，包容并利用这种差异，给地方治理提供更多的空间。这些来自地方的多样性制度变革实践与中国历次改革探索所采取的先实验而后扩大的方法有异曲同工之妙。这是一种内生性的、非设定性的、基于地区差异的治理试错，它们具有非凡的观察和借鉴价值。

从互动这一视角来看，社会组织及社会个体在经济发展和制度需求方面不断与国家的政权网络进行着互动与磨合，这种磨合与互动既为中国治理方式的转变提供了动力又汲取了来自社会的智力资源，是一种良性互动，对于当代中国的进步而言可谓一剂良药。在这一互动过程中，来自国内外的不断变化的压力也给各地政府治理方式的转变提出了新的要求和挑战。如何为重重压力下的当代中国转型提供适合的制度条件是中国治理模式改革面临的主要任务。我们认为：根据各地发展的类型和动力差异，通过社会组织与政治权力网络的不断互动和磨合汲取民间智慧并调适制度边界，通过改革增大制度的弹性将是应对压力提升治理水平的可行策略。

（赵　杰、孔曙光）

# 第二编　议题与领域

# 第七章　政党治理

开国建政以来，政党治理一直是中国执政党治国理政的重要内容。作为中国政治生活中的核心要素，执政党不仅主导了中国的政治制度设计，更对中国社会产生了结构化的影响，执政党的这种“向外”的影响力构成了政党治理的重要内容；同时，政党作为组织中的一种，从其存在的第一天起就面临着“向内”的努力，即自组织力提升的问题。执政党的这种“向内”的整合与“向外”影响力延展的过程实际上就是中国政党治理展开的过程。改革开放以来，政党治理行进在一个逐渐制度化的政治空间里，运行在日益多元化的社会场域中，没有政党治理的现代化也就没有良好的政党治理绩效，也没有其合法性的持续增进。作为国家治理体系的核心构件，政党治理的好坏直接关涉国家治理能力的高低；在当下的中国，没有政党治理的现代化，也就谈不上国家的治理体系和治理能力的现代化。党的十九届四中全会通过的决定更是将党自身的治理和党对国家治理统筹起来考虑，提出要“坚持和完善党的领导制度体系，提高党科学执政、民主执政、依法执政水平”，指出“必须坚持党政军民学、东西南北中，党是领导一切的”“把党的领导落实到国家治理各领域各方面各环节”。[①] 完善党的“领导制度体系”就蕴含着党内治理，“把党的领导落实到国家治理各领域各方面各环节”意味着国家治理绩效离不开执政党的有效领导。在某种意义上，落实党领导的过程，既是执政党“向内”的自身治理的过程，也是党作为治理主体的“向外”的努力过程。

## 一、何谓政党治理？

谈政党治理，必须弄清楚其概念与内涵。由于是“政党”治理而不是其他组织的治理，因而明晰政党的概念及其性质是分析政党治理的前提；同时，“政党治理”同“政党管理”相近，将治理理论注入其中，这又会引致哪些变化？在此基础上，政党治理包含着哪些结构化要素？这三个方面是要厘清的问题。

### 1. 从政党的定义及其性质来看政党治理

关于政党的定义，包括英国的保守主义之父伯克（Burke）、爱泼斯坦（Epstein），到熊彼特，再到萨托利（Sartori）和维尔（Alan Ware）等，众多的学者从其功能、行为及其运作等方面进行了界定。英国学者维尔在前人的基础上，给出了关于政党的较为系统化的定义：“政党是一种试图在政府中谋求职位的组织，并且这种组织通常试图聚合社会中更多的利益，

① 《〈中共中央关于坚持和完善中国特色社会主义制度、推进国家治理体系和治理能力现代化若干重大问题的决定〉辅导读本》，人民出版社 2019 年版，第 6 页。

而不仅仅是代表社会中某一种利益。”① 之所以说这个定义比较系统，因为它不像伯克那样笼统，将政党定义为“在一致同意的特定原则基础上结合起来、用他们的共同努力来促进国家利益的人们的团体”，没有明确指明政党活动的领域与空间；也不像萨托利的定义那样狭隘，将政党与选举捆绑起来，认为政党是“在选举中提出候选人、并能够通过选举把候选人安置到公共职位上的政治集团”。其实，选举仅是政党活动中的一部分，或者说仅反映了特定政党制度下政党活动的部分实情。从维尔的定义看出，政党是连接国家与社会的中介与桥梁，它一头连着国家，另一头连着社会；因而政党（特别是执政党）的影响力必然会覆盖到政府和社会；从这个意义上说，政党治理不管怎样定义，一定不能脱离其活动的基本场域来界定：政府（大政府）和社会，前者是其权威性影响力发挥的平台，后者是政党力量的源泉；政党在这两个领域的活动必然是政党治理的核心内容。从政党的概念出发，基于其连接国家与社会的性质，我们可以推导出政党治理不同于一般的政治组织和社会组织的治理，它具有某种“跨界”的性质与特点，政党在这两个领域的活动能相互促进、相互影响；这种界定对理解政党治理的行动策略具有一定的启示意义。

### 2. 从“政党管理”来看政党治理

在公共管理中，相对于“行政”而言，“管理”更强调在达成目标过程中的技术、结果与参与者的主动性。将“管理”与政党联接起来，“政党管理”更多强调在政党活动中政党的主导性和行为的有效性，这两个方面都与其在活动中所运用的技术、策略紧密相连。正是基于此，西方学者麦克唐纳（McDonald）在谈“政党管理”时，不仅指出了政党管理的活

① Alan Ware，*Political Parties and Party System*，New York：Oxford University Press，1996，p.5.

动领域，而且强调了政党发挥作用的方式、方法。具体的，麦克唐纳将政党管理（Party Management）分为两类，一类是指影响政府的决策和资源配置的方式，另一类是指政党官员（Party Officer）处理政党内部制度、程序和行为方面问题的方式。[①] 在此概念中，政党的主导性体现在政府系统甚至在社会系统中，因为“影响政府的决策与资源配置方式”可能是在政府系统内部，也可能是在社会领域，政党在这两个领域的行为方式既是政党活动有效性的前提，也是划分不同政党类型的重要依据。同时为了更好地发挥其在这两个领域的权威性影响力，政党还必须加强内部管理、搞好“内整合”，政党的自组织和管理方式是第一类政党管理有效性的前提与基础。从这里可以看出，“政党管理”主要强调的是动用政党自身的力量和资源来达成目标，而忽略了政党可从其他主体和组织里征调资源来完成自己的使命。另外，在中国的语境中，“政党管理”一般是指政党的内部管理，容易造成误解。所以，将治理理论引入到政党管理中，强调内外管理的多方参与，这有利于改变政党在影响政府决策和资源配置过程中单打独斗的局面，也有利于激发、动员社会主体的力量来参与政党内部的治理，主导而不是包办应成为政党治理的重要行为策略。并且，公共治理机制为执政党“提供了一种利益表达的平台，它并没有为执政党的社会整合设置新的障碍，相反，它为执政党的社会整合找寻到一条新的路径”[②]。

### 3. 政党治理的结构性要素

在前面论述的基础上，我们认为，政党治理包括着三个方面的要素，即以政党为主导的多元治理主体，以国家、社会和政党为代表的三元活动空间

---

① Moshe Maor, *Political Parties and Party Systems: Comparative Approaches and the British Experience*, Routledge, 1997, pp.10—11.

② 罗峰：《反思与借鉴：治理视野中的中国政党研究》，《浙江学刊》2009 年第 3 期。

和以政党能力提升为其活动的目标导向。以政党为主导的多元治理主体，是强调在政党活动中要尽量发挥包括政府、市场和社会等主体的积极作用；政党的三元活动空间是强调政党治理的领域不仅仅局限在党组织系统内，而是会通过一定的方式影响国家政权系统，渗入并整合社会，形成政党、国家和社会有机互动的局面；最后，从组织的一般理论来说，组织目标构成了其具体行为的导向；作为组织的政党，以其纲领为代表的目标系统具有象征和动员作用，明晰的目标是其获得资源与合法性的核心要素，政党实现其目标的过程既是政党治理的过程，也是提升政党能力的过程。总之，在政党治理中，治理目标、治理主体和治理空间是我们分析不同语境下政党治理的三方面的结构要素，它们也是解剖不同政党治理模式的重要切口。

## 二、政党治理的产生

从上面的论述可以得出：政党治理强调以政党为主导的多元治理主体，以国家、社会和政党（执政党）内为场域的三元活动空间，以及以政党能力提升为其目标的政治体系的理性化的运作过程。由是观之，政党治理并不是一个与政党相伴随的概念。在高度政治化的年代，政治系统与社会系统高度一体化，缺乏治理理论生成的政治基础；同样，如果没有一定程度的社会分化，就不可能有异于政党、政府的其他组织主体的存在，这样的社会就是一种政党社会或政治社会。毫无疑问，在这样的社会中，政党治理也就无从谈起。随着改革开放的深度推进，全能政治的逐步转型，社会的日益分化，特别是随着社会流动资源的增加和人自由活动空间的扩大，政党治理的政治基础、社会基础和价值基础日臻厚实，政党治理的提出与展开也就水到渠成，它构成了中国治理体系中的核心要件。

### 1. 政党治理的政治基础

在新的时代背景下，党的领导不是向其他国家机关和社会主体直接发号施令，而主要是政治领导，即政治原则、政治方向、重大决策以及向国家机关推荐重要干部，并且这种领导遵循着法治化的逻辑；同时，党作为执政党，改变了以往一元化的领导方式，在发挥其“总揽全局、协调各方”作用的同时，又将其活动纳入法治化轨道，即党的活动要符合宪法和法律的规定，党的“依法治国”方略的确立和“依法执政”的提出就是明证。因此，党通过改革和完善其领导方式和执政方式的努力既规范了自身的行为，又有利于其他主体的政治地位、法律地位的确立及其理性化利益诉求的展开。也就是说，党对其执政方式和领导方式的这种规范化调整为其他组织主体积极作用的发挥创造了条件、开拓了新的发展空间。执政党对其领导权的这种政治性界定和执政权的法治化定位，使包括党际关系、党政关系和党社（政党与社会）关系等逐步走向制度化，这不仅为其他组织主体的发育、成长创造了政治条件，也为以执政党为核心的政党治理体系的运转奠定了政治基础；更为重要的是，党在文件中明确提出了体现“治理”理念的具体要求，如党的十六届四中全会提出要“健全党委领导、政府负责、社会协同、公众参与的社会管理格局”；党的十八大在后面又增加“法治保障”，党的十八届三中全会则直接提出了“国家治理体系和治理能力的现代化”议题；2019 年，党中央更是以全会的形式召开了以“治理体系和治理能力现代化”为主题的会议，全面总结了党领导人民在我国国家制度建设和国家治理方面取得的成就、积累的经验、形成的原则，重点阐述坚持和完善支撑中国特色社会主义制度的根本制度、基本制度、重要制度，部署需要深化的重大体制机制改革、需要推进的重点工作任务。[①]总之，执政党关于其领导方式、执政方式的调整，党的权威文献对治理的直接提出，这些都说明了政党治理在当下的中国有着厚实的政治基础。

### 2. 政党治理的社会基础

治理或善治追求的是多元主体间的互动、交流和对话，而不是其中某一超强主体的强力整合，因而，其他主体的存在和运作是治理机制创立的前提条件。对中国的执政党来说，其治理机制的有效运作不能完全靠党自身组织力的发挥；重要的是，执政党要通过观念的转变、一定的制度设计和机制的创新等来发挥其他主体的积极作用，激发其他主体的活力。毕竟推进中国的现代化进程，仅靠执政党自身力量的发挥是远远不够的。在党的十八届三中全会上，不仅提出要“创新社会治理体制”，而且强调要“激发社会组织活力”；随着中国改革开放的深度推进，政府职能的逐渐转变，尽管在一定领域行政力量仍十分强大，市场在资源配置中的决定性作用还远未真正建立，社会组织数量和质量还不尽如人意；但从总体上看，计划经济年代的全能型政府逐步转型，社会组织的活力日益得到彰显。改革开放以来，特别是在中央提出了构建社会主义和谐社会后，总体性社会转型的速度明显加快，其标志是：一方面，政治、行政主体加快了从市场、社会领域撤退的速度，让渡、赋予社会更大、更多的自主的活动领域和空间；另一方面，市场组织、社会组织的数量在逐年增长，其活动能力、影响范围都有长足的进步。社会组织的成长与发育具有重要的意义，它不仅为行政改革中政府职能转变找到了承接的主体，也为政党治理的展

① 习近平：《关于〈中共中央关于坚持和完善中国特色社会主义制度、推进国家治理体系和治理能力现代化若干重大问题的决定〉的说明》，《〈中共中央关于坚持和完善中国特色社会主义制度、推进国家治理体系和治理能力现代化若干重大问题的决定〉辅导读本》，人民出版社2019年版，第58页。

开提供了主体性支撑。没有一定数量与活动能力的社会组织，要在提高政党能力过程中引入治理理论形成所谓的政党治理，这无疑只会是人们头脑中的构想。在这个意义上，我们在谈论政党治理的基础性条件时，社会的支撑至关重要；在现阶段，社会组织发展的良好态势说明了政党治理具有日益厚实的社会基础。

### 3. 政党治理的价值基础

价值来源于其承载者之于相关主体的意义，而意义形成的基础既来自主体对客体在某种理念上的认同，也来自价值承载者对相关主体目标实现的积极作用。把治理理论与政党关联起来，之所以它对执政党的治国理政能起到积极的推动作用，一方面，从理念上说，治理理论的内核契合了党的执政理念，另一方面，从功能上说，治理理论能为党的执政实践提供一定的理论支撑，有助于执政党权威性地位的树立和影响力的扩大。具体的，从理念上说，治理理论强调公共事务处理与解决中多元治理主体的合作、各利益相关者的协同；治理对这种对合作共治的强调与执政党在现代化过程中要调动各方面的积极性有很高的契合度。在中国的语境下，执政党对驱动国家走向现代化、建设现代国家具有不可替代的作用，执政党的这种驱动不仅体现在作用于自身的组织体系，更重要的是要调动社会各组织主体的积极性，包括政府科层组织体系、市场组织和社会组织的积极性；而要发挥这些组织主体的作用就要坚持、维护人民的主体性地位。“坚持人民主体地位，充分调动人民积极性，始终是我们党立于不败之地的强大根基。”① 在这里，强调人民的主体地位与治理中合作共治的内核是一致的，这也是执政党青睐治理理论的原因；从功能上说，政府、市场与

---

① 中共中央宣传部编：《习近平新时代中国特色社会主义思想学习纲要》，学习出版社、人民出版社 2019 年版，第 42 页。

社会这三大主体积极作用的发挥是保证社会正常运转的重要条件；与这三大主体的相对应，行政机制、市场机制和志愿机制在解决公共物品、私人物品和准公共物品的供给问题上具有不可替代的作用；从某种意义上讲，这三类物品的供给也是执政党在执政为民过程中“为民”的具体内容，政党在治国理政的过程中也要充分利用和谐社会构建过程中的这三大机制；同时，从规范意义上说，单纯的行政指令、市场机制和志愿机制也可能会发生政府失灵、市场失灵和志愿失灵的问题，为了使整个社会不至于在各种失灵中走向失序，需要政府、市场和社会这三大主体在功能上互补、在行动中协调，这是社会需要公共治理架构的深层原因。从以上两个方面可以得出，多元的公共治理框架有助于执政党回应社会诉求、解决各种失灵问题；治理理论的意义在回应诉求、解决具体问题的过程中得到彰显。

## 三、政党治理资源

从规范层面上说，在转型的中国社会，治理理论与执政党影响力的扩大、权威地位的树立有极高的关联度；同时，行政权力运作的规范化、多元社会的形成等又为政党治理的展开提供了现实基础。正是基于此，执政党启动了“向外”与“向内”政党治理实践：前者包括倡导政府购买服务、推进社会治理；后者包括加强思想建设，构筑执政党“内整合”的价值基础；发扬党内民主，增强党的创造活力；保持反腐败的高压态势，加强反腐倡廉方面的建设，等等。在执政党治理实践展开的过程中，一个极为重要的问题被提了出来，即执政党能如此行动所依赖的资源有哪些？在中国的语境中，执政党的治理资源除了其执政地位以外，还有其在政党文化、组织网络、人事制度等方面的特色与优势，它们构成了政党治理的重要资源。具体来说，主要有以下方面：

1. 为民服务的政党文化

政党要发挥权威性影响力，必然要通过一定的手段来最大限度地动员社会民众，参与实现由政党所设定的目标；同时，政党作为一个组织，也时刻面临提升组织内聚力的问题。无论是最大限度地动员民众还是提升组织的内聚力，都需要政党根据其性质提炼出有助于整合其内外资源的价值理念，即政党文化。政党文化的提出、扩散与内化是政党治理的深层要素。对中国共产党来说，为民服务的政党文化既是建党的起因，又是其活动的最终归宿。这样的政党文化不仅写在党章上，更体现在实实在在的活动中，后者尤为重要。在革命战争年代，面对民族的危难和当政者的腐朽，发动民族、民主革命是当时中国走出泥淖、民众获得解放的唯一路径；在此过程中，为民服务的理念不仅体现在宣言与口号上，更体现在革命方略和具体的革命行动上，它能动员中国广大的民众投身革命，抛头颅、洒热血，成为解读中国革命成功的深层因素，也构成了党执政的良性的路径依赖。中共成为执政党后，开启了国家建设的新征程，创立了实现为民服务的政治体制，开展了延宕至今的体现为民服务的各种学习教育活动。尽管在改革开放以前，执政党曾犯过这样或那样的错误，但是为民服务的政党文化不曾有任何变化，成为其文化基因的核心要素。蕴含有这种文化基因的政党，当其面向社会时，能赢得社会认同，能从社会上吸纳有利于革命与执政的更多的合法性资源；当其面向党内时，能获得党内成员的认可，是将他们凝聚在一起、推进集体行动的深层动因。这种为民服务的政党文化一经形成，具有极其鲜明的特点：一是具有延展性，它贯穿于党在革命与建设的各个时期，从未中断；二是具有很强的实践性，中共总能根据环境的变迁进行结构性调整，以回应不同时期民众的利益诉求；三是具有创新性，无论是从革命到执政，还是从计划到市场，从封闭到开放，中共总能根据中国当时面临的问题及时调整实践策略，将为民服务落到实处。当然，这种政党文化内核在实践过程中并不是没有走过弯路，主要是在法治不彰的年代，为民服务通过群众运动的方式展开，产生了民众参与的失控，最终影响到民众利益的实现。改革开放以来，对建设社会主义法治国家的强调，依法执政、依法行政和依法管理，不仅将民众的诉求纳入法治化的轨道，也逐步找到了为民服务的理性化的实现方式。总之，由于政党治理要求执政党要动员党内外的各种资源与力量，这样，为民服务的政党文化能成为凝聚人心、化约不同利益主体的最大公约数，因而能成为政党治理可资利用的重要资源。

### 2. 覆盖全面的组织网络

政党治理要展开，离不开一定的组织网络。对政党治理而言，这种组织网络可在两个方面起作用，一是能成为政党影响力发挥的物理载体，政党通过向其他的组织体延伸自己的组织网络，就可以将自己的影响力贯注其中；二是，政党在其他组织建立自己的分支机构，这种组织嵌入行为是消除环境不确定性的重要举措。组织面临的环境不确定性越大，意味着其对环境的控制度就越低，因而组织目标达成所遇到的阻力也就越大。要改变这种局面，组织社会学认为："将环境中的某些组成部分整合到组织之中，将它们的功能与环境的其他分离部分紧密地联系在一起，竭力找出环境中的持久互动的伙伴。"① 在任务环境中的相关组织中嵌入政党的分支机构，意味着政党将异己的组织主体的一部分改造成了自己的组织，这样组织间的关系就可转化成组织内部的关系。中共向中国社会的每一个领域延伸自己的组织机构，通过嵌入到相关组织中的党组织的有效运作和党员的

① 埃哈尔·费埃德伯格：《权力与规则——组织行动的动力》，张月等译，上海人民出版社2005年版，第80页。

先锋模范作用，实现对该组织的引领与掌控，这不仅是党领导社会与执掌国家政权的表现，也是政党治理展开的组织依托。在党一元化领导的年代，社会高度的政党化，凡是有组织的地方政党都能进驻；当中国步入转型期，社会的一元化被社会的立体化与多元化所取代，执政党的组织嵌入就很难覆盖到所有新成长起来的新经济组织与新社会组织，执政党的组织嵌入面临着新的难题与困境。尽管如此，特别是近10年来，党建全覆盖理念的宣扬、消灭空白点的活动在全国各地轰轰烈烈展开，党建从楼宇到社区再到行业不断延伸，其目的就是要在分化的各种组织体中编织比较完善的组织网络。特别重要的是，执政党在推进以自身为主体的社会再组织化过程中，其追求的目标不仅是“物理上”的覆盖，即在新的组织体中建立起党的分支机构，更重要的是其“功能上”的覆盖，即新建立起来的党组织要能围绕着其所嵌入组织中党员与群众的具体诉求来开展活动，要能有效运转起来，得到群众的认同与支持。总之，执政党所拥有的存量与增量组织网络是政党治理、特别是其“向外”发挥权威性影响力的重要资源。

### 3. 有效运转的干部人事制度

政党治理要能有效展开，除了需要一定的组织网络外，还需要大量的精英人才。考虑到政党治理所涉及的两个领域，与其相连的精英人才主要包括两类：一是执政精英；二是社会上的精英人才。对前者而言，执政党通过国家政权体系中执政精英实现了对国家政权的掌控；而政权体系的公共性与广覆盖性延伸了执政党的权威性影响力，从而使执政党治理溢出了党内领域，对社会产生广泛的影响；对后者而言，政党治理需要调动其他组织主体的积极性，没有非政权领域人才的充分涌流与对其工作积极性的调动，政党治理就会回复到全能政治年代执政党单打独斗的境地。也正是在此意义上，党的十八大延续了以前行之有效的干部人事制度建设，执政精英与社会精英建设并举，提出要“建设高素质执政骨干队伍”，要“坚持党管人才的原则”、“广开进贤之路，广纳天下英才”。在新时代，提出了“政治上靠得住、工作上有本事、作风上过得硬、人民群众信得过等具体要求，突出了好干部标准的时代内涵”①。对执政精英的重视，是中国共产党的传统。毛泽东曾指出：“政治路线确定之后，干部就是决定因素。”②这里的干部是指革命或执政精英。精英管理涉及选拔、晋升与培训等环节，政党的精英管理体现了政党的性质、服务于其目标定位，因而，在现实中必须遵循一定的价值标准。对中共而言，尽管党组织运作的环境发生了变化，但其对精英管理的核心标准还是“又红又专”；中共人事制度管理的有效性既体现在对“红”标准的始终遵循上，也体现在其根据政党运作环境的变化而对“专”的不同界定上：革命时期强调军事斗争技术；在改革开放时期则偏向于对经济、管理技术等，这种对“专”的弹性界定是中共具有适应性与开放性的重要特征；中共的这种适应性还体现在“党管人才”口号的提出上。在一个有活力的社会，大量的社会精英是支撑经济与社会发展的重要条件。执政党遵循了社会理性运转的这种逻辑，采取各种有效的措施来引进、培养各路社会精英，创造条件让他们在社会各个领域脱颖而出。最后，中共干部人事制度的有效性还体现在“党管干部”的制度安排上，依据这一制度，中共各级组织部门依照干部管理权限（即下管一级干部），将大批执政精英选送到政治、经济、军事和社会等领域，并根据组织的意图和精英实际情况的变动适时进行调整，从而实现对这些领域的引领与治理。中共的这一套有效的干部人事制度诞生于革命战争年代，并在以后时期不断进行调整与完善。这一制度不仅能把社会

① 习近平：《习近平谈治国理政》，外文出版社 2014 年版，第 412 页。
② 《毛泽东选集》第 2 卷，人民出版社 1991 年版，第 526 页。

上的优秀人才吸纳进党组织，而且通过政治培养、培训等环节对其进行以“红”为主题的改造与政治社会化，使之成为可以依靠的执政骨干与社会精英。毫无疑问，这一套干部人事制度同样也是政党治理有效展开的重要资源。

## 四、政党治理框架

在转型的中国语境下，政党治理根植于社会现实，同时执政党也拥有较充沛的治理资源；在此种情况下，政党治理不仅是可欲的，而且是可行的。由于执政党所处的方位，即它是联系国家与社会的中介与桥梁，因而它分别同国家与社会发生着双向互动的关系：一方面，政党从社会中吸纳资源与能量，社会是政党的力量源泉，另一方面政党也要想方设法影响国家政权，进而影响社会。政党与国家、社会互动的过程也是其治理展开的过程。由于政党的作用场域不一样，即政党内、政党间以及政党外，因而可将政党治理分为党内治理、党际治理和党外治理这三种不同的类型，不同类型的政党治理遵循着不同的运作逻辑；并且，在一定的语境下，每一场域中的政党治理所面临的问题也各不相同，对这些问题的治理构成了一定时期的政党治理框架。

### 1. 党内治理的有效性

政党治理强调要发挥其他组织主体的积极作用，而不是仅靠政党单打独斗。但是，既然名曰“政党”的治理，那么政党还是会在治理过程中发挥不可替代的作用；这样，政党自身能力的提升就显得尤为重要。政党要提升自组织力，就离不开向“内”的努力，即党内治理，它是政党向外拓展影响力的前提。从规范意义上说，政党的自组织力是政党“调动、协调和整合政党组织内各种资源的能力，它包括组织结构、制度供给、目标定位、人力资源和一定价值理念的张扬等有形和无形方面所展示的能力，它是政党能力的重要组成部分”①。这些要素是任何一个着力于提升其组织力的政党都必须考量的。对中国的执政党而言，以上诸方面也影响到自组织力的提升。在当前，党内理想信念、党内民主和惩治腐败问题的解决更具基础意义。

（1）理想信念。对一个政党来说，党员及其干部精英的理想信念是人们加入政党组织的根本动因，也是黏合组织的“水泥”，从而也是政党具有强大组织力、战斗力的价值支撑。尽管中共从建党伊始就强调理想信念的重要性，但是，改革开放以来，各种价值观念竞相涌入，享乐主义和功利主义盛行；必须承认，在一定阶段，物质利益是组织与凝聚原子化个体甚至是推进集体行动的重要原因；但是，要实现人们间的深度、持久合作，仅仅靠物质利益的激励是有限度的，它还离不开互动、合作的个体在价值共识上的达成。共产党员同一般民众一样，也生活在这个开放与变革的年代，社会上的各种不良思潮不会不对其产生影响；况且，从现实层面来说，中华人民共和国成立前驱动中共为民服务的险恶的外部环境消失了，取而代之的是掌控国家机器的执政地位。在民主监督还不是很健全的情况下，一些党员干部为民服务的动力机制出了问题。同时，在公共权力还没有被完全“关进笼子”的情况下，还可能会发生树立共产主义远大理想与自己切身利益的实现相背离的情况；最后，在物质主义泛滥和全球化的年代，还没有找到一条完全行之有效的社会化模式与方式来宣扬共产党人的理想信念，某些群众甚至是党员干部对此还存在着模糊的认识。正是基于以上原因，在改革开放已经进行了 30 多年的今天，共产党人的理念

① 罗峰：《嵌入、整合与政党权威的重塑——对中国执政党、国家和社会关系的考察》，上海人民出版社 2009 年版，第 273 页。

信念问题仍然被现实地提了出来：党的十八大提出要“坚定理想信念，坚守共产党员的精神追求”，强调“对马克思主义的信仰，对社会主义和共产主义的信念，是共产党人的政治灵魂，是共产党人经受住任何考验的精神支柱”；习近平也多次强调，理想信念是共产党人的精神之“钙”，必须加强思想政治建设，解决好世界观、人生观、价值观这个“总开关”问题。因而，针对理想信念这个“总开关”问题，党内治理一方面要采取科学化的社会化方式，在全社会大力弘扬“自由人联合体”之于现时代的意义与价值，另一方面要加强对公共权力运行的制度化监督，让共产党人为民服务价值理念的实现有更加坚实的制度基础。

（2）党内民主。从政党作为“中介”与“桥梁”的定位上看，其在实现其目标、使命的过程中，一方面要从社会上吸纳资源与能量，另一方面也要调动组织系统内每个党员个体的积极性。因为，政党与国家政权系统、社会系统的连接不是自动实现的，它要靠党员个体的积极作为与主观努力。从这个层面上说，以激发党组织活力和创造力为目标的党内民主就对其自组织力提高具有积极意义。从中国共产党近百年的奋斗历史来看，党内民主的发挥与党的活力、事业的兴旺发达具有一定的线性关系，即什么时候党内民主发展得比较好，什么时候党内就更具活力，党和国家的事业也就能更上台阶，反之亦然；也正是从这个意义上，党的十六大明确提出“党内民主是党的生命”，这是观照党史所得出的科学结论；最后，从党建国家的民主取向上看，开国建政后，党对国家政权的影响力不仅体现在政治体制的构建上，也体现在其对政治体系的现代性驱动上，即执政党要利用其执政的地位与资源将中国引向法治和民主。从这个意义上说，发展党内民主不仅能解决党组织的积极性、活力与创造性的问题，更重要的是它对人民民主具有示范和带动作用。基于以上三个方面的原因，党内治理要将发扬党内民主作为其内部治理的重要路径。要推进党内民主，“尊重党员的权利是党内各项制度得以有效落实和运作的前提，而党内各项制度的有效运作则是党员权利实现的基本保障。这决定了加强党的制度建设，增强党内制度的合理性、权威性和有效性是党内民主建设和发展的重要前提和基本保证”[①]。也就是保障党员的主体地位是发扬党内民主必须遵循的指针，而有效的制度建设则是保证其有序、有效开展的抓手。党的十八大关于党内民主的论述就是从其意义、地位和抓手等方面进行阐析，特别是花了一定的篇幅来部署关于开展党内民主的制度建设。这些对推动高质量的党内民主建设和有效的党内治理具有较强的现实指导意义。

（3）遏制腐败。政党作为组织，它是一定阶级、阶层的利益代表者和代言人。所以，当政党宣示自己的利益时，它要考虑其对社会的动员度和影响力，因而这种明确宣示的“利益”不能同党员自己直接的利益诉求关联起来，而更具有普遍性和广延性，否则，政党就容易丧失支持率与认同度。但是，政党作为一类组织一旦存在，它就会引发人们对其利益实现的考量：一方面，从政党组织内部来说，要使组织能有效运作，一定程度的科层化管理必不可少，这是消除党员个体机会主义行为的重要制度保障；但在科层化的运作中，党内职务安排、晋升的规定以及激励的推行等等都有可能影响到党内成员的利益或主观感受；另一方面，当政党成为执政党后，其掌控的是国家政权，影响的是社会与经济的运转，因而，更能影响到一般民众或相关组织主体的具体利益。如果相关的制度不健全或不能有效运作，特别是当党内民主制度、国家权力监督制度等的缺乏，腐败就不可避免地在党内外蔓延开来。对中国的执政党而言，内部科层化管理的现实，执政地位的确立，这些制度与体制一方面保证了中央政令的贯通和对社会的广泛影响力，但另一方面也给执政党提出了怎样认识、管控与其相

① 林尚立：《党内民主——中国共产党的理论与实践》，上海社会科学院出版社2002年版，第146页。

关的利益问题。如果没有有效的制度体系来遏制权力的冲动，公共权力的异化就不可避免。改革开放以来，特别是近年来，反腐呈现出高压态势，反腐败斗争取得压倒性胜利，全面从严治党取得重大成果，但反腐败斗争的形势依然严峻，所揭露出来的问题触目惊心，党内腐败问题不再是可不可能发生的问题，而是变成了一个切切实实的现实问题。党的十八大以来，中央之所以对腐败问题重拳出击、零容忍，关键是权力中枢认识到一定范围内的腐败问题在日益侵蚀党健康的肌体，日益消解其合法性，到了非下猛药不可的地步。党的十九届四中全会提出了要“坚持和完善党和国家监督体系，强化对权力运行的制约和监督”，通过系统化、有机化的制度体系建设来遏制腐败。通过制度建设来遏制腐败，是反腐败的“治本”之举，也是保证了党内治理的有效性。

以上关于党内治理的三个方面问题，从问题的显现、提出到治理，并不始于现在；之所以在新时期进一步提出，并将其纳入国家治理体系和治理能力现代化进程中：一是因为其影响的广泛性、全局性；二是，这些问题的解决是系统性、渐进性的，不可能一蹴而就；三是，治理体系和治理能力现代化的重要特征是制度化，通过合理的制度安排来保证其推进的有效性。从这个意义上说，新时期党内治理是以制度建设为抓手，以有效性为标准，以提高执政党自组织力为目的。

### 2. 党际治理的协调性

在西方，选举制度、议会制度和政党制度是其民主的三大制度支柱，离开了政党政治，其民主难以展开和运作。而无论是两党制还是多党制，都涉及党际关系的处理。在其党际关系的处理中，竞争与合作是其关系的主旋律：前者主要是体现在选举中，后者则主要体现在政策制定环节。但各个党派间无论是竞争还是合作，都有某种基础性共识，正是从这种基础性共识中体现其党际关系的协调性：一方面是制度共识，即对国家制度的共识，各种党派均是在国家的体制框架下活动；另一方面是价值共识，即便是在竞争中，各个政党仍然会坚守某种价值底线，就像英国两党朝野竞争中的“为了女王陛下而反对”的共识一样。在西方，尽管其党际关系的处理有这样或那样的问题，如金钱操控、幕后交易等，但正是有这种制度与价值上共识的存在，在一定程度上保证了其关系处理的协调性。对中国共产党而言，人民民主是其政治设计与政治制度运作的价值内核，并在包括革命等活动中形成了各阶级联合的政治有机体，在扩大统一战线的过程中嵌入党的领导，形成了中国特色的政党制度，即中国共产党领导的多党合作与政治协商制度。中共与其他民主党派的协调性体现在三个方面：一是坚持中共领导的政治共识，这种形成于新民主主义革命时期并在社会主义建设时期写入宪法的政治共识，经历了革命的洗礼和实践的检验，是党际有效合作的政治前提与政治保证；二是对政党制度认同基础上的制度共识，在新中国成立后，执政党提炼与抽象了新民主主义革命中的党际合作的有益经验，将其上升为具有中国特色的政党制度，这种体现各民主党派意愿的制度设计当然容易获得它们的认同；三是对人民民主的价值共识，在某种意义上，中国共产党领导的多党合作与政治协商制度是人民民主的制度体现之一，它蕴含了各党派对人民民主的共同追求。但是，理论上的抽象并不等于现实的具体演绎，环境是在不断变化的，政党治理场域的变化拷问着传统的党际治理模式。在中国的党际治理实践中，特别是在政治协商、民主监督等方面，离党际治理的协调性还有一定的距离，因而，这是新时期党际治理需要着力解决的问题。

（1）政治协商。从规范意义上讲，人们处理纷争问题时至少有三种形式，即强制命令、民主投票和协商沟通，每一种方式既有其正向价值，也有其作用的限度。协商讨论的意义在于沟通后的妥协让步，在于对他者诉求与利益的尊重，它有利于提升对最终决定或决策的认同度，因而它是处理公共问题、解决利益矛盾的不可替代的方式。在政治运作中，政治体系中的相关组织主体就某些政治议题进行协商讨论，这有利于政治共识的达成和政治决策科学化程度的提高；它是相关组织主体和民众进行利益表达和政治参与的重要形式。从新中国的历史来看，通过中国共产党与各民主党派的政治协商直接催生了共和国的基本的政治制度。随着中国政治体制的不断改革与完善，政治协商在我国政治生活中所起的作用越来越大，以至于在党的文件中明确将其规定为社会主义民主的两种实现形式之一：2006 年 2 月，中共中央发布了《中共中央关于加强人民政协工作的意见》，首次提出“人民通过选举、投票行使权利和人民内部各方面在重大决策之前进行充分协商，尽可能就共同性问题取得一致意见，是我国社会主义民主的两种重要形式”。执政党的权威地位，其在文件中的这种明确规定促进了实践层面政治协商的有效展开，提升了其在整个政治生活中的地位。在具体的实践中，政治协商有两种基本方式：一是中国共产党同各民主党派之间的协商，二是中国共产党在人民政协同各民主党派和各界代表人士的协商。这两大协商方式是建基在中国两大政治制度上：一是中国共产党领导的多党合作和政治协商制度；二是人民政协制度。无论是哪种协商方式都包含了党际互动、党际治理，政治协商是这两种制度运作中的重要内容。以政协制度为例，其职能定位几经变迁，主要反映在 1954 年、1978 年和 1982 年三部章程以及对 1982 年章程的 1994 年、2000 年和 2004 年这三次修正中，其主要职能从“协商”一项到政治协商、民主监督和参政议政这三项。这种变迁过程一方面说明，人民政协职能范围的这种拓展表明了其在中国政治生活中的举足轻重作用，另一方面，在现在的三项职能中，政治协商是一以贯之的，是其核心职能。在人民政协和中国的政党制度框架下，政治协商以多种形式展开，推进了国家的民主进程，也有利于决策的科学化、民主化程度的提升。但是，要进一步提升党际治理的协调性，需要进一步提高政治协商的制度化程度，要按照党的十九届四中全会的要求“完善人民政协专门协商机构制度，丰富协商形式，健全协商规则，优化界别设置，健全发扬民主和增进团结相互贯通、建言资政和凝聚共识双向发力的程序机制”。

（2）民主监督。在中国的政治体制框架下，民主党派作为与执政党相异的政治组织，有其特定的联系对象与动员群体，其专门性与精英荟萃的优势可以弥补执政党在某些方面的不足。更重要的是，它能跳出执政党与政府“只缘身在此山中”的困境，能发现在政治运行中的一些问题，履行着不带“刚性”、却对执政党执政能力的提升具有重要意义的监督职能。民主党派对执政党的这种监督，在类型上属于组织化的异体监督，它与人大的监督、政府内部的监督等组成了社会主义监督体系，在中国的政治生活中发挥着不可替代的作用。早在1957年，毛泽东在《正确处理人民内部矛盾的问题》中指出：“所谓互相监督，当然不是单方面的，共产党可以监督民主党派，民主党派也可以监督共产党。为什么要让民主党派监督共产党呢？这是因为一个党同一个人一样，耳边很需要听到不同的声音。大家知道，主要监督共产党的是劳动人民和党员群众。但有了民主党派，对我们更为有益。”① 在现阶段，执政党要提升执政能力，通过民主监督体现党际治理的协调性是其努力的目标。这种协调性体现在：一方面，民主党派的民主监督尽管是一种异体监督，但它是在中国的政党制度框架下展开的，是在坚持党的领导和“团结”“民主”的前提、氛围下进行的，因而，民主监督的价值取向是有助于党领导能力与执政能力的提高而不是相反；另一方面，要进一步加强制度建设，将文件中规定的民主监督形

① 《毛泽东文集》第7卷，人民出版社1999年版，第235页。

式[①]落到实处，从而保证党际间监督的顺畅性；同时，要考虑将民主党派的监督与人大的监督、政府内部的监督以及社会的监督等对接起来，通过与各种监督形式的联动既保证了“柔性”监督的有效性，又保证党际监督的权威性，等等，后者更是现实关注的重点，有着很大的完善空间。

需要指出的是，党际治理中的这两个方面是关联在一起的，在协商中体现了监督，在监督中包含了协商；同时，在政党制度和人民政协制度等框架下，政治协商与民主监督实质上都关涉了一定时期、一定层级党政部门的核心议题，因而是民众组织化政治参与的表现，是他（她）们参政议政的具体表现，在某种意义上说，政治协商与民主监督就内涵了参政议政。将政治协商与民主监督纳入党际治理的分析范畴，以协调性作为其价值导向，凸显出了执政党与民主党派制度化互动之于政党治理的重大意义。

### 3. 党外治理的规范性

执政党运转在一定的环境中，必然会对环境中的相关组织主体产生影响。组织间的差异不仅体现在性质上，也体现在结构、规模和拥有的资源等方面。正是由于组织在性质、资源总量上的差异及其所形成的权力位差，导致了它们在实现组织目标时需要从他者那里吸纳资源、输入合法性，需要与空间中的其他组织进行持续的互动；而互动的积极后果取决于双方关系的制度化程度和在此基础上所形成的信任度。对执政的中国共产党而言，其活动的空间不仅包含了政权系统，而且包含了经济系统和社会

---

① 主要是2006年颁布的《中共中央关于加强人民政协工作的意见》拓展了民主监督的形式，规定了5种，包括政协全体会议、常委会议、主席会议向党委和政府提出建议案；各专门委员会提出建议或有关报告；委员视察、委员提案、委员举报、大会发言、反映社情民意或以其他形式提出批评和建议；参加党委和政府有关部门组织的调查和检查活动；政协委员应邀担任司法机关和政府部门特约监督人员。

系统，因而，以执政党为核心的政党治理，其影响力在向外散布时，就不可避免地与政府（大政府）、企业和社会组织发生了关联。在互动过程中，执政党主要通过组织嵌入和人事嵌入[①]，来发挥自身的影响力。在转型期，党外治理所活动的场域不同于党组织内部，任务环境中的组织主体的性质、功能也相异于党组织，因为党外治理的有效性不仅取决于执政党自身的权能，也要考虑其他组织核心功能的开发，这些都要求执政党在与这些组织互动时要遵循理性化的逻辑，注重行为的规范性。

（1）理性执政。政党执掌了国家政权，意味着它要与国家政权机关进行互动：一方面，由于政权机构刚性化、公共性的属性，执政党的纲领、路线等通过国家政权的力量予以推行，能大大拓展政党权威的覆盖范围与影响力，另一方面，在执政党的引领下，特别是通过其利益表达、利益综合、政治社会化以及精英录用等功能的发挥，能提升政权机构行为的有效性与回应性。但是，两者的这种有效的互动是建基于组织边界清晰和功能完善的基础之上。也就是说，执政党与政权机构在互动时既不是组织机构上的物理性的替代，也不是功能上的替代，在某种意义上是各自在功能上的互补、互强；布隆代尔在叙述欧洲国家政党与政府的关系时指出："不论在西欧还是其他地方，各种政党政府的形式在很大程度上都是在黑暗中摸索，希望有一种解决方式可以保持一种平衡：一方面使政党有正式的影响力，另一方面使政府有自由行动的空间。"[②]政党与政府间这种平衡关系的形成，意味着党政关系的理性化与规范化。对中国的执政党而言，全能

① 执政党的组织嵌入是指在任务环境中的某一类组织里建立自己的分支机构，是构建与整合外部环境，将自身影响力延伸至外部环境中的重要举措；所谓人事嵌入，是通过人事安排来占据环境中相关组织的重要岗位，可参见罗峰：《嵌入、整合与政党权威的重塑——对中国执政党、国家和社会关系的考察》，上海人民出版社2009年版，第153—177页。对中国的执政党而言，这两种嵌入路径是联系在一起的，并且在政权系统中体现得尤为明显。

② 让·布隆代尔、毛里奇奥·科塔：《政党政府的性质——一种比较的欧洲视角》，曾森、林德山译，北京大学出版社2006年版，第11页。

政治年代党政关系的一元化既不符合政治发展中政治分化的逻辑，也不利于社会主义民主建设的推进，特别是在社会日益多元、政治日趋理性的年代，这种一元化的关系模式必然会走向解体，并让位于党政关系的规范化与理性化，这也是理性执政的基本表征。在理性执政的要求下，“执政党嵌入到政治体系中与其他政治主体所形成的一种互动也是主体间的互动，执政党的主导作用和嵌入对象的积极性都要得到充分发挥。”[①] 在执政党主导政党治理的过程中，要将执政党的这种“主导作用”规范化和制度化，惟其如此，才能为其他组织主体功能的拓展创造新的空间，也为政党治理的有效性奠定组织与制度基础。具体的，针对政府、人大和司法等系统的不同性质和运转逻辑，执政党的这种制度化的行为方式不应是固化的，而应有所区别，比如，针对人大系统，执政党与其互动的制度设计就应考虑怎样更好地支持人大民主功能的发挥，怎样更好地让人大代表行使当家作主的权力；针对政府系统，执政党与其的制度性关系就应考虑怎样支持其提高依法行政水平、政府执行力和加强服务型政府建设，等等。总之，在理性执政的要求下，执政党在政权系统的嵌入是其党外治理的重要组成部分，服务型政府建设、人大制度的与时俱进等固然离不开政府机构、人大机关等的积极作为，同样离不开执政党理性执政、依法执政。

（2）市场本位。在政治—经济—社会领域呈现出分化状态的国家，政党作为连接国家与社会的中介与桥梁，要将社会中相关主体的利益诉求进行整合、并影响国家的政权机构；政党只有通过有效的利益表达与整合才能拓展其在经济领域中的权威性影响力；同时，经济领域中各个市场主体要想维持或增进其利益，也会通过一定的方式影响着有着某种政治诉求的政党，甚至塑造其政治偏好。所以，无论是执政党自身权威性影响力的拓

---

① 罗峰：《嵌入、整合与政党权威的重塑——对中国执政党、国家和社会关系的考察》，上海人民出版社 2009 年版，第 148—149 页。

展，还是市场主体为其利益增进而与政党进行的积极互动，都是以经济领域中的核心运行机制，即市场机制的有效运作为前提的。没有对市场本位的遵循，经济主体的利益不可能得到维系与保证，经济领域也不可能繁盛。从这个意义上说，政党在进行党外治理时，当其与市场主体进行互动时，要发挥市场在资源配置中的决定性作用。在这里，党外治理的规范性就体现为对市场价值规律的遵循。对中国的执政党而言，其与经济系统的关系经历了从统合到尊重这样一个演进过程。在全能政治年代，计划经济占据主导地位，社会很难生发出与政治主体、行政主体相异的市场组织，因而，那时尽管也有经济领域，但基本融于政治关系之中，受到包括执政党在内的政治力量的高度统合；改革开放以来，随着政治权力的收缩与调整，各种市场主体逐步出现，展示了其在经济领域中的自主性与活力；究其原因，如果没有执政党对其地位与价值规律的认可与尊重，这种情况根本就不可能出现。从上面的论述可以看出，就与经济领域互动而言，中国的执政党承担着比发达国家更为繁杂的任务：一方面要通过体制改革，催生、培育出日益健全发达的市场体系，另一方面要通过规划等政策或举措，实现对经济发展的引领，使发展建立在以人为本的基础之上。具体来说，执政党在推进以经济领域为其对象的党外治理过程中，从演进的趋势上看，从计划经济——计划为主、市场为辅——有计划的商品经济——社会主义市场经济，特别是党的十八届三中全会提出要让市场在资源配置中起决定性作用，市场本位的色彩越来越浓。这一市场化的党外治理路径主要采用两种方式进行：一是体制调整，通过执政党的权威文件直接调整、规定中国的经济体制，主要是从计划到市场的转向；二是规划引领，即通过提出关于国民经济和社会发展五年规划的建议，实现对中国经济的重点、方向甚至是项目的直接引领。与此同时，我们注意到，执政党实现对经济领域的引领过程中，也在向市场组织，不仅向体制内的国有企业组织，而且也向新经济组织，如三资企业等组织，延伸自身的组织网络。执政党的这种组织覆盖是提升其组织能力的重要举措。

（3）和谐社会。从规范意义上说，社会在演进的过程中，会逐渐分化出政治组织和经济组织，这三类组织间的功能互补是和谐社会形成的重要条件，也是治理理论在政党领域得以展开的前提性因素。但是，当公共权力没有得到制度化规训时，它就会成为一种压制、覆盖市场或社会的力量，无论是哈贝马斯意义上的公共领域还是一般意义上的社会，都会被政治力量所淹没。因而，只有建立起规范公共权力的现代国家，和谐社会建立才有了制度上的基础。1949 年的开国建政，执政党启动了现代国家建设的任务。查尔斯·蒂利等认为，国家建设不仅包括政权的官僚化、渗透性、分化以及对下层的控制，而且还包括公民对国家的认可、参与、承担义务与忠诚。① 那时的国家建设，执政党依靠单位制和人民公社体制，延伸自己的组织网络，实现了对中国城市与乡村的组织化渗透与控制，改变了中国社会一盘散沙的局面，也为大规模政治动员的进行提供了组织基础；并且，在革命话语和意识形态的强大影响下，民众的参与和政治忠诚，达到了无以复加的地步。由于那时国家建设没有与规训公共权力的制度化努力相伴随，导致了权力的高度集中，社会力量被压抑甚至被窒息，因而，执政党对社会的深度嵌入使那时的中国社会带有浓厚的政治色彩和科层化特征，政党、政治与社会高度一体化，政社不分。当历史步入改革开放的新时期，给执政党提出了社会生产的命题。所谓社会生产，即经历了再分配经济和与之匹配的集权体制的长期支配，自组织的社会生活机制受到了很大的压抑甚至是摧毁，面对新的历史条件，要重建或生产社

① 杜赞奇：《文化、权力与国家——1940—1942 年的华北农村》，王福明译，江苏人民出版社 1996 年版，第 2 页。

会生活的各种制度和规范。① 要完成这一任务，一方面离不开社会中各权利主体的努力，通过自身权利的张扬与实现来提升社会的自组织能力，另一方面，以执政党为主体的政治体系要规训权力，让渡社会发育与成长的空间，并通过有效的制度安排来培育和引导社会组织的发展。只有激发社会活力，让社会组织依法、有序地开展活动，政府才能找到职能转变的承接主体，政党治理的展开才有着坚实的社会基础。总之，社会生产与政党治理关联密切，它催生、培育了政党治理所依托的社会组织力量；面对着日益成长的社会领域，政党治理的有效性体现在双方互动关系的规范性之上：一方面体现在对和谐社会构建目标的认同，另一方面体现在执政党、社会力量之于社会治理框架的认可，后者是和谐社会建构的基本路径。

需要指出的是，政党治理的有效性、协调性和规范性之间是相互关联的，应该说，在执政党所嵌入的任何一个场域中，都面临着这三个方面的问题，在这里作这样的抽象主要是考虑相关场域所面临的难题及其路径依赖。

以执政党为主导的中国政党治理，是整个国家治理体系中的核心构件，其体系与能力的现代化程度直接影响到国家治理能力的提升。改革开放 40 多年来，中国的经济、政治和社会等领域发生了翻天覆地的变化，治理理论在中国的政党政治运作中有着现实基础与政治支撑；党的十八届三中全会以来，特别是十九届四中全会作出关于国家治理体系和治理能力现代化的总体部署，随着中国改革的再进发，改革的系统性、有机性及其广度深度前所未有，这必将有力推动政党治理中诸多问题的解决。但是我们也必须看到，执政党是政党治理框架中的最重要主体，但不是唯一的主

① 沈原：《市场、阶级与社会——转型社会学的关键议题》，社会科学文献出版社 2007 年版，第 274 页。

体，改革的渐进性，特别是市场主体、社会组织等发育成长的渐进性等决定了政党治理效能的释放必将是一个渐进的过程，政党治理体系的现代性与政党治理能力的提升也不可能一蹴而就。因而，作为掌握着充沛执政资源的执政党，其推进改革的意志与决心，其制度化、系统化的改革方略，再加上强有力的执行举措，等等，这些既保障了改革的顺利推进，更保证了中国政党治理的有效性。

（罗　峰）

# 第八章　政府治理

在国家治理体系中，政府治理涉及面最广，政府系统内部机构和人员规模最大，因此政府治理好坏对国家治理绩效会产生最直接的影响。当然，政府治理涉及的议题广泛，这里仅就政府治理的主体及其关系性质作一个探讨，因为政府治理体系首先指的是其所包含着的不同主体。不同主体在政府治理中应该发挥何种作用、如何处置政府与其他主体的关系、政府治理体系自身怎样完善，在很大程度上则是一个治理能力建设的问题。

## 一、公共治理主体：由“一”到“多”

公共治理主体的产生与公共治理对象、领域的拓展有关。根据是否具备竞争性和排他性两个标准，社会生活中的物品可以分为四类：既有竞争性又有排他性的私人物品（private goods），既无竞争性又无排他性的纯公共物品（public goods），具有排他性但无竞争性的俱乐部物品（toll goods），具有竞争性但无排他性的公用物品或“公共池塘物品”（common-pool goods）。物品分类可以作为理解公共治理主体的分析工具，运用这一分析工具，大致能够梳理出当代中国公共治理主体发展演化的脉络。

从社会主义改造完成到改革开放以前，因受经典社会主义理论和苏联模式影响，政府及其控制的国营企业、人民公社、事业单位成为经济生产与社会管理的主要力量，政府对所有经济社会活动负有“无限责任”。政府及一切官办实体又控制在政党手中。

从1978年到20世纪90年代中期，即出现政府与市场的分野。政府通过改革价格、物资、分配、企业、农村等管理体制，激发市场主体的活力；与此同时，政府系统内部由中央向地方放权，培育行业协会和中介组织，激发社会主体的活力。总体而言，这个时期成长起来的“非政府”主体具有强烈的“体制内”色彩。

从20世纪90年代后期到现在，在政府、市场之外，社会力量发展起来，特别是“和谐社会”“社会建设”“社会管理”等概念提出后，对社会的重视达到新的高度。2002年以后，“社会团体”“新社会组织”出现在执政党和政府的正式文件中，事业单位改革被提上议事日程，共青团、妇联和工会等群众组织也被要求积极参与社会管理和公共服务。

40多年来，政府以外的治理主体发展经历了由体制内到体制外、再到体制内外兼重的过程。最初是向体制内的事业单位下放权力，后来是培育和发展社会中介组织、行业协会以及非官办的社会组织。近一二十年来，人民团体、事业单位、行业协会、民间组织均得到全面发展。公共治理主体的不断丰富，反映了中国社会的发展进程、公共治理领域的分化，政府包打天下的局面不复存在，多元多样化的主体间关系已经形成且具有不可逆性。

## 二、公共治理主体构成的“中国特色”

对于治理主体特别是社会主体的划分，流行的是西方的标准和概念。这些概念对中国而言，有些适用，有些却不适用。从公共治理角度来看，两类主体需要给予更多关注。

第一，在政府之上有政党，尤其是执政党的影响更大。虽然西方学界承认，现代政治是政党政治，但也仅仅属于政治学界的看法，一到公共管理领域，政党似乎就显得可有可无。这与西方的政治制度和政党制度有关。西方没有哪一个政党可始终处于执政地位，更不可能对国家机器和经济社会进行全方位领导。政党只有通过竞争性选举进入议会，或其成员担任总统或最高行政首长，才能在一定时期里直接实施公共管理；否则只能以普通政党身份实施间接或部分的影响。

对于中国的政府治理来说，政党则是一种举足轻重的力量。中国的执政和领导，是中国最显著的政治现象，也是最显著的公共管理现象。中国共产党是中国公共管理的当然主体，而且是“最高政治领导力量”。除中国共产党外，各民主党派不仅通过监督、意见建议对公共管理施加影响，而且直接参与国家政权、直接介入公共管理活动之中。

第二，存在数量庞大的“三准”型社会实体。在中国，从典型的公共权力组织到纯粹的民间社会组织之间还存在一类数量巨大的特殊社会组织，它们兼备政治、行政、社会功能，具有准政治、准行政、准社会的复合性质①，是政党、政府连接社会不可或缺的桥梁。这类组织包括三类：

一是人民团体。如工会、共青团、妇联、科协、侨联、台联、青联、工商联、残疾人联合会、文学艺术家联合会、社会科学界联合会、法学

① 参见吕福春：《中国复合型社团研究：以中国共青团的职能变迁为个案》，天津人民出版社2007年版。

会、对外友好协会、新闻工作者协会（记者协会）、作家协会、红十字会、宋庆龄基金会、黄埔军校同学会、欧美同学会、中华职业教育社等。这些组织虽然冠以联合会、学会、协会，但因其有特殊的历史渊源和政治功能，它们的经费由财政支出，领导干部由执政党组织部门管理，部分还作为界别代表参加人民政协，纳入参照公务员管理的范围。用西方的概念来理解这些组织，势必得出“不合格”的结论。二是基层群众自治组织。社会团体是按群体类别组织起来的社会组织，基层群众自治组织是按区域形成的社会组织，在农村是村民委员会，在城市是居民委员会。基层群众自治组织是民众自我管理、自我教育、自我服务的载体，负责管理社区范围内的公共事务和公益事业，调解社会纠纷，化解基层矛盾，同时向政府反映民众诉求。与西方的社区管理不同，中国的城乡基层社区管理接受党的领导和政府的支持。三是事业单位。按照西方的标准，中国的事业单位仅具有正规性、非营利性、公益性（为了社会公益目的）、自愿性（用人单位和员工之间有劳动合同关系）等特征，不具备私立性的特征（如这些机构是利用国有资产举办的、由编制管理部门管理的）。但不能由此得出结论：事业单位不是公共管理的主体。因为在实践上，中国的事业单位是公共服务的实际承担者，公办学校、医院、科研院所、文艺院团如此，行政性事业单位更是如此。

## 三、中国公共治理主体的层次性

改革开放以来，中国公共治理主体呈现出多样化发展趋势。与计划经济时代相比较，当前中国治理主体呈现出“多”的特征。但是，这些“多”治理主体却不是呈平面分布的，而是呈立体分布的，即各主体在公共治理中所扮演的角色、所发挥的作用、所处的地位并不相同。

有论者依据管理主体与公共权力中心的距离，把中国公共管理主体划分为六类：一是直接掌握公共权力、处理公共事务的国家机关（即广义的政府）；二是执政党，它在权力组织的形成和运行过程中有着正式的、合法的地位与作用；三是政治团体，它们与国家权力不具有正式的、直接的、法律程序上的联系，但是也与国家权力相关，如工会、妇联、共青团等；四是依靠法律和政府授权来处理公共事务的公共部门，如各类事业单位等；五是在政府指导下，由基层群众组成的“自我管理、自我教育、自我服务”的自治组织；六是不依靠公共权力来处理公共事务的民间组织，一般分为社会团体和民办非企业单位两类。①

受此启发，可以把中国治理主体分为四个层次：第一个层次是中国共产党。这是中国治理主体中最重要的部分，是公共治理主体的核心层。第二层次是国家政权机关和人民政协。各国家政权机关是中国公共治理的法定主体，人民政协是中国公共治理的政治支持和政治保障。第三层次是政府即各类行政机关。作为执行机关，政府大量处置各种公共问题、管理公共事务，是治理的直接主体。第四层次是社会力量，根据其与公共权力的关系，依次为人民团体、事业单位、基层群众自治组织和新社会组织。它们是公共服务实际供给者和公共管理的主要参与者，将发挥更多的作用。

概而论之，中国治理主体虽然呈现出“多”的特点，但这种“多”与西方社会不同，不仅表现为存在着大量具有政治、政府背景的主体，更表现为这些主体间关系的不同。也就是说，新出现的主体与原有主体共同形成公共治理主体的共生共存格局，但这些主体又不能等量齐观，而是存在主与次、中心与外围的差别。这种多元一体、有主有辅的公共治理主体格局，一方面有利于调动各个方面的积极性，缓解政党政府的管理负荷，另

① 王惠岩：《公共管理基本问题初探》，《国家行政学院学报》2002 年第 6 期。

一方面有利于保持稳定有序，从而能够控制社会转型带来的潜在风险。

## 四、“多中心治理”中的“中心”

西方治理理论引入中国后，国内学术界存在着一种“看好”非政府力量、贬抑政府力量的倾向，甚至把“没有政府的治理”作为理想目标。另有论者主张“多中心治理”意在“去中心”或把原来的“中心”降格为“中心之一”。对中国而言，长期以来这个中心指的就是政党和政府。这种“去政府”甚至“去政党”的看法始终没有得到充分的检讨，因而延续至今并牢牢地左右了一些人的思想。

实际上，对于治理理论即使是西方学者也尚未形成一致的看法，其中不乏批评、质疑的观点，仅在国内学者经常引用的《治理与善治》一书中都能找到大量的证据，然而在传播、阐发这一理论的时候中国学者却有意无意淡化了这些观点。第一，治理同样会失灵。鲍勃·杰索普指出，治理的关键在于在谈判和反思过程中形成共同的目标，并通过谈判和反思不断对目标进行调整。治理各方对原定目标是否仍然有效发生争议而又未能重新界定目标时，就会出现治理失灵的问题。① 第二，治理机制在解决一部分问题的时候会产生新的问题。这些问题包括相互推卸责任；机会主义很有可能使过程趋于复杂而结果的不确定性增加；自治网络产生对谁负责的困难。② 杰索普则认为，运用治理手段指导经济发展，并不能消除市场经济的深层次障碍，同时还产生如何把自组织纳入到更广泛的政治体制中等问题。各类参与治理的组织本身也需要更有效的协调，因为治理中存在着

① ［英］鲍勃·杰索普：《治理的兴起及其失败的风险：以经济发展为例》，载俞可平主编：《治理与善治》，社会科学文献出版社 2000 年版，第 72 页。

② ［英］格里·斯托克：《作为理论的治理：五个论点》，载俞可平主编：《治理与善治》，社会科学文献出版社 2000 年版，第 40—45 页。

一连串的两难困境，如合作对竞争、开放对封闭、可治理性对灵活性、责任对效率等。[①] 第三，治理理论的实际效果并非人们想象的那么大。阿尔坎塔拉指出，“善治”在拉美国家引起新的矛盾，新的制度改革削弱或破坏了旧制度，却没有对建立民主、高效而稳定的机构起到有效的促进作用。[②] 即使是在西方国家也很难说治理理论产生了预期的效果。阿里·卡赞西吉尔认为，治理的一个根本性短处在于它的技术官僚倾向，在于它要通过市场式的决策排斥政治来治理社会……这就导致了决策脱离公众控制而权力向特殊利益的转移，进一步减弱了社会的凝聚力以及代议民主体制的合法性。[③]

解决治理不善或失灵问题，不是要排斥政府，恰恰相反是要以某种形式“把政府请回来”[④]。杰索普也认为，政府应“保留对治理机制的开启、关闭、调整和另行建制的权力”，尤其要在“元治理”的形成中发挥必要的作用。[⑤] 国外学者还特别提醒，没有放之四海皆准的治理模式。[⑥] 另一位学者也指出，我们不是要一般地强调建立网络的重要性，而是必须仔细地考虑何种特定的网络适合于哪个国家，它们将如何影响国家的政策……国家之间的差异是相当重要的。[⑦] 甚至有学者指出了“治理”背后的意识

---

① ［英］鲍勃·杰索普：《治理的兴起及其失败的风险：以经济发展为例》，载俞可平主编：《治理与善治》，社会科学文献出版社 2000 年版，第 73—78 页。

② ［法］辛西娅·休伊特·德·阿尔坎塔拉：《“治理”概念的运用与滥用》，载俞可平主编：《治理与善治》，社会科学文献出版社 2000 年版，第 26 页。

③ ［法］阿里·卡赞西吉尔：《治理与科学：治理社会与生产知识的市场式模式》，载俞可平主编：《治理与善治》，社会科学文献出版社 2000 年版，第 132—133 页。

④ ［英］格里·斯托克：《作为理论的治理：五个论点》，载俞可平主编：《治理与善治》，社会科学文献出版社 2000 年版，第 45 页。

⑤ ［英］鲍勃·杰索普：《治理的兴起及其失败的风险：以经济发展为例》，载俞可平主编：《治理与善治》，社会科学文献出版社 2000 年版，第 74 页。

⑥ ［法］辛西娅·休伊特·德·阿尔坎塔拉：《“治理”概念的运用与滥用》，载俞可平主编：《治理与善治》，社会科学文献出版社 2000 年版，第 30 页。

⑦ ［瑞士］弗朗索瓦—格扎维尔·梅里安：《治理问题与现代福利国家》，载俞可平主编：《治理与善治》，社会科学文献出版社 2000 年版，第 118 页。

形态考虑。世界银行等国际组织偏好“治理”概念，原因之一是为了不让发展中国家感觉到跨国机构干涉内政的意图，将“改革国家”“社会政治变革”等政治色彩概念用“治理”掩盖起来。①

治理理论兴起于20世纪90年代后，这个时期正是新自由主义盛行之际，不单成为西方国家的主流意识形态，而且成为由西方尤其是美国控制的世界银行、国际货币基金、世界贸易组织等国际机构的主导意识形态。“多中心治理论”含有消解“中心”的潜台词，从而不加辨别地主张“去政府”乃至“去政党”的治理观，而这可能丧失中国治理真正的优势。中国的治理传统、中国特定发展阶段的社会与法律制度成熟度等各种因素更决定了政府、政党在相当长时期里将是主导性治理主体或治理中心。当然，需要改变的是实施治理的体制、机制和方式。

## 五、不同主体的互嵌、互惠与互适

中国社会组织的大量出现，自然引发了对其性质、特征及其与政府关系问题的讨论。最初，人们同样沿袭西方社会组织的标准和有关理论来审视中国的社会组织。在西方理论看来，民间性、独立性、自治性、非营利性是社会组织的基本特点，中国的社会组织在许多方面却不符合这些标准。由于这些组织既要接受民政部门的登记管理，又要寻找业务挂靠单位，因此具有“官民二重性”②；又由于这些组织的业务和经费大多依靠政府部门，因此具有明显的“依附性”③。无论“官民二重性”还是“依附

① ［法］辛西娅·休伊特·德·阿尔坎塔拉：《“治理”概念的运用与滥用》，载俞可平主编：《治理与善治》，社会科学文献出版社2000年版，第17、19页。

② 康晓光：《权力的转移——转型时期中国权力格局的变迁》，浙江人民出版社1999年版，第98页。

③ 邓国胜：《非营利组织评估》，社会科学文献出版社2001年版，第57页。

性”均含有价值判断：即中国的社会组织是“不合格”的社会组织，要成为真正意义上的社会组织必须摆脱官方的控制。

中国社会组织特殊性倒是首先由西方学者观察到。内维兹（Nevittze）对传统的关于市民社会与政党国家体制对立的说法提出了质疑，认为中国的市民社会不是脱离并对抗国家，而是处于国家开放的空间之内。弗罗里克（B. Michael Frolic）则认为，中国社会组织不是作为反对国家的力量而存在的，而是国家的组成部分，扮演着国家与社会之间的中介角色。霍威尔（Jude Howell）指出，中国社会组织关键性差异就在于国家在社会组织中的作用。另有论者指出，中国的社会组织既非完全依附于政府，也非完全独立于政府，其关系性质属于“依赖性的自主性（Dependent autonomy）”①。随着研究的深入，国内学者对中国社会组织提出了新的解释。何增科认为，社会与国家关系存在多种可能性，市民社会制衡国家、市民社会对抗国家只是其中的部分类型，此外还有市民社会与国家共生共强、市民社会参与国家、市民社会与国家合作互补等关系模式。②这一观点为重新思考中国社会组织与国家的关系打开了思路。王名指出，中国的非营利组织是随着政府职能转型而逐渐从国家领域分离出来的有限的、局部的和具有一定依附性的社会空间，它们与国家的关系始终是“内生性的，而非分权性的”③。

国内外研究说明，简单套用西方社会组织理论无法解释中国的社会组织性质及其与政府的关系，基于抗衡或挑战思维来“引导”社会组织的发展最终将损害社会组织。类似看法一方面低估了中国执政党和它领导的政府的控制能力，另一方面忽略了中国建立不同于西方的社会组织体系的

① 参见张紧跟：《从结构论争到行动分析：海外中国NGO研究述评》，《社会》2012年第3期，第205页。

② 何增科主编：《公民社会与第三部门》，社会科学文献出版社2000年版，第6—8页。

③ 王名、刘培峰：《民间组织通论》，时事出版社2004年版，第21页。

可能性，没有看到社会与政府关系的多样性。中国社会组织的最大特色在于接受执政党的领导、政府的主导，非政治性是其存在和发展的基本保障。换个角度看，就是执政党和政府会借助各种渠道“嵌入”到社会组织中，使其活动领域和活动方式维持在法定框架之内。执政党和政府在充分利用社会组织优势的同时，会把潜在的弊端控制在可以接受的范围内。反过来，社会组织也会“嵌入”政党和政府中，促进政党、政府管理社会的体制和方式的改变。换言之，政党、政府与社会之间是相互促进、相互适应、互惠互利的关系。尽管这种关系的定型尚需时日，但关系的属性和发展的趋向不会改变。

## 六、政府治理体系建设的新取向

2013 年、2017 年，党的十八届三中全会、十九大先后就新时代中国政府治理改革作出重大部署。在此基础上，党的十九届四中全会再就构建职责明确、依法行政的政府治理体系提出新要求，中国政府治理体系建设的若干新特点进一步凸显出来。

第一，政治性更加鲜明。行政体制、政府治理体系是中国特色社会主义制度和国家治理体系的重要组成部分。长期以来，我们始终强调各级政府是“人民政府”，是中国共产党领导下的国家机构之一。但由于对党政关系存在认识偏差，由于政府在国家治理中作用范围和实现力度的“强势”地位，部分政府机构和工作人员的行为出现了偏离人民性、规避党的领导的现象。注重把政府活动纳入政治关系网络，用“政治”规范“行政”，成为近年来政府治理体系和治理能力建设的重要内容。通过强化“四个意识”、树立“四个自信”、做到“两个维护”，确保各级政府和公务人员在政治上思想上行动上与以习近平同志为核心的党中央保持高度一致。在制度安排上，建立健全并严格执行请示报告制度，充分发挥政府系统党组（党委）作用，协同推进党和国家机构改革，强化党的系统对关键领域的集中统一领导。最后，强调以人民为中心的发展理念，把人民群众的获得感、幸福感、安全感作为衡量政府治理效果、评价行政体制改革的最高标准。

第二，系统性更加突出。系统性、整体性、协同性，是中国新一轮改革的显著特征，在政府治理方面同样得到充分显现。行政体制改革和政府治理体系的顶层设计和一体推进，围绕三个关键的且相互联系的关系展开。一是内外关系，即政府与市场、社会的关系。与以往单纯的“做减法”式的改革不同，实行“简政放权、放管结合、优化服务”三位一体型改革。一方面，通过简政放权，深化行政审批制度改革，改善营商环境，激发各类市场主体活力；另一方面，通过加强经济调节、市场监管、社会管理、公共服务、生态环境保护等职能，防范和纠正市场失灵行为。二是上下关系，即处理好中央和地方关系，注意发挥中央和地方两个积极性。一方面，加强中央宏观事务管理，维护国家法制统一、政令统一、市场统一。适当加强中央在知识产权保护、养老保险、跨区域生态环境保护等方面事权，减少并规范中央和地方共同事权。另一方面，赋予地方更多自主权，支持地方创造性开展工作。按照权责一致原则，规范垂直管理体制和地方分级管理体制。优化政府间事权和财权划分，建立权责清晰、财力协调、区域均衡的中央和地方财政关系，形成稳定的各级政府事权、支出责任和财力相适应的制度。构建从中央到地方权责清晰、运行顺畅、充满活力的工作体系。三是左右关系，即同一层级的不同政府部门和不同区域政府间关系。就前者而言，2018 年开始的新一轮机构改革，不仅打破了党、政、军、群界限，而且打破了行政系统原有的机构设置格局，更加突出同类或相近事务由同一部门集中管理的特点。就后者而言，京津冀、长三角、粤港澳等国家层面的跨区域合作，带动了空前的区域性政府的协同治理。

第三，时代性内涵更强烈。行政体制改革和政府治理体系建设、治理能力提升积极回应时代关切，体现当下诉求。比如，近年来大数据、人工智能、云计算等科技方兴未艾，这意味着政府治理领域的扩展，更意味着政府治理本身的调试、转型，即新技术运用并由此带来治理理念、治理体制的改变。党的十九届四中全会明确提出，要建立健全运用互联网、大数据、人工智能等技术手段进行行政管理的制度规则；推进数字政府建设，加强数据有序共享，依法保护个人信息。全会还提出，要完善党委领导、政府负责、民主协商、社会协同、公众参与、法治保障、科技支撑的社会治理体系，“科技支撑”成为社会治理的基本要素。在公共安全防控和处置、基层治理和服务方面，智能化、数据化也成为提高精细化、精准性的重要保证。这些都说明，政府治理变革与时代发展在同频共振。

第四，法治化程度更高。这一特征表现在两个方面。从外部法治约束看，宪法实施和监督的力度更大，对包括政府颁布的各种规范性文件在内的法律法规进行合宪性审查工作，违宪违法的规范性文件将被撤销和纠正。党委领导、人大主导、政府依托、各方参与的立法工作格局得到强化，这标志着过去很长一段时间存在的政府主导立法的局面一去不复返，政府部门利用立法保护自身特定利益以及由此带来的“依法打架”等弊病会得到进一步克服。此外，司法体制改革的深入推进、法律实施的监督不断加强，也都会对政府行为产生更有力的规制。从行政系统内部看，推进政府机构、职能、权限、程序、责任法定化，将使政府体系和运作建立在更加稳固的基础之上，政府治理缺乏足够规范或规定过于原则、模糊、操作性不强、约束力不够等情况将得到改变。

综上所述，改革开放以来特别是党的十八大以来，中国政府治理的主体结构及其关系发生了重大变化，政府治理的职能体系、组织体系、运行体系、方式方法也发生了重大变化。一种既体现政府治理共同规律又体现中国特色，既具有明确目标导向又具有鲜明问题意识的政府治理体系，将为中华民族伟大复兴作出贡献，更将对人类治理实践作出中国的贡献。

（曾　峻）

# 第九章　市场治理

在特定时期内，不同国家的经济社会发展绩效往往存在着明显差别，这种差别暗示着经济社会发展不是没有条件的，它取决于特定国家在经济、政治、文化、社会、生态文明等方面所形成的一系列制度安排，取决于特定国家治理体系的有效性以及治理效果的合意性。就此而言，经济社会发展进程是国家治理能力的客观结果，而国家治理能力则是经济社会发展状态的重要影响变量，在一国的演进历程中确实存在着“治理能力—发展绩效”之间的对应关系。改革开放40多年以来，中国实现了经济总量的持续高速增长，并由此引发了政治、文化、社会和生态文明等维度的持续调整，市场化改革和国际化程度提高已经深刻地改变了中国经济社会的各个领域，影响到中国广袤疆域的每个个体，并加剧了国际经济秩序和政治秩序的变动进程。当前，中国正面临着新的时代背景和历史使命，且正处在全面建成小康社会和实现经济社会持续协调发展的关键时期，这种战略定位要求中国将全面深化改革作为重点战略举措。2013 年 11 月，党的十八届三中全会通过的《中共中央关于全面深化改革若干重大问题的决定》明确提出“全面深化改革的总目标是完善和发展中国特色社会主义制度，推进国家治理体系和治理能力现代化”。2019 年 11 月，党的十九届四中全会通过的《中共中央关于坚持和完善中国特色社会主义制度、推进国家治理体系和治理能力现代化若干重大问题的决定》则强调“党的十八大以来，我们党领导人民统筹推进‘五位一体’总体布局、协调推进‘四个全面’战略布局，推动中国特色社会主义制度更加完善、国家治理体系和治理能力现代化水平明显提高，为政治稳定、经济发展、文化繁荣、民族团结、人民幸福、社会安宁、国家统一提供了有力保障”。这些表述是对“治理能力—发展绩效”这种逻辑框架的充分体现，并对未来中国经济社会的持续发展具有重要的指引价值。值得强调的是，经济活动是社会成员开展其他各项活动的基础，在市场经济条件下，人们主要依赖市场从事生产、分配、交换、消费等经济活动。改革开放之后，经过理论探索和实践演进，中国明确提出经济体制改革的目标是建立社会主义市场经济体制，并在现代化进程中形成了公有制为主体、多种所有制经济共同发展，按劳分配为主体、多种分配方式并存，社会主义市场经济体制等社会主义基本经济制度。就此而言，市场治理对于国家治理体系和治理能力现代化就具有支撑作用，而中国推进国家治理体系和治理能力现代化也必定包含着市场治理的持续完善。

## 一、市场治理与国家治理的关联

人类社会的发展演化区别于“鲁滨逊的孤岛”，它始终伴随着人与自然、人与人、人与社会等不同维度的互动，这种互动关系意味着个体难以脱离其他社会成员、或集体行动而独立开展经济社会活动，社会成员之间的相互依赖、相互影响关系内生出对“治理”的客观需求。按照联合国全球治理委员会（CDD）的界定，治理是指“各种公共的或私人的个人和机构管理其共同事务的诸多方法的总和，是使相互冲突或不同的利益得以调和，并采取联合行动的持续过程”。这种界定意味着：治理不是一整套规则或一种活动，而是一个过程；治理过程的基础不是控制，而是协调；治理既涉及公共部门，也包括私人部门；治理不是一种正式的制度，而是持续的互动。由此延伸开来，治理可以被视为互动过程，也可被视为协调机制，同时其存在和作用范围具有广泛性，它不仅仅存在于某些领域，也不是仅仅针对某类问题，而是一个涵盖经济、政治、文化、社会以及生态文明等诸多维度的系统性概念。在这意义上，国家治理体系或国家治理模式可被定义为“一国领土范围内，政府、市场与市民社会相互耦合所形成的一种整体性的制度结构模式。政府、市场与市民社会各自是由一系列相互关联的规则、组织和治理机制构成的制度系统，它们共同维系着一个国家整体的秩序治理，并在此基础上协调资源配置，促进社会经济的持续发展”①。

作为整体性制度结构模式的国家治理体系自然具有系统性特征，它由多个子系统构成，且这些子系统之间并非原子化的个体散乱状态，而是存在着彼此嵌套、相互影响的关联关系。尤其是，市场作为现代社会开展经济活动的主要载体，市场治理作为国家治理体系的重要组成部分，其对特定国家的经济社会发展态势往往发挥着举足轻重的作用。这是因为：

首先，按照马克思主义政治经济学的经典分析范式，经济基础对上层建筑具有决定性作用，经济活动是人们开展其他活动的前置条件，人们在

---

① 张慧君、景维民：《从经济转型到国家治理模式重构》，《天津社会科学》2010 年第 2 期。

经济活动中所形成的相互关系（尤其是生产资料所有制和分配关系）会直接影响政治、法律、文化以及意识形态等。在这个意义上，人们围绕经济活动所形成的互动过程以及协调机制，必定是国家治理体系的重要环节，而完善国家治理体系的一个重要指向也应该是促进经济持续较快发展。

其次，除了极少数国家之外，当前绝大多数国家将市场经济确立为协调经济运行的普遍选择。事实上，对于严格实施计划经济体制的国家而言，市场并未被完全消灭，而是以隐蔽的方式存在并发挥作用。在市场经济体制下，企业和居民主要依据市场实施经济决策、优化资源配置，市场成为微观经济主体实施经济互动过程的主要途径，并在这种互动过程中逐步演化出相应的体制机制和制度安排，市场治理作为微观经济主体的互动过程和协调机制应运而生，并随之成为特定国家实现经济持续发展的重要基石。换言之，脱离有效的市场治理而试图实现经济高速增长几乎是不可能的。

最后，市场治理是国家治理体系在经济领域的集中体现，其无论是作为互动过程还是作为协调机制，主要立足点均在于提高经济运行效率并进而增加社会成员的福利水平。然而，经济系统与政治、文化、社会、生态文明等其他系统之间存在着关联，市场治理与国家治理体系的其他部分也不能完全切割，它们虽有侧重点的差别，但相互关联特征意味着它们共同影响着国家治理体系的运行绩效。如果将国家治理体系构建目标与和谐社会实现相联系，那么"构建和谐社会的过程是一个以市场化改革为取向的制度变迁或体制创新的过程。通过深化改革，切实克服影响社会和谐的体制弊端，建立新的社会制度规范，为和谐社会提供新的体制保障。在经济活动中把效率放在第一位，在社会分配领域把公平放在第一位，在政治管理体制领域把民主法治放在第一位，从而形成有效、公正和民主法治的和谐社会”①。

上述分析意味着，市场治理是国家治理体系的重要组成部分，舍弃市场治理来理解国家治理体系是不完整的。党的十九届四中全会在阐述坚持和完善中国特色社会主义制度、推进国家治理体系和治理能力现代化时，强调经济领域要坚持和完善社会主义基本经济制度，推动经济高质量发展，而加快完善社会主义市场经济体制又是坚持和完善社会主义基本经济制度的重要组成部分。显然，我国国家治理体系和治理能力现代化依赖中国特色社会主义制度，中国特色社会主义制度涵盖社会主义基本经济制度，而社会主义基本经济制度又涵盖社会主义市场经济体制。按照上述逻辑关系，我国要推进国家治理体系和治理能力现代化，一个关键环节是着力推进市场治理能力现代化。

## 二、市场治理的基本原理

治理的经典定义包含了互动过程和协调机制，在这个意义上，市场治理可以被概括为：微观经济主体采用市场交换方式来实现其经济利益，并在此过程中所形成的一系列协调机制、制度安排以及这些规则的动态调整过程。这种界定能够得到其他文献的支持，例如：青木昌彦认为“当交易域把无数个人之间的交易机会集聚在一起时，其中每个交易机会均由交易博弈的报酬矩阵界定，则该交易域的治理机制便可称为市场治理结构或机制”②。就本质而言，市场治理的核心是微观经济主体因交易而形成的自发秩序，市场交易、微观经济主体、自发秩序拓展等构成了理解市场机制的关键词，而这些也导致市场治理与其他治理方式（例如：国家治理、社团

① 田国强：《和谐社会构建与现代市场体系完善》，《经济研究》2007 年第 3 期。
② 青木昌彦：《比较制度分析》，上海远东出版社 2001 年版。

治理）等存在着诸多差异：

首先，市场治理以市场的存在和发展作为前置条件，而市场的存在和发展则依赖于社会分工和商品交换。在自然经济的条件下，作为主要的生产单位和消费单位，单个家庭既不向外部提供物品，也不从外部购进物品，而是按照“自给自足”的基准开展经济活动，此种情形不存在市场、交换、货币和价格，因此也不会产生经济单位之间的互动过程和协调机制。相反，当社会分工不断演进，生产的专业化程度日益提高时，则单个经济主体向社会提供某类产品，并通过交换满足自身的多样化需求，在此背景下，微观经济主体将会因交易而产生经济关联，并需要市场治理以协调彼此的行为方式和利益格局。

其次，市场治理的主要实施主体不是具有“大共同体”特征的国家（或政府），而是作为微观经济主体的企业和居民。在市场经济背景下，企业是市场经济的“细胞”，居民（或家庭）是社会运行的“细胞”，他们往往掌握着最为主要的经济资源，并具有相对充分的市场信息。为了满足自身的经济需要，微观经济主体之间的交易活动是自发的、频繁的、普遍的，市场治理正是建基于微观经济主体的互动过程之中，而企业和居民也就成为市场秩序动态调整的直接推动者。现阶段我国对市场治理的实施主体具有极为清晰准确的界定，这表现为：使市场在资源配置中起决定性作用，更好发挥政府作用，也表现为：毫不动摇巩固和发展公有制经济，毫不动摇鼓励、支持、引导非公有制经济发展。上述逻辑推演和中国的经济制度安排意味着：政府或国家对市场治理是重要的，但这种重要性主要是通过影响微观经济主体的行为选择而发挥作用的。

第三，市场治理的基本工具是价格机制和竞争机制。在市场经济条件下，“经济人”或“理性人”对微观经济主体的人性假定，即人们均追求在已有约束条件下的自我收益最大化，企业追求预算约束下的利润最大化，而居民追求预算约束下的效用最大化。基于上述目标，企业和居民主要依照价格机制和竞争机制而行事，其中价格反映了某种商品或要素的相对稀缺程度，竞争则反映了微观经济主体之间的市场影响程度。在趋利避害的原则下，企业和居民会依据价格信号确定或调整其经济行为。与其他治理方式相区别，市场治理内涵的价格机制和竞争机制对参与者而言往往是公开的、明示的。

第四，市场治理中微观经济主体之间存在着横向的、法律意义上对等的谈判机制。与其他治理方式相区别，市场的参与主体不存在科层制意义的上下级关系，因此也就不存在人身依附关系或“指令—服从”的强制性、单向度关联。相反，企业和居民主要是通过“讨价还价”而进行横向的、法律意义上对等的谈判。在经济学说史上，制度经济学家康芒斯将交易视为经济分析的基本单元，并认为存在着三种类型的交易：买卖的交易、管理的交易、限额的交易。[①] 在这三类交易中，“买卖的交易”即指法律上平等的人所进行的商品交易，这与存在上下级关系的其他两类交易是截然不同的。金迪思也注意到市场治理与国家治理存在着治理方式的差异，强调指出：市场治理模式的特征是自发的、随意性很强的短期互动，且互动者之间多是匿名的关系。而在国家治理模式下，由于对民族国家的认同感和对国家自上而下治理的必要的认同，陌生人之间能够基于某种共识进行长期互动。[②]

第五，市场治理重在解决稀缺资源的有效配置问题，其核心使命是提高经济的运行效率。在经济学意义上，特定国家要开展生产、分配、交换、消费等经济活动就需要资源投入，但相对于人们不断变动的需求而

---

① 康芒斯：《制度经济学》商务印书馆 1997 年版。

② 金迪斯：《人类的趋社会性及其研究：一个超越经济学的经济分析》浙江大学跨学科社会科学研究中心译，上海人民出版社 2005 年版。

言，土地、劳动、资本、企业家才能等资源均是稀缺的，“有限资源—无限需求”之间的紧张关系是一国经济发展中的一个特征事实，而这一事实内生出对稀缺资源有效利用的强烈需要。就此而言，市场治理旨在必须解决效率问题或资源优化配置问题，其基本指向是依靠价格机制和竞争机制，促使微观经济主体将其商品和要素流动到“评价最高”的领域，进而优化资源配置并提高经济效率。考虑到人类经济社会发展目标的多元性，则在理想的情况下，市场治理可以解决经济效率问题，但不能奢望市场治理能够解决所有的经济社会问题。

最后，市场治理所形成的协调机制或制度安排具有自发扩展的属性，这也是绝大多数国家以市场机制作为其经济运行方式的根本原因。理论研究和经济实践表明：市场好似“看不见的手”协调着微观经济主体的行为选择，使其通过满足社会需要来达成自我利益，甚至可以说，市场机制是商品经济形态下对资源配置作用最为广泛和最为有效的机制，市场治理所内含的协调机制也就具有自发扩展的重要特征。在经济学说史上，有两种论证市场秩序扩展的基本思路。一是亚当·斯密的分工经济理论①，即国民财富的增长取决于劳动生产率的提高，而劳动生产率的提高则归因于社会分工的演进。其原因在于，分工演进可以提高劳动者的熟练程度，节约工作转换的时间，促进机械和技术的发明，斯密的“扣针案例”就集中展示了分工演进的经济效果，而分工演进正是国民财富持续增长的动力源泉。二是哈耶克的知识利用理论②，在哈耶克看来，市场是一个利用知识的系统，由于没有任何人可以掌握全部知识，所以每个人只能透过市场情况和价格信号的引导，才能瞄准那些和自己素不相识的人的需求从而满足自己的需求，这正是市场机制在资源配置中具有比较优势的根本原因。

---

① 亚当·斯密：《国民财富的性质和原因的研究》，商务印书馆2004年版。

② 哈耶克：《个人主义与经济秩序》，生活·读书·新知三联书店2003年版。

综上所述，市场秩序的核心不是“此多彼少”的零和游戏，而是在分工经济和知识利用的基础上实现参与者的相互合作和收益共享。在这个意义上，“市场秩序是市场机制在配置资源的过程中所出现的利益和谐、关系和谐、收益共享、竞争适度、交易有序、结构稳定的状态。市场秩序作为一种利益共享、合作且富有效率的秩序，意味着这种秩序最终的目标在于为社会分工、社会协作、社会交换和社会创新创造一种合作、竞争、和谐的环境，以便经济主体能够在合作中创造共享的利益”①。

## 三、市场治理的指向

在理想状态下，市场就像一架“精巧的机器”协调着微观经济主体的经济行为，然而，市场治理需要关注的是：其一，“精巧的机器”需要哪些条件？其二，“精巧的机器”真的完美无缺吗？从前置条件来看，市场从来都不是在“真空”中运行的，价格机制和竞争机制发挥作用也需要具备相应的正式制度和非正式制度。例如，人们开展市场交换需要具备相对明晰的财权权利，因此，产权以及产权制度安排对市场的有效运行就具有基础性的作用；同时，微观经济主体只有在对交易行为可预期的背景下才可能利用市场机制，交易成本较低才能激发更多的主体利用价格机制，就此而言，契约制度、法治体系、信用体系是市场治理的题中应有之义，甚至可以说，市场经济就是契约经济、法治经济和信用经济。由此延伸开来，货币、金融、贸易、财税等也会影响人们利用市场机制的“价格”，因此货币制度、金融制度、贸易制度、财税体制等对市场经济的运行状况产生重要影响。显而易见，市场治理并不局限于微观经济主体利用价格机

① 李建华、张善燚：《市场秩序、法律秩序、道德秩序》，《哲学动态》2005 年第 4 期。

制和竞争机制，而包含着促使这些机制有效运行的一系列正式制度安排和非正式制度安排，对特定国家的市场治理而言，“做对价格”必然首先需要“做对制度”。正如田国强所强调的，“一个完善的现代市场经济体制不仅仅是放开价格、开放产品市场和金融市场，给予人们自由就可以了。它是由一系列经济制度环境组成的。这包括市场价格机制、自由流通的生产要素（如劳动和金融）、市场、各种经济法规、明晰的产权制度、现代企业制度、宏观调控系统、税收体系、反垄断体系和社会保障体系等”①。

市场治理内含着上述制度安排的形成与动态演进。在经济社会实践中，上述制度安排与微观经济主体的互动、博弈和自发演化紧密相关，国家或政府也可以基于“规模经济”而将博弈结果规范化、普遍化。于是，政府作为“制度提供者”就与市场治理产生关联，其行为方式也就成为影响经济发展状况的重要变量，在市场经济体制下，政府对于经济发展而言并不是一个可有可无的角色。事实上，除了制度供给之外，政府对经济发展的作用还体现在弥补“市场失灵”，即从运行效果来看，市场在解决资源配置问题时并不是完美无缺的，它通常会伴生着外部性、不完全信息、公共产品、市场势力等内在缺陷，为了弥补这些“市场失灵”，政府（以及社会）就需要适时适度进行“治理市场”，政府的经济职能就成为解决市场缺陷的重要选项，而市场治理也就包含着政府适时适度的“治理市场”功能。无论是基于提供经济制度，还是基于弥补市场失灵，政府都是“嵌入”市场机制运行之中，政府的行为方式也是市场治理的组成部分和影响因素，以市场完全替代政府（从而主张自由放任主义）或以政府完全替代市场（从而主张中央集权经济）都是不恰当的。对此，青木昌彦提出的市场增进论具有启发意义，即“政府政策的职能在于促进或补充民间部

① 田国强：《和谐社会构建与现代市场体系完善》，《经济研究》2007年第3期。

门的协调功能，而不是将政府和市场仅仅视为相互排斥的替代物。……政府应被视作是与经济体系相互作用的一个内在参与者，它代表了一整套的协调连贯的机制；而不是一个附着于经济体系之上的、负责解决协调失灵（coordination failure）问题的外在的中立的全能机构”①。

毋庸置疑，政府需要参与到市场运作之中，然而市场治理的主要指向是政府—市场如何能够实现良性互动，即政府和市场的边界如何划分？政府以何种方式介入市场？提出这些问题的原因在于，政府介入市场应基于提供经济制度和弥补市场失灵，但在经济实践中，政府职能倘若不以上述两者为出发点，而是以强制性干预或获取租金最大化，则此种格局对资源优化配置和经济社会发展不仅无所助益，反而极其有害。道格拉斯·诺斯（1992）敏锐地指出“国家悖论”，即“国家的存在是经济增长的关键，然而国家又是人为经济衰退的根源”②。何显明则将政府职能延伸至政府内部的组织架构，强调“政府与市场、社会的互动关系，政府内部多元治理主体之间职责权限的分工，构成了现代国家治理体系成长的两大主轴。前者的核心问题是合理地界定政府、市场、社会相对自主的行为边界，形成三者既相互制约又相互支撑的合作治理框架，以共同应对公共事务治理的政府失灵、市场失灵及组织失灵问题；后者涉及的是如何在合理地厘定各个政府的职责和权限的基础上，建立纵向和横向的政府间合作关系，以提升政府治理的整体绩效”③。上述理解在逻辑上可归结为：市场治理以政府—市场的良性互动为主要指向，尤其是，政府作为“大共同体”与微观经济主体存在着差异性，如何确保政府在经济领域中“既不越位、也不缺位”就成为讨论市场治理的焦点问题。实现政府—市场的良性互动不仅是一个

① 青木昌彦等：《政府在东亚经济发展中的作用》，中国经济出版社 1998 年版。
② 道格拉斯·诺斯：《经济史上的结构与变迁》，商务印书馆 1992 年版。
③ 何显明：《政府转型与现代国家治理体系的构建》，《浙江社会科学》2013 年第 6 期。

经济体制调整的过程，而且也是一个社会体制以及政治体系渐进完善的过程。田国强、夏纪军、陈旭东论证了私人产权、有限政府、依法治国、民主和分权之间的逻辑关系，并明确指出“要确保个人拥有真正的自由以及产权和契约得到强力保护，必须有一个有限但强有力的政府，既要防止来自政府对私人权利的侵害、防止私人之间的权利相互侵害，又要保证政府在维持基本的法律秩序、社会秩序和经济秩序方面的权威，防止无政府主义的无限放任，防止外来的侵略，维护国家的安全和稳定”①。

## 四、市场治理的实施方式

作为互动过程，市场治理是指微观经济主体之间的交易行为，作为协调机制，市场治理涉及政府—市场之间的互动关系。从互动过程和协调机制出发，市场治理具有多样性和动态演进性特征。市场治理的多样性集中体现为三个方面。一是，市场治理的作用范围是广泛的，对特定国家而言，微观经济主体的互动过程和协调机制不局限于某个特定市场，而是涉及多种或多个市场，例如商品市场和要素市场、区域市场与全国市场、现货市场与期货市场、专业市场与综合市场等，市场治理既体现为对所有市场均有效的“共同规则”，也体现为对特定市场有效的“特殊规则”。二是，市场治理的具体模式是多样的，在政府—市场互动关系的意义上，“阿罗—德布罗一般均衡世界”描述了没有市场缺陷、没有外部性、没有信息问题、能够达到资源配置最优的市场经济体系，但在实践中，这种市场经济体系往往被视为分析问题的“基准”，不同的国家往往是依据其实践来确定政府—市场关系。美国传统基金会和《华尔街日报》发布的全球

① 田国强、夏纪军、陈旭东：《破除中国模式迷思　坚持市场导向改革》，《比较》2010年第5期。

经济自由度指数显示：不同国家在处理政府—市场关系上的方式不是单一的。三是，市场治理的实施方式是多元的，微观经济主体实现其市场交易可以采用多重方式。秦思立、夏燕认为市场治理机制存在着交易者社会规范、俱乐部规范、第三方私人治理机制、正式的第三方治理机制等[①]，其中前三者是由私人力量演化而来的私人市场治理机制，而正式的第三方治理机制则以国家的存在为前提，在同一经济中不同的交易域内存在有各种适宜的市场治理机制，且这些不同的治理机制之间通常也具有互补关系。

更为重要的是，由于互动过程和协调机制的变动，市场治理也随之呈现出动态调整的显著特征。这主要体现在两个方面。一是，在不同的时期，微观经济主体展开市场交易的对象、规模、结构、空间以及方式会发生变化，这些变化意味着协调微观经济主体行为的规则需作出适应性调整，而调整既涉及市场秩序的自发演化，也涉及政府职能的动态转变。“市场秩序不是市场体系自身演进的自发产物，不是国家或其他社会主体理性构建的产物，也不是简单的宪法层次上的构建加上自发演进的产物，而应当是根据不同社会利益结构和利益冲突的性质而采取的相机制度构建与市场演进的产物”[②]。二是，不同的国家往往具有差异化的经济条件及发展战略，伴随着国内外经济形势的转变，其给定的政府—市场互动关系会呈现出渐进调整的显著特征。20 世纪 80 年代末期以来，以倡导“私有化、自由化、金融化”为主要标志的“华盛顿共识”在全球范围内影响深远，“市场原教旨主义”也随之成为许多国家确立其经济体制的最终指向，但拉美国家的经济实践揭示出“华盛顿共识”并不必然伴随着经济增长和社会繁荣，2007 年之后的美国次贷危机甚至促使美欧等主要经济体重新对待政府的经济作用。然而，对于东欧、中国、越南等经济体而言，面临的

---

① 秦诗立、夏燕：《市场治理机制的演进》，《上海经济研究》2003 年第 3 期。
② 纪宝成、刘元春：《市场秩序的建构模式及其治理的基本原则》，《经济学动态》2004 年第 2 期。

重要使命则是推进计划经济体制向市场经济体制的转轨或转型，这种转轨或转型意味着政府—市场互动关系的深刻转变以及持续调整。已有的研究显示“经济市场化的核心是通过社会经济主体的充分竞争使得价格机制灵活调节。从经济秩序维度来看，经济市场化的过程是一个经济调节方式不断转化的过程，从计划管制调节到各种不同形式的市场调节再到充分、公平竞争性市场调节；从法律秩序维度来看，这一过程呈现为从权力集中的计划经济体制安排到不同市场调节下非中性的制度安排再到以竞争市场调节为主的中性制度安排”①。

## 五、市场治理与经济活力的释放

改革开放以来，中国经济总量保持了持续快速的增长态势，1978—2018 年中国 GDP 的年均增长率为 9.5%，人均 GDP 的年均增长率为 8.5%，远超过主要发达经济体、主要发展中国家以及主要体制转型国家。改革开放以来中国经济总量的持续高速增长在中国经济发展史、甚至世界经济发展史上都堪称是“奇迹”。从 GDP、对外贸易额、外汇储备额、吸引外资额等指标来看，中国已经成为在世界经济格局中具有重要影响力的新兴经济体，而持续高速的经济增长也显著地改善了中国居民的生活状态，增强了中国的综合实力和国际竞争力。伴随着中国经济总量的持续高速增长，现阶段中国特色社会主义进入新时代，中国社会主要矛盾也转化为人民日益增长的美好生活需要与不平衡不充分发展之间的矛盾，而中国经济在经历了持续高速增长阶段之后也转向高质量发展阶段。针对中国经济高速增长的特征事实，人们需要追问中国经济发展的优异表现是如何形

① 许秋起、雎国余：《解读经济市场化的三个维度——兼论中国市场秩序完善的内在机理和基本思路》，《学术月刊》2007 年第 9 期。

成的。从逻辑上说，中国经济“增长的奇迹”与多种因素紧密相关，例如，中国拥有充裕且低廉的劳动力资源，中国充分利用了经济全球化的红利，等等。然而，从市场治理的角度看，中国经济的高速增长导源于政府—市场关系的适应性调整，以致释放了微观经济主体利用价格机制和竞争机制的强大潜力，即经济增长首先得益于中国“做对了价格”以及“做对了制度”。改革开放之后，中国的市场治理方式调整集中体现为向企业、居民以及地方政府的放权。向企业放权体现为推进产权制度改革，实施国有企业改制，大力发展民营企业，促使企业依据市场信号独立确定生产什么、怎样生产、为谁生产；向居民放权体现为鼓励农业经营方式变革，着力推进价格体制改革，增强城乡之间的商品流动性和要素流动性，提高生产要素在不同区域、不同产业、不同企业的配置效率；向地区放权体现为推动国家财政管理体制改革和行政考核机制变化，鼓励地方政府组织经济要素并在发展本地经济中充当积极角色，促使地方政府围绕经济增长和财政收入开展横向的“锦标赛”。上述市场治理方式有效地解决了计划经济体制的内在缺陷，发挥了市场机制和价格机制的资源配置功能，激发了企业和居民等微观经济主体的互动秩序拓展，从而提高了经济效率并实现了经济高速增长。可以说，中国经济业已取得的成就是市场治理方式转型的结果，脱离市场治理方式去解释中国经济“增长的奇迹”是不甚准确的。

问题在于，当前中国仍面临着持续提高市场治理能力的历史使命，对中国而言，市场治理方式转型和治理能力现代化是一个永恒主题。这主要是因为，伴随着时空格局的转变，中国经济高速增长的支撑因素正在发生转变。例如，劳动力资源的比较优势正在减弱，域外经济体的市场需求也出现了明显波动，这种格局需要中国依靠提高市场治理能力来形成新的经济增长动力源泉。更重要的是，中国的市场化体制转轨具有渐进和非均衡特征，经济领域中不同环节的改革进程并不同步，经济领域与社会、政治、文化和生态文明之间的耦合程度也需要加强。上述格局导致中国经济的总量高速增长与一系列结构性问题相伴而生，例如，收入差距拉大、生态环境恶化、社会矛盾激化，等等。从本质上说，这些结构性问题均意味着政府—市场的互动关系需要进行持续性调整。“中国经济转型所取得的成就，都可以归因于国家治理模式的成功转变，而如何建立起现代国家治理模式则是中国经济转型新阶段所面临的主要任务。”①中国要实现经济持续协调发展就不能止步于已有的市场治理方式，而应依靠市场治理能力现代化来冲破“发展的瓶颈”。当前，中国亟待通过提高市场治理能力来更为充分地释放经济活力。党的十八届三中全会《中共中央关于全面深化改革若干重大问题的决定》指出“经济体制改革是全面深化改革的重点，核心问题是处理好政府和市场的关系，使市场在资源配置中起决定性作用和更好地发挥政府的作用”，这种论断深刻阐述了新时期中国市场治理能力现代化的主攻方向。党的十九届四中全会《中共中央关于坚持和完善中国特色社会主义制度、推进国家治理体系和治理能力现代化若干重大问题的决定》也强调“必须坚持社会主义基本经济制度，充分发挥市场在资源配置中的决定性作用，更好发挥政府作用，全面贯彻新发展理念，坚持以供给侧结构性改革为主线，加快建设现代化经济体系”。

由此出发，在中国特色社会主义进入新时代的背景下，我国需要基于创新、协调、绿色、开放、共享等发展理念，在经济领域要坚持和完善社会主义基本经济制度，着力推进市场治理体系和治理能力现代化，进而加快供给侧结构性改革并推动经济高质量发展。为此，当前需要进一步凸显价格机制和市场机制的资源配置功能，着力解决政府职能“越位”的问题，真正促使市场在资源配置中起决定性作用；与此同时，进一步凸显政

① 孙景宇：《中国的经济转型与国家治理模式演变》，《江苏社会科学》2009年第7期。

府在宏观调控和公共服务供给等领域的作用，着力解决政府职能“缺位”的问题，在经济领域中更好地发挥政府作用。从操作层面来看，有限且有效的政府需要不同层级政府之间的经济关系作出相应调整，当务之急是加快完善国家财政管理体制和行政考核机制完善，促使地方政府从“为增长而竞争”转向“为民生而竞争”，以此为解决政府“既不越位、也不缺位”提供坚实基础。惟其如此，中国才能在政府—市场良性互动的基础上不断提高市场治理能力，也才能在市场治理能力提高的基础上实现经济社会持续协调发展的预期目标，为我国在 2035 年基本实现现代化、在 21 世纪中叶建成社会主义现代化强国奠定坚实基础。

（高　帆）

# 第十章　文化治理

党的十九届四中全会对坚持和完善繁荣发展社会主义先进文化的制度进行了深刻阐述、对重大任务作出了部署，强调发展社会主义先进文化、广泛凝聚人民精神力量，是国家治理体系和治理能力现代化的深厚支撑。

文化治理是国家治理的重要组成部分。现代化国家治理体系的构建当然离不开成熟的文化治理。文化治理是一个极为复杂的领域，它涉及多重层面和多重要素。广义的文化治理包括意识形态、精神文明、道德信仰、文化产业等多重层面的治理。本章主要是从文化产业的角度对文化治理进行研究，因为文化产业的发展是文化治理领域一个亟待破解的难题。中国究竟应该以一种什么样的价值观和价值导向来发展文化产业？这个问题不仅涉及文化产业发展的目的性与国家治理需求之间的战略关系，而且是中国文化产业发展战略最重要的理论基础和出发点。

## 一、广义的国家文化治理

发展文化产业是在中国社会发展进入到一个全面变革和转型的大变革时期提出来的，是在中国为克服和解决经济结构的战略性调整和转型过程中遭遇到的结构性矛盾和体制性障碍的过程中提出来的，是在中国加入世界贸易组织用开放促改革的过程中提出来的，是在社会主义事业遭遇苏联和东欧阵营的集体性解体的危机中提出来的。也就是说，发展文化产业的国家战略决策是为解决一系列国家战略困难的需求而提出来的，是为克服与解决国家面临的一些危机而提出来的。从这个意义上说，发展文化产业是国家文化治理的重要基点。

20 世纪 80 年代以来，中国经历了一个从不提文化产业，到肯定文化产业，再到大力发展和加快发展文化产业的政策演变过程。这不仅是国家对文化产业态度与认识及其政策的一般性演变，而且是国家治理观和国家文化治理观的一次深刻变革。

不提文化产业是着眼于国家意识形态安全的需求意志，提出发展文化产业还是着眼于国家意识形态安全的战略需求，但是，问题的性质已经在这个过程中发生了变化。一方面，国家意识形态安全的环境和形式已经发生了深刻的变化，经济全球化造成的全球市场一体化，不仅改变了全球物质商品生产与流通生态格局，而且也改变了全球文化商品生产与流通的生态格局。尤其是现代科学技术更加深入地介入了文化生产手段和传播手段的革命化和现代化，使得原有的闭环式的文化商品生产、流通与消费日益成为不可能。当不能采用新的现代文化生产手段与传播手段便不能有效地维护国家意识形态安全的时候，文化生产与传播手段的变革便成为维护国家意识形态安全必须完成的革命。文化产业在全球迅速成长为国际文化战略和国家文化安全战略，成为正在发生的深刻的文化全球化和全球化的文化治理革命。另一方面，经济全球化的迅速发展在给人类社会带来巨量的财富增值的时候，也造成了资源和环境持续恶化带来的全球性危机。可持续发展战略命题的提出凸显了对人类社会面临的发展不可持续困境的普遍关怀，具有拯救人类的普遍的全球治理革命意义。转变经济发展方式和经济增长方式也就自然成为经济全球化发展的另一重要命题。

寻求人类社会发展的新的文明发展方式和生活方式，转变人类财富的增长方式已成为人类社会共同追求的治理目标。文化产业被认为是最能体现这一价值追求的实现方式。于是，文化产业在社会发展的层面上和全球化治理的层面上便超越了法兰克福学派作为社会批判理论的“文化工业论”，转而成为用以克服和解决经济和社会发展问题的治理工具和治理手段。英国政府提出发展并实施“创意产业战略”、新加坡政府提出“文艺复兴新加坡战略”、日本和韩国提出“文化立国战略”，欧盟发布“欧盟文化战略”等，从而使得文化产业从社会批判的价值理性发展成为社会建构的工具理性和新价值理性。新的全球意识及由此而形成的意识形态不仅形成了新意识形态，而且形成了新意识形态安全认知。文化产业正是在这个意义上成为新意识形态安全治理最重要的形式。国家治理从狭义的意识形态安全走向广义的国家文化治理。

## 二、文化产品生产与国家治理

文化具有社会治理的功能与特征。人们创造和生产文化本来就是为了对人的治理的。“古人结绳而治，后人易之以书契。”治者，治理也。这是中国古代最早的关于文化与社会治理关系的描述。“书契”——文字符号表达系统是从“结绳”——物质符号的表达系统演变发展而来的。它的初始目的是为了实现有效的劳动和人与自然关系，进而建立人与人之间的社会行为关系的协调，解决和克服不协调，这就是“治”，就是“治理”。也就是说，人类创造和生产文化是为了有效地克服和解决人与人、人与社会和人与自然之间出现的问题，具有疏导、宣泄、沟通的意义。“观乎人文，以化成天下”，这是五千年中国对于文化与天下关系的认识：文化是用来塑造人自身、改善人与自然、人与社会天地之间关系的。“半部论语治天下”。《论语》是中国古代先哲关于上古时期国家治理的深刻总结，是中华民族国家治理智慧的集中体现与体系化。“文治武功”数千年中国文明发展和国家治理就是沿着这条文化治理的智慧之路走过来的。当文化的这一本质性功能发展到现代社会、体现在文化产业这一具体的社会系统时，文化产业作为国家文化治理工具和手段这一功能被发现，也就成为一个社会的自然法则过程——古人结绳而治，后人易之以书契，再后人易之以文化产业——现代文化生产的功能与实现。

文化治理的特征是通过主动寻求一种创造性文化增生的范式实现文化的包容性发展。这是文化治理与文化管理最突出的差别。文化管理是国家通过建立一系列规章制度对人、社会和国家文化行为的规范化，对象是文化行为及其整个生态系统，主体是政府；文化治理是国家通过采取一系列政策措施和制度安排，利用和借助文化的功能用以克服与解决国家发展中问题的工具化，对象是政治、经济、社会和文化，主体是政府 + 社会，政府发挥主导作用，社会参与共治。管，具有法律和行政的强制性约束力；治，则更突出人、社会与国家的能动性和自主性。治，是针对问题的解决与克服，具有很强的规训弹性，而管则是基于一定的价值尺度对人们的社会行为认为应当是如此的规定，具有很强的惩戒刚性。

人的精神发展与人的精神生产是互为建构的。一方面，人要表达对世界的认知、感受和见解；另一方面，人有需要认知世界、感受世界和把握世界的工具。用马克思的话来说，人在生产对象的同时也在生产人自己。

人的任何精神生产都不会简单地重复自己，每一次这样的生产，不论是有意识的还是无意识的，都包含着人对生活的理解与想象，都在生产着一个新世界。不论这种生产的结果是符号还是图像，是声音系统还是动作系统，这种新的世界都表现为一种作品，关照自己，也影响别人。即便是人们所赖以生活的自然环境，也因其与人的生产和生活关系而成为人的本质力量的对象化，成为人的作品，成为空间消费对象。人的许多精神现象和精神秩序建构在很大程度上就是来自这样的空间性建构。文化产业只不过是所有这些精神发展和精神生产在今天的一个结果和表现，但是，它们之间互为建构的本质并没有因为载体或工具性的变化而变化，区别只是它的工具理性。两者之间均具有很强的弹性。然而，任何工具理性只有同时拥有深刻的价值理性，并且与价值理性深刻融合才具有本质意义的力量性。精神和文化的这种作用并不是今天才被人们认识和发现的。“不战而屈人之兵”是中国古代关于文化的治理性在战争中的运用最早也是最经典的表述，为世界军事经典原理。文化产品对于建构文化影响力、吸引力和感召力的发现也不是始于今日。“四面楚歌”既是对文化应用于解决战争问题的生动描绘，同时也是对“楚歌”这种文化产品形式巨大影响力的生动揭示。孔子闻韶乐而三月不知肉味，可以说是对文化产品这种对于人的影响力的极为深刻的生理体验式描绘。它不仅提出了文化产品的社会价值命题，而且也提出了国家与文化产品及其生产关系，以及国家应当通过和借助于文化产品作用于人的灵与肉这一特性治理国家的命题。人们之所以要控制文化产品的生产，就是基于对文化的这种治理性的认识和深刻了解。反过来说，放弃了对文化之于社会治理关系的深刻认识，就不可能有效地实现对国家的治理，尤其是“善治”。以文化的兴废治乱来考察、观察国家的盛衰存亡，也因此成为中国古代最重要的国家治理方法论。

## 三、文化产业的治理性

文化产业具有治理性。文化产业的治理性是文化的治理性的延伸与发展。文化产业的治理性是由文化产业作为社会文化产品的生产和精神生产的机器，以及由这种机器与政治、经济、社会和文化发展的关系性功能决定的，是通过发展不同形态的文化产业建构满足不同人们的精神文化消费需求的精神文化生产格局，进而通过这种格局的建构，实现不同阶层参与文化生产与传播的投资需求，从而实现人们普遍的文化权利与权力，并通过这一权力格局形成，建构具有不同文化诉求的精神政治秩序。

文化产业作为社会的精神生产系统，具有创造物质财富、调节社会生态、平衡利益分配和再建文化心理的特性。就一般经济学而言，农业和工业创造财富的功能是单一性的，而文化产业则是双重性的：通过创造精神财富来生成物质财富。由于文化产业发展相比较农业和工业而言，具有鲜明的“非资源型依赖性”和“生态环境的低污染性”，以及物质财富和精神财富的双重增值性，因此，当人类社会的文明进步遭遇到“工业文明发展困境”时，通过大力发展文化产业来改变社会财富的增值路径和经济增长的发展方式，也就自然地成为人类社会可持续发展的必然选择。国际社会不约而同地把发展文化产业（文化创意产业）作为国家发展战略，标志着在国家治理问题上认知的共同性，同时也意味着国家治理形式与国家治理模式发展的阶段性。

文化产业具有经济治理性，不是由它的经济属性决定的，而是由它的文化属性决定的。社会的文化产品购买力，是最终决定文化产业经济治理性的力量。我需要，我购买。没有社会的、市场的购买力，就没有文化产品生产的市场动力；没有这个动力，或者说，文化产品的生产与社会需求相脱离，就不可能实现文化产业的经济价值的增值性，当然也就不可能产生对调整经济发展刚性结构的影响力。文化产业只有具有财富的创造力和巨大的增值力，才可能对资本具有吸引力和资本流动的引导力，才能克服资本对投资的刚性需求，从而实现调整经济结构，转变经济增长方式和发展方式的目的。因此，作为经济治理的文化产业，服务于经济结构的战略性调整和经济增长与发展方向的战略型转变，克服经济发展与经济增长的资源消耗性和环境污染性的不可持续的刚性发展模式。中国是在寻求克服经济发展中的结构性矛盾和体制性障碍的战略需求的过程中提出发展文化产业的，而不是首先在文化的层面上提出来的。这就使得发展文化产业在中国的提出首先是用以解决经济发展问题的，是用来“医治”经济发展毛病和“救治”经济发展危机的。2000 年的政府工作报告在谈到如何克服与解决经济结构的战略性调整中遭遇到的结构性矛盾和体制性障碍的时候，第一次直接地从正面提出要把大力发展旅游业和文化产业作为解决这一国家发展难题的四大战略举措之一，从而在中国第一次使得文化超越了意识形态层面而获得了国家经济政策的战略价值，进而在一个全新的意义和更深层次上使得文化获得了新的国家功能界定：国家治理。这是中国国家统治观的一次深刻变革，也是一次文化与经济关系认识的深刻变革：在克服经济结构和经济发展不平衡这一普遍的经济治理中，文化有着经济所没有和不可替代的“调结构”功能。这就是文化软实力的发现。

作为文化治理的文化产业，满足人们日益增长的精神文化消费需求的多样性，克服和消除单一的以意识形态为唯一价值导向的文化发展模式。积极发展文化事业和文化产业，在切实保障人民最基本的文化权益的同时，运用市场经济的方式发展文化产业，使之成为满足人们日益增长的精神文化消费需求多样性的重要渠道，并且把它和社会主义精神文明建设有机地结合与统一起来。人们的基本文化权益保障是一致的，而人们的文化消费需求和文化表达则是极其丰富多样的。通过构建共同文化服务保障体系，以切实保障公民基本文化权益的实现。而满足人们多样性的精神文化消费需求，则要通过提供丰富多样的精神文化产品来实现。而这只有通过发展文化产业和文化市场才能做到。欲以人文化成天下，必须有能够化成天下的"人文"。在这里，"人文"就是能够"化成天下"的精神文化产品和由这个精神产品构成的体系及其供应系统。能否达到"化成天下"的价值目的，完全取决于"化成天下"的"天下"之需求。"化成天下"是治理天下的最高境界。在现代国家市场经济条件下，文化治理就是通过提供消费渠道和产品满足人们多样化的精神文化消费需求来实现，从而在市场经济的条件下建立在文化治理上的政府与市场的新型关系，而且也建构在国家文化治理领域里的国家与公民文化权益实现之间的治理互动关系——人民治理与国家治理互为建构。这是中国国家文化管治的又一次深刻革命：从文化管理走向文化治理。

作为政治治理的文化产业，适应于政治文明建设的民主进程和表达诉求的多元化发展国家与社会体制和机制建设，改革与政治文明进程不相适应的精神政治生产模式和精神政治秩序。文化产业是政治文明最重要的表达机制。文化产业的市场准入不是经济问题，而是一个政治问题和文化问题，是一个国家和社会的政治文明程度问题。在不同的社会历史条件下，不仅不同的国家会因不同的政治文化传统，产生和形成不同的政治表达机制，即便是同一个国家，也会因不同执政主体不同的政治信仰形成和建构不同的政治表达机制。而文化产业的市场准入问题恰恰在这一点上成为不同国家的政治文明的"文化窗口"。由于文化产业在本质上是社会的精神生产系统和精神的社会表达机制，是人与社会一切文化关系的总和，与人们的社会权利与权力存在着天然的联系，而正是这种权利和权力内在地构成了一个国家的政治民主关系。因此，任何国家的文化产业市场准入的制度设置，都是这个国家政治文明及其民主化程度所达到的国家治理自信性和“善治”的表现。所谓“入乡随俗”，就是中国传统乡村治理关于“文化准入”和“制度准入”的经验定义与诠释。乡间社会尚且知道“入乡随俗”的朴素准入规定，并由此而规范和重建自己的行为方式与行为语言以“入乡”，更何况现代国家治理和国家文化治理呢？“随俗”是对他人主权和主体地位的尊重。所以，文化产业市场准入是对一个主权国家的主权尊重和主体地位的尊重。通过和借助于发展文化产业作为社会的政治表达机制和精神及舆论生产的工具性特性进行社会政治改革，推进国家文明化，也就自然地成为社会与国家治理者治理国家的自然选择。而这个选择的结果，直接构成了国家的政治文明生态和精神文明生态。从这个意义上说，深化文化体制改革，加快发展文化产业，在当下的中国就是为了改革与政治文明进程不相适应的精神政治生产模式和国家的精神政治秩序，推进国家治理文明转型和文明进程，推进国家治理体系和治理能力现代化。

作为社会治理的文化产业，服务于公共管理的主体意识和公共责任的建设，克服和解决与社会文明进步不相适应的社会管理模式和文明形态。社会是由不同的社群会合和集合而成的，同时又是因不同的文化被建构的，什么样的文化必然塑造什么样的社会。社群集合构成的丰富多样性和复杂性，决定了由此而形成的社会文化的丰富多样性和复杂性。“十里不同音，百里不同俗”，造成和决定了不同的社会治理模式。而这种治理模式往往是通过创造和生产不同的文化产品来实现的。今天的所谓“非物质文化遗产”和“物质文化遗产”就是它的最基本的历史治理形态。作为社会文化生产的最重要的社会生产机器，文化产业不仅生产和提供不同的文化产品，而且还生产不同的文化需求。一方面，它迎合人们的消费文化习性；另一方面，它又生产人们的社会需求，改变人的文化消费习性，塑造人们的生活方式，推动社会发展。由于任何意义上的文化产业所供给的文化产品都具有准公共产品的性质，因此通过和借助文化产品的生产和提供方式，平衡不同人群之间的社会需求，可以达到有效地消解社会心理压力、疏导社会情绪的社会“减压阀”的作用。通过政府采购，把满足于个人消费的文化产品转移成公共文化服务产品，不仅有效地实现财富的二次分配，消除文化分配鸿沟，克服文化供给不平衡不充分的矛盾，而且有助于建构公共管理的主体意识和文化产品生产的公共责任，通过改善人们的社会存在的均等化程度，实现社会管理模式和文明进步形态的人民化。发展不平衡不充分和人民向往美好生活需求之间的矛盾构成了新时代中国社会发展的主要矛盾，也是文化发展的主要矛盾。克服和解决这一矛盾是社会治理的重要内容。当不发展文化产业，不能提供丰富的公共文化产品，缺乏足够的公共文化产品生产能力，便不能实现和提高社会的有效治理和治理体系和治理能力现代化的时候，发展文化产业，促进城乡文化经济融合发展，完善以高质量发展为导向的文化经济政策，健全引导新型文化业态健康发展机制，促进数字技术、互联网技术在文化和旅游相关产业中的应用，也就成为国家社会治理的必然战略。

作为国家治理的文化产业，服从于国家根本战略利益发展需求，平衡与协调人、社会、国家三者之间在政治、经济、社会、文化与生态之间的文明互动关系。因此，大力发展文化产业作为国家战略和政策的提出，本身具有国家治理的性质。服务于经济和文化，服务于社会和民生，是发展文化产业最重要的治理性需求。

## 四、文化产业发展与国家治理的融合

文化治理是文化价值观和文化的生存方式的有机统一。从这个意义上说，作为一种文化治理形态和治理方式，文化产业的发展及由其产品系统所构成的内容体系和价值观体系，也应该是人们的社会存在和社会方式的一种表达形态的有机统一。它既是人们关于治理的需求、诉求，对于国家与社会治理关切的一种形式，同时也是自主参与治理的表现。如果文化价值观与人们的文化生活方式相分离，或者说意识形态的价值观追求与人们被要求的生活方式相脱离的话，是不可能生成文化治理能力尤其是国家文化治理能力的。一个国家的文化治理能力，对内首先表现为高度的吸引力和认同力，由此而形成内在精神生活质量和外在物质生活满足的完整统一，形成对自身生活状态和质量的自豪与满足。没有内在的认同力，就不可能有内在的向心力和凝聚力，当然也就无法实现文化对于国家治理的价值和作用。在一个高度文化产业化的社会，文化产业作为社会价值观的生产机器正在深刻地影响和建构着人们的精神生活系统和物质生活的存在方式。因此，用什么样的价值观来发展文化产业，与生产什么样的文化治理能力具有了内在的建构关系。一方面，一定的价值观影响着文化产业发展的价值导向；另一方面，由此而生成和形成的文化价值观又反过来影响着价值观的运动形态。在这里，二者之间的任何矛盾都会引发更大程度的冲突和对立。因此，二者的有机结合构成了文化产业发展和国家文化治理能力建构之间的规定性。而正是在这个意义上，发展文化产业就具有文化治理的属性，具有了文化治理性，具有了国家治理体系和治理能力现代化的同构性，从而使得发展文化产业在国家治理能力建构与提升的层面上成为重要的国家治理体系和治理能力现代化的深厚支撑。

文化产品是生产和形成文化影响力、吸引力和感召力的核心来源。尤其是感召力，它是一种真正解构和再建人的精神世界和精神秩序的力量。它也是文化治理能力结构体系中的核心，具有最后界定的意义。因为，并不是任何一种具有影响力的对象都具有对人的感召力，都构成对人的精神世界和精神秩序的解构与重建的。一个有特色的旅游景点，在市场营销的层面上也许具有吸引力和影响力，具有经济治理性，但并不一定构成精神上的感召力；也就是说，它不一定使人转变和提升人的精神世界，从而具有文化的治理性。因此，在中国文化产业发展进程中那种“旅游＋地产”的发展模式和开发模式，所生产的并不是完整意义上的国家文化治理能力，没有构成本质上的国家文化治理，更谈不上建构。但是，它在国内的文化旅游市场上却是有影响力的，也有一定程度上的吸引力，被业界看作是一种成功的可以复制的文化产业发展的商业运营模式。旅游产品是可以形成文化的意义符号而具有感召力的。然而，迄今为止，在中国主题公园项目的开发中，还没有一个创造出和形成了像“米老鼠”和“唐老鸭”那样具有鲜明标志性的文化旅游产品、文化形象和文化符号。而这恰恰是美国在有效实施全球文化治理的战略进程中最为成功的案例。“1996 年，文化产品（电影、音乐、电视节目、图书、期刊和电脑软件）成为美国最大的出口产品，第一次超过了包括汽车、农业、航空和国防在内的所有其他的传统产业。”这是被国内文献引用最为普遍的资料，用以证明发展文化产业的重要性。但是，人们在实践中也普遍忽略了一个关键问题——在这一组被无数次引用的数据中，它的关键词是“文化产品”，并且是“电影、音乐、电视节目、图书、期刊和电脑软件”这样的文化产品；同样在迄今为止的有关美国文化产业增加值在美国国内生产总值（GDP）的占比中，也还没有发现美国把“文化地产”所形成的增加值统计在其中的。从这个意义上说，美国的国家文化治理是通过它的文化产品生产及其国际文化贸易所形成的以内容为核心的强大的文化产业所建构的。美国文化产业“GDP”是以文化产品的内容生产和输出所形成和生成的，而不是由“文化地产”和“旅游地产”的“GDP”生成的。土地是财富之母，但不是文化之母，更不是国家文化治理能力生成之母。人是万物之灵，是一切文化之母。国家文化治理能力的形成只有在以文化内容的创造性生产为主体功能的文化产业发展中才是可能的。没有以文化内容的创造性生产为主体功能的文化产业发展，而只有“文化地产”的大规模开发，包括哪些以文化产业的名义大肆圈地，建设文化产业园区所形成的投资性和投机性的“文化产业的GDP增长”，都不可能形成国家文化治理能力。《决定》指出：“必须坚定文化自信，牢牢把握社会主义先进文化前进方向，围绕举旗帜、聚民心、育新人、兴文化、展形象的使命任务，坚持为人民服务、为社会主义服务，坚持百花齐放、百家争鸣，坚持创造性转化、创新性发展，激发全民族文化创造活力，更好构筑中国精神、中国价值、中国力量。”这是对新时代中国特色社会主义文化建设提出的总要求，明确了我们推进文化制度建设的目标方向、使命任务、方针原则。因而，也是文化产业发展必须坚持的根本遵循。

文化与旅游相融合，为高质量发展文化旅游业和文化产业发展创造了新的文化政策可能。文化是旅游的灵魂，旅游是文化的精神表达。旅游不只是文化产业的载体，而且是文化产业的重要文化精神生活实现方式。旅游也有灵魂。“登山则情满于山，观海则意溢于海。”[①]“游山玩水”这“情”“意”和“游”“玩”二组字是中国古人对旅游的最好概括。今天中国文化旅游的灵魂是什么？是在游山玩水之中满足和实现人们对渴望美好生活的向往，是为克服区域发展不充分不平衡与人民向往美好生活之间的矛盾发挥不可替代的文明作用。让几亿人摆脱贫困走向小康，是一次巨大的人类历史上史无前例的文明转移。“仓廪实而知礼节，衣食足而知荣辱。”强起来的中国人更需要文化精神的涵养与锻造。这是文化最重要的治理功能。

因此，国家文化治理理论的核心就在于，它揭示了一个对于文化产业发展战略来说最本质的命题：发展文化产业的目的不是为了经济，而是为

---

① 刘勰：《文心雕龙》卷二十六·神思。

了完善国家治理，是以经济—市场经济的方式实现文化的政治、经济、社会和文化的价值性转换，进而改变和重塑国家治理模式，提高国家文化治理能力，推进国家治理体系和治理能力现代化，把国家文化制度优势转化为国家文化治理效能优势。从这个意义上说，国家文化治理的提出使得文化产业发展在文化本位的层面上又回归了它的价值理性：人—社会—国家的治理，从而实现了文化产业发展的工具理性和价值理性的有机统一：文化工业批判—文化产业发展—文化产业发展与国家治理的融合。这就是当今中国的国家文化治理。

（胡惠林）

# 第十一章　城乡统筹治理

2018年我国的城镇化水平达到了59.6%，居住在城市的人口已经超过在农村的人口。当前，在城镇化过程中城乡二元结构的分化、城乡差距日益扩大的现象日益突出，带来一种城乡断裂的紧张。因此，破解城乡二元结构、实现城乡统筹发展成为我国进入城镇化中后期以后面临的突出任务，其关系到城镇化进程的良好推进，关系到城镇化过程中实现的经济财富和经济利益的社会共享，关系到应对社会结构的分化和避免国家发展陷入“中等收入陷阱”，也关系到全面建成小康社会目标的实现。

## 一、改革开放以来我国城乡二元结构的逐步破解

相对于城乡隔离的计划经济时期，改革开放以来我国城乡人口迁移流动日益活性化，流动人口数量从改革初期的600万增加到当前的2.6亿，

城乡之间市场沟通、资本和劳动力流动日趋活跃，表明在市场经济体制下，城乡二元结构正在逐步松动。历史地进行观察，城乡差距的扩大一定程度上是城乡二元结构松动的结果。同时，只有通过改革开放以来的城乡二元结构的松动，以及进一步减少城乡二元体制的制度性壁垒，才为城乡协调发展提供条件。

### 1. 城乡二元结构逐步破解对中国经济增长的积极作用

城乡之间要素流动的日益活性化、城乡二元结构的逐步破解，是我国工业化快速发展，实现我国经济奇迹的重要原因。

正如刘易斯二元经济模型所揭示的那样，以人口流动和迁移为动力，大量农村剩余劳动力摆脱土地的束缚，进入城市工业部门就业。城市工业部门不断扩大推动经济发展。同时，和传统的农业部门和现代工业部门的"两部门"假设不同，研究表明即使是农村乡镇中和城市体系边缘的未包容在现代工业部门的大量非正规就业，也具有正的劳动生产率，对经济发展具有积极的作用。农村人口向城镇转移，中西部地区人口向东部沿海地区集聚，为东部地区工业化和城市化带来充足的劳动力，当劳动力和国际投资相结合，使东部沿海地区发展成为"世界工厂"，显著地促进了经济增长。

城乡二元结构逐步松动带来的劳动力活性化，带动经济增长，也使得人口结构变动所带来的潜在的人口红利得到实现。人口红利推动经济增长的理论已经引起广泛讨论，生育率下降、劳动适龄人口比重增加和老龄化上升等人口结构变动，对储蓄率和投资率的提高，对教育投入的增加，以及对经济增长等确实表现出积极的关联。但对人口红利推动经济发展的实际作用还需要结合城乡劳动力市场和就业状况来进行考察。从宏观数据看，人口结构变化和劳动力数量和比例的增加从20世纪60至70年代就开始了，但这些人口红利并没有直接转化为经济增长，这是因为大量新增劳动力其实表现为农村剩余劳动力或企业冗员。所以简单认为人口结构变动下的劳动力总量和比重提高能够推动经济增长可能过于简单，在布隆（David Bloom）等对人口红利的经典研究中同时提出，人口结构变动所带来的人口红利只是一种“潜在的红利”，只有当劳动力和生产资料相结合，也就是创造出足够的就业和经济活动机会，潜在的人口红利也能够得到实现。因此，与其说是人口红利推动了改革以来的经济增长，不如说是投资带来的经济就业机会和城乡间、地区间的人口迁移流动，共同带动经济增长。从这个意义上看，人口乡城迁移和逐步破解二元结构，人口结构变动的“潜在的人口红利”才真正成为“现实的人口红利”。因此我们也可以作出预判，在2011年以后，虽然宏观上我国劳动适龄人口比重开始下降，但只要继续推动人口乡城迁移和人口向城市集聚，就仍然能够继续挖掘人口红利，继续保持经济的持续增长。

### 2. 城乡二元结构逐步破解的中国经验

和以圈地运动为特点的西方发达国家城市化道路，以及南亚、东南亚和拉丁美洲国家的发展中国家人口城市化不同，我国人口乡城迁移与城乡二元结构逐步破解具有自身的典型特点，也可以称之为“中国模式”，或者“中国经验”。

第一，我国人口乡城迁移和城乡二元结构逐步破解是渐进性的发展过程。

一方面我国通过稳定联产承包制度保留着农村小农化的土地经营，发挥了对农民基本生活保障的作用，这在一定程度上避免了农民因失去土地而陷入绝对贫困，也防止了失地和贫困的农村人口涌入城市。这样的农村小农性的土地承包和使用制度，也能够构成城镇化过程风险的补充机制，也就是在城镇经济波动和失业提高的时候通过农村的“托底机制”，缓解失业和社会不稳定的风险。

另一方面，我国通过户籍制度来控制农村人口进城，提倡有序流动，一定程度上避免了在城市地区形成大规模的“贫民窟”。在此基础上，改革开放以来，我国逐步松动城乡之间人口流动和迁移的阀门。通过渐进的调节，避免了城乡二元结构迅速转变对城市和乡村所带来的冲击。

我国人口迁移流动本身具有“非定居性移民”的特点，长期居住的流动人口本身就应该是人口迁移，但其在我国的现实生活中还是一种未完成的迁移，流动人口在城镇化过程中实施一种探索性“试验”，探索性地对自身生活方式进行建构。在人口乡城迁移和不断推进城市化的宏观视野下，在微观个体行为中是流动人口进城和返乡相互交织的过程。在进城和返乡之间保持着一个双向的通道，一定程度上缓解了城乡结构转变过程中带来的压力和紧张。

第二，我国人口乡城迁移和城乡二元结构逐步破解具有显著的政府干预和制度调节。

区别于多数后发展国家是在单纯市场导向下的，在无制度或者是非正式制度主导下的城乡劳动力市场建构和社会结构调整，我国改革开放以来的城乡结构变动同时受到政府主导和制度安排的显著影响。辜胜阻等提出中国城镇化发展具有农业经济向工业经济、计划经济向市场经济转型的“双重转型”背景，因此政府推动和市场拉动表现得同样重要。在我国的城镇化发展过程中，政府的发展规划和调控战略对于城乡形态、城乡经济产业机会发挥重要影响，“政府之手”成为推动中国城镇化和城乡发展的重要调控机制。

例如，改革开放以来，针对流动人口的制度改革和制度创新一直没有中断过。联产承包责任制度的实行，使农村的劳动力从土地束缚中解放出来，释放了生产力，推动了精耕细种农业的发展，并使农村剩余劳动力从土地中流出进入城市务工经商。1984 年在城市实施暂住证制度，是允许农民进城的制度创新。而 20 世纪 90 年代中期以来，包括流动人口进城务工经商、房屋居住管理等规定，提供了接纳流动人口在城市就业和生活的制度安排。包括城乡的人口管理制度、社会福利制度、土地制度等各项制度安排，对于城乡经济产业发展、对于引导我国人口迁移流动和促进城乡发展发挥了显著的积极作用。

这也说明我国的城镇化发展道路强烈地受到政府作用和制度体系的影响，这意味着，我国城镇化的未来发展也深刻受到制度因素的影响，也需要通过制度建设来实施推动。制度建设对于城镇化发展和城乡二元结构的破解和城乡一体化的实现具有极端重要的作用。

### 3. 改革滞后对于破解城乡二元结构的负面影响

在理解改革开放以来城乡二元结构逐步破解的中国经验的时候，我们也同时发现改革滞后对于破解城乡二元结构所带来的负面影响。"中国模式"或者"中国经验"所表现的中国城镇化发展的优势，往往在另一方面正同时表现为其发展模式的不利方面。

第一，从城镇化和城乡结构调整的渐进性来看，如果制度改革未能及时推进，城乡二元结构调整的渐进性过程就会受到约束，并限制了城乡之间资源配置的优化，扭曲城乡之间的利益分配，并转而表现为城乡结构转变的制度阻碍。例如当户籍制度改革滞后于城乡之间的人口迁移流动，城乡结构调整的速度就会受到限制，而且城乡利益分配的结构就会受到影响。对于土地改革滞后也会产生类似的影响。因此制度改革的滞后性，会使城镇化过程中渐进改革的优势转而成为推动发展的劣势。

第二，从政府主导的城镇化发展和城乡结构调整来看，政府主导具有强执行性和较高效率，成为中国城市化发展富有特色的优势。但是政府行政干预的非市场性，可能偏离于市场机制对于资源配置的优化作用。特别是政府作为一个经营城市的主体，甚至过分依赖土地财政，可能进一步扭曲市场和扭曲城乡利益结构，同时带来土地资源浪费的冒进的城镇化、带来房价飞涨和城市蔓延的弊端。政府在很大程度上需要依靠资本力量来推动城镇化发展，在另一方面政府又需要承担城乡居民利益维护者和协调者的责任。角色之间的内在紧张带来政府在城镇化发展过程中难以实现自身内部的职能平衡，并在很大程度上会带来农村和农民利益的损害、要素资源市场配置的失灵，以及政府职能错位和官员腐败等现象。

因此，从改革开放以来城乡二元结构逐步破解的过程、经验和出现问题的综合分析中，我们可以看到推动城镇化发展和城乡二元结构的改变有两个因素至关重要。

一是只有不断推进和深化制度改革，才能保证国家发展渐进性改革的进步性，否则制度改革滞后会制约和限制城镇化发展；二是只有改革政府职能，调整政府和市场的关系、调整政府和社会不同利益群体的关系，实现政府治理，才能更好地实现政府主导。

因此，不断深化制度改革和推动政府治理，来协调政府、市场和社会的关系，就成为推动城镇化和城乡结构有效调整的根本道路。

## 二、调整城乡结构和统筹城乡发展面临的基本问题

随着我国城镇化发展进入中后期阶段，在城乡关系和城乡结构调整中表现出的问题和矛盾日益尖锐。在未来的 10—15 年内，我国将继续面临快速的城镇化发展，城乡结构将面临快速转变，统筹城乡发展和实现城乡一体化的任务和要求非常迫切。因此，如何在城镇化过程中，有效推进城

乡结构调整，统筹城乡发展和实现城乡一体化，是当前国家发展战略的重要内容。在当前的历史阶段，调整城乡结构和统筹城乡发展面临几个基本问题：

### 1. 应对城乡差距的扩大和实现城乡平衡发展

从1978年改革开放以来，我国城乡收入差距总体上日益扩大，已经成为国家发展不平衡的突出问题。中国的改革是从农村率先开始的，城乡人均收入比从1978年的2.57∶1，下降到1983年的1.82∶1；20世纪80年代中期，随着城市企业改革的推进，城镇工业发展更加迅速，城乡收入差距逐步扩大到1990年的2.2∶1，1995年达到2.71∶1；90年代中期农产品平均价格提高带来城乡收入差距下降，1997年我国城乡人均收入比为2.47∶1；1997年以后城乡收入差距再次扩大，到了2009年左右达到3.33∶1的高水平，引起广泛的社会不满。近年来由于国家实施新农村建设和农业优惠政策，以及农民工工资水平的上升，城乡收入差距有所下降，城乡人均收入比2010年为3.23∶1，2011年为3.13∶1，2012年已经下降到3.10∶1。总体上看，我国城乡差距处于日益扩大的状况，城乡收入差距问题已经非常尖锐。

除了收入差距，城乡间还包括各种非经济的城乡差距，例如社会保障水平、教育机会和教育水平、卫生和医疗服务水平等各种公共服务和社会福利，无论在数量还是在质量方面，农村地区都远低于城镇地区。城乡之间的经济和社会发展日益失衡。

城乡差距的扩大一定程度上是发展中国家必然出现的发展问题。如刘易斯所说，发展中经济体存在落后的传统农业部门和现代工业部门。在农业部门和工业部门的生产率差别，推动大量劳动力从农村部门进入城市，而农村劳动力存在劳动力无限供给，限制了农村劳动力的工资水平。城市工业部门不断推动产业规模的扩大，带来城市经济的繁荣和财富增长，并因此使得城市和农村部门的经济差距不断扩大。刘易斯的发展经济学理论也告诉我们，当农村剩余劳动力被吸纳结束以后，城乡劳动力市场的工资水平才会提高。在劳动力不断向城市部门转移的城镇化过程中，农村部门非农经济发展所带来的生产率提高和工资水平提高，最后才会逐步形成城乡劳动力市场均衡，实现城乡平衡发展的态势。

我国发展过程中的城乡差距扩大，实际上更主要是由于城市为中心的发展思路，和一系列相对不利于农村农民、甚至剥夺农村和农民利益的制度因素的结果。农产品价格制度、土地制度、公共财政制度、户籍制度等制度安排都强化了城乡发展差距的扩大。从农产品价格制度来看，粮食收购价格仍然相当大程度受到计划收购的指令控制，粮食生产的利润主要由销售环境而非农户所获得。在土地制度上，农村集体土地制度和城市国有土地制度形成了土地制度的剪刀差，而农村集体土地只有通过土地国有化才能进入土地市场，使得土地增值的收益多数由城市政府和房地产部门获得，从而扩大了城乡之间利益的不平衡。同时，由于工业化发展集中在城镇，城镇部门有较大的财政能力加强道路交通、教育、卫生等公共服务建设，农村部门在基础设施和公共服务的财政能力不足，甚至城市部门还将城市垃圾、城市更新改造的贫困人口转移到周边农村地区，进一步扩大了城乡发展的不平衡。从户籍制度上看，进入城市务工经商的劳动力难以得到城市市民待遇并在城市永久居留下来，他们对城市经济和社会发展作出贡献，但难以得到足够的社会再分配，他们的劳动力工资水平仍相对低于城市劳动力，而当他们失去工作或者年龄较大时回到农村，进一步带来农村部门对养老、医疗等社会保障和社会服务的压力。

同时，农村地区不仅在公共财政和公共服务上相对滞后于城市地区，农村地区的发展能力不足，使得城乡收入差距的扩大更加具有累积性和长期化。城镇化过程本身是农村优质人力资源进入城市的过程，城镇部门不仅得到大量劳动力供给，也增加了人力资本的存量，增加了创新和创业的动力。而农村地区在大量人口流出的过程中，也出现人力资本的净流失，进一步弱化了农村地区本来就薄弱的人力资本。在农村地区出现大规模的留守儿童、留守妇女和留守老人，使农村部门的生产能力更加相对薄弱。相反，对于农业和农村发展的长期投资则相对薄弱，农村的生态环境恶化非常严峻，限制了农村部门长远发展的潜力。

城乡间的结构性差距越大，对城市化发展所带来的压力和挑战就更加突出。因此，如何缩小城乡间的收入差距，包括缩小城乡间的公共服务和社会福利的差距，是城市化中后期的重要任务。在城市化过程中应推动有利于农村和农民的城镇化发展，实现城镇化发展利益在城乡之间、在不同社会群体之间更平等的分配。让农民更加平等地参与现代化进程，共同分享现代化和城镇化的成果。

实现城乡之间更加平衡的发展，第一要增强对农村和农业部门的投资，支持工业和城市反哺农村，推动农业技术现代化，加强农业基础设施投资，完善农业的经营方式的规模化，加强农业机械化，引导对农村和农业的投入，从而提高农业生产率。只有使农村地区的生产率提升和社会福利水平的增长速度快于城市地区，才能有效缓解城乡差距的扩大。

实现城乡之间更加平衡的发展，第二是要保障和实现农民在城镇化过程中的土地利益。保护农民土地利益的前提是明确农民的土地权利，实现农民的土地利益则需要推动农民土地利益的市场实现。长期以来农民只有土地的承包和经营权，但没有土地的转让、抵押的权利，这强化了农民对土地的短期行为，限制了对土地的投资，也难以使土地利益转变成为农民的财产性收入。党的十八届三中全会关于全面深化改革的决定中提出，“赋予农民对承包地占有、使用、收益、流转及承包经营权抵押、担保权能，允许农民以承包经营权入股发展农业产业化经营。鼓励承包经营权在公开市场上向专业大户、家庭农场、农民合作社、农业企业流转，发展多种形式规模经营”，还提出实现包括宅基地在内的农村集体土地权利。“赋予农民更多财产权利。保障农民集体经济组织成员权利，积极发展农民股份合作，赋予农民对集体资产股份占有、收益、有偿退出及抵押、担保、继承权。保障农户宅基地用益物权，改革完善农村宅基地制度，选择若干试点，慎重稳妥推进农民住房财产权抵押、担保、转让，探索农民增加财产性收入渠道。建立农村产权流转交易市场，推动农村产权流转交易公开、公正、规范运行”，以及“建立城乡统一的建设用地市场。在符合规划和用途管制前提下，允许农村集体经营性建设用地出让、租赁、入股，实行与国有土地同等入市、同权同价”。土地是农民的重要资产，通过推动新一轮的土地革命，使农民能够保证自身的土地权利、维护自身的土地利益和实现土地利益，并增强农民的资产性发展能力，推动农民将土地财富的资产化，增强在城镇化中投资创业的能力。

实现城乡之间更加平衡的发展，第三是需要在社会事业和公共福利上向农村和农民倾斜，逐步实现基本公共服务均等化。通过加强财政转移支付和鼓励多元投资，统筹城乡基础设施建设和社区建设，大力促进教育公平，促进城乡义务教育资源均衡配置，统筹城乡社会保障一体化，完善城乡均等的公共就业创业服务体系，完善网络化的城乡基层医疗卫生服务运行体系。

### 2. 减少城乡要素市场流动的制度壁垒和提升城乡活性化

社会主义市场经济体制下的城镇化发展内在要求实现生产要素的流动性，发展自由流动的劳动力、土地等要素市场。当劳动力流动和土地市场的发展受到阻碍，则有可能阻碍城市化的发展进程。

改革以来城乡制度壁垒松动，带来大量农村人口进入城市务工经商。非户籍流动人口数量从20世纪80年代的600万，到2000年增加到1.4亿，到2010年已经增加到2.6亿。而由于存在城乡户籍制度和以户籍制度为依托的社会福利和社会管理体制，流动人口不能有效融入城市和实现市民化，阻碍了城镇化的发展。劳动力在城乡之间流动性被限制，带来一系列不利的后果。

首先，我国的城镇化表现为虚假的城镇化，虽然城镇化率在数字上达到了52.6%，但是流动人口并没有实现市民化，按照户籍来衡量的真实的城镇化水平只有35%左右。同时，我国城镇化表现为“浅度城镇化”，流动人口虽然在城市长期居住而后稳定居住，但是流动人口在就业和劳动力市场、社会保障、城市住房领域等方面存在制度性的排斥，流动人口的待遇和福利状况远低于本地人口，这也意味着流动人口并没有真正彻底地实现城镇化。城乡之间人口的流动性被限制，也使得乡城移民未能完成其城镇化过程。研究表明，只有少数约11%的流动人口流动进入城市以后逐步在城市沉淀下来，但多数流动人口不得不在年龄较大或者失去工作时离开城市，使人口迁移流动表现为暂时性移民和工作性移民。乡城迁移表现为进城和返乡之间的流动，并没有完成城镇化的过程。进一步的后果在于，由于城乡流动性的通道受堵，当流动人口年龄较大时难以在城市永久居留，而不得不回到流出地的农村地区，带来农村地区的老龄化问题尤其严重，以及这些人口缺乏足够的保障金的积累而带来更大的生活保障困境。

人口的社会流动性受到阻碍会带来社会结构的固化，例如当大量乡城移民进入城市却难以融入城市体系，难以实现向上的社会流动，就会使传统的城乡二元结构转移到城市内部形成城市内部的新二元结构，形成“城乡三元结构”的局面。农民工进入城镇，主要是从一种边缘社会进入城市边缘社会的水平流动，流动人口难以市民化，使其在社会结构上的向上的流动性受到阻碍，也限制了现代社会的中产阶层的形成。

当流动人口难以完成其迁移流动，他们也难以在生活方式上真正市民化，他们的储蓄率更高，并难以将经济收入的提高转化为内部需求。因此带来流动人口数量在城市大规模积聚，但却缺乏足够的动力推动经济发展内需的提高。

因此，劳动力在乡城之间流动性受到阻碍，使得大量劳动力居住在城市，但是不能成为城市的有机组成部分，或者他们在城市暂时性居住，不能根本上改变城乡结构。这样的流动性壁垒和城乡隔离，不仅使城市发展缺乏公平和公正，并造成城市发展内在动力的萎缩。

户籍制度是阻碍城乡人口流动和劳动力市场流动的根本性的制度壁垒。由于户籍制度的限制，在就业公共服务、部分就业岗位聘用、社会保障和社会福利、住房服务等方面存在的制度性歧视，一定程度上限制了劳动力的自由流动。研究表明，户籍制度对于劳动力向城市迁移转移具有显著性的负面影响，户籍制度相关的制度壁垒一定程度上也是造成东部沿海地区“民工荒”的制度原因，同时户籍制度也使得东部沿海城市难以获得稳定的劳动力供给，制约了产业持续发展和升级转型。户籍制度不仅影响人口流动性，同时由于户籍制度与一系列福利体制相联系，带来城市劳动力内部的不平等待遇，并进而对城乡收入差距带来影响。

当前我国户籍制度改革总体上滞后于城乡人口迁移流动的总体态势，需要将加快推动户籍制度作为统筹城乡发展的重要制度改革。党的十八届三中全会提出“推进农业转移人口市民化，逐步把符合条件的农业转移人口转为城镇居民。创新人口管理，加快户籍制度改革，全面放开建制镇和小城市落户限制，有序放开中等城市落户限制，合理确定大城市落户条件，严格控制特大城市人口规模”。户籍制度构成城乡福利体制的载体性制度，逐步实施户籍制度的改革存在相当的难度。因此一方面需要逐步将户籍身份和社会福利脱钩，另一方面逐步扩大城市户籍接纳的条件。在我国不同地区也正在根据人口迁移流动的具体特点实施有针对性的户籍改革方案。例如在广东地区实施积分入户的改革，而在重庆和成都地区积极推动就地城镇转移过程中的户籍转换。通过户籍改革来适应人口流动性，逐步破解城乡之间的制度隔离，是当前城乡统筹发展的重要制度改革。

### 3. 改革单向的城镇本位的城镇化实现城乡发展的双向进步

统筹城乡发展的第三个问题是在城镇化过程中构造城乡关系的双向性。城镇化发展需要改变单向的要素资源从农村向城市转移的城镇化，同时需要在城镇化过程中发挥农村的价值，构造出以工补农、以城带乡的机制，形成城乡整体的共同发展。

顾名思义，城镇化是围绕城市为中心的要素集聚和发展能级的提升，是以人口城镇化、土地城镇化和资本城镇化为主轴的向城镇集聚的过程。大量人口向城镇集中，大量农村集体土地要转换为城镇化地区，以及资本和产业向城市集中，集聚性构成城镇化发展的基本特点。长期以来的城镇化发展模式，是农村向城镇单向转移的城镇化，农村发展服务于城镇化的目的，以及农村发展为城镇工业化提供资本积累，是一种单向性的农村支持城市的城镇化过程。这样的单向性或者城市偏向的城镇化发展，也往往以牺牲农村和带来农村的衰落为代价，构成城乡差距扩大的重要原因。

世界主要先发展国家的城镇化过程，往往都是这样的城镇中心主义的发展模式，例如英国 17、18 世纪的工业化和对农村地区的圈地运动，向城镇区域集聚也客观具有规模经济的内在规律性。但是这些国家在城镇化发展的后期，也出现了产业和资本向农村地区的外部扩散，出现了郊区化和城市区域体系的演化，城市乡村共同构成城市区域体系的不可缺少的组成部分。

统筹城乡发展的城镇化发展的一个重要内涵是改变城镇中心观的城市主义思路，重视农村在城镇化过程中的独特和不可替代的价值。在城镇化过程中的农村不仅为城镇化提供劳动力和余粮支持，农村的农田、森林、绿地和山川河流，同时为城镇部门提供生态服务，并和城镇一起构成一个有机的生态体系。农村的生活方式和文化形态也成为和城市生活截然不同的生活存在，成为村落文化的载体，也同时支持休闲旅游的发展。因此城镇化过程不是单纯的从农村进入城镇的过程，也不是农村为城镇服务的过程，而是农村和城镇共同构成了城乡整体体系，统筹城乡发展的前提在于，城市和农村在城镇化发展过程中同样具有重要的和不可缺少的发展价值。正如联合国前秘书长安南提出："不要将'城市'和'农村'看作是相互隔离的实体，而应将它们视为经济和社会整体中的组成部分；城市与农村在许多方面都是相互作用和影响的。尽管在城市和农村的发展中存在着明显的差别，需要采取不同的干预方法，但是最终可持续发展不会也不应该完全偏重于一方，而忽视另一方……城市对于农村发展有着重要的贡献，也让我们在这种理解的基础之上去寻求一条整体发展之路。"

从这种城乡整体观和城乡共同发展的视角出发，统筹城乡发展需要从单独的城市规划发展到城乡整体规划，从重视城市建设用地到重视城乡整体空间规划。城乡的整体形态规划要统筹考虑，促进城市和山水自然，以及和人类活动的良好协调。将城乡的工业农业产业活动、道路交通、绿地、自然山水资源、园林、农林地和生态网络实现整体协调，将农村作为城乡体系的有效组成部分。在城市和乡村实施整体的产业和生活规划，和城乡空间（土地利用）规划，基础设施统筹和生态网络构建，城乡公共服务设施规划，城乡形态规划等规划体系实现整体性衔接。

从这种城乡平等价值和城乡双向发展的视野出发，统筹城乡发展一方面要推动新型城镇化，另一方面则要推动新农村建设。城镇化离不开美丽乡村，而且需要美丽的、有发展能力的乡村和城镇的繁荣一起，共同构成城乡整体发展体系。城镇化和统筹城乡发展过程中需要推动人力资本、物质资本在城乡之间的相互影响，包括农村劳动力进入城市寻找创新和创业机会，也包括城镇产业机会和生活方式向农村传播和扩散。强化农村劳动力和土地要素等自由进入城市，同时应该积极鼓励城市的人力资本、产业资本和社会资本进入农村，并在此过程中带动农村生态工程、农村地区的新兴产业和农村社会事业的全面进步。

从这种城乡发展相互影响和相互作用的视角出发，统筹城乡发展还意味着通过农村发展支撑城镇化发展，而城镇化发展带动农村发展的良好循环。只有农业劳动生产率不断提高，才能提供足够的余粮率，并支持人口向城镇转移和提高城镇化。当农村生产率水平难以提高，农村的剩余劳动力难以继续提供，以及宏观上劳动力人口比重下降，人口继续向城镇部分转移就会遇到瓶颈。同时，在刘易斯转折点以后，只有城镇部门劳动生产率不断提高，才能提供出充分的就业机会来吸纳农村劳动力继续向城镇部门转移。而且只有将城镇部门的技术创新转移到农村，才能实现农业的进步和现代化，只有将城镇部门的产业链条衍生到农村，才能带来农村非农经济的持续发展，只有将城镇部门的物质资本和人力资本转移到农村，才能使农村地区重新获得发展的能力。因此，统筹城乡发展，要鼓励城镇化和乡村建设的双向性，并在此过程中实现城镇化和农村发展之间的循环进步。

## 三、统筹城乡发展的制度改革和治理体系建设

城市化中后期逐步破解城乡二元结构和统筹城乡发展，需要实现城乡平衡发展、促进城乡流动性以及实现城乡之间的双向支持。我们已经看

到，制度建设和政府作用是中国改革和发展的重要特点和突出优势，推动我国未来的城镇化和统筹城乡发展也需要不断推动制度建设和完善政府职能才能更好实现。

第一，推动城镇化和统筹城乡发展，需要依赖不断的制度改革和制度创新才能实现。

制度建设推动了中国城市化和城乡二元结构的破解，而制度改革的相对滞后则会限制城镇化进程，不利于城乡协调发展。因此，城市化中后期发展也是一系列城乡制度体系改革的攻坚阶段，包括改革作为城乡二元结构载体性制度的户籍制度，以及推进农村土地制度、城乡公共财政体制、城乡社会保障制度、就业制度、推进城乡行政管理体制和社会管理体制的相互整合，并逐步建立城乡整体发展、区域整体发展的制度框架。这需要巨大的改革勇气，也需要细致周密的改革部署。

由于城乡发展的整体性，使得城镇化过程中的制度改革需要实施综合配套的改革方案。在我国不同地区，人口迁移流动和乡城迁移的基本特点不同，不同地区产业发展、城镇化发展处于不同阶段，城乡发展条件存在很大差异，不同地区统筹城乡发展的制度改革的特点和路径因此也具有很大差异。例如重庆地区主要还是本地农村人口进入当地城镇，通过宅基地的流转、集中和复垦，通过“地票”的制度得到城镇建设用地，并因此带动产业和社会福利的发展，这是一种更加就地城镇化的统筹城乡发展的道路。广东的农村集体土地股份制的城乡统筹模式，以及上海以郊区化和新城建设为主的城乡一体化管理模式，都是富有地方经验的统筹城乡发展模式。同时，中小城镇的统筹城乡发展遇到的问题和特大型城市统筹城乡发展遇到的问题也有显著不同。这些都要求实行更加多样化和适应地方实际的统筹城乡发展综合性制度改革。因此在城镇化过程中的统筹城乡发展，一方面要重视改革的顶层设计，也要充分发挥地方性经验在统筹城乡发展方面的探索创新，并增强不同地区统筹发展实践经验的相互学习。

第二，推动城镇化和统筹城乡发展，需要提升政府职能和加强政府的治理作用。

统筹城乡发展要求提升政府职能，首先是要调整政府和市场的关系。如前所述，政府对推动城镇化发展和统筹城乡关系具有重要作用，但政府之手的行政干预，也可能带来资源配置的低效率和扭曲市场机制，也有可能损害农村居民的利益，甚至挤出民间市场力量对城镇化过程的创新作用。因此，政府对于城镇化和统筹城乡发展的作用并不是直接用行政手段配置要素资源，而是采取制度手段规范市场，通过制定制度和规范，来监管企业、社会组织和劳动者在城镇化过程中的规范运行。

其次，提升政府职能是改变政府通过投资来创造 GDP，政府更应该重视在城乡公共物品提供中发挥作用，逐步转变成为公共服务型政府。政府应该将增进城乡整体福利、承担社会利益的再分配，以及提供城乡基本公共服务作为其重要职能。这也要求政府在城乡发展中加强城乡社会事业建设和社会管理体制，加强公共财政的转移支付，促进基本公共服务的均等化。

再次，政府治理方式的转变在于政府需要更多地利用法治手段进行城镇化过程中的权利确定和利益协调。政府在城镇化过程中不能主要靠政策手段和行政机制来协调城乡利益，而要更多地利用法治手段规范市场主体行为，以保障社会不同群体利益。城镇化过程涉及城乡之间、不同利益主体之间权利和利益的调整，例如农民的土地问题本质上是土地财产权利的维护和实现问题，农民工的城乡流动也是农民工社会权利的维护和实现。因此，统筹城乡发展需要完善包括土地征用管理、农村集体土地管理和流转、土地利用和城市规划、社会保障、城镇化和移民权利保障等相关立法，通过完善法治和法治建设来规范政府行为和企业行为。

最后，加强政府的治理能力也在于支持和鼓励不同主体在城镇化过程中的多元力量。政府在城镇化过程中需要逐步改变政府管办不分和垄断社会经济事业的状况，需要积极组织企业和各种社会主体推动城乡发展。例如积极鼓励市场和社会力量发展企业，投资城乡的教育、卫生、水利、养老等公共社会事业，使城镇化过程成为多主体共同参与的过程。同时，正是因为城乡统筹发展与人的利益息息相关，在城镇化过程中需要更加尊重农民以及城乡移民自身的民主决策和自主选择。政府在城镇化过程中需要改变在城镇化规划方案和政策制定上的由上到下的单独决定，需要更加推动多方参与和公共决策，通过社会参与和公共决策的民主性，使得不同群体能够有效表达自身需要，并将不同群体在城镇化过程中的利益在城乡公共政策中得到实现。

总之，在城市化水平达到 50% 以后如何继续有效推进我国的城市化，从而实现城乡二元结构的根本破解，实现城乡统筹发展和城乡平衡一体的目标，是国家未来发展面临的重要战略任务。统筹城乡发展是一项结构性改革任务，要实现城乡平衡发展、城乡流动性的提高，实现新农村建设新城镇建设共同推进的城乡双向发展、循环发展。制度建设和政府治理是未来深化推进城镇化发展和统筹城乡发展的两个核心性机制。政府有效引导城乡一体化过程中的制度建设、法治建设和公共决策，并在此过程中保障不同群体的利益。同时在这样的过程中，也实现对政府自身的改革，使政府从经营城市的主体，逐步过渡到城镇化发展的治理和协调的主体，这样才能更好地实现城镇化有效推进和统筹城乡发展目标的实现。只有从中国的制度背景和基本国情出发，不断推动制度改革和治理体系建设，才能支持中国实现有效和良好的城市化，并引导中国在城乡整体发展中推动现代国家治理体系的形成。

（任　远）

# 第十二章　社会治理

2019 年 10 月 31 日，中国共产党第十九届四中全会通过《中共中央关于坚持和完善中国特色社会主义制度，推进国家治理体系和治理能力现代化若干重大问题的决定》。就社会组织与国家治理而言，《决定》提出“坚持和完善共建共治共享的社会治理制度，保持社会稳定、维护国家安全”，要求“构建基层社会治理新格局。完善群众参与基层社会治理的制度化渠道。健全党组织领导的自治、法治、德治相结合的城乡基层治理体系，健全社区管理和服务机制，推行网格化管理和服务，发挥群团组织、社会组织作用，发挥行业协会商会自律功能，实现政府治理和社会调节、居民自治良性互动，夯实基层社会治理基础”。这一要求很好地回应了当前社会组织与国家治理的经验与实践。

20 世纪 90 年代以来，社会组织的崛起及其治理成为国家治理的重要命题。几何级数的数量增长、服务性与利益表达性的组织类型、涉及经济社会文化生活等各领域、自下而上与自上而下的发生方式，无不昭示出社会组织的崛起。更为重要的是，一些社会组织逐渐放弃非黑即白的对立（近代西方的抗争模式与传统中国的民间与朝廷）思维，发展出不同于西方与传统的“意义框架”，构建出非对抗的，甚至是建设性的行动框架。在此背景下，“社会组织”概念逐渐取代了过去常用的“非政府组织”“非营利组织”“第三部门”“志愿者组织”“民间组织”等不同称谓，成为中国特殊语境和制度环境中的概念。然而，社会组织治理却较为迟滞，社会组织治理的“法律—制度”框架更多地体现为行政法规、部门规章和政策文件等，法治化建设有待进一步加强。不过，多数地方政府已经在探索降低社会组织登记门槛的实践尝试。例如《上海市社会组织直接登记管理若干规定》，自 2014 年 4 月 1 日起，在上海市范围内新成立行业协会商会类、科技类、公益慈善类、城乡社区服务类等四类社会组织，可直接向社会组织登记管理机关依法申请登记，不再需要业务主管单位审查同意。那么，在放宽社会组织登记限制的前提下，如何实现有效的国家治理？

## 一、社会组织治理：国家治理的新课题

从发生形态上说，社会组织治理是改革开放以来的新鲜事物。改革开放之后，随着市场经济主导地位的确立，政府与市场关系得到重塑，政府权力在经济领域部分撤出（政企分开），导致从体制松绑中逸出的个体直接受到强制资本及裸露社会的侵害，公共产品与社会服务急剧匮乏，进而形成要么个体之间各自为战，要么个体结社而抱团取暖。由此，社会组织如雨后春笋，迅速生发，相应地，1998 年制定的“双重管理”制度捉襟见肘。

从研究旨趣上说，社会组织治理研究更多是作为国家与社会关系研

究的案例对象而展开的。关注政治事件的研究者认为中国进入了“市民社会与国家博弈”时代，关注新型社团的研究者认为中国正在出现“市民社会”，关注人民团体的研究者认为中国属于“法团主义”，关注社团“官民二重性”的研究者则认为中国正在出现的是一个“社会中间层”，而且社团之间的平等合作构成了中国市民社会的有机结合。从研究对象上说，研究者似乎并未对社会组织加以类型化区分，要么将社会组织视为无差别的整体（只见森林不见树木），要么只是在特定个案上进行深入分析，陷入“局部观察”（康晓光语）状况。相较而言，较为成熟、大体代表中国市民社会整体性研究视角的分析模式是康晓光提出的“分类控制体系”的“行政吸纳政治 / 社会”。康晓光认为，研究结论的差异，很大程度上来自研究者关注的社会组织类型的差异，局部或案例的结论正确恰好说明政府治理社会组织的手段不是“单一的”，而是“多元的”，是一种“多元化管理策略”的“分类控制”。

分类控制模式承认权威主义的政治现实，从“政府理性人”的假设出发，构建出考察社会组织的“双重属性”——挑战政府与组织集体行动的能力、提供公共物品的能力，由此形成了政府的不同控制策略。“行政吸纳社会”范式进一步将控制策略表述为“限制”和“功能替代”，“‘控制’是为了防止民间组织挑战政府权威，是为了继续垄断政治权力。‘功能替代’是通过培育‘可控的’民间组织体系，并利用它们满足社会的需求，消除‘自治的’民间组织存在的必要性，从功能上替代那些‘自治’的民间组织，进而避免社会领域中出现独立于政府的民间组织”。如邓正来所说，康晓光等人的研究提供了社会组织治理研究的基本分析框架，此后的研究大多以支持、反对或修正的方式进行。如韩恒认为，“行政分割”是实现分类控制的重要方式；唐玉光认为，政府不但控制社会组织的发展，而且支持某些社会组织有效提供社会服务，因此是“行政吸纳服务”；刘鹏认为政府针对各种非营利组织发展出更为细密的“嵌入型监管”。

我们认可“分类控制”体系确是政府治理社会组织的研究共识，地方政府只是在控制策略上发展出更为开放、细密与精致化的谱系。首先，从政治权力格局与政治发展角度看，界定社会组织的国家治理必须满足两个要求：第一，“民生政治”与“服务型政府”要求政府必须提供有效的公共产品与公共服务；第二，“国家主义”与“权威主义”对社会组织抱有戒心而必然进行一定的控制，当代中国并不存在“不受制于权力支配的自由社团”。其次，我们应当看到，由于社会组织登记门槛已经降低，而任何全国性或行业性社会组织必然带有强烈的利益表达倾向，因此，社会组织的国家治理已经从控制“出生证”转移到控制“全国性或行业性社会组织”上，社会组织国家治理的战略目的是如何防止或避免出现体制外全国性或行业性社会组织。

从社会组织的类型学上说，康晓光的 15 种社会组织模式几乎穷尽了当前中国的社会组织类型。康晓光按照政府性程序与营利性与否，将 15 种社会组织分作四类社会组织类型：（1）政府性强、非营利性强的社会组织，类似于“准政府部门”，例如人民团体、宗教组织与村委会居委会等；（2）政府性强、营利性强的社会组织，主要是经营性收入的事业单位；（3）非政府性强、营利性强的社会组织，主要体现为民办非企业单位；（4）非政府性强、非营利性强的社会组织，具有典型的西方社会第三部门的特征，主要是社会发起的、回应社会需求的、自治的社会组织，主要体现为多元化的草根维权组织。依据社会组织的性质功能及其影响力，可以将上述四类社会组织进一步整合为三种：（1）国家财政供给的人民团体与事业单位；（2）政府支持，经费自筹，能够提供有效公共服务的营利性社会组织；（3）多元化的维权性草根社会组织。相应地，地方政府已经通过政策创新在推动着社会组织的治理模式。概而言之，第一，推动人民团体及事业单位的枢纽性社会组织建设，一方面使之继续占领全国性或行业性社会组织的利益表达地位，另一方面使之更加接地气，发挥社会/行业整合功能；第二，针对多元化的草根维权性的利益表达组织，通过领袖吸纳、组织（结构）吸纳与职能吸纳的方式，使之归并入政治体制；第三，通过项目制的政府购买社会服务，一方面使服务性社会组织提供民生政府所需要的社会服务与公共产品，另一方面通过项目分化与过程性嵌入监管避免全国性或行业性服务性社会组织的形成。这是一种更为积极、主动而精致的分类治理体系，它显示了体制扩容的政治特征。

## 二、人民团体：枢纽性社会组织

人民团体曾被视为中国国家法团主义社会组织制度安排的重要依据。但是，关注实际运作的研究者认为人民团体更像“政府职能部门”而不是社会行业群体的代表。为了更好地承接转变的政府职能，培育和整合自发性社会组织，更大程度地发挥其行业代表功能，2008年以来，地方政府相继以“暂行办法”“行动方案”等次法律形式出台文件政策，投入较大的经费支持，推动人民团体的枢纽性社会组织建设。

但是，与西方社会组织极力谋求垄断性政治地位不同，人民团体作为枢纽性社会组织，具有政府授予的先天“公共政治身份”，免遭其他团体的挑战，在代表、资源、程序、组织等方面拥有其他团体无法竞争的实力。

第一，代表地位。尽管人民团体的社会代表性或许会受到质疑，但是，完善的科层制组织体系确实能够代表内部成员的利益与意志，而作为垄断性组织，其代表地位来自国家权力的授予，这表明人民团体具有社会与国家的“双重代表”功能。当然，从代表性的结构偏重来看，枢纽性社会组织的社会代表地位更多来自国家权力的授予而不是成员支持的代表性，准确地说，其枢纽性地位来自政府的认定，认定条件与认定程序都来自政府。从现实来看，枢纽性社会组织的主体是党领导下的群众团体，还没有民间组织被认定为枢纽性社会组织的先例。

第二，资源地位。枢纽性社会组织是政府与民间双方力量的“资源中心”与“转换中介”。政府为枢纽性社会组织提供优厚的政治资源（国家资源、行政资源与合法性资源），枢纽性社会组织提供有效的公共产品与公共服务。首先，国家为枢纽性社会组织提供较为充裕的经费拨款，政府购买社会服务的组织偏好明显向人民团体或官办社会组织倾斜。其次，在行政资源上，枢纽性社会组织从中央到地方的科层制结构依托于政府的行政层级架构，每一级政府相应建立一级人民团体组织，同时还孵化了大量的同类组织。再次，垄断性社会组织利用政府合法性有力地支持或供给了其垄断性的地位，其资源垄断性地位的获得深深依赖于政府。与此同时，枢纽性社会组织还承担着资源分配的角色。政府通过购买服务、外包分包、委托项目等方式使资源汇聚到垄断性的枢纽性机构，然后再通过它们，交给有资质和潜力的社会组织承接。通过枢纽性社会组织的资源分配，可以减少浪费性竞争，减少交易费用，形成更为高效的运作效率。

第三，程序地位。枢纽性社会组织构建了国家与社会之间的沟通渠道或制度程序，将社会个体与群体组织的利益表达输入政府系统，同时将政府政策贯彻到相应的社会领域与社会群体。枢纽性社会组织的程序地位具体表现在立法环节，参与制定国家层面的行业性法律制度。例如中华全国总工会在 2003 年以来，先后参与了 60 余项法律法规的制定与修改工作，重点参与了《劳动合同法》《就业促进法》《劳动争议调解仲裁法》《公司法》《企业破产法》《物权法》《全国年节及纪念日放假办法》《职工带薪年休假条例》《生产安全事故报告和调查处理条例》《集体合同规定》《最低工资规定》等十几部法律法规的制定工作，还对《公司法》《企业破产法》《就业促进法》《物权法》《全国年节及纪念日放假办法》《职工带薪年休假条例》《生产安全事故报告和调查处理条例》《集体合同规定》《最低工资规定》《最高人民法院审理劳动争议案件适用法律若干问题的解释（二）》等法律法规提出了修改意见和建议。枢纽性社会组织参政议政的程序性地位，是其他社会组织所难以想象的。

第四，组织地位。相较于一般社会组织，枢纽性社会组织具有严密的科层制组织结构。以妇联为例，妇联的纵向结构以行政地域层级为主轴，从中央到省、市、县、区、乡镇五级都相应地建立一级妇联组织，到村则成立了妇女代表会，建立了一个自成体系的层级结构；在横向上，涉及海外妇女、女企业家、女法官、女检察官、女科技工作者等女性优势群体的协会和商会、家庭妇女研究会以及儿童福利会和妇女儿童基金会等方面；而在妇联组织内部，办公室、组织部、宣传部、研究室、联络部、妇女发展部、权益部、社会工作部、机关党委和妇女儿童委员会办公室等部门无一不备，各部门间彼此相对独立又相互沟通，相辅相成。从组织结构上说，枢纽性社会组织具有强烈的封闭性与强制性特征，层级关系加强了组织内部的服从，个体成员也不能自由进出，这使组织从自愿、松散的群体变成紧密内聚的、高密度的统一团体。

尽管有研究者指出，中国法团主义的基础并不具备欧洲境况下社会发达、国家权力界限清晰、国家与社会分立的基础，研究者看到的是社会组织与政府的亲和甚至附属关系，尤其是政商联盟形成的“庇护性国家法团主义”“地方政府法团主义”。但是，不可否认，利用垄断性的全国性或行业性社会组织的地位，枢纽性社会组织建设正在逐渐改变人民团体的“行政化”倾向，政府也试图推动其转型，使之成为“在政治上发挥桥梁纽带作用，在业务上处于龙头地位，在管理上承担业务主管职能的联合性社会组织”。

## 三、服务性社会组织的项目制治理

民生政治要求政府提供足够的社会产品与公共服务，为此形成了三条相对独立的政策演进的合流。从政府治理社会组织的角度看，项目制最终成为既能满足政府提供社会产品与公共服务的民生政治需求，又能实现防止全国性或行业性社会组织出现的组织分化策略。

项目制社团管理模式是渐进性政策试错的结果。它主要由三条相对独立而又最终合流的渐进政策形成。第一，政府职能转变的演进。中国的政府职能转变经历了两个逻辑过程，首先是政治与市场的关系，其中心是政企分开；其次是国家与社会的关系，其中心是服务型政府建设，二者以2004年为界。2004年2月21日温家宝总理在中央党校省部级主要领导干部专题研究班结业式上第一次明确提出“努力建设服务型政府”，此后，服务型政府成为政府职能转变的新目标。第二，政府购买社会服务。政府购买社会服务的公共政策经历了从地方政府创新到中央政府推广的演变过程。早在1995年，上海市浦东新区以罗山市民会馆委托上海基督教青年会管理为契机，大胆探索政府向社会组织购买公共服务的新模式。此后，上海、广东等地纷纷开展试点探索，1995—2002年是起步探索阶段，随后2003年以南京市鼓楼区为代表的试点标志着进入试点推进阶段，宁波、无锡、深圳、江西等地市均开展了相关政策创新，2011年以后，政府购买社会组织服务进入制度化推广阶段。第三，项目治国模式在上述两个政策脉络上的使用，最终形成项目制社会组织管理模式。政府通过项目制向社会组织购买社会服务并不是制度设计的结果，而是政治运行的耦合。早在政府购买社会服务的政府职能转变之前，1994 年分税制改革实行后，中央财政开始以“项目”的方式向下面各级政府和基层社会分配经费，并逐渐成为一种把中央、地方乃至基层统合起来的国家治理体制，形成了所谓的“项目治国”模式。2004 年，党的十六届四中全会提出“加强社会建设和管理，推进社会管理体制创新”，这一治理理念在财政政策上体现为基层社会提供公共服务的各类项目措施，从而项目制逐渐作为政府购买社会服务的一种方式，而不再局限于国家治理模式。2012 年 3 月份国家发布《中央财政支持社会组织参与社会服务项目公告》，11 月份出台《关于政府购买社会服务的指导意见》。在中央的推动下，地方政府积极跟进，出台政府向社会组织购买社会服务的“暂行办法”“服务目录”。

项目制的社会组织治理，其内在逻辑是政府购买社会服务的发包体制。政府职能转变，既要发展服务型政府，又要将一部分社会服务开放给社会，因此，政府采用了将部分职能发包或外包给社会组织的策略。“减少政府许可制度”或“减少行政审批”的职能转变与公共产品的供给空间，最终交给社会组织承接，这一点可以从山东省《政府向社会力量购买服务办法》（鲁政办发〔2013〕35 号）看得出来。

发包或外包的政府购买社会服务体制，限制了社会组织的发展形态与生存空间。尽管从购买方式看，政府购买社会服务包括合同制、直接资助制以及项目申请制等多种形式，但是，无论是政府独立性购买还是依赖性购买，都选择了一种非竞争性的“定向”购买。这一并不符合市场交易成本收益的非理性行为，表明政府向社会组织购买社会服务的发包体制并未改变政府控制的公共产品供给模式，它只是将原本政府供给的全能模式转变为政府购买的外包模式。其次，政府与社会组织之间的依赖性非竞争式定向购买，有社会组织“内部化”或政府部门延伸的意味。有些社会组织甚至是在接到特定购买任务以后才专门成立的，它与社会组织自身的生长与公共产品供给并无关联，甚至压抑了社会组织的自然生产。购买行为的“内部化”使社会组织变成了与政府行政性质相同的“次级政府”，社会组织名义上承接政府委托的公共事务，实际上对自身活动缺乏完整和长期规划，生存激励并不明显，使社会组织徒有虚表，并非社会组织化的表征。

不可否认，尽管有些社会组织也最终幸运地进入政府购买的视野，但是，它们会在购买过程中受到严格的过程监控或嵌入式监控。《民政事业发展第十二个五年规划》(民发〔2011〕209号)对政府购买社会服务的项目制具有严格的合同监管、程序监管与质量监管。在南京市鼓楼区政府向“心贴心老年服务中心”购买社区居家养老服务和北京市宣武区政府与社会组织合作供给养老服务的案例中，为了监控该项目的实施过程，政府成立了相关部门（民政局、街道财政科、监察科、组织部、社区办）组成的申请管理委员会与评估委员会，要求项目执行“一月一检查”，执行环节严格检查，评估结论也非常严谨。显然，社会组织在任何环节的偏失都可能招致政府的“合法性”批评，甚至丧失“服务提供者”身份。

项目制社会组织治理模式，除了在“组织选择”环节进行过程监督或嵌入性监管之外，其自身也带有天然的控制性因素，即通过功能需求的天然分工而使社会组织无法形成行业性或领域性社团。这种组织分化策略通过三种分割而实现。第一，社会服务内容的具体化与专项化形成服务功能分割，导致社会组织的强功能化与弱联合化。在《北京市2013年政府购买社会组织服务项目指南》中，购买的社会组织服务项目分为社会基本公共服务、社会公益服务、社区便民服务、社会管理服务、社会建设决策研究信息咨询服务等5个方面、45个类别。这些具体而琐碎的服务分类直接限制了社会组织的宏观社会功能，使其专注于细微化的专业事务，无法形成同一类别的大型社会组织，政府由此也就客观上控制了社会组织的规模化发展趋向。第二，购买社会服务的政府主体多元化与地域分割造成社会组织的分割与分化。就养老服务而言，本来是全国性社会保障事务，规模化的服务提供与规模化的社会组织更能够降低交易成本，提高服务质量，但是，现有的政府购买却是由不同行政层级的政府、不同地域的政府，甚至不同的政府部门所主持进行的，它遏制了全国性养老服务社会组织的联盟。第三，政府购买社会服务的种类偏好与限制造成社会组织类别的结构失衡。现有研究表明，政府向社会组织购买的社会服务，主要集中在三个方面：一是社区服务与管理类服务，例如助老、助残、社会救助、职业介绍、技能培训、外来人口管理、矛盾调解、公益服务等；二是行业性服务与管理类服务，主要包括行业调查、统计分析、资质认定、项目评估、业务咨询、技术服务等；三是行政事务与管理类服务，主要涉及社会组织特定咨询、现场勘察、年检预审、日常管理、再就业教育培训、婚介机构的监管、家庭养老的评估、民办学校的委托管理、退伍军人就业安置、市政管理等。这意味着，民生服务与民生组织得到了支持与鼓励，而表达性组织受到忽视或限制。这样，民众生活中同样重要的权利保护与意志表达及其社会组织仍然付之阙如。

项目制的社会组织治理模式是一种“选择性”积极主动的社会组织治理模式，从治理效果上看，它既契合政府职能转变与服务型政府建设的民生政治需要，又在嵌入式治理中有效分化了社会组织的生长形态与类别结构。而且，其分化策略来自社会需求的多样化与社会服务的专业化，这种自明性掩盖了社会组织的全国性或行业性功能。显然，这是更为高明而符合自然的社会组织治理模式。

## 四、草根维权组织的体制性吸纳

20 世纪 90 年代波兰团结工会滋生蔓延直至推翻政权的教训，让政府对自下而上的维权运动保持高度警惕。草根性维权组织作为利益表达性社会组织，一直处于艰难的身份困境，双重管理制度像一个魔咒，使其更多处于“地下状态”。但是，随着政治体制的逐渐开放，其非法身份逐渐改观，政府以某种“默认”的方式选择性地接受了它们的存在，并通过体制吸纳的方式实现组织治理。

从社会组织的结构与职能角度看，政府的体制吸纳主要有领袖吸纳、组织吸纳与职能吸纳三种形式，后面的吸纳形式一般都包含前面的吸纳形式，反之不然。领袖吸纳是个体吸纳，领袖吸纳后的组织可能被遣散，维权职能亦被消解；组织吸纳通常延续精英领袖对原组织的领导，或者将之整合进现有的政府体制之中而原有组织得以保存，但是领袖离职或去世都将导致原有组织的衰败与离散，所谓人亡政息；职能吸纳可能表现为领袖与组织结构的“一股脑”吸纳，也可能将草根维权组织的职能吸纳进体制之中而原有组织的领袖与组织结构被遣散。

领袖吸纳指将草根维权组织的领袖吸纳进政府既有的维权体制中，变政府外精英为体制内工作人员。这种吸纳方式通常被运用于公共事件中的危机管理或政府公关，因此它是体制吸纳中最容易发生，也最无效的一种。在政商靠拢与公共政策执行差距的情况下，极易爆发群体性事件，群体性事件的背后有着疏密不同的社会组织和组织领袖。例如在农民工讨薪事件中，往往有传统遗传下来的“老乡会”等地缘性社会组织的背影，这是“工会缺位，帮会补位”的结果，老乡会中的精英自然成为组织领袖。在讨薪性恶性事件频发的浙江义乌，2000 年前后形成了“衢州帮”“定远帮”等地域同乡帮派，它们成为外来务工人员为权益保障而与资方谈判的原始组织，并且有帮派化的倾向。义乌市总工会发现了这个问题，组建总工会职工法律维权中心，“老乡”代言人则被推选为维权中心的联络人员，同乡会自然逐渐破败。

学界关注最多的是组织吸纳或结构吸纳。组织吸纳或结构吸纳的出现，一方面是因为政府治理困境迫使基层政府理性地扩容体制以接受社会“自然生长”的创设，“以避免非制度化的力量在体制外的集结”；一方面是因为这些草根维权组织既体现出“帮忙而不是添乱”的维权行动逻辑，又体现出较强的社会整合能力。组织吸纳是将正在组织化过程中而又没有正式编制和明确法律地位的草根组织以一定政府授权的方式，纳入现行政治体制框架内加以管理。组织吸纳一般是整体性吸纳，而组织的社会职能得以延续，内部结构也被吸纳进政治体制之中。我们以学界讨论较多的几个案例说明组织或结构吸纳。

首先，组织领袖按照体制要求被改造吸纳。深圳“月亮湾片区人大代表工作站”案例显示，“人大代表工作站”的13名联络员中，吸纳了4位业主委员会主任、2位业主委员会秘书、4位小区管理处的主要负责人，以及附近两所学校的主要领导，在片区中享有较高声誉并具备较强行动能力的敖建南被推荐担任荔湾社区居委会副主任。在浙江杨家村农民工工会案例中，农民工工会被纳入东阳市总工会的工作计划，工会采用“地域平衡”“老乡管老乡，有事好商量”的方式吸纳原有的精英领袖，每个省籍大致设一位工会领导（工会副主席或工会委员）。在领袖吸纳的体制扩容中，政府将政治上可靠且有合作精神的社区活动精英作为整合民意的重要手段。其次，组织功能再造后被吸纳。“月亮湾片区人大代表工作站”联络员主要在三个方面开展活动：一是受人大代表委托收集社情民意，开展专题调研，形成代表建议、批评和意见或议案提交给人大会议；二是定期安排人大代表与居民面对面交心座谈；三是参与片区公共事务管理，协助街道和社区解决居民反映的热点、难点和焦点问题。作为组织吸纳的政治合法性支持，2005年4月，街道办给工作站挂牌，并提供了办公场地、设施和一定的经费支持，人大代表工作站由一个纯民间性质的草根组织发展为带有些许官民合作色彩的机构。杨家农民工工会的组建工作也被正式列入东阳市总工会的工作计划，东阳市委、市总工会及白云街道的领导多次深入杨家村指导农民工工会的筹建工作，并向其提供了政策指导和资金支持。组织吸纳的内在缺陷是，由于它以精英领袖和组织结构为吸纳对象，当精英领袖离职或去世，往往会导致组织解散，人亡政息，这也是依赖于社会创新的政府创新此起彼伏却难以为继的内在原因，政府并未真正创立一种制度性、职能性的社会创新再造。

相较而言，职能吸纳是最深入、也最难发生的一种。职能吸纳能够涵盖精英领袖吸纳与组织吸纳，但是，与其他两种吸纳方式的不同在于，它可能改变既有的政治运行或职能设置，创设一种新的官民沟通渠道。温岭民主恳谈会与阳村“叙事活动”或上海马桥“周周会”活动是职能吸纳的突出例子。温岭民主恳谈会是一种原创性基层民主形式，它最初是乡镇与村级内部事务讨论的组织，2000 年以后扩展到温岭市所有政府职能部门和非政府组织，最终被落实到温岭市人大会议期间的预算讨论、咨询与监督过程，被学界称为参与式预算的模板。阳村“叙事活动”缘起于农民听信谣言发动抗争活动，镇政府因势利导村民“叙事活动”，2009 年 6 月之后的每月 10 日、20 日为村民“叙事日”，任何有困难、有想法、有意见的村民都可以到村委会“叙事”。接待前来叙事的村民是由驻村干部、党员、村民代表组成的“叙事接待小组”，每小组吸纳三人（除驻村干部外，村民代表或自愿参与的村民和党员各一人，驻村干部主要负责监督叙事接待情况），每小组负责一个月的接待工作。叙事接待小组相当于村民同村委会、镇政府的联络员，专门负责收集村民的利益诉求，并及时向村党支部、镇党委、政府反馈，为村委会、政府决策提供信息支持。叙事制度是对基层社会治理空白的填充，“农业税取消后，乡村干部似乎一下子人间蒸发了一样”，附着于村干部（村委会制度）的利益表达、信息传递、组织化等职能也迅速缺失。对叙事制度来说，这是一种职能吸纳，通过“叙事——知民情；理事——解民意；议事——集民智；评事——赢民心”使之成为政府体制的重要职能。2012 年 6 月开始的上海马桥“周周会”活动跟阳村“叙事活动”类似，但是，它以社区为组织单位，两周一次镇政府职能部门、居委会、党员与社区居民“面对面”讨论并解决动拆迁补偿、社会保障、车站规划、违章搭建等公共服务问题。

需要指出的是，国家建构的社会资本在组织（结构）吸纳与职能吸纳中发挥着重要的联结作用。这些组织的发起者大多与政府有关，人大代表、政府职能部门、基层干部等都参与了组织的发起与动员；在体制吸纳的运行过程中，原有的政治组织或党员干部个体（“党员亮牌”等形式）积极参与了社会组织的组织及推动工作；同时，在确认吸纳之后，政府积极给社会组织提供基本的人力资源、经费资源及场地资源。

分类治理是当前中国政府治理社会组织的基本模式，且不论分类治理的政治性质是“控制”抑或“支持”，从事实上看，分类治理的精细化与强弹性确实显示出政府的体制扩容。枢纽性社会组织建设意味着，政府将原本政府机构延伸的人民团体改造成具有一定社会代表性的社会组织，并期望它在国家与社会之间发挥更多的沟通功能；项目制社团治理模式表示政府正视民生需要，通过开发与培育社会组织增强公共产品与社会服务的供给；草根维权组织的领袖吸纳、组织（结构）吸纳与职能吸纳则表明政府柔性对待原本严防死守的利益表达性社会组织，试图通过体制吸纳实现自身职能增容。但是，分类治理的模式之所以是体制扩容而不是政治扩容，是因为社会组织治理并未在国家或基本制度层面，或以自上而下的规划性、正式性与强制性形式展开，而仅仅是具体的、地方政府及其职能部门实施的局部性行为，具有较强的随机性、局部性与具体性，因此，它只能被视为政府体制或政府结构对社会组织的分类治理。从分类治理的政府主体看，地方政府是政府治理社会组织创新的主体，还未出台替代“双重管理制度”的国家层面的制度规定。

分类治理的政府治理社会组织模式的地方性，说明当前中国的社会组织治理模式并非有意识的结果，也并非“知识导向”的理性制度设计，而是基于治理经验“实践性知识”（欧克肖特语）的生长。邓正来将这种实践探索的知识称为“未意图扩展”的“生存性智慧”。在以三个民营书店为例的探讨政府知识治理制度的论文中，他认为民营书店的发展过程体现了一种“未意图扩展”的过程：“渐进性地——而非革命性地——对国家及其治理机构提出新问题和新挑战做出反应，使之调适自身并调整相应的政策法规，促成经济利益驱动在意图之外对政治结果的影响，最终将逐步导致国家原本未设定的改革领域出现重要的治理制度和治理技术的变化。”当前中国社会组织的分类治理模式就是上述“未意图扩展”的地方政府回应结果，国家及其治理机构面对新问题和新挑战做出反应，调适自身并调整相应的政策法规，促成在意图之外对政治结果的影响。我们把国家及政府的这种“生存性智慧”的变迁结果界定为体制扩容，用来解释政府采用分类体系具体化地治理不同社会组织的发展需求。

显然，地方政府的实践探索“自然地”符合中国社会组织治理的政治底线——避免全国性 / 行业性社会组织的出现，社会组织无法在国家层面实现权力竞争。但是，现有的分类控制策略仍有其局限性，枢纽性社会组织的“去行政化”仍然任重而道远；自发的公共服务性社会组织突破项目制控制而形成全国性或行业性社会组织仍是有可能的；草根维权组织的社会需求仍然无法消极对待。如是，中国社会组织治理将出现新的变奏。

党的十九届四中全会已经吹响了前进的号角：“推进全面深化改革，既要保持中国特色社会主义制度和国家治理体系的稳定性和延续性，又要抓紧制定国家治理体系和治理能力现代化急需的制度、满足人民对美好生活新期待必备的制度，推动中国特色社会主义制度不断自我完善和发展、永葆生机活力。”相信在既有社会组织与国家治理的经验实践基础上，相应的制度安排会越来越完善，更加成熟与定型。

（王向民）

# 第十三章　生态治理

党的十九届四中全会通过的《中共中央关于坚持和完善中国特色社会主义制度推进国家治理体系和治理能力现代化若干重大问题的决定》指出："生态文明建设是关系到中华民族永续发展的千年大计。必须践行绿水青山就是金山银山的理念，坚持节约资源和保护环境的基本国策。"为了全面系统地推进生态环境治理体系的治理能力的现代化，《决定》提出四个方面的制度建设：实行最严格的生态环境保护制度；全面建立资源高效利用制度；健全生态保护和修复制度；严明生态环境保护责任制度。据统计涉及的具体制度共有 18 项，基本涵盖了生态文明建设的全过程全领域。提升这些制度的执行力，把治理体系优势转化为高水平的治理效能，这是当前生态治理建设过程中关键的问题。在这个过程中，新的问题又呈现出来——制度的力量在哪里？制度能否有效运转？执行制度比制定制度更难。它不仅需要科学合理的制度文本，而且还需要行动主体把制度化为行为选择的理念。

## 一、制度及其力量：生态治理的框架

制度是规则，约束或激励人们行为的内在机制。它以成文或不成文形式表达出来。制度的逻辑是在社会系统中分析个体、组织与制度之间的相互关系。其核心是在制度构建的场域内个体和组织的行动者如何受到制度的影响，如何进行行动的计算及其行动的选择。行动者的利益、认同、价值等嵌入制度的逻辑。制度是把个体、组织以及不同类型的规则联接在一起。①

制度逻辑展开的层次是制度能否得到遵守，即制度的力量。好的制度能否得到普遍的遵从是社会发展程度的标志之一。制度的差距就是发展程度差距。发达国家普遍遵守制度，而大多数发展中国家制度往往都得不到强有力的遵守。制度力量体现在两个方面②：一是制度能够运转起来，得到普遍的遵守；二是制度能够相对稳定。遵守制度意味着人们能够根据制度提供的预期进行行为选择，同时也暗含着其他人也遵守制度。尤为重要的是在可见的未来，制度能够持续运转。行动者的选择受到制度的约束，减少了未来的不确定性。换言之，制度具有非人格化的特征，通常所说的"制度面前人人平等"。无论什么重要的人物不遵守制度都将受到惩罚。

进一步地从操作性概念来分析，制度的力量分解为两个变量：制度遵守与制度稳定。通过对发展中国家政治制度化进行研究，发现制度执行弱、制度没有力量的原因来自五个方面：创建制度的人本来就没有打算让

---

① Patricia H. Thornton，William Ocasion，Michael Lounsbury，*The Institutional Logics Perspective*：*A New Approach to Culture*，*Structure*，*and Process*，Oxford University Press，2012，p.2.

② Steven Levitsky，María Victoria Murillo，"Variation in Institutional Strength"，*Annu. Rev. Polit. Sci.* 2009，12：115—133.

制度运转起来，迫于国内外的压力来“装饰门面”；创建制度的行动者缺乏权力、能力和资源来确保所有的行动者来遵守制度；创建制度的行动者拥有正式的权威，但实际的权力掌握在其他行动者手中；整个社会自觉遵守制度的程度比较低，制度运转完全依赖国家强制力，运行成本比较高；经济社会高度不平等。①

制度执行弱体现在制度的约束力具有人格化特征，有权势的人拥有超出制度的选择权和自由裁量权，可供选择的空间越大，未来不确定性就越大。行动者往往对别人的行为无法形成稳定的预期。制度越弱，更替越频繁；变革制度成本低，缺乏维持制度长期运转的内生动力。制度不稳定最根本的原因是强势者不遵守规则，或者主要的政治竞争者破坏规则。稳定的制度体现在时间维度上，制度的制定是一个长期的过程，各方行动者拥有充裕的时间来评估制度可能的结果，计算制度对其利益的影响程度，从而决定是支持还是反对该项规则。危机时期是考验制度是否稳定的关键阶段。制度能否得到遵守和发挥功能存在着典型的“路径依赖”（path dependence）。制度能够有效运行形成了“良性循环”，未来的选择和应对危机更加依赖制度。如果制度替代成本很低，随意性很大，制度发展和变革就陷入“不稳定陷阱”。行动者预期制度不可能长久下去，不愿意投资制度，制度未能产生足够的支持力量或合法性。

那什么样类型的制度才能够得到遵守？这是众多学科长期关注的主要议题。从哲学层次上看，能够得到普遍遵守的制度都是人类社会追求的共同价值观体现，如民主、自由、法治、平等。但在具体层次上，制度型构存在着差异，从来就不存在普遍适用的制度安排。因此对不同型构制度的比较成为学术上长期存在的研究主题。从亚里士多德到今天的新制度主义

---

① Steven Levitsky，María Victoria Murillo，“Variation in Institutional Strength”，*Annu. Rev. Polit. Sci.* 2009，12：115—133.

（包括经济学、政治学、社会学等在内）提出了层出不穷的解释范式。经济史和政治史提供了丰富的历史文献。从制度史角度看，通过长时段和大跨度的国际比较能够提炼出好制度的共同特征。宏观史比较的意义在于揭示出良好社会秩序建立所需要的制度类型，如强有力的国家、负责任的政府、法治的制度等，其特点是具有包容性、开放性、公正性以及非人格化等。制度的另一个功能在于为现代社会提供秩序。合法性成为秩序来源与基础。合法性是对政治权威的认同。认同不仅来源于心理和文化，而且还来源于价值目标和政权类型的比较绩效。现代政治制度的设计围绕着两个目标展开，一个是为了奠定政权合法性而设计的制度体系；另一个是围绕着解决社会矛盾和冲突而设计的制度体系。尽管从类型上看，这两套制度体系存在差异，但是两者却是统一的。解决社会矛盾和冲突的制度体系能否有效或体现人类社会共同的价值追求本身就是政治认同的来源，如对暴力的约束。制度类型上的差异带来了政策领域指向目标的不同。现代社会良好秩序的建构基础在于把两类类型的制度统一整合进国家制度体系内。换言之，良好社会的制度具有上述的双重功能——有效性和合法性。

简要地说，好的制度是秩序的来源，也只有好的制度才有可能是有力量的，才有可能得到长期的遵守。好的制度必然是人类历史发展普遍规律的反映，能够有效解决社会问题。在可操作层次上，需要从制度的有效性出发来研究制度的力量。换言之，要在制度运转、制度绩效与制度文本之间建立起解释性的因果关系。制度的有效性还取决于相互关联或交错（interlocks）的制度安排能否形成一个制度体系。

## 二、环境保护的制度重构

中国环境保护工作从 20 世纪 70 年代开始，已经有 50 多年了，基本建成了相对完整的环境保护制度体系。这些制度来源于对他国经验的借鉴、其他领域经验的移植。长期以来人们认为环境保护主要集中在工程技术领域，大胆引进先进的技术以及借鉴他国与工程技术紧密相连的制度，却忽略对适应本土发展模式制度创新的探索。随着我国环境质量逐步下降，环境危机日益严重，环境制度重构日益迫切。

在环境保护领域，制度包括三个层次：基本规则、执行规则、策略规则。

在基本规则层次，环境保护在政府管理制度体系内，需要在激励与问责制度上进行创新，以对政府与官员的绩效考核为改革着眼点，建立长期的责任追究制度。要深化环境绩效考核与问责机制的建设，特别是对于跨地区、跨部门的政策和建设工程项目以及水污染事件等形成清晰的考核标准和问责机制。在各类具有协调性质的决策机构中都要吸收监察部门的加入，更加注重对政策执行效果的监察和问责。要充分发挥环境信息平台作用，利用社会舆论和公众参与的力量，建立水平型问责机制。总之，既要强化层级之间的考核与问责，又要拓展水平维度的社会监督。

在执行规则层次，进一步完善环境管理制度体系。目前我国环境保护方面的法律都明确规定，县级以上的地方政府是环境和资源保护的第一主体，但县级以下的基层环境治理缺乏法律依据。而基层环境治理却是整个国家环境保护的基石。基础不牢靠，必然带来诸多法律法规难以“落地”。对于跨行政区的环境保护，如流域水污染、区域大气污染等都缺乏清晰的环境管理制度，管理制度的空白必然导致在这些层面上的环境问题更加突出。

在策略规则层次，开发行政机制、市场机制和公民参与机制的有机组合。在相当长的时期内，我国环境保护形成了“行政主导 + 工程技术 + 运动式治理”的运作机制。该机制能够比较有效地解决点源和稳态的污染，但对于面源和动态的污染呈现出运行成本高、效益比较低的特点，如流域水污染、区域大气污染等。在策略规则层次上的创新需要科学大胆地引入市场机制和公民参与机制。市场机制有效地解决环境稀缺资源的配置效率，公民参与有效地解决环境稀缺资源收益的阶层分布。这些机制的组合将成为策略规则层次变革的焦点。市场机制已被大力引入，如环境费改税、生态补偿机制、排污权交易制度等。但公众参与机制还没有被完全引入生态环境保护过程中。世界发达国家环境保护发展史告诉我们，没有广泛的、实质性的、多层次性的公众参与，难以有效地解决环境问题。

尽管与其他政策领域相比，环境领域已建立了可行的公众参与环境影响评价的制度体系，但是在突出的环境问题上，如流域水污染防治上还存在着制度规定的空白。目前环境领域，尤其是环境影响评价的公众参与还局限在行政区域内，流域性公众参与缺乏制度建设。这形成了空间/制度之间的悖论。制度重构的重点有：

第一，公民参与的制度安排。在现行的民间环境保护组织实行双重管理的前提条件下，新的流域管理机构可以作为主管机构，民政部作为登记注册机构（跨地区）。在流域管理机构内设专门的环境服务机构，处理公民环境参与事务。公民的力量通过与流域管理专设机构的合作“嵌入”行政体系，纳入行政决策程序。同时，公民借助派出机构的行政权威，有效地发挥其作用。

第二，环境信息的统一与公开。流域水环境综合治理涉及环境保护、水利、航运、农业等许多部门，环境信息也分布在这些部门内。由于每一个部门各自拥有的技术装备不同，监测点不同，导致环境信息存在差异。信息公开是公民参与的基础性保障条件。流域管理机构通过信息的整合、储存、分类、再加工等提供给公民。公民依据这些信息作出判断，专家依据这些信息进行科学研究。

第三，公民的网络参与。搭建公民的网络参与平台是利用现代信息技术提高参与有效性的路径之一。现代信息技术的发展，尤其是网络的发展，填补了公民与行政机构之间的信息“距离”，提高了行政机构对公民的回应性，促进了两者之间的互动性。公民的网络参与可以采用多种形式：网上对话、讨论、咨询、民意调查等。提高网络参与的组织性还可以设立网上论坛，交流各方信息，给流域的公民（民间环保组织、志愿组织）等提供网络参与平台。

## 三、环境保护的制度力量来源

### 1. 职权与事权结构对策

生态文明建设是一个大厦，其基础和落脚点在基层。从 20 世纪 70 年代初中国就开始逐步建立起“统一监督管理、分级分部门管理相结合的管理体制”。发轫于计划经济体制下的环境监管体制，在全球化、市场化的快速发展以及多种经济成分并存的格局下，难以有效应对日益严重的环境问题。其中比较突出的是在现行政府环境监管行政层级之下，还存在大量的环境问题缺乏有效、有力的监管，呈现出环境管理“空白”。如目前实行环境保护方面的法律都规定了县级（以上）人民政府对本区域环境保护质量负责，但县级以下（基层）环境管理该如何进行？

“职权”是一种法定权限。按照《中华人民共和国地方各级人民代表大会与地方各级人民政府组织法》的规定，“地方各级人民政府必须依法行使行政职权”。在县级以上人民政府拥有“环境资源和保护”的职权，乡镇一级政府则没有环境资源和保护的职权规定。按照《中华人民共和国环境保护法》规定“县级以上地方人民政府环境保护行政机关，对本辖区环境保护工作实施统一监督管理”。在其他环境保护专项法律法规中都作了同样的规定。乡镇一级政府是国家与社会联接基点。简要地说，作为中国社会公共事务管理最基层的乡镇一级政府，既没有环境资源和保护的职权，也没有环境保护行政机关的明确法律规定。“事权”是公共事务管理权。公共事务是指个人、家庭或企业内部事务之外的，具有公益性和非排他性。公共事务的类型、任务以及管理方式与经济社会环境发展的发达程度和复杂性高度相关。公共事务越复杂，事权就应被赋予越多权限。事权体现在管理机构的人力资源和技术能力。从可测量的指标看，集中体现在人力资源配置上。更为具体的表现是经济发达地区经济社会发展水平比较高，环境管理事务繁杂，但由于受制于行政层级的限制，呈现出职权与事权两者严重不对称状态。

比如J省是我国经济社会发达的省份。J省S市W区SH镇是典型经济发达地区的乡镇，已成为我国丝绸纺织的主要生产基地、出口基地和产品集散地，并向建设国内最大、世界著名的丝绸纺织生产基地迈进。2010年J省为适应基层政府管理和经济发展的需要，推出了“强镇扩权”的试点，SH镇名列其中；但并没有对环境管理权限的扩权。①2012年该镇为适应环境保护工作，成立了副科级建制的环境监察大队和正科级的建设和环境保护局（下设环境保护科），并组建环境监测有限公司。目前该镇环境监察大队、环境保护科、环境监测有限公司共有编制9人。为了比较职权与事权是否对称状态，以公共财政预算收入和管理机构人员编制为比较对象。从公共财政预算收入角度看，2012年J省共有11个县（市）财政预算收入低于23.13亿元。②县（市）环境保护局通常为正科级行政级别，

① 根据报道，试点内容主要包括以下四个方面：一是创新管理体制；二是扩大管理权限；三是强化公共服务；四是增强发展活力。http：//wenku.baidu.com/view/f8245fc8da38376baf1fae4c.html.

② http：//tieba.baidu.com/p/2268467604.201.

各类环境保护法律法规规章都赋予县以上环境保护行政机关明确的职权。通过 SH 镇的地方公共财政预算收入以及环境保护行政机关与该省 10 个县进行比较，职权与事权呈现出严重的不对称状态。这是经济发达地区基层环境管理面临的困境。

## 2. 正式制度与合约管理

制度可以分为正式制度、非正式制度以及介于正式和非正式之间的半正式半非正式的三种类型。正式制度是以成文形式出现的，有着明确的执行主体和监督执行的第三方。非正式制度是以习惯、惯例、习俗、准则等形式表达出来的，依赖于行动主体的内部约束力。半正式半非正式制度介于两者之间，可能以正式条文和书面规则形式出现，不一定由国家机构颁布，但却内生于实践进程中。通常所说的“乡规民约”就是属于这种类型。国家制定的正式制度和规则都面临着“执行难”问题，执行成本比较高，监督成本也相应高。非正式制度执行成本低，但与正式制度相比，不能形成稳定的预期。因为正式制度的价值就在于约束所有行动主体，并能形成激励和惩罚机制，从而具有形成稳定预期的功能。半正式半非正式制度既有内生于实践的特点又具有正式制度形成稳定预期的功能，但其执行效力取决于双方的合约。所以本章称之为是“合约型制度”。

在环境保护领域，制度是工业革命典型的产物，因此中国本土实践缺乏衍生出正式制度安排内在的资源，更多体现在哲学思想层面。因此基层环境管理的困境体现在正式制度执行成本高，非正式制度支撑不足。如 SH 镇为解决人手少，环境监管任务重的压力，探索出具有合约管理特色的制度安排。在与行政相对人充分协商基础上，制定了《SH 涂层行业管理暂行办法》，该办法针对企业在执行环保法律法规、履行相关承诺和周边群众企业和谐共处等方面进行监督管理。通过日常检查、重点抽查、综合检查建立起企业环境行为信用登记。对涂层行业原料、工艺以及供应商三个方面制定了地方特色监管体系。

从制度来源看，上述管理办法具备了正式制度的要件（成文、公开、执行主体和监督机制）；但与国家现行法律法规规章体系相比，该管理办法又缺乏制度层级体系里的上位法依据，具有非正式制度特征，因而可以把它并入介于两者之间的半正式半非正式制度类型。这些制度规定是经过企业一方认可或承诺的，呈现出典型的“合约型管理”制度色彩。尽管长期效果还有待观察，但从 2012 年 6 月 10 日运行以来，效果比较明显，既减少了执法成本，又增加了企业遵守规定的自觉性。

“正式制度与合约管理”更加清晰揭示出基层环境管理在制度层面上的困境，其背后隐含的逻辑可能直接指向庞大复杂的我国环境保护法律法规体系，从而更进一步揭示出环境保护领域制度的力量来源。

### 3. 环境公共政策与企业内部决策

政府通过制定多种类型的环境政策来约束或激励企业环境行为。约束企业环境行为典型的是采取环境监管方式，而激励企业环境行为则通过采取产业政策、技术和工艺政策等方面来进行。监管和激励政策能否发挥其效用，最终决定于企业内部决策系统是否能够接受这些信息，是否能够根据这些信息作出决策。问题的关键聚焦在企业决策过程。换言之，在理想状态下，企业根据外部监管和激励的政策信息，推动企业从适应规则（政策供给）转变到价值追求，外部信息内化为企业自身行为。

显然对于 SH 镇企业主或自然人而言，这个转变是非常困难的。企业规模越大，企业适应市场能力越强，环境保护的能力和意识就越高。对 2012 年 3 月到 2013 年 3 月 SH 镇环境监察大队正式立案处罚的 19 件企业或个人环境违法案件进行分析，发现注册资本在 100 万元以下的共有 11

件，占 57%。[①] 对于一些中大型企业，特别是准备上市的公司而言，内部管理比较规范，甚至有的企业还成立了企业内部的环境保护领导小组。企业环境保护领导小组的功能和职责就是形成与政府环境保护政策对接机制，既负责企业安全生产管理，又负责企业内部的环境决策，这样就形成接受外部政策信号并转化为内部决策的能力。对接机制旨在从适应外部环境监管的规则转向内生于企业的价值体系，从而提升企业环境管理能力。对于中小企业而言，外部环境监管仍然是政府管理工具箱中唯一的选择。换言之，外部公共决策并没有转化为企业内部的决策行为。

在制度成为我们这个时代解决所有问题诉诸的手段之时，关注制度的运转与制度的力量应成为学界研究国家治理能力的焦点。需要从制度在实践中的效果出发来认识制度文本的重要性。生态文明建设大厦的根基在基层。从微观领域研究出发，折射出国家整个环境管理体系面临的困境，在环境保护领域的基本法、环境监管领域的法律法规和规章的执行效力、企业追求利润的理性选择方面都面临着突出问题。加强制度力量，集中为如下三个方面：

第一，必须立足于当下中国的环境管理实践，逐步修改环境保护基本法律，既不能简单移植国外环境保护法，又不能简单照搬其他领域的法律。中国环境保护法理基本原则就是必须在一定产业规模约束条件下，寻找到发展与环境保护的平衡点。换言之，在相当长时期内，我们无法把将产业转移到境外作为环境治理的政策选择。在这个法理基础上，环境管理法律制定必须考量到中国发展的基本动力源在社会基层，特别是在经济发达地区更是如此。而当下的中国环境保护呈现出明显职权与事权不一致的状况，反映出环境保护法律法令“刚性化”，缺乏灵活多变的弹性。应当

① 资料来源：作者现场调查。

根据事权来定职权，为经济发达地区的基层环境管理行政管理部门赋予更多的职权。

第二，与“赋权”行为相伴随，在严格环境行政执法的规范化、程序化的同时，必须引入“结果导向”的新公共管理理念。环境管理的最终评价标准是环境质量的改善。在结果导向的价值指引下，在自由裁量权限空间范围内，积极探索适应本土的合约管理。尽管合约管理处于正式和非正式制度之间的半正式半非正式的制度安排，但是它具备了制度的三个功能：提供稳定的行为选择预期、自我执行的机制、清晰的约束边界。合约管理弥补了正式制度执行成本高和交易成本高的不足，同时又能够克服非正式制度随意性、不确定性强的缺陷。因此，拓展合约管理的空间是解决基层环境管理困境的方向之一。

第三，企业的规模大小直接影响其环境行为。规模大的企业管理相对规范，环境管理纳入企业决策过程。在外部多重激励与监管框架下，规模大的企业环境管理成为其价值追求一个部分，其决策过程明显是价值驱动，类似于环境保护领导小组这类企业决策体制旨在把外部政策信号转化为内部行为，能够把政府环境激励与监管与企业经营体系进行无缝隙对接。而规模中小的企业，企业管理相对不规范，存在着多重原因导致的环境违法行为，应该以规则驱动其环境行为。因此，对于不同规模和类型的企业应当在“价值驱动”和“规则驱动”两者之间进行合理的激励和监管体系设计与选择。

（朱德米）

# 第十四章　军队治理

2017年8月，在纪念建军90周年大会上，习近平提出一个全新的论断："党对军队的绝对领导是中国特色社会主义的本质特征。"① 在党的十九大报告中，又把"建设一支听党指挥、能打胜仗、作风优良的人民军队，把人民军队建设成为世界一流军队"，上升为新时代中国特色社会主义思想和基本方略。在党的十九届四中全会关于坚持和完善中国特色社会主义制度，推进国家治理体系和治理能力现代化若干重大问题的决定中，再次强调"坚持党指挥枪，确保人民军队绝对忠诚于党和人民，有力保障国家主权、安全、发展利益的显著优势。"可见，"党对军队绝对领导"，不仅涉及军队与政党关系，军队与国家关系，而且事关基本军事制度与国家政治制度关系，成为探讨军队治理与国家治理中需要重点关注的重大课题。

---

① 习近平：《在庆祝中国人民解放军建军90周年大会上的讲话》，《人民日报》2017年8月2日。

在推动国家治理体系与治理能力现代化进程中，不能不包括武装力量体系与武装力量现代化。但在国家治理体系和治理能力现代化进程中，如何安顿国家暴力机器中以军队为主体的武装力量，长期以来都是一个很大的政治难题，因而也产生了各国有所不同的多种具体模式。不仅发达国家与发展中国家有所不同，而且社会主义国家与资本主义国家更是有异——显然不同的军队掌控模式自然便产生了不同的军事与政治效果。与军队掌控的实践模式不同相伴生的军政关系理论争议和学术争鸣持续不断也就成了常态。其中，“党军关系”的中西差异及其原因历来就是军政关系研究中一个倍受重视的热点问题。自从资本主义和社会主义两种社会制度并存与竞争以来，特别是“二战”结束后以美苏为首的东西方“冷战”期间，国内外的历史学者和政治学者对此问题的研究就一直持续不断，热情很高。即便在苏联解体、东欧剧变迄今，东西方学者对此问题的研究依然热度不减，甚至因西方与中国之间意识形态和社会制度的差异和矛盾凸显，尤其是随着中国和平发展速度加快而引起的外部猜忌和摩擦加大，以及国际社会探索“中国道路”或“中国模式”及其“秘密”的浓厚兴趣不断增加，人们对中国军政关系模式的特点及其与西方军政关系模式的差异更为关注，相关研究的热度似有不断加温之势。其中，国内外从社会历史文化传统比较、政治经济军事体制比较视角分析中西军政关系差异及其原因的学者和著述最为常见和普遍，而且已经积累了不少的理论成果，对于人们正确认知中国与西方军政关系的联系与区别具有十分重要的参考价值。下面仅就中西军政关系比较研究中双方“党军关系”认知与表达差异的表现和原因及其启示等做些思考和探讨。

## 一、“党军关系”认知与表达的中西差异

之所以想重点探讨“党军关系认知与表达的中西差异”问题，主要基

于以下几个方面的原因：

首先，因为“党军关系”认知与表达的中西差异既是一个产生已久、长期存在的历史问题，也是一个来自军事政治实践而又影响广泛的重大现实课题。在无产阶级政党诞生以来的民主政治时代，党军关系的制度模式差异一直是中西军政关系制度模式差异中的一个主要表现，也是决定中西军政关系制度模式差异的最大因素，甚至还成为中西基本军事制度模式和民主政治制度模式差异的重要表现，以及决定中西治军模式与治国模式差异的重要因素。因此，党军关系制度模式差异研究已经成为中西军政关系模式或体制机制比较研究中争论最多的一个热点和焦点问题，所以，对这个问题展开深入研究就成为政治学者极其自然的学术旨趣所在。

其次，还因为“党军关系”认知与表达的中西差异事关各自国家治理体系中“党军关系”制度模式的设计理念和实践活动的理论基础，属于政党之间不可忽视的重大思想原则问题之争。“在这个根本政治原则问题上，我们必须头脑特别清醒、态度特别鲜明、行动特别坚决”①。正是由于它涉及解决一系列民主政治时代军政关系方面的具体理论问题的基本前提和重要依据，所以就容不得半点马虎，不能不予以认真对待。对此问题的深入研究有助于我们在政党政治中的军队地位与作用等大是大非原则问题上的模糊认识得到进一步的澄清。

再次，也因为“党军关系”认知与表达的中西差异还属于个人具体的社会政治认同范畴，事关公民政治态度倾向和行为习惯的形成，直接影响到人民对自己国家根本政治制度以及基本军事制度的信任度和支持度，因此不能不给予特别的关注。尤其在国际社会政治局势动荡不安和国内社会政治形势复杂严峻的特殊历史时期，对于需要不断加强思想政治建设的中

① 中国人民解放军总政治部编：《国防和军队建设贯彻落实科学发展观重要论述选编》，解放军出版社2010年版，第200页。

国军队而言，更是一个影响广大官兵以习近平强军思想为指导牢固树立革命军人核心价值观和有效履行新世纪新阶段历史使命以及实现习近平提出的新时代强军目标的重大思想政治工作课题，也必然成为地方政治学者特别是军队政治理论工作者都不容回避而必须共同予以重视并合力攻关，以求获得较好解决之道的一个既具有重要学术价值又有重大现实意义的研究课题。

## 二、承认还是否认政党对军队的领导

中西“党军关系”认知与表达差异的一个重要表现就在于是否承认政党对军队拥有领导权力。中国不仅公开承认并坚决维护中国共产党对军队的领导权力，而且认为包括西方政党在内的所有执政党实质上也都是对其军队实施领导的。西方则不仅公开否认其政党对军队的领导，而且公然指责和诋毁社会主义国家包括中国共产党对军队的领导权力及其创立的思想理论原则和建立的制度体制机制。中国对此理所当然地表现高度警惕和坚决反对。①

众所周知，在政党政治时代，政党被誉为民主政治机器的“中轴”和“发动机”乃至“火车头”，一切社会政治力量无不处于政党掌控或影响之下。军队这个武装力量的主体，作为国家机器中的最大暴力机器——更是各个政党不可忽视特别是执政党千方百计予以掌控或影响的重要政治力量。这一点，无论中国还是西方，发达国家还是发展中国家，都概莫能

① 胡锦涛明确指出：“一些西方国家加紧对我国实施西化、分化战略，各种敌对势力加紧在意识形态领域对我国进行渗透破坏活动。军队历来是敌对势力渗透破坏的重点目标，他们借‘民主政治’之名极力鼓吹‘军队非党化、非政治化’和‘军队国家化’，千方百计拉拢腐蚀军队人员，妄图改变我军性质。对这方面的动向我们一定要保持高度警觉。”《国防和军队建设贯彻落实科学发展观重要论述选编》，解放军出版社2010年版，第129页。

外。因此，包括中国在内的以马克思主义意识形态为基本指导思想的社会主义国家的一个重要观点就是：军队接受政党的领导是现代社会政治发展的一个基本规律。

在近代中国政党诞生以后，中国共产党就与中国军队产生了千丝万缕的联系。毛泽东曾谆谆告诫经受过血的惨痛教训的中国共产党“须知政权是由枪杆子中取得的”①。同时要求在人民军队确立“党的领导权”，并实现“绝对的党领导”。② 邓小平也要求“加强党对武装的领导”③，因为“武装是最好的东西，同时也是最危险的东西。最好的东西，是因为它掌握在党的绝对领导之下；最危险的东西，是因为它不尊重党的领导，脱离党的掌握”④。所以“保证党在武装中的绝对领导是极其重要的”⑤。江泽民也多次强调“我军是党缔造和领导的新型人民军队”⑥，“军队要永远听党的话，保证党对军队的绝对领导”⑦。胡锦涛则进一步指出：“党对军队的绝对领导，是我军建军的根本原则和永远不变的军魂，是我国的基本军事制度和中国特色社会主义政治制度的重要组成部分，是党和国家的重要政治优势。”⑧ 习近平指出：“人民军队必须牢牢坚持党对军队的绝对领导，任

① 毛泽东：《在中央紧急会议上的发言》（1927年8月7日），《毛泽东军事文集》第1卷，第2页。

② 毛泽东：《给林彪的信》（1929年6月14日），《毛泽东文集》第1卷，第67页。

③ 邓小平：《迎接一九四一年》（1940年12月25日），《邓小平军事文集》第1卷，第133页。

④ 邓小平：《军区建设中诸问题》（1941年1月31日），《邓小平军事文集》第1卷，第153页。

⑤ 同上书，第162页。

⑥ 江泽民：《在军队一次重要会议上的讲话》（1993年6月），中国人民解放军总政治部编：《毛泽东邓小平江泽民胡锦涛关于坚持党对军队绝对领导重要论述摘编》，解放军出版社2012年版，第114页。

⑦ 江泽民：《军队干部要自觉讲学习、讲政治、讲正气》（1995年11月28日），中国人民解放军总政治部编：《毛泽东邓小平江泽民胡锦涛关于坚持党对军队绝对领导重要论述摘编》，解放军出版社2012年版，第118页。

⑧ 胡锦涛：《在中央军委扩大会议上的讲话》（2000年12月25日），中国人民解放军总政治部编：《毛泽东邓小平江泽民胡锦涛关于坚持党对军队绝对领导重要论述摘编》，解放军出版社2012年版，第186页。

何时候任何情况下都以党的旗帜为旗帜、以党的方向为方向、以党的意志为意志。”① 党对军队的绝对领导是“党和国家的重要政治优势”②，“有了中国共产党，有了中国共产党的坚强领导，人民军队前进就有方向、有力量”③。“党对军队的绝对领导是中国特色社会主义的本质特征。”④ 共产党对军队的领导不仅是中国历史发展的必然规律和中国人民群众的理性选择，也是顺应当代世界形势发展的潮流和适应当前现实国情客观需要的结果，更是被中国历史与现实证明了的行之有效的思想理论原则和制度体制机制。“始终不渝地坚持党对军队的绝对领导，关系人民军队的性质和宗旨，关系党执政地位的巩固和执政能力的提高，关系国家长治久安。”⑤ 因此，人民军队过去、现在乃至将来相当长的历史时期都必须接受中国共产党的领导。

与中国相反，西方国家则不承认政党对军队的领导权，宣称“军队非党化”、“非政治化”、“军队国家化”，任何政党不得干预属于“国家军队”的事务，反对政党直接领导军队，反对任何政党在军队中建立自己的组织或开展政治活动，也决不允许军队成立具有政党倾向的各种组织，军队和军人不得与政党建立组织联系，等等。

## 三、“党军关系”在中国语境中的表达

为什么会在政党与军队关系的认知与表达中出现如此截然不同甚至根本对立的观点呢？之所以出现是否承认政党应该领导军队的中西差异和

①②③④　习近平：《在庆祝中国人民解放军建军90周年大会上的讲话》，《人民日报》2017年8月2日。

⑤　胡锦涛：《在中央军委扩大会议上的讲话》（2000年12月25日），中国人民解放军总政治部编：《毛泽东邓小平江泽民胡锦涛关于坚持党对军队绝对领导重要论述摘编》，解放军出版社2012年版，第186—187页。

争论，尽管原因是多方面的，除了背后深层的社会制度和阶级本质差异之外，如果仅从概念表达和理论阐释的外在表现视角来看，其中一个很重要的原因就是与双方在“党军关系”的认知态度以及语言表述上的差异有关。

在当代中国语境下，无论是官方机构及其领导还是民间组织及其学者，都很少使用“党军关系”的概念和提法。因此，无论在见诸公开媒体的中国党政军领袖文选和军地宣传理论研究文章中，还是在党政军内部讲话和秘密文件中，甚至在有关部门撰写的非公开研究报告和由其组织参与的内部研讨会议发言中，“党军关系”都是一个感觉特别陌生、极少出现的冷僻词语。①

与“党军关系”概念和提法在中国受到冷遇形成鲜明反差的是，“党指挥枪”②“听党指挥”“忠诚于党”“党对军队的绝对领导”“中国军魂”③等概念和提法却频频出现，比比皆是，特别流行，可以说已经成为军队宣传教育和思想政治工作中广大官兵耳熟能详的概念和词汇，其热度和影响甚至扩展到了军队之外的地方社会，在经常耳闻目睹的熏陶之下，上述概念和提法即便在各级党政干部乃至一般公众群体中也并不陌生。

但若仔细观察，回避“党军关系”概念和提法的现象，其实主要出

---

① 毛泽东虽然在建国前曾经使用过“军党关系”一词，但总体来看，这种情况极为少见。“我们的军队必须在军民关系上、军政关系上、军党关系上、官兵关系上、军事工作和政治工作关系上、干部相互关系上，遵守正确的原则，绝不可犯‘军阀主义’的毛病。”具体参见毛泽东：《组织起来》(1943 年 11 月 29 日)，《毛泽东选集》第 3 卷，人民出版社 1991 年版，第 934 页。

② “党指挥枪”是毛泽东关于政党领导军队的名言。毛泽东认为：“每个共产党员都应懂得这个真理：‘枪杆子里面出政权’。我们的原则是党指挥枪，而绝不容许枪指挥党。”毛泽东：《战争和战略问题》(1938 年 11 月 6 日)，《毛泽东选集》第 2 卷，人民出版社 1991 年版，第 547 页。

③ 江泽民 1993 年 9 月 26 日在接见广州军区机关师以上干部时的讲话时指出：“一个军队要有军魂。我看，我们军队的军魂就是党对军队的绝对领导。”中国人民解放军总政治部编：《毛泽东邓小平江泽民胡锦涛关于坚持党对军队绝对领导重要论述摘编》，解放军出版社 2012 年版，第 116 页。

现在描述或论证社会主义国家特别是中国的政党与军队关系的场合。在涉及中国政党与军队关系时，大家往往都喜欢使用比较明确的诸如“党指挥枪”和“听党指挥”“忠诚于党”“党对军队绝对领导”“中国军魂”等这样一些已经约定俗成或习以为常的词组搭配来置换“党军关系”概念。而在分析外军以及外国政党与军队特别是西方国家的军队与政党的关系时却并没有拒绝事实上也无法完全避免偶尔借用“党军关系”概念，或者经常使用一些相对复杂的词语结构，诸如“政党与军队关系”或“军队与政党关系”以及“政党领导军队”之类的句式，来表达与“党军关系”概念相似甚至完全相同的意思。

在中国，一部分人对内分析时之所以避免使用“党军关系”一词，一方面是因为中国的“党军关系”无论在理论上还是实践上已经不存在领导与否的问题，而是已经到了军队应该而且必须接受政党——中国共产党的领导阶段，只存在军队如何接受政党（中国共产党）的领导以及如何坚持和完善政党（中国共产党）对军队的领导问题。

另一方面是因为中国的历史与现实都已经给出了“党军关系”明确的结论或结果，即中国共产党与人民军队的关系就是领导与被领导的关系，“党军关系”的实际状况已经有了更为贴近事实和更为深刻的概念表达形式，具体来说就是：已经有了十分生动的表述词组——“党指挥枪”和“听党指挥”，有了深具情感色彩的价值符号：“忠诚于党”，有了特别明确的表达句式——“党对军队的绝对领导”，也有了极其贴切的形象比喻——“中国军魂”。因此，觉得“党军关系”的概念已经不足以表达中国“党军关系”发展的事实，所以认为不必要当然也不愿意再使用“党军关系”概念。

毫无疑问，在中国现阶段，坚持“党指挥枪”“听党指挥”“忠诚于党”“党对军队的绝对领导”“中国军魂”的“政治结论”已经由军队中军人必须遵守的“政治纪律”和“政治道德”与“核心价值观”，上升为有法理依据和法律规定的所有武装力量组成部分及其成员和国家公民乃至全社会一切组织和个人都必须拥护并严格遵守的“基本军事制度”和“重要政治制度”，成为党和国家的“重要政治优势”，①“中国特色社会主义本质特征”，因此，如果再用“中性”或“共性”，甚至具有“不确定性”的“党军关系”概念表达中国已经明确“定性”的“党军关系”实际，既不明确也容易模糊中国共产党对人民军队的领导关系，也担心可能会“淡化”“弱化”“虚化”中国共产党与人民军队之间的紧密联系。

很显然，使用“党指挥枪”“听党指挥”“忠诚于党”“党对军队的绝对领导”“中国军魂”等概念和提法，不仅有利于从正面“强化”“硬化”中国共产党与人民军队之间密不可分的牢固关系，也有利于从反面防止和杜绝有人“曲解”和“割裂”甚至“抵制”和“反对”中国共产党对军队绝对领导的思想理论原则和制度体制机制。

或许正是由于上述原因，在当代中国党和国家以及军队的官方正式文件中，在历代党和国家以及军队各级领导人的重要讲话里，也很少见到“党军关系”的提法，甚至在传统的或正统的军队宣传理论工作者的眼里，“党军关系”也成为一个尽量避免使用或弃之不用的概念。因此，“党军关系”概念和提法只偶尔出现在地方大学和研究机构的历史学、社会学和政治学者以及军队为数不多的军事政治学者的学术论文中，而且主要运用在介绍和评析国外特别是西方军队与政党关系的表现及其实质问题上。

① 胡锦涛就明确指出：“党对军队的绝对领导，是我军建军的根本原则和永远不变的军魂，是我国的基本军事制度和中国特色社会主义政治制度的重要组成部分，是党和国家的重要政治优势。始终不渝地坚持党对军队的绝对领导，关系人民军队的性质和宗旨，关系党执政地位的巩固和执政能力的提高，关系国家长治久安。”胡锦涛：《国防和军队建设贯彻落实科学发展观重要论述选编》，解放军出版社2010年版，第200页。

## 四、“党军关系”在西方语境中的隐匿

如上所述，中国很少使用“党军关系”概念，那么西方是否就特别喜欢使用“党军关系”的概念和提法呢?

其实西方学者在论述自己国家的军政关系时，也很少使用“党军关系”一词，更是极少提及甚至忌讳提及他们国家事实存在的“党军关系”问题。在西方语境中，“党军关系”一词也主要是用来分析社会主义国家的“军政关系”问题时才产生的一个重要概念。之所以会出现这种现象，其原因主要有以下几种情况：一种情况是认为西方“军队”与“政党”在理论上是“隔离”或“分离”的，它们之间不存在直接联系，因此也就没有“党军关系”问题，不需要使用“党军关系”概念来分析。另外一种情况是，虽然不否认政党与军队在理论上存在的逻辑联系，但因为在西方国家的制度实践中并没有把两者联系在一起的明确的法律规定，因此，在分析本国的军政关系时也就没有必要使用“党军关系”概念。而且由于在西方社会十分流行的一般是“文人治军”或“文官政府掌控军队”的思想理论，与此相应，“Civil-Militery Relation”则成为西方学界表达和分析其包括“党军关系”“军政关系”在内的军队与社会关系的核心概念。这些概念及其理论甚至成为“深入人心”的政治理念，同时也作为西方政客不遗余力向第三世界发展中国家和社会主义国家推销的所谓“普世价值”，从而引起包括中国在内的一大批走自己独特军事政治发展道路的国家和人民的反感、批判和抵制。

由于“Civil-Militery Relation”概念及其相关理论如此重要，因此，我们就不能不对其内涵和外延做些具体分析。“Civil-Militery Relation”无论在西方民间还是官方以及学术界，其实都不是一个陌生的词汇。在英语中，“Civil-Militery Relation”一词所反映的社会实体范畴从其实际意义上

看相当于“武装力量与社会”或“军事与社会”关系，远远大于“武装力量与政治”或“军事与政治”“军队与政治”的内涵和外延。在汉语世界或受汉语影响极深的东亚包括日本学界，“Civil-Militery Relation”有多种译法，如“文武关系”、“文军关系”或“军文关系”、“民军关系”或“军民关系”、“政军关系”或“军政关系”，等等。

西方的“Civil-Militery Relation”一词，与中国自古以来就有的“文武关系”一词具有相近之处。中国古代就有“文”“武”区分，“文官”与“武官”之别，相对于“武官”之外的官吏自然也就属于“文官”了。近现代军队内部的“军官”也自然属于“武官”的范畴，与其相对应的军队之外公务员队伍中的“政务官”和“事务官”自然也就是“文官”了。现在外交部门还有驻外“武官”之职，其身份一般都属于军职人员。此外，在中国常常用“能文能武”、“文武双全”来表达对一个人全面能力素质超群的赞誉，这种语境下的“文”字，事实上指的是“文化知识”，“能文”就是“有文化”“有知识”。“有文化”“有知识”的人，往往被称为“文人”和“书生”。与“文人”和“书生”相对应则有“军人”和“武夫”的称呼。如果“白面书生”能“舞枪弄棒”，“赳赳武夫”可以“舞文弄墨”，谁能胸中装有“文韬武略”，谁就自然成为“能文能武”“文武双全”受人敬重的国家栋梁之材。不过，从“文”“武”经常使用的语境和所指判断，仔细分析起来，中国古代的“文武关系”主要指“文官”与“武将”的从属或并列关系、“文职”与“军职”身份的区别、“民政”部门与“军政”部门之间的“事务”或“公务”关系的差异，相对而言，中国古代的“文武关系”一词，比现代西方的“文武关系”一词概念范围在某种程度上似乎要窄一些。但由于近代以来的中国学者不仅用“文武关系”概念研究中国古代君主专制王朝的“文”“武”关系问题，用来研究中国近现代历史上的“军阀政治”现象中的军事与政治关系，也用之于重点分析西方国家的军队与社会关系问题，因此也在一定程度上扩大了“文武关系”概念的内涵和外延及其使用范围。与此相应，这部分学者多数就将西方的“Civil-Militery Relation”一词，翻译为中国的“文武关系”。毫无疑问，中国无论过去还是现在都存在“文武关系”现象，自然也就产生了“文武关系”的概念和词汇，也就是说中国也具有使用“文武关系”概念的文化土壤和用语习惯。但与西方相比较而言，在中国语境中，主要是为了在更加细微而明确地分析性质和范围不同的军队或武装力量与社会关系意义上使用“文武关系”概念的，并不因为使用“文武关系”概念而取代分析“军事与政治（包括军队与政府）关系”而产生的“军政关系”概念，也不以此掩盖因“政党与军队关系”而客观存在的“党军关系”现象和本质及其概念表达形式。

尽管西方的“Civil-Militery Relation”在汉语中可以有多种译法，因为无论直译还是意译，都是有侧重点的译法，或者说每一种译法都有其合理优长之处，但如果分别就“Civil”和“Militery”分开来看，或是组合在一起综合起来看，用中国的“文武关系”一词还是比较妥当的。因为“Civil”具有“文明”“文化”“文人”“文官”“民间”等含义。“Militery”也同样可以表达“军事”“军队”“军界”“军方”“军人”“军官”“武官”等意思。“文”字比“民”和“政”都要包含力更广阔一些，“武”字也比“军”字概括范围大。因此，笔者认为用“文武关系”一词显然更接近西方的“Civil-Militery Relation”的原意。而且，这也符合西方使用“Civil-Militery Relation”的政治意图。因为西方“Civil-Militery Relation”一词，不仅把“政府”与“政治”包含在“民间社会”之中，又将“政治党派”包含在“政府”与“政治”之中，这样一来，政党就被完全包裹进厚厚的社会体系外衣里，一点儿也不显山露水了，很显然这完全符合西方在理论上回避其军队与政党相联系的政治目的。当然，由于广义上的“军队与社会关系”中的核心关系仍然是“军队与政治关系”，在实体上表现为“文人政府”与“军方部门”的关系，“Civil-Militery Relation”意译为“军政关系”也未尝不可，只是相对而言没有“文武关系”更能传情达意，做到“直译”与“意译”的完美结合罢了。

或许正因为西方广泛流行和使用“Civil-Militery Relation”（文武关系）一词，具有取代或掩盖其“军政关系”特别是“党军关系”的意义和功能，所以西方在分析自身的“军事与政治”（或军队与政府）和“军队与政党”（或军队与政团）时，出现很少使用“军政关系”特别是“党军关系”概念的情况也就不难理解了。相对而言，在“军政关系”和“党军关系”两个概念中，西方对“军政关系”的概念比对“党军关系”的概念容忍程度和接受程度要高得多。因为在“文人领军”或“文人治军”理论指导下建立的西方资本主义基本军事制度实践中，摆在桌面上的与藏在深水中的“文人政府”与“军方部门”之间的矛盾和斗争也并不少见，有时甚至还很激烈，双方闹得不可开交，也无法完全掩盖得住，所以在“军政分歧”和“军政矛盾”客观存在而又经常表面化甚至白热化的情况下，就不能不接受存在“军政关系”的事实并使用“军政关系”的概念来反映自身的军事政治实践及其思想理论。但是，虽然西方各个政党特别是执政党派都有自己的“军事政策和主张”，与军队部门及其将领具有千丝万缕的实际联系，但却都在“坚守”“军队非党化”和“文人治军”底线的舆论压力下极力撇清自己与军方的关系，因此，很自然地特别忌讳运用“党军关系”的概念分析自身的“文武关系”问题。也正是由于这个原因，“党军关系”的概念和提法运用在西方自身分析上的频率越低，自然其掩饰或遮蔽其“党军关系”实质的效用就越强。相反，西方把这两个概念和提法运用在对社会主义国家特别是分析中国军事与社会（武装力量与社会）和军事与政治（武装力量与政治）以及军队与政党（武装力量与政治党派）问题的频率越高，其放大或扭曲作用也同样会不断加强。

由此可见，西方不仅擅长于运用“概念”和“语言”在口头上表扬自己否定别人的军政关系思想理论原则和制度体制机制，更在行动上不遗余力地推销自己并极力煽动和大力支持颠覆别人的军政关系思想理论原则和制度体制机制的活动，其态度和境界显然不高，目的和用心也并不完全纯正。[①] 这也正是非西方国家特别是社会主义国家的政府和人民对西方政客和御用文人观点和主张难以表示认同，并导致他们选择绝不盲目崇拜和全盘照搬并坚决抵制和反对西方根本政治制度和基本军事制度模式的重要原因之一。正如江泽民所说：“如果我们书生气十足，听信它们那一套，就会犯历史性的极大错误，就会把我们这支人民军队断送掉。”[②] 习近平在参加十二届全国人大一次会议解放军代表团全体会议的讲话中再次提醒大家注意的一个事实就是：西方在东欧、中亚、西非北非等地区策动所谓“颜色革命”，都把那里的军队作为渗透破坏的重点目标，而在发生政权非正常更迭的国家里，军队大多都出了这样那样的问题。我们要引以为戒！这说明中国的党和国家以及军队最高领导人对西方在军队问题上的言行和动机始终抱有高度的敏感和警觉。

## 五、“领导”与“掌控”：“党军关系”认知与表达差异的本质

如果西方连“党军关系”这样本来十分中性的词汇都忌讳或回避的

---

① 江泽民十分明确地指出：“它们极力向中国散布什么‘军队非党化、非政治化’、‘军队国家化’等等，无非是妄图使我军摆脱党的领导，以便颠覆我国的社会主义制度和共产党的领导，以便颠覆我国的社会主义制度和共产党的执政地位。”中国人民解放军总政治部编：《毛泽东邓小平江泽民胡锦涛关于坚持党对军队绝对领导重要论述摘编》，解放军出版社2012年版，第138页。

② 参见江泽民：《加强和改进新的历史条件下军队思想政治建设》（1999年7月8日）。中国人民解放军总政治部编：《毛泽东邓小平江泽民胡锦涛关于坚持党对军队绝对领导重要论述摘编》，解放军出版社2012年版，第138页。

话，那么，让西方学者和政客在表达本国的“党军关系”时承认和使用“政党领导军队”甚至“党对军队的绝对领导”这样的概念和观念显然就更难了。虽然西方在分析本国“文武关系”或军政关系尤其是政党与军队关系时很少使用政党“领导”军队一词，但却经常喜欢使用“影响”、“控制”、“掌控”之类的概念和提法。其实，这都是与“领导”意义相近甚至相同的概念和词汇，有点换汤不换药的意味，有“偷梁换柱”的嫌疑，如掩耳盗铃般可笑。

因为这里就涉及如何理解“领导”的“本质含义”和“领导”的“表现形式”了。事实上，领导既是一种权力现象，也是一种权威现象。作为权力现象和权力活动，它与强制与服从相联系；作为一种权威现象和权威活动，它则与影响和服从相联系。领导现象与领导活动必然是与权力和权威都联系在一起的综合性的特殊社会现象和社会关系。因此在领导活动中，强制服从与影响服从，即压服与信服缺一不可。政党作为一个政治组织，对军队的政治领导和思想领导是不可避免的。中西不同的只是政治领导与思想领导的形式或途径不一样而已。在中国“党对军队绝对领导”的语境中，“领导”往往是广义的领导，包括政治领导、思想领导、组织领导。而西方“党军关系”语境中，所谓的“影响”和“控制”，实际上也离不开政党政治价值观念的渗透和引导①，离不开执政党遵循的法理与制定的法律的规范和调节，与中国共产党的思想政治组织领导功能相类似。至于是否承认有组织领导，也与如何理解“组织领导”的内涵和外延相

① 中国共产党人对此具有十分清醒的认识。江泽民在《加强和改进新的历史条件下军队思想政治建设》（1999年7月8日）就曾经明确指出：“资本主义国家的军队标榜不参与政治，实际上资产阶级对军队的思想控制、精神灌输历来是非常厉害的，它们也是很重视做人的工作的，西方国家提出‘人权高于主权’、‘为价值观而战’，就是对它们的军队进行政治宣传的一种口号，以鼓动它们的军队为其推行霸权主义和强权政治服务。”中国人民解放军总政治部编：《毛泽东邓小平江泽民胡锦涛关于坚持党对军队绝对领导重要论述摘编》，解放军出版社2012年版，第138页。

关，与组织领导形式和组织领导类别的差异有关。究竟政党是“领导”军队还是“控制”军队或“影响”军队，是中西在表达政党与军队关系用语上的一个重要差异，但都表示的是同一个意思，就其出发点和实质与结果而言，并没有本质上的不同，只有形式上的区别。可见，是否公开承认政党对军队的领导反映了中西政党的本质特点。

其实，中西政党是否公开承认领导军队的态度，与其是否公开承认其政党和军队的阶级属性有关，明确承认政党和军队的阶级属性，就敢于公开承认政党对本阶级军队领导的正当性，而矢口否认政党和军队的阶级属性，就必然要否认政党对本阶级军队领导的正当性。

是公开明确还是掩盖模糊政党与军队的阶级属性以及政党对军队领导的事实，与其是否明确承认国家的阶级属性和政治态度密切相关、十分吻合。共产党之所以敢毫不讳言自己的政党、建立的国家和领导的军队之无产阶级属性，就在于它是与体现和维护最大多数人意志和利益的政治价值和伦理道德相一致的，能够获得最广泛的人民群众的理解支持和拥护。因此明确地公开地勇敢承认这一点，不仅合乎事实，合乎逻辑，合乎情理，也有理有利有力。与此相反，西方资产阶级政党不仅不敢公开承认自己政党的资产阶级属性，也不敢公开承认自己国家的资产阶级属性，更不敢公开承认自己军队的资产阶级属性，因为一旦承认了这一点，就毫无疑问暴露了资产阶级政党和资产阶级国家以及资产阶级军队维护资产阶级少数人利益的秘密和事实，就会揭开蒙在他们身上的“超阶级政党”“超阶级国家”“超阶级军队”的面纱，揭穿了他们所谓维护“全民利益”、体现“共同意志”、实现“人民统治”的虚伪本质，从而就会损害和危及资产阶级政党以及资产阶级群体这个整个社会中少数人的阶级地位和统治基础及其根本利益。

是否公开承认政党对军队的领导也反映了中西政党不同的精神境界。

中国承认政党对军队的领导，毫不讳言特别担心政党对军队的领导受到削弱，因此经常提出“始终不渝”坚持并“不断加强”和“巩固完善”党对军队的“绝对领导”的制度体制机制。承认政党对军队的领导，是中共诚实坦荡的表现，是无私无畏的表现。西方则正好相反。西方不承认政党对军队的领导，特别忌讳十分担心被指责政党与军队建立了密切关系，因此大力鼓吹并经常强调和竭力保持“军队非党化”和“非政治化”的“独立于”政党之外的“国家军队”形象。但如果西方政党真的不领导军队，为何军方出现重大失误时，代表政党执政的国家元首或政府首脑要承担政治责任呢？执政党担任国家或政府领导职务者往往被迫辞职或罢免下台的事实恰恰说明，西方国家的政党对军队是负有领导与被领导的连带责任的。西方不承认政党对军队的领导，显然是其虚伪狡猾的表现，也是自私怯懦的表现。

通过以上对中西“党军关系”认知与表达差异的初步分析，我们至少可以得出以下几点结论和启示：

其一，不管中西方是公开承认还是矢口否认政党对军队的领导权力，但都试图为自己的立场观点和行为态度，建立相对明确的概念范畴体系和比较“严密的”逻辑论证体系，力图在思想战线上争取理论上的制高点。中西“党军关系理论”虽然主要都来源于各自的“党军关系实践”，但也更是为了服务和指导各自的“党军关系实践”。因此，不断完善中国特色的“党军关系理论”，对于指导中国特色的“党军关系实践”，抵制和反对西方党军关系理论及其制度模式对中国军民思想的消极影响，无疑具有十分重要的意义，亟待中国军事政治学者作出自己应有的学术贡献。

其二，中西双方尽管都在自己内部针对本国政党与军队关系的分析研究中尽量避免使用“党军关系”一词，但并非因为“党军关系”一词本身在表达客观现实的党军关系事实中真的存在什么大问题，而主要是因为中西双方总体上对各自党军关系的积极正面评价与对对方党军关系的消极负面评价相联系。中西双方对“党军关系”概念的认知与表达差异背后所暗含的动机和态度、出发点和落脚点是很值得玩味的。所以判断中西党军关系的本质，既需要注重语言形式，但又不能仅仅根据语言表达形式做出判断，还需要做更广泛深入的分析。

其三，中西双方都喜欢针对对方使用“党军关系”概念，而尽量避免使用在自己身上，但动机和原因却并不相同，甚至正好相异。中国嫌其不能充分表达政党与军队联系的紧密度，而西方则嫌其导致政党与军队的关系太过紧密。其实，语言是思维的工具，虽然它既可能是客观事物的明确或正确表达形式，也可能是客观事物的隐藏或歪曲表达形式，但具体到“党军关系”概念来说，它不过是客观反映和一般描述政党与军队关系的一种语言形式，本身并没有价值倾向和褒贬色彩，如果说它具有什么感情色彩的话，那也是一些人有意识地主观赋予的，因此中国官方和民间特别是军事政治学研究中完全可以坦然接受和运用这个中性的词汇并用来光明正大表达自己的观点，没有必要画地为牢，自我束缚手脚，授人以柄。

最后，“党军关系”认知与表达的中西差异及其原因分析给予我们的又一个重要结论和启示在于，判断一个政党对军队的领导是否高明是否有艺术的标志不仅在于是否承认政党对军队的领导，而是是否实现了党对军队的实际上的领导。也就是说，我们还必须注意的是，判断一个国家的政党是否领导军队或军队是否接受政党的领导，不仅仅要看其如何“说”，而且要看其如何“做”，即不仅要看其口头语言表达，还要看其实际行动表现，必须尊重客观历史事实。这一点也永远不能改变。否则，就会被华丽动人的语言所蒙骗。西方国家不承认不宣扬政党对军队的领导，但却存在着政党对军队的实际领导。中国公开承认并大力宣传政党对军队的领导，但也同样存在着一些影响政党对军队领导的因素，这种现象的出现需要引起我们的警惕和重视。其实，毛泽东早在抗日战争时期就如何对待语言上坚持党对军队领导与行动上坚持党对军队领导的关系问题有清醒的认识，并对那些只注意口头上喊叫坚持党对军队领导的倾向提出批评。

综上所述，无论在西方还是中国，无论运用什么样的概念或语言来表达，在现代民主政治条件下的国家治理体系中，政党与军队之间从本质上讲确实存在领导与被领导的关系，既不存在有没有领导的问题，也不存在应该不应该领导的问题，只存在政党如何领导的问题，政党以什么形式领导的问题，政党是否真正实现了有效领导的问题。历史证明，千变化万变化，在阶级社会的现代民主政治时代，在军队治理体系中，政党牢牢“掌控”武装力量特别是掌控“军队”的实质没有改变也永远不会改变。因此，习近平要求中国“必须把听党指挥作为军队建设的首要，确保部队绝对忠诚、绝对纯洁、绝对可靠”。这无论对于推进国家治理体系和治理能力现代化，还是对于推进军队治理体系与治理能力现代化，特别是对于坚持走和平发展道路的当代中国人民实现中华民族伟大复兴的中国梦，都是有根有据的，也是极为必要和有益的。中国以“党对军队绝对领导”的有效军政关系模式作为现代国家治理体系的一种理性选择，无须在乎西方某些人的非议和责难，完全可以“走自己的路，让别人去说吧”！

（高民政）

# 第十五章　全球治理[①]

参与全球治理是中国国家现代治理体系的重要组成部分。首先，从全球治理议程上看，中国与世界上的其他国家面临着共同的全球性问题，这包括政治、安全、贸易和金融以及全球性公共卫生和环境问题等。其次，从全球治理主体来看，中国是全球治理的日益重要和关键的参与者，任何一个全球性问题的解决，如果离开中国的参与，都是不可能的；反过来说，中国作为国际社会的重要成员，有义务为共同应对全球性问题作出自己的贡献。第三，在一个全球化迅速发展和相互依赖加深的世界，全球性问题与国内问题的联系日益密切，全球治理与国内治理的互动日益频繁。一个实现了国家治理体系现代化的国家，应该是一个能够同时进行国内治理和参与全球治理、并使之发挥协同作用的国家。

① 该章的部分内容曾经发表于《世界经济与政治》2013 年第 1 期，题为《合作意愿与合作能力——一种分析中国参与全球气候变化治理的新框架》。

在上述背景之下，我们对中国参与全球治理的行为及其影响因素进行分析就是题中应有之义。如果把 1971 年中国恢复在联合国的合法席位看作中国全面参与全球治理的开端，在经过了四十多年的历程之后，中国对全球治理作出的贡献是有目共睹的，并日益成为全球治理的关键参与者。对于中国在全球治理中的行为，中外学者却有着不同的观点。中国学者强调中国行为的合作性和贡献，与此同时，很多西方学者和媒体对中国行为的评价却是负面的。这种评价发生的更大背景是国际政治中正在出现的权力转移。包括中国在内的新兴国家的经济发展和在国际政治中地位的提升，使得新兴国家拒绝接受发达国家提出的某些治理方案，而这被解读成这些国家的“权力野心”在全球治理领域的体现。

如果描述和解释中国参与全球治理的行为呢？哪些因素通过什么机制影响了中国的这种行为呢？本章以中国参与全球气候变化治理为例，试图对这个问题作出分析和回答。作为全球治理的一个重要领域，应对气候变化的全球努力是一面镜子，能够给思考和探索未来全球治理模式、推动建设人类命运共同体带来宝贵启示。①

## 一、合作意愿与合作能力：构建一种分析框架

在构建分析框架之前，我们先交代一些基本理解和假设。首先，必须从全球性问题的特点出发。全球性问题，通常问题规模巨大、问题性质复杂、应对的措施规模也很大。以气候变化问题为例，作为国际关系议程上史无前例的议题，它具有全球性、科学上的不确定性、复杂性、长时段性、责任和影响的不均衡性等特征。应对全球性问题涉及许多领域，是复

① 习近平：《携手构建合作共赢、公平合理的气候变化治理机制》，2015 年 12 月 1 日，http：//www.chinanews.com/gn/2015/12-01/7648944.shtml。

杂的系统工程。因此，国家对参与全球气候治理行为和政策的选择不能靠直觉和常识，而需要通过科学评估和分析。然而，作出这种评估和分析的科学家并不是在真空中阐明、告知和给出政策建议。科学行为会受到政治、文化的塑造，而分析者的国籍也非常重要。

其次，国家参与全球治理，其形式可能是非正式的、也可能是正式的。其中最具挑战性的是国家参与应对全球性问题的正式的、多边制度安排。从完整的意义上来说，这个过程要经历以下的阶段：某种国际关系行为体将某个特定的全球性问题提上国际关系议程，然后国家之间通过国际谈判确定共同目标以及责任分配方案。此后国家之间会在搁置分歧的情况下确立基本规范、制定具体规则，并可能最终达成某些国际协议，国家在其中作出最初的国际承诺。国家在签署和批准达成的国际协议之后，还要履行已经作出的国际承诺。为此，国家要进行相应的评估（这个过程也许在国际谈判之前就已经发生了）、制定和执行相应的国家战略目标、方案和政策。

第三，假设国家是一个理性的行为体，会根据成本—收益的分析来确定参与全球治理的行为。同时，假设国际层次的因素和国内层次的因素都会影响国家参与全球治理的行为。但是，笔者认为那些因素不会自动发挥作用，它们要通过一定的途径或者机制来影响国家的行为。换言之，这些因素与国家的特定行为之间还存在一种中间变量，或者是一种因果机制。如果找到了这种中间变量，就能整合对国家参与全球治理行为产生影响的国际和国内层次上的因素。

在上述背景之下，如果把国家参与全球治理的合作行为作为因变量，那么它的自变量包括两个：合作意愿和合作能力。从含义上看，国家的合作行为是指“国家在参与全球治理的过程中，作出或者履行国际承诺以承担应对全球性问题的国际责任的举动”。合作意愿是指“行为体通过作出或者履行国际承诺以应对全球性问题的过程中，承担成本和获取收益的心愿和愿望”。合作能力则是指“行为体通过作出或者履行国际承诺以应对全球性问题的过程中，承担成本和获取收益的条件和力量”。行为的合作性、合作意愿和合作能力都存在一个程度高低或者大小的问题。通过对影响国家合作行为的因素作出上述的构建和区分，我们可以认为，国家的合作意愿和合作能力越高，国家参与全球治理的积极性和可能性就越高；国家的合作意愿和合作能力越低，它参与全球治理的积极性和可能性就越低。更具体地说，合作意愿和合作能力作为影响国家合作行为的因素，可能出现以下四种基本组合：（1）高合作意愿和高合作能力；（2）低合作意愿和低合作能力；（3）高合作意愿和低合作能力；（4）低合作意愿和高合作能力。这四种组合既适合分析国家的整体合作行为及其影响因素，也适合分析国家在具体议题上的不同合作行为和影响因素。

对国家合作意愿和合作能力进行区分并形成不同情况的组合，首先有利于分析国家在全球治理中合作行为的多样性以及单个国家在同一问题领域不同谈判议题上表现出的行为差异性及其影响因素。

具体地说，合作意愿和合作能力对合作行为的影响，对不同的国家和同一个国家在不同议题上而言，所占的权重并不相同。比如对于美国这样的发达国家，显然合作意愿对合作行为的影响更大，因为美国虽然具有较高的经济发展水平、科学研究水平和技术水平、国际谈判能力，但由于国内政治的因素导致美国政府很多时候实质性参与全球问题（比如气候变化问题）的治理意愿低下。对于很多发展中国家来说，它们之所以不能按照发达国家的要求承担减排义务，不是因为缺少合作的意愿，而是因为不具备足够的能力。这种情况可能发生在全球治理机制形成的早期阶段，但特别可能发生在最初的国际合作框架搭建起来之后，随着合作的深入和细化，当需要国家做出具体的承诺、分摊实质性义务时，国家因为合作能力的不足而选择了在该问题上观望或者持反对的立场，也就不能适应其他行为体实际或预期的偏好。这种情况也可能发生在国家履行国际合作承诺的阶段。即使国家已经签署和批准了国际合作协议，但是国家却最终没有履行国际承诺或者履行得不好，这也未必是因为国家没有履行的意愿，而是由于国家没有足够的能力履行。例如，有研究表明大部分不遵守国际协议的情况都不是故意的，而是由于国家缺少能力。

其次，通过从合作意愿和合作能力两个方面确立分析框架，有助于解释国际层次和国内层次的因素为什么能够和在哪些方面影响了国家的合作行为。由此，合作意愿与合作能力就充当了国家合作行为与国际层次和国内层次上因素的中间变量或者因果机制。

合作意愿和合作能力影响国家的合作行为存在三种可能的因果路径：第一，国际层次的因素和国内层次的因素同时或者分别影响了国家的合作意愿和合作能力，进而影响了国家的合作行为。第二，国际层次的因素和国内层次的因素推动了国家合作意愿的提升，使其可能会采取相应的措施来提高合作能力，进而使国家展现出更积极的合作行为。第三，从较长的时段来看，国际层次的因素和国内层次的因素推动了国家合作能力的提高，进而使其合作意愿可能会更加强烈，从而对国家的合作行为产生积极的影响。但是无论依循哪种因果路径，必要的合作意愿和合作能力对于国家采取合作行为来说都是不可或缺的。

最后，也是最重要的一点，这种区分无疑是想强调合作能力对于国家合作行为和国际合作过程与结果的重要性。在参与全球治理的过程中，理性的国家通常要评估它们当前的合作能力，以选择未来能够承担的国际责任或者采取的行动。这种责任或者行动应该与它在特定时间段内能够合理达到的能力水平相一致。尽管国家的合作能力会不断发展，但是国家承担的国际责任对这种能力的需求不能太大。如果某种合作选择使得现有能力和所需求的能力差距太大，国家就不可能承担某种义务或者遵守其承诺，不管在国际层次还是在国家层次。在这个框架下，国家当前的合作能力可能界定了这个国家能够采取的下一个合作举动。当然，国家在采取措施应对全球性问题之前并不需要具备所有的能力，因为具备合作意愿的国家能够通过自己的努力或者是通过国际社会的援助来提高它们的合作能力，而且在某种程度上作出某种承诺也能够推动国家合作能力的建设。但这需要一个基本的前提——国家必须具备最低限度的合作能力，并必须确保将来的合作行为与将来的合作能力相一致。因此，这不是合作意愿本身能够决定的。总之，国家的合作能力不是一个不证自明的前提，而是影响国家合作行为的重要因素。

当然，合作意愿和合作能力是我们出于分析的需要所作的人为区分，实际上它们既相互分离，也相互影响，有时候甚至杂糅在一起影响国家的合作行为。但是，在这之外确实有些因素明显地分属两个不同的范畴。比如经济发展水平、科学研究水平、制度能力等显然属于合作能力的范畴，一个在这些方面能力很低的国家，即使有再大的合作意愿，也不可能采取非常积极的国际合作行为。而相对于全球性问题的脆弱性、国际责任的分配方式以及国内立法机构和多元行为体的认识及其对政府立场的限制，显然对国家的合作意愿产生了影响，进而影响到国家的合作行为。

## 二、中国参与全球治理的意愿不断提升

从中国参与全球治理的四十多年历程来看，总体上中国的行为呈现出很高的合作性。以气候变化问题为例。从 20 世纪 80 年代末到现在，中国与国际社会在气候变化领域已经进行了三十多年的互动。从中国参与全球气候变化治理的合作行为来看，主要包括两方面的内容：一是国际谈判，

二是国际履约。

首先，从参与国际气候变化谈判来看，中国参加了历次联合国框架下的多边气候谈判会议，成为《联合国气候变化框架公约》《京都议定书》和《巴黎协定》的重要缔约方，是全球气候变化机制全方位的参与者。这意味着中国从一开始便具备了气候变化领域的合作意愿和合作能力。从中国的具体立场来看，2007 年之前，中国等发展中国家主张发达国家应该承担应对气候变化的首要责任，并且要求发达国家向发展中国家进行资金和技术转让[①]，反对将发展中国家的自愿承诺问题提上议程，拒绝作出任何形式的减排承诺。2007 年之后，中国的气候变化外交政策出现转变，虽然重申发展中国家现阶段不应当承担减排义务，但提出可以根据自身国情并在力所能及的范围内采取积极措施，尽力控制温室气体排放的增长速度。“巴厘路线图（Bali Roadmap）”的通过也意味着中国等发展中国家同意考虑在将来采取行动降低温室气体排放的增长速度。2009 年，中国宣布了自愿减排指标，决定到 2020 年单位国内生产总值二氧化碳排放比 2005 年下降 40%—45%。尽管这是自愿承诺，它却是中国首次在气候谈判历史上作出的量化的、清晰的承诺。但是中国明确拒绝欧盟等发达国家提出的全球长期减排目标，即到 2050 年全球减排 50%、发达国家减排 80% 的目标。2011 年德班气候大会达成的一揽子协议，意味着中国同意参与启动制定 2020 年后全球进一步合作行动安排的进程，以最迟于 2015 年完成对具有国际约束力的法律协议的谈判并自 2020 年起开始生效实施。可以看出，中国在清洁发展机制、“2 度目标”、“三可”（可监督、可报告、可核查）以及国际磋商与分析等问题上都展现出了灵活性，通过政策协调，其立场

① 参见国家气候变化协调小组第四工作组：《关于气候变化公约谈判准备情况的汇报》，载国务院环境保护委员会秘书处编：《国务院环境保护委员会文件汇编》（二），中国环境科学出版社 1995 年版，第 259 页。

朝向国际社会实际或者预期的偏好调整，从而推动了相关协议的达成。

2015 年 6 月，中国提交了《强化应对气候变化行动——中国国家自主贡献》。中国政府承诺将于 2030 年左右二氧化碳排放达到峰值并争取早日实现，2030 年单位国内生产总值二氧化碳排放比 2005 年下降 60%—65%，非化石能源占一次能源消费比重达到 20% 左右，森林蓄积量比 2005 年增加 45 亿立方米左右。这是中国自 20 世纪 90 年代初参与全球气候治理以来第一次承诺二氧化碳排放达到峰值的时间表，标志着中国接受了发展中国家实现温室气体绝对排放量减排的理念。尽管这对中国来说也是一个巨大的挑战，但它显示了中国在参与全球温室气体减缓行动方面强烈的合作意愿，对于《巴黎协定》的最终达成释放了有力的政治信号。

其次，从国际履约的角度看，中国认真履行气候变化领域相关方面的国际义务。《联合国气候变化框架公约》明确要求所有缔约方向公约秘书处提交国家信息通报。为此，中国于 2004 年完成了《中华人民共和国气候变化初始国家信息通报》并向公约缔约方大会提交；2007 年发布了《应对气候变化国家方案》。此外，中国发布了两次《气候变化国家评估报告》，自 2008 年起每年发布《中国应对气候变化的政策与行动》，介绍中国应对气候变化的政策、措施、行动和取得的成效。在《京都议定书》下，中国积极参加清洁发展机制。截至 2012 年 11 月 2 日，中国在联合国注册的清洁发展机制合作项目达到 956 个，共获得约 6.2 亿吨核证减排量（Certified Emission Reductions，CERs）签发，占东道国清洁发展机制项目签发总量的 60%，居世界第一位。①

中国积极履行减排承诺。经初步核算，2018 年中国单位国内生产总值二氧化碳下降 4%，比 2005 年累计下降 45.8%，相当于减排 52.6 亿吨二

① 中国 CDM 项目签发最新进展，http：//cdm.ccchina.gov.cn/web/NewsInfo.asp?NewsId=6380。

氧化碳，非化石能源占能源消费总量比重达到14.3%，基本扭转了二氧化碳排放快速增长的局面。①

总之，经过近三十年的互动，中国在全球气候变化治理领域的合作性不断提高，不仅积极参与联合国气候变化谈判，推动达成多边气候协议，而且积极履行气候变化领域的国际承诺和国内目标。中国在全球气候治理中的角色已经发生了重大变化，对国际气候治理体系的建设发挥了重要作用。党的十九大报告中指出，“引导应对气候变化国际合作，成为全球生态文明建设的重要参与者、贡献者、引领者”。如何解释中国的这种合作行为呢？按照本文的分析框架，这是中国的合作意愿和合作能力提升的结果。

从合作意愿上看，首先是中国对气候变化问题及自身在该问题上脆弱性的认知得以深化，从而提高了其应对气候变化问题的意愿。国际气候变化谈判早期，中国在上述两方面的认知都存在很大的不确定性。随着国际气候变化科学研究的进展，尤其是IPCC（政府间气候变化专门委员会）四次评估报告的出台以及中国自身气候变化科学研究的进展，2005年之后中国对上述两方面的认识更加确定。虽然中国认为“目前世界各国对气候变化影响的评价尚存在较大的不确定性”，但是也强调“现有研究表明，气候变化已经对中国产生了一定的影响……而且未来将继续对中国自然生态系统和经济社会系统产生重要影响”。与此同时，中国“是最易受气候变化不利影响的国家之一”。② 上述认识使中国的合作意愿进一步增强。

中国自身对气候变化问题的科学评估和监测信息不断发展和完善，进一步深化了对该问题的确定性及其风险性的认知。《中国气候变化蓝皮书》

---

① 生态环境部：《中国应对气候变化的政策和行动2019年度报告》，2019年11月。

② 《国务院关于印发中国应对气候变化国家方案的通知》，国发〔2007〕17号，2007年6月3日，http://www.most.gov.cn/twzb/twzbxgbd/200706/t20070615_50495.htm。

指出，中国自身的气候变化地表年平均气温呈显著上升趋势，近20年是20世纪初以来的最暖时期，2018年中国属异常偏暖年份。1951年到2018年，中国年平均气温每10年升高0.24℃，升温率明显高于同期全球平均水平。1980年到2017年，中国沿海海平面呈波动上升趋势，2017年中国沿海海平面较1993年到2011年平均值高58毫米，为1980年以来的第四高位。①

其次，国际社会与中国的互动进一步提升了中国参与全球气候变化治理的意愿。随着中国经济长期、高速增长和温室气体排放量的同期大幅增加，国际社会尤其是发达国家和小岛国家要求中国在气候变化问题上承担更多、更明确的国际义务。尤其是在2005年后，中国在国际气候变化谈判中面临的压力是前所未有的。国家气候变化专家委员会主任委员、中国气象局局长秦大河2006年曾表示："国际上要求中国减排温室气体的压力是越来越大了。"② 但与此同时，中国国家内部发展理念的转变使气候变化在国内议程中的地位提升。进入21世纪的中国由于意识到继续发展所面临的环境与资源瓶颈，开始谋求进行环境与发展关系的转型。中国提出"科学发展观"和"和谐社会"的理念，提出环境与经济发展关系的三个转变。此外，2006年中国第一次在国民经济和社会发展规划中明确地确立人口、资源环境等约束性目标，并在第十二个五年规划纲要中首次提出了到2015年单位国内生产总值二氧化碳排放比2010年下降17%的目标。这都标志着中国应对气候变化的内部动力在提升。

考虑到中国应对气候变化和低碳发展的工作对于全球应对气候变化的重大意义，习近平在2013年APEC峰会上作出了"为应对全球气候变化

---

① 中国气象局气候变化中心：《中国气候变化蓝皮书（2019）》，2019年。

② 李月：《中国草船接"箭"，负重踏上环保征途》，载《华盛顿观察》2006年第44期，http://www.washingtonobserver.org/talk_usa_show.aspx?id=1687。

作出新的贡献”的庄严承诺，并强调应对气候变化“不是别人要我们做，而是我们自己要做”。2014 年习近平多次发表关于经济新常态的论述，反映了中国政府与相关部门对于转变经济发展方式，使之从传统粗放转为高效率、低成本、可持续发展道路、打造中国经济升级版的决心。

在此背景下，设立中国长期低碳发展的战略目标，主动将控制碳排放作为经济社会发展的约束条件，对于推动中国发展方式与消费模式转变、调整产业结构、促进经济发展从粗放到集约、内涵式发展具有重要意义，也是中国融入全球低碳发展浪潮、逐步推动经济增长与碳排放逐步脱钩，实现党的十九大提出的低碳发展、绿色发展、建设美丽中国的必要途径。

此外，正如前文所表明的，包括中国在内的发展中国家从国际气候谈判的一开始就强调公平和正义原则的首要性。可以说，一项气候变化的协议如果符合中国的公平观念，则中国就更可能制定更加积极的气候政策。但是，美欧等发达国家在 2008 年后试图重新解释甚至修改“共同但有区别的责任”原则，并提出了长期的全球减排方案。① 这些方案既没有考虑历史排放的巨大差异，也没有考虑基准年排放量的巨大差别，对今后的排放还为发达国家安排了比发展中国家多数倍的人均排放空间，必然会导致今后排放权分配的巨大差别。“如果这些方案成为国际协议的话，它们将成为人类历史上罕见的不平等条约。因为这将把目前已经形成的巨大贫富差异固定化，在道德上是邪恶的。” ② 因此，中国之所以不接受欧盟在哥本哈根会议强推的长期减排目标，是因为这个方案是非常不公平的责任分配方案，从而影响了中国的合作意愿。

进入 21 世纪，面对发达国家要求动态解读或者适用“共区原则”的

① 参见丁仲礼等：《国际温室气体减排方案评估及中国长期排放权讨论》，载《中国科学 D 辑：地球科学》2009 年第 12 期，第 1659—1671 页。

② 《解读发达国家气候谈判话语下的陷阱——中国科学院丁仲礼副院长在哥本哈根中国新闻与交流中心的演讲》，http：//www.globalchange.ac.cn/Linkages/Interpretation_of_trap.pdf。

要求，中国坚持和维护“共区原则”的意愿强烈，立场明确。自 2012 年 6 月波恩谈判会议以来，中国、印度和其他一些阿拉伯集团的成员国、一些东南亚国家、一些非洲国家，以及一些拉美国家，包括古巴、阿根廷、委内瑞拉、玻利维亚、厄瓜多尔、尼加拉瓜等组成一个被称为“立场相近发展中国家”的集团，旨在维护“共区原则”和公平原则，以及强调发达国家的历史责任。此外，中国不断加强同发达国家的双边对话合作，利用双边气候声明就“共区原则”事先达成政治共识，为多边气候谈判注入政治动力。其中，中美就“共区原则”达成的双边政治共识，对于《巴黎协定》最终坚持该原则发挥了首要作用。中国代表团成员、原国家应对气候变化战略研究和国际合作中心副主任邹骥指出，没有中国的坚持，最终的《巴黎协议》不会像现在这样体现出发达国家和发展中国家的“共同但有区别的责任”;《巴黎协定》中敦促发达国家缔约方提高其资金支持水平、制订切实的路线图等内容就是由中方提出，最终正式写入协议的。①

## 三、中国需进一步提高参与全球治理的能力

在进行实证分析之前，探讨什么构成和影响了国家参与全球治理的合作能力是非常必要的。在一般意义上，经济发展水平和技术水平当然可以作为国家参与全球治理的合作能力的指标。因为只有经济发展才能使国家分配新的资源进行针对全球问题的科学研究，通过制度安排，设置专门机构和人员参与全球治理。从国家参与全球治理具体的能力需要的角度看，具体包括以下几个方面：针对全球问题的科学研究和评估能力、国际谈判能力、应对全球性问题的国家方案和政策的制定能力以及履行国际承诺和

① 新华社：《中方权威人士：〈巴黎协定〉凝聚各方最广泛共识》，2015 年 12 月 13 日，http://www.gov.cn/xinwen/2015-12/13/content_5023263.htm。

相关政策的能力。

以气候变化问题为例。第一类能力包括国家理解气候变化的科学本质，评估这一问题对本国的影响及任何减缓和适应政策的社会经济含义的能力。第二类能力是指参与国际气候变化谈判的同时表达和保护国家利益的能力，具体包括议程设置、制订原则和规则以及话语能力等。第三类能力是指国家制定相应的气候变化应对方案和政策的能力，这既包括制定与气候相关政策的能力，如能源政策、环境政策等，也包括制定专门的气候变化政策的能力。第四类能力是指有效地履行减缓或者适应气候变化的国际承诺或国内政策的能力。很多时候，上述第三类能力和第四类能力是紧密联系在一起的，因为制定气候变化政策本身就是国家履行国际和国内承诺的组成部分。

从实证的角度看，在气候变化问题领域，中国不断提升的合作能力推动它在全球气候变化领域更具合作性，但是它的合作能力仍然需要进一步提高。

从经济发展水平来看，虽然中国经济保持了长期、快速的增长，但经济发展水平仍然比较低，影响了中国接受更多国际义务的能力，尤其是减缓能力。在国际气候变化谈判中，中国强调自身是一个“人口众多、低收入的发展中国家”，“消除贫困、发展经济、满足人们的基本需要是中国政府的首要任务”。2005 年以后，虽然中国的经济总量获得了很大增长，但作为衡量国家经济发展水平重要指标的人均国内生产总值仍然很低。2007 年，中国人均国内生产总值为 2461 美元，在 181 个国家和地区中位居第 106 位，仍为中低收入水平的国家。因此，中国提出“在现阶段对发展中国家提出强制性减排要求是不合适的。因为发展中国家工业化、城市化、现代化进程远未完成，发展经济、改善民生的任务艰巨”。2009 年之后，中国经济总量虽然已处于世界前列，但人均国内生产总值仍排在全球 100

位之后，中国仍是世界上最大的发展中国家。鉴于此，中国只会承担与经济发展水平相适应的国际责任与义务。此外，中国是世界上少数几个一次能源结构以煤为主的国家，与此同时，中国的能源生产和利用技术落后。由于调整能源结构在一定程度上受到资源结构的制约，提高能源利用效率又面临着技术和资金上的障碍，以煤炭为主的能源资源和消费结构在未来相当长的一段时间将不会发生根本性的改变，这使得中国在降低单位能源的二氧化碳排放强度方面比其他国家面临更大的困难。①

尽管中国自 2010 年成为第二经济体，但中国仍然是最大的发展中国家，在应对气候变化问题的同时还面临着发展经济、改善民生、消除贫困、环境治理等艰巨任务。为此，中国付出了很多努力和艰辛来采取淘汰落后产能、推动散煤替代、关停“散乱污”企业等强有力的措施，大力推动产业结构调整、能源结构优化、节能、提高能效、推进各地低碳转型。中国已有减排成绩的取得非常不易。中国如何在未来克服面临的困难和挑战，不断努力推进应对气候变化问题，认真落实已经作出的承诺，推动绿色循环低碳发展的成效，仍需要作出巨大的努力。

其次，虽然中国的气候变化科学研究和评估水平不断提高，但与发达国家相比仍然较低。发达国家对气候变化的科学研究开始早、投入多、发展快。20 世纪 90 年代，美国、日本和欧盟当时每年投入的气候研究经费之和就达 30 亿美元。中国等发展中国家在这方面与发达国家不可同日而语。进入 21 世纪，中国通过一系列举措提高气候变化科技能力，经济的增长使其能够投入更多的研究经费。通过国家科技计划的支持和国际科技合作，中国在气候变化的基础科学研究、气候变化的影响与对策、气候变化的社会经济影响分析及减缓对策等方面都取得了成果。但是中国的气候

① 《中国应对气候变化国家方案》，2007 年 6 月，http：//www.sdpc.gov.cn/xwfb/t20070604_139486.htm。

变化科技水平与国际领先水平相比仍然存在较大差距。这影响着中国参与全球气候变化治理的整体能力。

例如，IPCC 是全球气候变化科学研究和评估领域最权威的国际机构。但是其中中国等发展中国家的专家数量所占比例很小。1990 年 IPCC 第一次评估报告撰写过程中，第一工作组各国参与作者人数共有 210 人，其中美国 110 人、英国 62 人，而中国只有 8 人、印度 5 人。在 1995 年 IPCC 第二次评估报告的撰写过程中，该报告第一工作组参与作者人数共有 512 人，其中美国 210 人、英国 61 人、中国 7 人、印度 5 人；第二工作组的 582 名作者中，美国 212 人、英国 60 人、中国 20 人、印度 20 人；第三工作组的 97 名作者中，美国 30 人、英国 5 人、中国 2 人、印度 7 人。①2001 年结束的 IPCC 第三次评估报告第三工作组专家有 150 多位，但欧、美、日的学者不论是在数量上还是在学术水平上，均占主导地位。2007 年出版的 IPCC 第四次评估报告所选用的科学文献和科学观点大部分都源自欧盟国家的科学家，该报告在很大程度上反映了欧盟的立场和观点。

尽管中国在 IPCC 报告的参与度在提升，但与发达国家尤其是美国相比，中国对报告的参与力度仍处于明显劣势。无论是主要作者召集人、主要作者、贡献作者还是编审，美国的参与人员数量均要远远超过中国，这无疑决定了中国在影响报告内容方面与美国等发达国家相比处于弱势地位。在第六次评估中，尽管美国特朗普政府不支持气候变化，但科研实力仍旧很强。

从国际谈判能力来看，首先，发达国家在全球气候变化治理的议程设置方面占据了主导地位。气候变化问题最早是由发达国家提上国际关系议

① Ambuj Sagar，"Capacity Development for the Environment：A View for the South，A View for the North"，*Annual Review of Energy and the Environment*，Vol.25，2000，p.426.

程的，随着国际气候谈判的进展又将发展中国家的减排义务问题、气候变化治理的长期减排目标等问题提上谈判议程。发展中国家在接受这些议程的同时，也提出发达国家应该继续率先承担减排义务、并向发展中国家进行资金和技术转让，但并没有对议程产生巨大影响。其次，就国际气候变化原则和规则的制定能力来看，中国等发展中国家在国际气候谈判的一开始将“共同但有区别的责任”原则、公平原则等成功地融合进《联合国气候变化框架公约》。但是在随后的国际气候变化谈判中，发展中国家满足于暂时避免了短期内承担减排义务的要求，而没有主动思考长期的谈判目标和策略问题，只是到了后京都时期，随着美国将批评《京都议定书》与发展中大国有意义的参与绑定起来，才推动发展中国家思考长期的谈判问题。对大部分的发展中国家来说，国际气候谈判的一个核心因素是需要对有争议的问题提出公平的解决方案。但是发展中国家政府没有积极主动地发展出任何实质性的框架和方案。结果，平等成为一种被发展中国家反复提及但空洞的“咒语”，并被发达国家当作发展中国家避免接受义务的借口。①

自 2007 年以来，发达国家在国际上提出了七个影响较大的减排方案。这些减排方案设置了一个陷阱。 它们设定了国际社会到 2050 年的二氧化碳排放量，发达国家占 44% 的份额，留给发展中国家的排放空间所剩不多，严重限制了发展中国家的排放权。但由于发展中国家研究得不够，所以对这个陷阱看得并不清楚，也没有很好地理解。中国等发展中国家在国际气候变化谈判中强调发达国家中期应该减排 40% 的方案，但即使发达国家达到这个目标，给发展中国家增加的排放空间也非常有限。② 与此同时，中国也试图提出全球应对气候变化的“中国方案”。但是该方案尚未

① Ambuj Sagar，“Capacity Development for the Environment：A View for the South，A View for the North”，p.404.

② 丁仲礼：《解读发达国家气候谈判话语下的陷阱——中国科学院丁仲礼副院长在哥本哈根中国新闻与交流中心的演讲》，http：//www.globalchange.ac.cn/Linkages/Interpretation_of_trap.pdf。

成为中国的国家方案，在国际气候变化谈判中还没有成为一个可以被用来参考和讨论的方案基础。

中国在过去二十多年在“共区原则”的确立和维护方面作出了重大贡献，推动全球气候治理体制朝着公正合理的方向发展。在《巴黎协定》的谈判过程中，中国不断加强同发达国家的双边对话合作，利用双边气候声明就“共区原则”事先达成政治共识，为多边气候谈判注入政治动力，推动其向公平合理的方向发展。但是由于中国的能力和经验的欠缺，尤其是在具体规则制定方面的影响力与其大国地位并不相称，如何在后巴黎时代推动规则制定过程沿着公平合理的方向进行，中国仍然面临着挑战。

从气候政策的制定来看，中国这方面的能力得到了提升。首先是建立和完善应对气候变化的国内机构。20 世纪 90 年代初，中国建立了气候变化协调小组。1998 年，中国对原气候变化协调小组进行了调整，成立了 13 个部门参与的国家气候变化对策协调小组。2006 年之后，中国应对气候的机构和体制建设经历了密集式大发展。2006 年 8 月，中国国家气候变化专家委员会组建完毕。中国 2007 年成立了国家应对气候变化及节能减排工作领导小组，作为国家应对气候变化和节能减排工作的议事协调机构。此外，中国外交部于 2007 年 9 月成立了应对气候变化对外工作领导小组，设立气候变化谈判特别代表。国家发展和改革委员会在 2008 年机构改革中设立了应对气候变化司。可以看出，中国除了使原有的机构承担参与全球气候变化治理的使命，还新设置了专门的气候机构，建立健全应对气候变化的职能机构和工作机制。

生态环境部成立以来，面临着应对气候变化体制机制不断完善的任务。为此，不断强化应对气候变化与生态环境保护工作的统筹协调，完善国家应对气候变化及节能减排工作领导小组的工作机制，领导小组统一领导、主管部门归口管理、各部门相互配合、各地方全面参与的应对气候变化工作机制已经初步形成。①

其次，从气候政策的制定和实施来看，2005 年之前，中国出台了一系列重大的政策性文件，旨在调整经济结构，提高能源利用效率，改善能源结构。中国在环境、交通等领域也采取了相应的政策和措施。虽然这些政策的首要目标并非应对气候变化，但是它们试图整合应对气候变化的目标，是“与气候相关”的政策措施。从实施的角度看，虽然取得一定成效，但总体上已有相关政策的有效性和效率还不够高，其根源在于相关体制缺陷和地方对环境政策实施的障碍。 2005 年以后，中国开始制定专门以应对气候变化为目标的政策和措施。例如，中国逐步建立健全了清洁发展机制的政策法规体系，有效推动和促进了清洁发展机制项目在中国的快速开展。此外，从整体上看，2007 年 6 月发布的《中国应对气候变化国家方案》意味着中国首次具有了应对气候变化的专门战略、方案和政策，逐渐发展起专门应对气候变化的能力。继 2009 年哥本哈根大会提出 2020 年单位国内生产总值二氧化碳排放比 2005 年下降 40%—45% 的碳强度控制目标后，2013 年底和 2014 年 9 月出台《国家适应气候变化战略》和《国家应对气候变化规划（2014—2020 年）》，提出了中国应对气候变化工作的指导思想、目标要求、政策导向、重点任务及保障措施。2014 年 11 月中美在北京签署《中美气候变化联合声明》，首次正式提出计划于 2030 年左右达到碳排放峰值和 2030 年非化石能源占一次能源消费比重提高到 20% 左右的强化目标，并且随后要求第一、二批低碳试点城市探索提出达到温室气体峰值的时间。

但另一方面也应认识到，由于中国应对气候变化的中长期发展战略尚未完全明晰，中国虽然在节能降耗、发展可再生能源、增加碳汇等方面作

① 新闻办就《中国应对气候变化的政策与行动 2019 年度报告》有关情况举行发布会，http：//www.gov.cn/xinwen/2019-11/27/content_5456146.htm。

了很多努力，也取得了很多成绩，但经济社会发展沿着高碳发展模式前进的格局并未实现突破。中国已经建成和正在加速建设的能源系统和各种基础设施系统有被现有高碳技术和消费模式锁定的极大风险。

总之，合作意愿和合作能力确实影响了中国过去20多年参与全球气候变化治理的合作行为。不断提高的合作意愿和合作能力推动中国在全球气候治理领域发挥着日益重要的核心作用。随着全球气候变化治理的进展和中国合作意愿的明显提高，进一步提高合作能力将有助于中国深度参与全球气候治理，作出更大贡献。

从合作意愿和合作能力的角度分析国家参与全球治理的行为，虽然从方法上看还不太成熟，但是它强调了合作能力的重要性，在一定程度上补充了既有研究的不足。从对中国参与全球气候变化治理的实证分析中，我们不仅发现“合作能力”主观上成为中国参与国际气候变化谈判和国内气候决策时考虑的重要因素，客观上也确实影响了中国在国际气候谈判中的基本立场和在国内层次上气候政策的制定和执行。像任何一个理性的国家一样，中国确实是根据其合作能力来选择当前或者未来能够承担的国际减排责任或者行动。中国的合作能力在其参与全球气候变化治理的过程中得到了发展和提高，这支撑它在全球气候治理中发挥了越来越核心的作用。

中国在全球治理领域合作能力的提高，从根本上依赖于国内的发展进程。中国虽然已经取得了引人注目的经济发展，但是中国仍然是发展中经济体和发展中社会。因此，中国经济的继续增长和国家与社会的继续发展，将从根本上提高中国参与全球治理的积极性。无论在哪个意义上，全球治理都不能以阻止或者牺牲中国等发展中国家的发展为代价。

鉴于全球性问题及其相关国际谈判与制度已经成为中国发展的特殊外部环境，中国应该进一步提高参与全球治理的能力。首先应该加大对全球性问题科学研究的投入，加强对全球性问题的跨学科研究，提高相关科学研究和评估水平，争取更多的国际科学话语权。其次，在全球性问题的议程设置方面的能力虽然在短期内难以提高，但是中国应该更具有“策略意识”，在不同的议题上加强与立场相似的国家或者国家集团的合作。更重要的是，中国作为“负责任、有担当的发展中大国”，除了要继续维护“共同但有区别的责任”等既有原则，更需要提高自身在具体规则制定方面的能力，以更好地维护国家权益和承担责任。为此，中国应该在推动国际制度的进一步建设中，勇于和能够提出公平、科学、具有可操作性、适用于全球的“中国方案”。当然，通过提高制度能力来提高国际承诺的国内履约水平，也是中国提高参与全球治理能力的重要内容。

（薄　燕）

# 第十六章　腐败治理

毋庸置疑，腐败问题已经是长久以来困扰人类发展的一个巨大难题，针对这一世界难题，人类并没有停止努力，并且已经提出了各种各样的解决办法。如果在一些大型的社会科学英文数据库中输入“corruption 腐败”和“anticorruption 反腐败”作为搜索关键词，至少能找到 4000 多篇各类相关文献。目前反腐败研究被两种错误的观念所占据：一是技术流派，认为反腐败不需要理论，反腐败主要是一个政策问题，通过技术手段和管理的精细化就可以有效解决腐败问题；二是政治意志（political will）流派，认为反腐败不是技术问题，反腐败的技术和工具库非常多，很多国家和地区之所以保持如此之高的腐败程度，主要是领导人没有反腐败的决心。

实际上，以上两大流派对于反腐败开出的药方都属于国家中心主义的，即反腐败主要是国家自己的事情。国家中心主义路径中存在一个基本的二分理论——强迫与制度设计，本章将进一步对这一二分法中的两个概念进行定义，并发展出其类型学的理论意义。并且指出，与强迫模式相比，虽然制度设计是腐败治理的更高级也更为科学的模式，但依然要清醒地认识到其弊端所在。因为这两种看似矛盾的腐败治理模式，但同属于“国家中心”式的反腐败模式，其共同的弱点是在于对“横向责任”的强调，忽略了“纵向责任”在腐败治理上的巨大作用。因此，本章将会提出另外一个与国家中心主义相伴生的理论，即社会中心主义的反腐败路径。

## 一、国家中心主义路径一：强迫执行与运动式治理

在腐败治理理论中，有一个经常成对出现的二分法：强迫执行（enforcement）和制度设计（institutional design）。曼宁对反腐败问题的研究中始终贯穿着这样两个基本类型的对立假设①。之所以说这是两个理想类型，是因为实践中的反腐败都会多少包含两种类型中的一部分策略，只是程度上的差别而已。那么，强迫与制度设计的一般定义是什么？在腐败治理中的强迫与制度设计又指的是什么？作为理想类型的“强迫”与“制度设计”两种治理腐败的模式到底有什么区别？上述问题中，不仅仅后面两个问题几乎无人涉及，甚至前两个问题目前也没有从理论上得到很好的解决。

### 1. 强迫执行：定义与理论

“Enforcement”多用于法学著作中，这里我们姑且翻译为“强迫执

---

① Manion，Melanie（1997），“Corruption and Corruption Control：More of the Same in 1996”，*China Review*，pp.33—56；（2004），“Lessons for Mainland China from Anti-corruption Reform in Hong Kong”，*The China Review*，Vol.4，No.2. pp.81—98（2009），“Beyond Enforcement：Anticorruption Reform as a Problem of Institutional Design”，in *Preventing Corruption in Asia*，edited by Ting Gong & Stephen K. Ma，London and New York：Routledge.

行”，但这一翻译并不准确，它其实表达的是对法律或者制度的执行（多数带有强迫的性质）。当学者们把“强迫执行”和“制度设计”作为一个二元对立的概念，在腐败治理理论中来使用的时候，强迫执行其实指的是腐败治理的较为初级的形式，其主要内涵为：

> ① 只有很少量的法律和制度可以使用，且这些法律和制度主要作为惩罚的依据，而不是降低腐败机会的预防手段而存在；
>
> ② 在强迫的腐败治理策略下，反腐败机构的主要活动在于有选择性地惩罚腐败分子，而不是提供新的制度杜绝腐败活动的再次发生；
>
> ③ 强迫是利用现有的有限资源，对已经发生的腐败行为（经常是已经存在较长时间了），进行应急性地打击，可以看做是对政权合法性的紧急补救活动；
>
> ④ 在强迫模型的腐败治理活动中，由于其注重不计成本地打击，而不是一劳永逸地解决腐败问题，其最差的情况是反腐败机构过度卷入腐败活动而完全失去作用，最好的情况也是只能把腐败活动控制在合法性完全丧失的临界值上，无法真正解决腐败问题。

### 2. 腐败治理中的“清理”：强迫执行的表现形式

如果对腐败治理的文献稍作了解的话，就会发现“Cleanup”（清理）一词会经常出现，这里词汇带有很强的“有机体论”性质的隐喻[①]，即把腐败作为政治有机体所罹患的一种病症来看待（如癌症）。Gillespie 和 Okrunhlik 比较了从 1970 年到 1986 年间 20 多个发展中国家的腐败清理行

---

① Whitehead，Laurence，*Democratization*：*Theory and Experience*，Oxford：Oxford University Press，2002. Whitehead 在书中提到，corruption 一词来自古希腊人生机论者借用来隐喻政治生活的词汇，把 corruption 作为形容城邦所罹患的一种病症，后来这一词汇沿用至今。

动，根据清理发生的不同情境，把这些清理现象分为以下几种类型：政变后清理（Post-Coup Cleanups）；革命后清理（Post-Revolution Cleanups）；现任者清理（Incumbent Cleanups）；继任后清理（Postsuccession Cleanups）；选举后清理（Postelection Cleanups）①。他们对清理的定义比较宽泛，即一种由政府宣布的抑制和清除腐败的运动。

在他们看来，清理有这样几个特征：首先，清理在本质上是政治的，因此清理总是发生在某些政治情境变化的情况下，如政变、革命、选举等；其次，清理是对内部或者外部刺激的一种回应，内部刺激包括国家首脑个人价值取向的变化，来自反对派精英的挑战，以及由于社会经济条件变化产生的普遍不满情绪等，外部刺激可能来自其他国家发出的反对声音；第三，清理可能用来达到这样几个目标：瓦解上任政权的合法性，清除异己分子，或者抑制腐败以提高现存政权的合法性。李辉则结合中国的案例提出，腐败清理也有可能产生于政权面临某些急速的经济社会情境的转变（如从计划经济向市场经济的转型）所带来的全新的腐败问题，是在缺乏足够的治理知识、资源、手段，以及专业化的机构与人员的条件下，所采取的权宜之计。②

## 二、国家中心主义路径二：腐败治理中的制度设计

### 1. 定义制度设计

制度设计无法从静态的视角来理解，而必须从制度的变迁和发展角度

① Gillespie，Kate & Gwenn Okruhlik（1991），“The Political Dimensions of Corruption Cleanups：A Framework for Analysis”，in *Controlling Corruption*，edited by Robert Williams and Alan Doig，Edward Elgar Publishing Limited，2000.

② 李辉：《当代中国腐败治理策略中的“清理”行动：以H市纪检监察机构为个案（1981—2004）》，《公共行政评论》2010年第2期，第45—70页。

来理解。在借鉴前人研究成果的基础上，本章把制度设计定义为：某些个人或集团有意识地改变制度安排，以达到对某种制度后果的预期。①

从这个角度出发，制度设计可以看做是制度变迁和形成模式中的一种。按照罗伯特·古丁（Robert E. Goodin）的说法，制度的变迁有三种基本模式：突发事件（accident），演化（evolution），以及有意识地安排（intention）。突发事件是指对于某个社会来说发生概率较小的意外事件，比如自然灾害、大规模传播的瘟疫，以及一些没有很强迹象产生的战争带来的外部冲击（external shocks）等，如中国在清朝末年遭到西方军事势力的突然袭击，赋予了整个中国社会改变制度的巨大动力。

而演化是借鉴生物学的概念，比如在同一片地理区域内存在不同的几种制度形态，大家比较熟悉的例子就是古希腊时期的城邦社会，在亚里士多德的时代，古希腊大大小小几百个城邦存在着各种各样的政体制度：君主制，僭主制，贵族制，寡头制，民主制，暴民制等，这些政体之间会像生物一样进行竞争，并且符合适者生存的基本法则，一些更为适应社会的制度就会生存下来，其余的将会转变或者被淘汰。关于演化制度变迁理论，唐世平发展出一个更为综合的社会进化的制度变迁理论模型：变异—选择—遗传模型②。

当然，制度也可以被人为地有意识地设计而加以改变。一个极端的例子就是美国建国的历程，在《联邦党人文集》中开篇的一段话就是："人类社会是否真正能够通过深思熟虑和自由选择来建立一个良好的政府，还是他们永远注定要靠机遇和强力来决定他们的政治组织。"汉密尔顿这句话就包含了三种制度变迁的模式，机遇与前面提到的突发事件模式大体相

---

① Goodin，Robert E. 1996. "Institutions and Their Design"，in *The Theory of Institutional Design*，edited by Robert E. Goodin，Cambridge University Press，p.22。

② Tang，Shiping. 2011. *A General Theory of Institutional Change*，London and New York：Routledge.

当，而强力在某种程度上指的是演化模式，因为汉密尔顿这里“强力”的意思显然是国家之间通过战争和其他竞争方式来淘汰不适应社会的制度模式，而汉密尔顿联邦主义者这里“深思熟虑和自由选择”的意思，就是通过人为地有意识地安排来改变制度，这其实表达的就是“制度设计”的观念。

### 2. 制度设计背后的逻辑

既然制度的形成和变迁有着这么多基本的模式，那么为什么最后一种模式会在今天大行其道呢？强调制度设计重要性的观点和理论，其实在背后有一些没有被明确表达出来的理念和逻辑，主要包括以下几点：

一是制度设计中的“制度”。在大多数制度设计主义者所强调的制度中，指的不是国家整体性的基础制度，如民主 / 威权、计划 / 市场、单一 / 联邦等，这些制度的变迁模式非常复杂，常常是各种因素共同作用的结果。而且这些制度与腐败之间没有被证明有何种明确关系，因此在他们的解决方案中，所谓制度设计中的“制度”，主要指的是与腐败直接相关的制度，包括相对独立的反腐败机构的设立、反腐败相关法律的出台和有效实施、财产公开和财产申报制度等。这些局部性的和工具性的制度不会过度刺激决策者的神经，可以较为容易地得到推行。我们把这种局部性的，相对外围的，但是又看起来与治理腐败直接相关的制度称为“次级制度”（secondary institutions）。

二是制度设计强调的是制度变迁和形成中的设计者的主观意愿。在目前制度主义研究领域中，理性选择范式与组织社会学范式占据了绝对的主流地位，虽然二者在解释制度形成问题上的逻辑大相径庭，甚至是完全对立的，因为前者强调简单的理性人假设支配了制度的形成，后者则强调文化与社会规范以及组织间的互动在制度形成中的作用，但是总的来说他们都认为制度是一个游戏规则，制度过程就是人与制度之间的博弈过程。这种理解制度的方法，从根本上来说忽略了制度设计者的政治观念（ideas）在制度形成中的作用。因此新制度主义者很少研究制度设计，而更多地是研究制度过程。

## 三、强迫执行与制度设计：基于腐败治理的类型学划分

那么，在腐败的治理模式中，与制度设计相对的治理模式是什么呢？曼宁认为是“强迫执行”（enforcement），但是其并没有更进一步地阐释强迫执行这种治理模式背后的理论逻辑，以及这种二分法背后所暗示的含义。于是，在强迫执行与制度设计这两种腐败治理的理想类型下，笔者更进一步地从治理效果、治理范围、治理时期、治理方式、行动逻辑假设和对腐败的判断上进行了划分，希望可以将其进一步理论化。

表 16-1　两种腐败治理模式对照表

| | 强迫执行 | 制度设计 |
|---|---|---|
| 治理效果 | 事后追惩 | 事前预防 |
| 治理范围 | 局部治理 | 整体治理 |
| 治理时期 | 短期 | 长期 |
| 治理方式 | 运动式 | 常规化 |
| 行动逻辑假设 | 表面的道德约束 | 理性选择 |
| 对腐败的判断 | 非嵌入性腐败 | 嵌入性腐败 |

治理效果：治标与治本。从治理效果上来看，制度设计被认为是可以从根本上解决腐败问题的，而强迫执行则只能治理腐败的表层现象。腐败问题的发生，从理论上来说，被认为是有许多根本性原因的，其中一个重要的因素就是制度设计上的漏洞。按照理性选择理论的假设，人都有在制

度安排的游戏规则下将自己的利益最大化的取向，那么当一个制度被行动者发现了其中可以被加以利用的漏洞，就很有可能会被用来谋取私利，这便是腐败，并且被认为是腐败的根源。那么要从根本上解决腐败问题，很显然，仅仅针对谋取私利的行动进行治理是不够的，而是要从制度设计上堵上漏洞。

治理范围：局部性治理与整体性治理。在治理范围上，强迫执行的方式只能针对具体的问题，如“小金库”问题、公路乱收费问题、医药购销领域腐败问题、土地使用权出让腐败问题、“豆腐渣”工程问题等。不可否认，强迫执行在一定范围内也是可以起到打击腐败的作用的，但是要动用大量的人力和物力，且要求强迫执行的部门内部不能有腐败问题，因此其治理范围只能是局部性的。但是制度设计的策略，强调的是把这些不同的腐败问题看成是一个系统化的整体，针对这个整体从制度上加以改变，通过改变制度来改变人的行为选择，从而达到治理腐败的目的。

治理时期：短期治理与长期治理。强迫执行策略在某种程度上反映了一个政权面临极为紧迫的腐败问题，但又没有足够的治理资源来解决它，就需要动用其他方面的资源来集中力量加以解决，因此其只能持续有限的一段时间。而制度设计则是通过出台制度的方式，将解决问题的办法长期固定下来。同时，在上面对于制度的定义中，我们可以发现，制度一旦形成之后，会反过来塑造人的行为，也即将社会互动的模式结构化。腐败如果是一种社会互动的模式的话，那么同样地，清廉也可以是一种社会互动的模式，至于哪种模式被塑造出来，主要看制度设计是否合理。

治理方式：运动式与常规化。强迫执行由于强调的是短时间快速解决问题，因此多多少少都有一些“运动式”（campaign style）的性质。这种运动式的治理方式，就类似于和腐败打起了“游击战”，只能起到让腐败感觉到“疲劳”的效果，并不能从根本上解决它。与其相对的则是“常规化”治理，即和腐败打“阵地战”，建立完善的治理机构，设计合理的治理制度，把治理的程序和手段长期固定下来，只有这样才能有效打击腐败。

行动逻辑的假设：私欲与理性选择。采取强迫执行方式的治理策略，其背后对于腐败者行为逻辑的假设是，这是由于腐败者个人的道德问题造成的，是由于个人的“私欲”过度膨胀，因此这种假设背后暗含的意思是，腐败并不是一个结构化和制度化的问题，而是某些个人化的道德水准问题，只要加大打击力度就可以得到改善。而制度设计的逻辑则是，腐败可能是腐败者在既定制度规则与社会环境（social settings）下的理性选择，和个人的道德水平的高低没有太强的相关性，因此如果要加以改变，首先要改变的不是个人，而是规则。

对腐败的判断：非嵌入性与嵌入性。在腐败研究领域中，从 20 世纪 90 年代开始，人们对腐败的认识又更进了一步，不再把腐败归为简单的不道德的违法行为，或者非正常的行为，而是开始用更加价值中立的眼光来看待腐败问题。研究腐败的范式也开始从道德论与功能论向嵌入论转变①，约翰斯顿提出了“嵌入性腐败”（entrenched corruption）的概念：“腐败是植根于、嵌入于社会环境之中的，这种社会环境既是腐败的结果又有助于维持这种腐败。”② 嵌入性的腐败与非嵌入性的腐败，区别在于，腐败所形成和赖以生存的非正式制度，与正式制度之间是否形成了一种相互依赖的共生关系，如果形成了这种共生关系，那么就是嵌入性腐败，反之则是非嵌入性的。嵌入性的腐败通过强迫执行的手段是无法有效治理的，因

① 参见李辉：《道德论、功能论与嵌入论——西方腐败研究的范式转换》，《经济社会体制比较》2008 年第 5 期，第 85—90 页。

② Johnston, Michael, 1998, “What Can Be Done about Entrenched Corruption?”, in Boris Pleskovic (ed), *Annual World Bank Conference on Development Economics 1997*, Washington DC: The World Bank: 69—90.

为强迫执行治理策略无法改变正式制度，更不用说改变非正式制度了。只有通过制度设计的方式，改变正式制度，同时改变正式制度与非正式制度之间的关系，才有可能解决腐败问题。

因此，强迫执行的治理类型体现了决策者或者出于治理知识和技能的匮乏，或者出于对治理后果的忌惮，又抑或自身也卷入其中，而实行的一种短期效果取向的半心半意的反腐败手段。而制度设计的治理类型则充分体现了制度设计者试图长期抑制或者根除腐败的意志和决心，虽然其可能依然受到治理知识和技能匮乏的困扰，但这一缺陷可以在今后长期的治理实践中逐渐得到克服和改善，其不太忌惮治理的不良后果，自身也较少地卷入到腐败行为中，从而有更大的机会抑制腐败。

## 四、社会中心主义：腐败治理中的公众参与

在 OECD 组织（Organization for Economic Co-operation and Development）给治理腐败开出的药方中，强调腐败问题的治理主要依赖三种途径：建立有效的透明化的政治系统；强化打击腐败的行动；以及支持积极的公众参与。

中国目前的现实情况是，第一个途径进展十分缓慢，各种公开化运动虽然持续在推行，但公开的程度远远达不到制约腐败的目的，而且至今依然没有一个对公开程度、次序的正式说明和日程表，指望从这个途径解决腐败问题可能还需要非常长的时间。而第三个途径的开放则存在很多顾虑，尤其是对“维护政治稳定”的考虑。中国目前唯一在不断强化和依赖的途径，就是不断加强现有的反腐败机构的权力和职能。纪检监察机构已经在根本上奠定了其在中国打击腐败战斗中的核心地位，在 1978 年决定恢复成立纪委之后，纪委的职能一直在不断扩大，人员逐渐增多，在其他

党和政府的部门中的地位不断提高，“党管干部”和掌握反腐败领导权的理念在纪检监察机构的成长过程中得到了充分体现。

于是就形成了这样一个现状：反腐败和权力监督作为一种公共产品，由党和国家统一向社会提供，这其实是一种国家中心主义的腐败战略。中国目前的腐败治理，从根本上来说还是由党和国家来主导的，但这并不是中国所特有的现象，国家中心主义式的反腐败在很多国家都被奉为圭臬，在反腐败理论中也长期占据主导地位。这一理论认为，腐败作为一种“疾病”，或者说得更学术一些，一种“征候群”（一簇疾病），是可以被治理好的。在这一研究路径的指引下，学者们普遍强调三个因素对于反腐败的重要作用：领导者的政治决心，独立且有强制能力的反腐败机构，以及有效的反腐败制度设计。

无论是强调领导者的政治意志（反腐败的承诺和决心），抑或是独立且有强制能力的反腐败机构和制度设计，这些都依然是在强调国家在腐败治理中的核心作用，它们的共同特征是忽视了社会在其中应该发挥的作用。仅仅作为公共产品而存在的反腐败是远远不够的，腐败问题要想较为彻底地解决（完全解决几乎不可能），一定要发挥和利用社会的力量，迈向一种社会中心主义的腐败治理路径。这一路径包含两方面的内容：一是整个社会在道德风气上拥有抵制腐败行为的文化与观念；二是普通民众拥有参与反腐败的合理途径。

关于第一点，大家可能会问，有谁不痛恨腐败行为呢？其实这一问题的答案还真的非常吊诡。在课堂上向学生发问：“你们痛恨腐败现象吗？”学生们无一例外表示非常痛恨。但是换另外一个问题：“假设你是一家医院的院长，你的父母突然生病了，你会动用自己的权力使用最好的医疗资源给父母治病吗，即便是违反法律规定的？”学生们的回答就变得非常犹豫了。这其实就是中国目前腐败问题的一个重要症结，当面对抽象的腐败行为时，大家大抵都是持抵制和反对的态度，但是当面临具体的情境时，我们其实并没有一个对腐败“零容忍”的政治文化。

关于第二点，对于腐败问题的跨国比较研究已经证明，充分的言论自由和舆论监督才是解决腐败问题的有效手段。有序、合法、专业化、制度化的公众参与，可以大大提高腐败现象被揭发和惩处的可能性。我们现在过于迷恋各种反腐败的微妙制度设计和高超的现代技术手段，却忘记了腐败的本质就是权力的滥用，反腐败研究的就是对权力的约束，而参与是约束权力的最有效手段。

所谓在反腐败中重新找回公众参与，其核心就是要加强公众直接制约公共权力的既有制度和渠道，同时要设计和提供新的制度和途径供公众发挥社会监督的能力。在这一思路的指引下，结合国际上的成功经验，以下几个方面的措施是值得考虑的：

一是加强廉政教育，营造腐败低度容忍的公共文化。有些人认为，市场化改革所带来的物质主义文化已经在社会上占据上风，教育不会起作用。事实上，并不是教育不起作用，而是我们传统的那套说教式的唱高调的教育不起作用，情境化的、案例式的教育一定可以深入人心，对于物质的追求并不代表对腐败的容忍。教育的作用不是那么明显，而且也不是短时间内可以直接见效的，但是廉政教育必须要长期坚持做，才能发挥应有的作用。

二是继续坚持对以往公民检举和控告权利的保护。这主要通过加强和完善“举报人保护制度”来实现。我国目前有一定的举报人保护制度，纪检监察机构甚至还尝试出台过“举报人奖励制度”，但事实是对举报人保护的力度和措施远远不够。腐败与普通的犯罪不同，其往往都是通过内部人揭露的方式来发现的，而我国目前还没有污点证人制度，也没有专门保护举报人的组织和措施。

三是加强人民代表大会制度的财政监督职能。从法理上来说，政府的公共财政都必须在作为立法机构的人民代表大会的监督下来使用，而人大作为公众意志和利益的代表，应当监督和审批政府的预算行为，发挥应有的实际作用。

四是要保留和维护媒体的舆论监督作用，包括互联网和报纸、电视等传统媒体。目前国内外学术界对于全球腐败问题的研究成果中，无论是量化统计还是案例研究，大家所找到的对于降低腐败程度最有效的外部因素依然是媒体的自由程度。当然，自由不意味着无序和失范，在反腐败的过程中，媒体应当为公众发出声音，为维护公众的利益而制造舆论，而不是作为恶意诽谤和散布谣言的工具，这是公众直接发挥参与对公共权力制约的关键渠道。

## 五、坚持和完善党和国家的权力监督体系

党的十九届四中全会发布了《中共中央关于坚持和完善中国特色社会主义制度　推进国家治理体系和治理能力现代化若干重大问题的决定》，在《决定》的第十四条提出了："坚持和完善党和国家监督体系，强化对权力运行的制约和监督"。包括三个方面的主要内容：健全党和国家监督制度；完善权力配置和运行制约机制；构建一体推进不敢腐、不能腐、不想腐体制机制。党内监督是中国权力监督体系的核心，但是中国的权力监督不止于党内监督。党的十八大报告中提出："要加强党内监督、民主监督、法律监督、舆论监督，让人民监督权力，让权力在阳光下运行。"这是我们党首次把"四种监督"作为一套完整的监督体系明确提了出来，表明我们党对权力监督工作的重视。但因为其他三种监督类型涉及本书其他章节的内容，这里不再详细分析，从政党的自我革新角度来看，最关键的

仍然是纪检和监察体系下的权力监督。

纪检和监察机关合署办公的制度持续到今天，20多年的经验证明这种党政合一的反腐败模式是成功的，因此近年来开始的国家监察体制改革实际上把这种模式更加强化了。2016年11月，国家开始在北京市、山西省和浙江省开展国家监察体制改革的试点。党的十九大提出构建集中统一、权威高效的国家监察体系，把组建国家监察委员会列在《深化党和国家机构改革方案》的第一条。2017年11月4日，十二届全国人大常委会第三十次会议通过在全国各地推开国家监察体制改革试点工作的决定。随着2018年2月11日上午青海省监察委员会领导班子产生，全国31个省、自治区、直辖市和新疆生产建设兵团监察委员会领导班子已全部按照法定程序产生。国家监察委员会是中国特色的反腐败工作机构，把原来的行政监察部门、预防腐败机构和检察机关查处贪污贿赂、失职渎职以及预防职务犯罪等部门的工作力量整合起来，切实解决过去反腐败力量分散、职能交叉重叠的问题。国家监察委员会将原来的行政监察升级为国家监察，实际上是进一步强化了监察权力和监察职能。

而之所以从行政监察升级为国家监察，从权力监督的角度来说，最直接的目标就是要监督范围对公权力的全覆盖。2018年，第十三届全国人大一次会议表决通过了《中华人民共和国监察法》。《监察法》修订之后，国家监察委员会的监察范围相比于监察部扩大了很多。依据新的《监察法》，监察对象的范围扩大到第十五条规定的六类人员，而在1997年的《中华人民共和国行政监察法》中，监察对象的范围仅仅是政府部门的工作人员。

随着反腐败斗争的深入和中国现代国家建设的进展，反腐败在政治建设上的地位越来越重要。党的十八大以来，反腐败斗争对纪委的要求更加集中于政治纪律的建设上，在2013年1月召开的“第十八届中央纪律检查委员会第二次全体会议上”，习近平总书记明确要求：“严明党的纪律，首要的就是严明政治纪律。党的纪律是多方面的，但政治纪律是最重要、最根本、最关键的纪律，遵守党的政治纪律是遵守党的全部纪律的重要基础。政治纪律是各级党组织和全体党员在政治方向、政治立场、政治言论、政治行为方面必须遵守的规矩，是维护党的团结统一的根本保证。”

在党的十九大报告中，更是明确提出要把党的政治建设摆在首位：“旗帜鲜明讲政治是我们党作为马克思主义政党的根本要求。党的政治建设是党的根本性建设，决定党的建设方向和效果。保证全党服从中央，坚持党中央权威和集中统一领导，是党的政治建设的首要任务。全党要坚定执行党的政治路线，严格遵守政治纪律和政治规矩，在政治立场、政治方向、政治原则、政治道路上同党中央保持高度一致。”

回归政治建设本位的另外一个重要体现就是对“政治纪律”的进一步制度化。在2012年的《党章》中，“党的纪律”一章中没有“政治纪律”一词，而在2017年最新修订的《党章》中，明确规定“党的纪律主要包括政治纪律、组织纪律、廉洁纪律、群众纪律、工作纪律、生活纪律”。将政治纪律写入党章，并且置于所有纪律之首，这实际上是对纪委工作重心回归政治建设最高标准的制度化方式了。

通过将两种治理模式类型化和充分对立，本章发展出了一个关于腐败治理的二分理论。虽然从具体的治理实践上来说，很少有国家或政体完全地只采取强迫执行类型的治理，也几乎没有国家只从事制度设计而不针对突生性的腐败问题而动用强迫执行式的局部治理和专项治理手段，因此这种韦伯式的“理想类型”只是我们用来分析现实的理论工具，在真实的反腐败行动中存在的都是各种“混合类型”。但是通过这种故意对立式的概念建构，有助于我们建立起一个可以用来分析混合类型的光谱，在光谱的一端是简单的强迫执行式腐败治理模式，另一端则是制度主义的圣地——

制度设计模式。

论述到这里，似乎结论已经非常明确了，即从强迫执行向制度设计的转变，以及向理想类型的制度设计的无限接近是我们今后治理腐败的正确方向。这里必须要进一步指出的是，这种观点只具有部分的正确性，无论是强迫执行还是制度设计，都是国家中心主义式的腐败治理模式。国家中心主义式的治理模式有两大弱点：一是对纵向责任的忽略；二是对公民权和公民身份建设的忽视。克利特加德曾经提出，腐败等于政府的自由裁量权减去其责任性，即当政府不再担心其需要为自身权力的行使而背负责任的时候，最容易发生权力滥用的情况。但是政府的责任性可以进一步区分为横向责任和纵向责任，横向责任诉诸的是政府部门之间权力相互制约和监督，而纵向责任诉诸的是公民社会对国家的监督和制约。因此，国家中心主义式的治理模式，都在强调国家内部的横向制约能力，而忽视了社会监督的作用。

（李　辉）

# 第十七章　司法治理

国家治理体系和治理能力现代化的一个重要标志无疑是法律权威的形成。而法律权威的生成则有赖于健全的司法体系和有效的司法功能，在任何社会，法律权威都可以被看作是司法发挥作用的一个结果。因此，我们可以肯定地说，公正高效权威的社会主义司法体制本身就是国家治理体系和治理能力现代化的基本构成。

## 一、司法在现代国家治理中的独特地位和基础作用

司法在国家治理体系现代化过程中的独特地位和作用，可以通过下述三个命题获得解释。

### 1. 司法是现代社会秩序构成的重要基础

历史上，人类的社会生活与司法现象是直接地结合在一起的。换句话

说，司法现象自古以来就是人类社会生活的一部分。也正是基于这一历史逻辑，黑格尔在他的《法哲学原理》中将司法归于市民社会之例，认为它不属于政治国家。①

司法现象的普遍性是因为它与社会秩序存在着内在关联。司法在功能上主要与社会秩序相关；它必须以与社会秩序相契合的方式来发挥作用。虽然在一般的意义上政治系统的各个部分均与社会秩序相关，但司法与社会秩序的联系是最为直接的。“所谓社会秩序，在本质上便意味着个人的行动是由成功的预见所指导的。”② 司法活动正是这种可预见性生成的渊源，也就是说，司法的可预见性可以最大程度地转化为普遍的行为可预见性。“一项司法行为之所以具有巨大的社会影响力，是因为它通过对法律的保障来保证了社会秩序，这也许是其他任何行为都无法与之比拟的。”③ 在社会秩序的有机构成中，尽管诸要素是互动的，比如司法、道德、宗教等；但其功能和地位则是不平衡的。司法在社会秩序构成序列中具有特殊功能——人们寻求公正的最后制度化途径。表现为社会对秩序的保障和人们对权利和公正的最后诉求都只有也必然指向司法，而一旦超出现存的司法领域，那必将产生无序的恶果。历史上看，凡是社会秩序混乱的时代或国家，毫无例外地都缺少一个有效的、具有适应性的司法系统。④ 因此，我国市场经济秩序的深入发展，现代化社会风尚的改观，在很大程度上依赖于一个良性的司法系统。因此执政党一直以来强调的司法改革无疑是诉诸“源头”的改革策略。

---

① 参阅［德］黑格尔：《法哲学原理》，商务印书馆 1961 年版，第 107—108 页。

② ［英］哈耶克：《自由秩序原理》，邓正来译，生活·读书·新知三联书店 1997 年版，第 200 页。

③ ［法］狄骥：《公法的变迁》，郑戈等译，辽海出版社 1999 年版，第 194 页。

④ 值得一提的是中国的古典历史小说《水浒传》给了我们一个很好的说明，梁山好汉们如宋江、林冲、武松等一干人都是由于在制度内无法寻求到“公正”，而被逼上梁山的。“逼上梁山”这个成语对司法与社会秩序的关系作了一个最为恰当的注脚。

如果说一个社会缺少自觉的行为规则，也许对这个社会是无妨的，因为人们仍然有自然所成之习惯可采用，但是，如果社会缺少对规则的“判断”和维护的系统，那么它就失去了社会秩序构成的基本条件。因此，司法系统在本来意义上就是与社会秩序亲和在一起的。而在现代社会，司法在社会中的地位和作用愈显突出，这是因为法律的实现、社会秩序的生成和变迁都越来越依赖于司法对社会的有效张力。在现实性上，司法与社会每个主体的直接联系是不可想象的事情，也就是说，法律对社会的实际影响只有通过司法所产生的社会张力才能起作用。没有这个张力，或缺乏有效的张力度，法律、进而社会秩序都是苍白的。

### 2. 司法是现代国家进行社会控制的基本途径

司法与社会最一般的功能联系，诉诸实际的历史过程，可以用社会控制的概念予以解释。任何社会的实存状态，总是游走于无序与有序之间，而在社会的无序状态与有序状态之间无疑存在着某种控制力，这种控制力的大小、强弱决定着社会秩序的实际状态。就整体功能而言，司法是这种控制力有机构成的一部分，虽然不能说它是人类社会由无序走向有序状态唯一起作用的途径，但说它是其中不可缺少的基本途径则是恰如其分的。支撑人类文明的“支配力直接地是通过社会控制来保持的，是通过人们对每个人所施加的压力来保持的”①。没有社会控制，人们的扩张性自我主张就会胜过他们的合作性社会倾向，文明也就寿终正寝了。

司法系统在社会控制体系中具有极其重要的地位。对此，社会学家罗斯概括说：“如果许许多多人本性就是安分守己的，而只有个别人才是出于害怕法律的惩办而遵从它，这也不能认为司法系统在社会秩序的维持中

① ［美］庞德：《通过法律的社会控制》，沈宗灵等译，商务印书馆1984年版，第9页。

就处于无足轻重的地位。因为正是由于把法律强加到了少数坏人头上，所以大多数好人才敬重法律。如果许多人中有一个恶棍无所顾忌地侵害别人，那么社会控制的更高方式就将遭到破坏；在作恶和报复冲动之间，以牙还牙的本能就将失去法律的约束。于是，一个又一个的人便从高尚的多数中脱落下来。这种致命的无法无天的传染病将加速地蔓延开来，直到社会秩序崩溃。因此，在某个特殊的时期，无论法律是怎样一个微不足道的压制老百姓的角色，它仍然是社会秩序大厦的基石。”[①]“社会秩序大厦的基石”，概括了司法系统作为社会控制形式的独特定位和功能特征。

首先，司法是正式的社会控制形式。社会控制通常被分为两种基本形式，即正式控制（formal control）和非正式控制（informal control）。所谓正式控制，亦称制度化控制，它是指有组织的、有明文规定的控制。而非正式控制则恰恰相反。这两种社会控制形式为每个社会所必需，总体上看，它们在功能上是互补的和呈反比关系的。它们之间的主要区别在于影响人们行为的机制不同：正式控制具有规则的确定性、组织和角色的专门性、控制过程的程序性、结果的可预测性。正式控制主要用于对一些重要的社会关系和行为的控制，并且主要存在于国家治理之中；而非正式控制在现实社会中可能表现得更为经常和普遍，但它主要作用于一些日常的社会关系和行为。[②]

其次，司法是专门的社会控制形式。在正式控制的各种形式中，基于组织和角色的功能状态，社会控制又可分为专门控制和非专门控制。司法直接涉及对人们行为的事实确认、规范评价、法律制裁等行为控制机制。在职能和机制上，它是那种对人们的行为进行直接干预的专门的社会控制形式。在正式控制形式中，只有司法是唯一的可称得上专门的社会控制形

① ［美］罗斯：《社会控制》，秦志勇等译，华夏出版社1989年版，第95页。
② 参见［美］波普诺：《社会学》，李强等译，中国人民大学出版社1999年版，第208—210页。

式。从历史上看，司法作为“专司”社会控制的系统是超越特定社会结构和经济结构的。它的这种地位特别是相对于正式控制中的立法和行政而言的，后二者还承担着更多的并不直接与人们的行为相关的职能，如组织政府机构和社会服务等职能。

其三，司法是最高的社会控制形式。对道德、宗教、法律等所有的控制力而言，由于它们在人们行为的领域各自履行着特定的功能，因此我们没有充足的理由判断它们哪个更重要；但是，就它们发挥作用的机制来说，以下的说法应该是正确的：如果内化了的规范意识在起作用的话，那就不需要外在的控制力；如果外在的非正式的控制在起作用的话，那就不需要正式的控制力；如果其他正式的控制在起作用的话，那就不需要专门的司法的控制力；如果司法的控制在起作用的话，社会便仍处于秩序的控制之中。①

司法作为最高的社会控制形式，在更为根本的意义上是因为它是社会制度中生产公正的一个渊源，也是人们寻求公正的一个最后场所。公正与社会秩序之间的内在联系是一个涉及人类本性和社会秩序构成基础的根本性问题。尽管社会秩序的构成涉及极为复杂的社会机理，但人们对一个可指望的“公正”的期盼则无疑是社会秩序构成逻辑中的重要因素。现代社会，司法系统承担着通过对各种异常（不公）行为的纠正和制裁而向社会提供公正价值的职能，人们对公正的诉求最后必然指向司法，而一旦人们对公正的诉求超越了司法的控制，社会就又回复到了“自然状态”无尽头的复仇的情景之中。由此可见司法对社会秩序所承担的责任。习近平总书记多次引用英国哲学家培根的名句来揭示这个道理：“一次不公正的裁判，其恶果甚至超过十次犯罪。因为犯罪虽是无视法律——好比污染了水流，而不公正的审判则毁坏法律——好比污染了水源”。②

① 参见程竹汝：《司法改革与政治发展》，中国社会科学出版社2001年版，第203页。

② ［英］培根：《培根论说文集》，水天同译，商务印书馆1983年版，第193页。

### 3. 司法是现代社会实现社会整合的有效形式

社会整合作为一个理论范畴，它的本质在于“解释究竟是什么东西产生了足够的凝聚力，使一个按政治要求组成的社会能够被看作是一个统一体”[①]。社会整合的概念为我们提供了观察司法功能的一个新的理论视角。

首先，司法体系具有社会整合功能是因为它最直接地代表着法律，体现着国家法制的统一。所谓直接代表着法律，指的是对社会来说，立法意义上的法律仍是抽象的，体现在司法过程中的法律才是现实的。对现代社会的人们来说，只有法律规则而没有司法体系的法律制度是不可想象的，但反过来看则未必如此，想象一个存在着司法体系但缺少法律规则的社会可能会更容易一些。将整个社会纳入或引入法律的具体场景之中是司法体系的主要职能。而所谓体现着国家法制的统一，指的是由于司法体系直接代表着法律，司法组织网络在各地方的存在便表征着国家整合的范围，而它的功能的有效程度则表征着国家法制统一的程度。

司法体系的社会整合作用，在更深层的意义上是由于它所代表的利益的一般性所决定的。这一逻辑在与地方政府机构职能的对比中应是清晰可见的。无论是在哪一种国家结构形式的条件下，地方立法和行政机关更多地承担的都是有关地方管理的职能，它们在一定的意义上代表着本地方的利益，是名副其实的“地方机关”；而地方司法机关虽然也冠以“地方”的名义，但它们承担着实施国家法律的职能，代表着整体的利益，是徒有虚名的“地方机关”，实则是“社会一体化”的机关。在法理上，司法权是基于主权产生的，因而它是统一的和不可分割的，因而不存在所谓地方司法权问题。我国是单一制国家，司法权从根本上说是中央事权。各级法

---

① ［英］科特威尔（Roger Cotterrell）：《法律社会学导论》，潘大松等译，华夏出版社 1989 年版，第 79 页。

院不是地方的法院，而是国家设在地方代表国家行使审判权的法院。

其次，司法的社会整合功能是通过司法产品实现的。司法产品是影响社会整合的一个基本变量。何为司法产品？从表象上来看，处于司法过程末端的权威性裁判就是司法产品。显然，这是将经济学方法引入司法研究所产生的一个类比性的概念。既然权威性裁判被当作产品来看待，那么，它就应该有产品的内在属性，即“使用价值”和“价值”。像一般产品一样，司法产品的“使用价值”也指的是它的有用性，即用来满足人们需要的属性——权威性裁判可以被用来满足社会利益、个人利益的需要。而司法产品的“价值”则指的是在司法过程中凝结到裁判中的无差别的某种成分，就像无差别的人类劳动构成了一般产品的价值一样，这个成分就是体现在裁判中的公正。

从类比中所形成的上述概念对我们理解司法产品的社会整合功能是极其重要的。一方面，司法裁判的有用性决定了它能够满足人们的某些利益，从而形成了它与社会的一般联系。但是，这种联系是否能够发展到整合社会的程度则取决于它的另一方面，因为就像在经济领域价值构成了交换的基础，而交换在经济上使社会整合起来一样（今天这种整合已发展到了全球经济一体化的程度），凝结在司法裁判中的公正也构成了司法与社会互动的基础，只有通过这个基础上形成的互动才能在行为上将社会整合起来。从理论上说，司法产品中所凝结的公正成分与它的社会整合功能是成正比的。

## 二、国家治理体系现代化对司法体制改革的要求

现代化的国家治理是法治的治理。徒法不可以自行，因而法治的治理必须同时表现为司法的治理。司法在现代国家治理中所具有的独特地位

和基础作用，要求司法体制与之相适应。现实中具体的司法活动，都是在既定的体制基础上进行的。因而一定意义上讲，司法的现实作用不过是与之相适应的司法体制运行的结果。像任何现代化国家一样，中国的司法也必须承担起维护和构建社会秩序、实现有效社会整合、分配公平正义等功能。这些功能本身就是现代化国家治理能力的一部分。要恰如其分地发挥这些功能，就必须对现行司法体制进行适应性改革。如果说营造一个司法权威是国家治理体系现代化的规律性要求的话，那么，司法体制改革就是推进国家治理体系现代化的基础性工作。

适应国家治理体系现代化的要求，我国的司法体制改革需针对性地解决以下几个方面的问题。

### 1. 维护法制统一与克服司法地方保护主义问题

国家治理体系现代化存在多个方面的要求，其中之一就是国家法制统一。司法统一是现代国家治理体系的有机构成，其基本理念在于：主权国家内在的统一系于法制统一，而法制的统一则系于司法统一。首先，司法统一是国家统一的内在要求，它是国家的统一意志即法律及其价值的社会实现形式。正因为如此，当今世界各国无论是集权的还是分权的，也无论是联邦制的还是单一制的，其司法系统毫无例外地都取向于统一。其次，司法统一是法治的必然逻辑。法治的基本要义即法律面前人人平等。而法律的平等适用和实施没有司法统一则是不可想象的。这要求在统一的司法制度架构内建立自成体系的司法组织和运作系统。中国是一个单一制的大国，司法统一对它具有非常特别的意义。目前，我国仅在理论上存在着一个统一的国家司法系统，但畅行的司法地方保护主义说明这个系统的统一性是非常不完整的。司法地方保护主义是现行政治制度和司法制度运行的一个结果。它的存在和发展证实了现行制度及其运作中存在着一种与司法统一相对立的异己力量，这是当代中国国家治理存在的一个极为严重的缺陷。这种异己的制度力量表现为地方司法机关在组织关系上严重地受制于同级的其他党政机关，它不仅在管辖区域上与这些党政机关完全重叠，而且在人、财、物等重要问题上也依赖于它们，这种制度现状无疑强化的是司法权的地方化。

中国的改革开放在总体上表现为一个“权力下放”的过程，这个过程带来了权力格局的根本变化，原先集中于中央的权力向地方扩散，集中于政治系统的权力向社会扩散，它弱化了原有行政权力的社会整合结构，而倾向于通过法律和司法过程使社会在新的基础上达到整合状态。因此，司法统一关涉新的整合结构的生成，从而也在根本上影响着中国国家治理体系现代化的过程。

### 2. 保障司法权独立行使的现实机制问题

现代化的国家治理体系内含着司法权独立行使的普遍要求。当今世界各国大体有两种情况：一种实践着分权意义上的广义的司法独立；另一种则发展着司法权行使意义上的狭义的“司法权独立”。前一种情况将司法独立推至国家政体领域，使司法机构在政治制度中的独立地位成了司法权独立运行的一个充分条件；后一种情况则是司法机构在政治制度的安排中并非处于独立的地位，但存在着司法权独立运行的法律制度。显然，我国属于后一种情况。

今天，中国司法体制所遭遇到的全部问题的根源之一，就是整个社会对法治条件下的司法理念认识不足。这种不足从近年来民间社会风行的“网络审判”，以及一些官员常常对在审案件公开评说等现象中可见端倪。司法权为什么必须独立行使？为什么又构成了国家治理体系现代化的一个普遍要求？理论上来看，主要是由于司法权本身的性质所决定的。司法权的核心是裁判权，即它主要是以裁判的方式发挥它的社会作用的。[①]而任何裁判都趋向于以一定的事实为根据，以相应的主观知识为认识的前提。因此，就裁判权内在的规定性而言，它一方面要求裁判者相对于纠纷当事人的中立性；另一方面要求裁判者相对于社会各方的自主性。也就是说，司法过程至少在形式上或程序上必须是中立的和自主的，否则裁判就是不成立的。裁判权的客观性要求排除判断过程中的各种主观的和外部的因素的干扰。这种基于裁判本性所产生的“自然正义”，反映到司法过程中就是要求司法机关的裁判过程要有对当事人中立和对非当事人自主的程序安排。这就是司法权必须独立行使的理论源头。

司法权独立行使制度在中国实践中的关键问题有两个：一是执政党与司法机关之间的关系问题。在中国共产党的领导作为根本领导制度的建设中，实际上包含着重新优化和配置执政党与司法关系的逻辑。对于国家治理体系现代化而言，执政党与司法之间的关系问题是一个无法回避且必须解决好的重大理论和实践问题。这个问题的具体内涵是：建立一种什么样的体制和通过一种什么样的途径能够既保障党对司法工作的领导，又能够避免党的领导干部对具体司法过程的干预，从而实现审判权和检察权的独立行使和司法公正，以最大限度地保障法律的实现。“各级党组织和领导干部都要旗帜鲜明支持司法机关依法独立行使职权，决不容许利用职权干预司法。”[②]《中共中央关于全面推进依法治国若干重大问题的决定》要求：“各级党政机关和领导干部要支持法院、检察院依法独立公正行使职权。建立领导干部干预司法活动、插手具体案件处理的记录、通报和责任追究制度。任何党政机关和领导干部都不得让司法机关做违反法定职责、有碍

---

① 一般来说，司法还有其他作用于社会的方式，如影响和决定公共政策的方式，司法立法就是典型的例证。

② 《十八大以来重要文献选编》(中)，中央文献出版社2016年版，第190页。

司法公正的事情，任何司法机关都不得执行党政机关和领导干部违法干预司法活动的要求。对干预司法机关办案的，给予党纪政纪处分；造成冤假错案或者其他严重后果的，依法追究刑事责任。”①二是社会的法律文化和行为对司法权独立行使的支持问题。事实上，司法权独立行使作为一项来自西方的制度原则，它的实现在根本上依赖于来自两个方面的资源：司法角色的行为自律和“贵族精神”，即来自于法律神圣的角色荣誉感；社会法律文化和行为习惯，即司法权的独立性是人们诉诸公正不可缺少的一道防线，无论谁触动了这条防线，他都与这种文化和习惯支持的社会不相融。由此看来，中国对这两方面资源的开发和积累仍需相当多的时日。

### 3. 司法开放性和提升司法公信力问题

现代化的国家治理体系应是一个开放的体系，司法开放就是其中的一个重要方面。或者说，国家治理体系的开放性必须在司法领域有所体现。首先，司法体系与整个社会的良性互动有赖于一个开放性的制度安排。司法体系向社会输出公正资源，从社会汲取权威资源。一方面从社会到司法——在社会中汲取公正的历史性概念和注重客观的社会评价；另一方面从司法到社会——通过开放性的制度将司法制度、过程、结果所体现之价值及理念拓展于全社会。其次，就制度内部的协调性来看，司法开放是司法权独立行使必然的逻辑延伸。司法权独立行使的制度化程度越高，就越需要司法开放制度与之相适应，以提供足够的资源和力量。可以说，司法权独立行使是司法开放的前提和不可分割的组成部分。理论上在我们将司法权独立行使看作是司法公正的条件之时，它也可能产生两个极端的后果：司法失去控制，出现了司法专横的局面；司法缺少必要的权力资源，

① 本书编写组：《党的十八届四中全会〈决定〉学习辅导百问》，党建读物出版社、学习出版社 2014 年版，第 15 页。

失去了权威。我国司法体制改革的过程中应尽量减少出现这两种极端的可能性。在我们尽量“割断”司法与社会的某种特殊联系时，我们还应“建构”它与社会的最普遍的联系。既然司法不应与社会某个部分存在特殊关系，那么只有与整个社会建立起最一般的关系时，才能对其既形成控制又提供资源，而这种最一般的关系唯有通过司法制度的开放性来提供。因此，可以说司法开放性是司法公信的力量源泉。

司法开放制度的内容包含三个方面。一是司法过程公开制度，公开审判、陪审制、判例制都是司法开放的重要渠道。审判公开近些年来一直得到了较好的遵守，目前的问题是公开的制度化程度和范围都有待进一步提高。陪审制在中国一直未能发挥它的真正作用，就它的民主价值来说，这项制度事实上长期处于名存实亡的状态。中国作为成文法国家，判例虽然没有法律的意义，但它在司法过程中的作用则是始终存在的，近些年，这种作用有不断增大的趋势。其中，大量的未有先例的诉讼所产生的裁判对随后类似的诉讼、甚至对立法都产生了实际的影响。二是司法救济制度，即公民不仅有权，而且通过一定的制度保障有能力向司法机关寻求公正的制度。我国的司法救济制度近些年发展迅速，表现为法律可诉性的提高和司法援助制度的建立。[①] 目前，危及司法救济制度的因素主要来自两个方面：司法腐败造成了司法的可预测性极大地降低，由于难以预测后果人们的行为取向偏离制度性的轨道；司法相关的收费增长过快，极大地限制了人们诉诸司法的行为选择。三是舆论评价及监督制度。这里既包括学界针对性的研究和评价，又包括传媒（网络）的报道和评价。司法对传媒开放是一个极其重要的制度，是实现司法公正的必要条件，但这个条件是有限度的，传媒活动一旦越界，也有可能危及司法权独立和司法公正。眼下社

① 最高人民法院于 2000 年 7 月 12 日公布了《关于对经济确有困难的当事人予以司法救助的规定》；司法部早在 1997 年 7 月 10 日就发布了开展法律援助工作的通知。

会舆论时髦的“网络审判”就是例证。这一现象的发生虽然有司法领域诸多不足为客观基础，但从法治的要求来看，其负面的作用也是非常明显的。“网络审判”在反映当前司法公信力问题的同时，也侵害着司法公信力形成的社会基础。它无论是作为道德评价，还是作为以道听途说为依据的非理性表达，对司法的自主性、进而对司法公信力的形成均构成现实危害。这种情况反映了中国民间社会期待司法公正的悖论：一方面人们试图通过网络表达欲求司法公正，但另一方面这种基于道德而非法律事实的判断、特别是撕裂社会的“仇官、仇富”的发泄性表达又必然危害司法公正的社会环境。

### 4. 不断提升司法效率的机制问题

效率是任何制度都包含的要素，当然也是国家治理体系现代化所包含的要素。尽管效率在多个学科及意义上使用，但其基本理念则是同一的，即输入的能量与产出之比。社会制度意义上的效率概念指的是制度成本与制度价值实现之间的比例关系。因此，效率同样也是司法制度必须追求的一个目标。显然，低效率的司法制度本身就是对公正的亵渎，所谓“迟到的公正就是不公正”。因此，司法公正只有通过高效率的司法制度才能实现。它涉及了司法制度的各个层次和方面，其内容包括了：制度之间的协同性，保持制度间必要张力的同时减少制度之间的摩擦；制度规范上的时效设置，形成制度运行状态中的时效约束机制，一般来说，诉讼周期与司法成本成正比，而与司法产出成反比；司法体制多元化与法官专业化，这是现代社会高度复杂和分化对司法效率的体制要求；严格的司法执行程序，等等。

目前，我国的司法效率存在着诸多问题。首先是制度投入不足，制度与社会之间、制度内诸部分之间在一定程度上的适应性和协同性不够；制度运行过程缺乏严格的规范性，司法救济制度不周延，整个社会司法的可预测性较低；司法功能弱化，表现为一方面司法权不断地超出其职权范围，另一方面它又远未真正履行其职权，司法腐败长期存在等。其次，在各级司法机关，由来已久的案件超时限问题仍有待解决，诉讼法规定的侦查、公诉、审判的时限未得到严格遵守。这不仅有悖于司法效率的制度原则，而且损害着法律的尊严。第三，司法裁判大面积地不能转化为司法产出。这又包括两个方面：就司法产出必须符合司法公正的价值要求而言，由于司法过程中各种不当现象的存在，无论最终的裁判情况如何，都可能使作为公正的司法产出大打折扣；司法裁判在执行阶段大面积地无法还原为当事人的利益，使法律的最终努力悬置起来。

## 三、改革司法体制推进国家治理体系现代化

司法体制改革与国家治理体系现代化存在着极为密切的联系。党中央在提出“推进国家治理体系和治理能力现代化”重大命题的同时，就将改革司法体制和运行机制作为深化改革的重点。显然，在目前发展阶段上，司法体制改革具有制度建设的战略意义。如果说国家治理体系的基本任务之一是维护和构建社会主义市场经济基础上的社会秩序，那么，国家治理体系和治理能力的现代化就是获得实现这一任务可持续能力的过程。其中，由于司法体系直接承载着维护和构建社会秩序的任务，它对于国家治理体系和治理能力现代化便具有基础性的影响。在目前的发展阶段，我国所遇到的难题可谓多矣。经济发展与环境保护、贪腐与反腐、维权与维稳等矛盾层出不穷。然而，国家治理诸问题的解决，可持续的或长治久安的方案，塑造司法权威当是一个大方向。这既是所有发达国家的经验，也是国家治理的一般逻辑。

改革司法体制和运行机制作为政治体制改革的重点之一，显然具有现实问题的针对性：即针对中国社会长期以来公平正义缺失的不断积累。“群众对司法不公的意见比较集中，司法公信力不足很大程度上与司法体制和工作机制不合理有关。”① 今天的中国，社会公平正义的实现途径和主要机制有两个：经济领域的公平主要是通过发展政策和社会政策的调整实现的，在这一领域司法维护公平正义的能力有限；而权利意义上的公平正义，或者说日常社会生活意义上的公平正义之维护则主要是司法的任务。

党的十八大以来，在全面依法治国战略推进过程中，司法体制改革一直被作为工作重点。这集中体现在《中共中央关于全面深化改革若干重大问题的决定》（十八届三中全会通过）、《中共中央关于全面推进依法治国若干重大问题的决定》（十八届四中全会通过）、《中共中央关于坚持和完善中国特色社会主义制度、推进国家治理体系和治理能力现代化若干重大问题的决定》（十九届四中全会通过）等战略布局之中。按照上述决定的要求，司法体制改革的策略主要包括下述若干方面：

### 1. 改革司法管理体制

主要包括两方面的内容。一是推动省以下地方法院、检察院人财物统一管理。法理上，单一制国家中司法权属于中央事权。各地的法院、检察院不是地方的法院和检察院，而是国家设在地方代表国家行使审判权和检察权的司法机关。由于我国的法院系统和检察院系统庞大，将司法权一统至中央目前条件不成熟。故在目前阶段上，先推动省以下地方法院、检察院人财物统一管理。二是探索与行政区划适当分离的司法管辖制度。此项改革的直接目的是克服司法地方保护主义。司法区与行政区相交叉是法

① 习近平：《关于“中共中央关于全面深化改革若干重大问题的决定”的说明》，《中共中央关于全面深化改革若干重大问题的决定》（辅导读本），人民出版社2013年版，第79页。

治统一的制度要求。现行管辖制度中的指定管辖、提级管辖、集中管辖虽存在着与行政区分离的机制，但这些机制仍不足以解决我国的法治统一问题。因此，有必要建立与行政区划适当分离的司法管辖制度。这一改革措施进一步的逻辑就是要跨行政区设立司法机关。

我国现行的司法组织关系具有两个显著特点：一是党政部门对司法机关组织上的主导性；二是横向的司法组织关系配置，即各级地方政府均享有相应的司法行政权。① 这两方面的特点是相互支持的。从渊源上看，这套体制与我国的政治传统存在着太多的密切联系，由于历史上发达的官僚政治，使我们今天处理司法问题也会非常自然地强调行政化的方式。因此，现行司法组织体制实际上是我国整个政治系统行政化倾向的一部分或一个缩影。

一段时期以来，学界对我国长期施行的司法组织体制提出了诸多批评，认为这套体制与司法的职能存在着不适应甚至矛盾的方面。理论上说，任何国家的司法机构及其人员都存在着诸如机构设置、人事、经费等组织和行政管理事务，但这种组织方式必须适应司法的职能要求。而我国长期施行的司法组织体制在当前的法治发展进程中则表现出了明显的不适应，这集中反映在违反司法职能的内在要求，基本上将行政机构设置及管理的一套贯彻于司法系统；与此相关，缺乏严格规范约束的行政对司法的人事、经费等管理关系使司法统一和职权独立缺少必要的条件。

上述两方面的改革措施，是我国司法改革数十年来真正可以称得上是体制性改革的措施。总体而言，这是两个主要倾向于纵向化管理模式的改革措施。它应该能够应对法治发展条件下的司法与行政、司法与地方的规范关系。基层和中级两个层级的人民法院和人民检察院按行政隶属关系集

---

① 这里的司法行政权指的是组织、管理司法机关及其人员的权力。它与我国目前司法行政机关的权力在性质上是相同的，但在范围上则是不同的。

中由各省、自治区直接管理，一定程度上切断了这两级司法机关与县、地或市的行政关系。这样，在全国司法区大体不变的情况下，这种做法可预测的后果包括：可以强化全国法制的统一，避免由于现行体制条件下司法机关过于分散的行政隶属关系所造成的地方保护主义；可以使司法机关远离同级党政机关而获得独立行使职权的条件，强化司法的政治监督功能；司法机关的政治地位获得了提升，更加符合宪法的规定。

### 2. 健全司法责任制为核心的司法权运行机制

主要包括两方面内容。一是优化司法职权配置。针对长期存在的司法行政化问题，如审者不判、判者不审的判审分离；权责不明，错案追究难以落实；上下级法院行政化报批，影响审级独立等问题进行改革。建立主审法官、合议庭办案责任制，让审理者裁判、由裁判者负责；改革审判委员会制度，明确审委会主要研究案件法律适用问题；推进审委会成员直接审理重大、复杂案件的制度；明确四级法院职能，一审明断是非定分止争，二审案结事了，再审有错必纠，最高法院保障法律统一实施。二是积极推进司法公开。中国的司法公开具有自身独特背景，与西方国家相比，我国的开放度更大。除了常规的庭审旁听、人民陪审员、人民监督员等制度之外，还要录制并保留全程庭审资料；建立中国裁判文书网，逐步实现四级法院依法可以公开的生效裁判全部上网。相关的改革措施还包括增强法律文书说理性，检察院要建立不立案、不起诉、不予以提起抗诉决定书公开等制度。

在健全司法权运行机制上，去行政化是我国司法改革长期追求的目标。早在 1999 年，最高人民法院出台了《人民法院五年改革纲要》，明确提出了司法改革的目标是“还权于合议庭，充分发挥合议庭的作用，逐步取消院长、庭长未经审判程序个人决定案件的做法”。所谓法院内部管理的行政化，主要指人民法院审判组织存在合议庭“合而不议”问题，审委会制度存在“审者不判、判者不审”问题，以及下级法院向上级法院请示等情形。实践上，由此带来人情案、关系案、腐败案件层出不穷。司法行政化的本质在于违背司法审判的亲历性原则，在法院院长、庭长、审判员之间，在审委会和合议庭之间，按上级服从下级的原则来配置审判权。它与以事实为根据，以法律为准绳的司法原则相背离。“让审理者裁判，让裁判者负责”的改革要求，试图从根本上解决问题。这项改革还使落实司法官员责任制成为可能。

司法公开的意义是多重的。首先，通过司法公开将司法过程、结果置于社会的公共空间，以公正为中介形成同社会的能量转换，一方面接受社会控制，另一方面汲取权威资源。像对所有权力都需要强大的社会舆论监督一样，司法权也不能例外。在现代文明条件下，社会舆论是用来规范任何权力最一般也是最有效的手段。其次，司法公开是司法民主的具体体现。在理论上，司法公开作为现代民主制度内涵的一部分已不成什么问题。民众的知情权要求公职人员包括司法人员的公务行为除法律有规定需要秘密进行的之外，都应公开进行，对作为其行为结果的各种法律文书包括司法文书更不例外。第三，司法公开还是司法张力扩散的具体机制。司法过程和结果对社会行为的规范作用与司法公开成正比例。

### 3. 建立符合职业特点的司法人员管理制度

主要内容包括四个方面。一是完善司法人员分类管理制度。健全区别于公务员的法官、检察官职务、职称序列。二是健全法官、检察官、人民警察统一招录制度。建立预备法官、检察官制度；健全律师、法律学者担任法官、检察官制度机制；设置不同审级法官、检察官的任职条件。三是完善法官、检察官任免、惩戒制度。法院、检察院成立社会人士参与的法官检察官选任委员会、惩戒委员会。四是健全法官、检察官、人民警察职业保障制度。

在具体的司法过程中，司法权无疑都是通过法官们实现的，因此，与法官直接相关的一系列制度，对司法公正有着重大、直接的影响。因此，对法治建设来说，司法人员相关的管理制度具有明显的优先性。因为“所谓法治，不过是那些受到严格法律训练的人们对社会生活的管理和调整”①。由此说来，建设法治中国的核心任务和基础工程乃是促生一个现代的法律家群体。司法改革只有在这一层面上取得实质性的进展，才能支持法治的可持续发展。就此而言，以健全符合职业特点的司法人员管理制度为导向的上述四个方面改革措施，对法治中国的成长、进而对国家治理体系现代化都具有特殊的意义。

司法人员相关的管理制度在法治建设中具有优先性，上述改革措施就体现了这一要求。司法职能本身要求承担它的相关角色必须具备一定的专业背景，而现代法治社会只不过更加强化和严格了这一要求。“法律职业要求从业者必须具备高度专业化的法律思维、法律意识、法律语言、法律方法、法律解释、法律推理、法律信仰和法律伦理，等等。”② 迄今为止，中国司法改革最明显的成就之一就是改变了由于工农革命必然导致的司法大众化现象。中国司法终于走上了法官专业化和职业化的道路。今天，虽然在理论上和制度的设定上，专业化的法律知识和一定程度的职业训练构成司法角色胜任职责的基本条件应已不成问题。但是，长期形成的干部制度的惯性仍然是推行改革措施的现实障碍。现实中，司法职业标准的落实仍然存在着诸多漏洞。比如长期以来相当数量的法院院长、副院长的任职资格不能严格按照《法官法》的要求进行，就是典型例证。如果说分类管

① 贺卫方：《司法的理念与制度》，中国政法大学出版社1998年版，第297页。
② 贾宇：《构建中国特色社会主义司法制度》，《西北大学学报》2013年第2期。

理是基于司法人员的专业特性的话，那么，这一管理方式则必须建立在严格的职业标准和录用程序上，否则，分类管理就是缺少前提和基础的。

职业保障制度建设是上述改革措施的又一重要方面。所谓司法职业保障制度是指司法人员履行职责的职务身份和物质待遇的保障制度。职务身份保障制度即为了避免各种势力基于司法官身份而影响其独立、公正履行职责，故以法律的形式对司法官的身份予以固定，即司法官一经任用，非按法定条件并经法定程序，不得被弹劾、免职、调离或提前退休的制度。从理论上讲，法官身份是否稳定必然会影响到其职责的履行；如果在职务身份上，法官处处受制于人，时时要忧虑自己身份的话，独立行使司法权进而司法公正就失去了前提。法官履行职责的物质保障制度包括退休制、高薪制等，其意在于排除各种利益的诱惑，避免影响司法公正。

像司法领域的其他改革一样，司法职业保障制度的推行也遇到了一种两难的困境，即管理制度的改革与司法队伍的改变是互为前提的。由此看来，完善的司法职业保障制度决不是一件孤立的事情，它共同发展的条件至少有两个：首先是司法角色录用制度的发展，从逻辑上说这应该是中国司法职业保障制度得以真正确立的前提，因为只有角色录用能够输出一个高质量的法官群体，对法官职业的保障才是对司法公正的保障；其次是司法机关内部管理体制的改革，由此可以尽量地消除法院内部行政化管理对法官职业的侵蚀，从而为司法职业保障制度提供现实条件。就这两方面的条件来看，上述改革四方面的措施已有着系统化的布局。

### 4. 进一步深化司法体制综合配套改革

党的十八大以来，针对影响司法公正、制约司法能力的深层次问题攻坚克难、全面发力、多点突破。以司法责任制为核心的司法权运行机制初步形成，以审判为中心的诉讼制度改革有序推进，以司法人员分类管理为标志的司法保障体制逐步完善，以立案登记制为代表的便民利民举措不断深化。在司法体制改革新的历史条件已然形成的背景下，中共十九届四中全会提出了更高的要求："深化司法体制综合配套改革，完善审判制度、检察制度，全面落实司法责任制，完善律师制度，加强对司法活动的监督，确保司法公正高效权威，努力让人民群众在每一个司法案件中感受到公平正义。"①

深化司法体制综合配套改革，即要在已有改革成果的基础上，针对影响司法效能的体制性瓶颈问题，完善相关配套措施，增强司法体制的系统性和协调性，使中国特色社会主义司法更公正、更高效、更权威。

一是围绕司法责任制深化配套改革。司法责任制改革突出了法官检察官的办案主体地位。习近平总书记指出："法官、检察官要有审案判案的权力，也要加强对他们的监督制约，把对司法权的法律监督、社会监督、舆论监督等落实到位。"② 综合配套改革要坚持权责统一原则，进一步明晰权力和责任，建立健全法官检察官行使办案权与法院检察院有关领导行使办案管理权、监督权的权力清单和案件监管的全程留痕制度。做到有权必有责，用权受监督，失职要问责，违法要追究，确保司法公正。随着司法责任制的落实，按照专业化、集约化的要求，加强以员额法官检察官为核心的办案组织建设。与以审判为中心的刑事诉讼制度改革相配套，加强对刑讯逼供和非法取证的源头预防，完善非法证据排除程序的启动、调查和认定机制。

二是围绕强化司法功能深化配套改革。应对我国社会主要矛盾的变化，需要构建共建共治共享的社会治理格局。司法是解决社会纠纷的最终

---

① 本书编写组：《〈中共中央关于坚持和完善中国特色社会主义制度、推进国家治理体系和治理能力现代化若干重大问题的决定〉辅导读本》，人民出版社 2019 年版，第 15—16 页。

② 《习近平谈治国理政》第二卷，外文出版社 2017 年版，第 131 页。

方式，但不是主要方式，更不是唯一方式。综合配套改革需要推进前端治理，一方面，实现矛盾纠纷多元化解，从源头上减少诉讼增量，另一方面，把适合由社会力量承担的司法辅助事务和司法行政事务交给市场主体、社会力量去做。进一步完善案件繁简分流机制，健全完善立体化、多元化、精细化的诉讼程序；推动深化诉讼制度改革，探索扩大独任制和小额诉讼程序适用范围，优化司法确认程序适用，进一步完善送达机制。

三是围绕建设高素质司法队伍深化配套改革。建设高素质司法队伍，加强法官检察官正规化专业化职业化建设，在深化司法体制改革中具有基础性地位。进一步夯实司法人员分类管理改革成果，完善法官检察官使用、考核、监督、保障、交流等配套制度。健全法官检察官职业行为规范，完善职业道德评价机制。严格纪律作风要求，以零容忍态度惩治司法腐败。推动法官检察官员额管理规范化、科学化，实现法官检察官岗位设置、岗位职责、员额配比和员额进退制度化。健全符合司法职业特点的法官检察官业绩考核评价机制，建立健全以错案评鉴为核心的司法责任认定和追究机制，进一步厘清司法责任与工作责任，将严肃追责与完善司法人员依法履职保障结合起来。健全符合司法人员职业特点的工资收入保障体系。

四是围绕维护司法效率深化配套改革。推动审判方式、诉讼模式和互联网技术深度融合，深化互联网法院改革，有序扩大电子诉讼覆盖范围，以立法方式构建电子诉讼制度，探索构建适应互联网时代需求的新型管辖规则、诉讼规则等。

（程竹汝）

# 第十八章　公共安全治理

人需要安全。人的安全既要个体性的安全，也需要集体性的安全，还需要生存环境的安全。生存环境安全及集体性安全是个体性安全的基石，因此，生存环境安全和集体性安全可以称为公共安全，与个体性私人安全组成安全的主体性部分。个体安全始终无法超越公共安全而永久性独立存在，用中国古语形容就是“皮之不存毛将焉附”。于是，现代国家无不将公共安全治理作为国家的重要任务，甚至是世界共同的责任。

公共安全的特征既与历史紧密相连又与时代唇齿相依。今天，人既看到风雨交加、电闪雷鸣的常规天气，又见到骤冷骤热、干旱无常的极端气候；既可能遭遇刀剑等冷兵器弑命的残忍，又可能有丧命于合成化学毒物等危险品的冷酷。传统不安全因素与现代风险元素相互叠加构成了公共安全新环境。因此，公共安全治理既要秉承传统又要现代化，这源自公共安全本身具有现代性，源于公共安全风险与现代化发展相伴而生、相向而行。于是，大到一个民族国家，小到一个个体，都必须跟随风险的延续和变迁更新自身存在的方式，这是生物进化论，也是公共安全治理现代化的内在驱动力。

## 一、公共安全及其治理的现代化

从安全而言，人的生存还未迈出传统就已迈入现代。人至今仍然离不开水、土、空气和阳光雨露等自然环境，亦无法抛弃生长于大自然的蔬菜、水果、大米、小麦和飞禽走兽等自然万物，更难以割舍父母子女、朋友同侪和左邻右舍的集体生存。然而，这些看似不变的自然环境、自然万物和集体生存却又注入了更多人造的特征，成为现代化的组成部分，都具有现代性特征。水，不再是原水，而溶解了现代化学品；土，不再是净土，而吸附了重金属；空气，不再是纯净的空气，而是混合雾霾；阳光，不再那么明媚，而是被包裹的朦胧；雨露，不再清冽，而变得浑浊。人化的自然环境，人造的万物以及人为的生存方式，最终催生了新的公共安全风险。因此，传统的公共安全风险仍未克服，非传统公共安全已经生长，这就是今日公共安全治理所面对的事实。

### 1. 公共安全的传统性与非传统性

公共安全是指多数人的生命、健康和公私财产的安全。公共安全所涉及的范围缺乏准确界定。学界认为，公共安全包含信息安全、食品安全、公共卫生安全、公众出行规律安全、避难者行为安全、人员疏散的场地安全、建筑安全、城市生命线安全、恶意和非恶意的人身安全和人员疏散等。[①] 党的十八届三中全会报告中关于公共安全体系提到了“食品药品安

① 廖志恒：《转型社会的公共安全治理研究》，《社科纵横》2013 年第 3 期。

全、安全生产、灾害安全、社会治安、网络与信息安全和国家安全”。党的十九届四中全会进一步缩小公共安全范围，重点突出了“安全生产、应急管理和食品药品安全”等三方面内容。理论与实务界之间关于公共安全范围分歧在于不同划分标准，理论界是以公共安全受众为标准，将公共安全范围设定为食品药品安全、生产安全、灾害安全、社会治安、网络与信息安全和国家安全。① 而实务界更多是以公共安全的监管者为标准。本章主要从公共安全监管者为标准，重点研究生产安全、应急管理和食品药品安全。

从公共安全时代特征来看，有传统公共安全也有非传统公共安全。传统公共安全主要是由于自然灾害、人际矛盾、族群冲突、政权更迭和疆域争夺而带来的自然安全、社会安全、民族安全、政治安全和军事安全。而非传统安全则是由于人类破坏自然、快速多元的社会生活、文化差异、民主失控和资源争夺引发的突变性自然灾害、生活价值冲突、极端民族主义、恐怖主义和生物疾病等。传统安全与非传统安全不仅相互依存而且互相簇生，共同威胁人的生存安全。因此，公共安全治理必须依赖于现代化工具、技术和科学防御与减缓传统与非传统公共安全风险，同时，又必须依靠于现代化组织体系、合作机制和共同观念应对传统与非传统公共安全，恢复和重建公共秩序。于是，就公共安全的时代特征层面而言，公共安全治理现代化既要继承传统公共安全治理的精华，更要创新组织、制度、技术和能力。

公共安全与人密切相关，公共安全治理的目的是保障人的安全。但是，公共安全治理仅仅是保障人的安全的一个方面。公共安全问题的突出领域在生活、生产、环境生态方面。这些领域直接与人的生存安全相关

---

① 李瑞昌：《干预式治理：公共安全风险辨识与管理》，上海人民出版社 2013 年版，第 5 页。

联。因此，就公共安全治理目标而言，应包括：帮助所有人树立公共安全意识，运用系统思维辨识风险，构建公共安全预警机制，强化突发事件应急管理机制，完善公共安全管理措施，加强综合治理，加快参与公共安全治理能力现代化的步伐。

### 2. 公共安全治理体系和能力

公共安全治理体系和治理能力是中国特色的治理体系和治理能力的重要组成部分。因此，中国特色的治理体系和治理能力现代化也包括了公共安全治理体系和治理能力的现代化。国家治理体系和治理能力是一个国家制度和制度执行能力的集中体现。① 中国国家治理体系是在党领导下管理国家的制度体系，包括经济、政治、文化、社会、生态文明和党的建设等各领域体制机制、法律法规安排，也就是一整套紧密相连、相互协调的国家制度；国家治理能力则是运用国家制度管理社会各方面事务的能力，包括改革发展稳定、内政外交国防、治党治国治军等各个方面。国家治理体系和治理能力是一个有机整体，相辅相成，有了好的国家治理体系才能提高治理能力，提高国家治理能力才能充分发挥国家治理体系的效能。广而言之，公共安全治理体系也是党领导下国家管理公共安全的制度体系，公共安全治理能力是公共安全相关主管部门运用相关法律法规和制度管理公共安全事务的能力。从以往的制度设置来看，党领导公共安全管理部门的主要机构是党的政法委员会。本章重点讨论公共安全治理作为专业活动而非政治活动，所以集中讨论公共安全管理的行政部门和专业治理能力问题，不讨论党如何领导公共安全管理部门等问题。

党的十八届三中全会谈到健全公共安全体系时，以事务中心设置管理

---

① 习近平：《切实把思想统一到党的十八届三中全会精神上来》，http：//news.xinhuanet.com/politics/2013-12/31/c_118787463.htm。

组织体系，具体包括：（1）食品药品安全治理现代化目标是，完善统一权威的食品药品安全监管机构，建立最严格的覆盖全过程的监管制度，建立食品原产地可追溯制度和质量标识制度，保障食品药品安全；（2）生产安全治理现代化目标是，深化安全生产管理体制改革，建立隐患排查治理体系和安全预防控制体系，遏制重特大安全事故；（3）灾害安全治理现代化目标是，健全防灾减灾救灾体制；（4）社会治安体系建设目标是，加强社会治安综合治理，创新立体化社会治安防控体系，依法严密防范和惩治各类违法犯罪活动；（5）网络与信息安全治理现代化是，坚持积极利用、科学发展、依法管理、确保安全的方针，加大依法管理网络力度，加快完善互联网管理领导体制，确保国家网络和信息安全；（6）国家安全治理现代化是，设立国家安全委员会，完善国家安全体制和国家安全战略，确保国家安全。①

党的十九届四中全会将“完善和落实安全生产责任和管理制度，建立公共安全隐患排查和安全预防控制体系。构建统一指挥、专常兼备、反应灵敏、上下联动的应急管理体制，优化国家应急管理能力体系建设，提高防灾减灾救灾能力。加强和改进食品药品安全监管制度，保障人民身体健康和生命安全”作为健全公共安全体制机制的内容写在“坚持和完善共建共治共享的社会治理制度、保持社会稳定、维护国家安全”一章之中。根据这些实践性的目标，从学术角度可以将公共安全治理现代化的目标归纳为“构建包容性公共安全治理体系，提升防御性公共安全治理能力”。

## 二、公共安全治理现代化方向

公共安全治理现代化包括公共安全治理体系现代化和公共安全治理能

① 习近平：《全面深化改革若干重大问题的决定》，http：//news.xinhuanet.com/mrdx/2013-11/16/c_132892941.htm。

力现代化。包容性公共安全治理体系是指包括多个相关组织参与公共安全治理全过程的行动体，即各领域公共安全相互联结构成整合型的公共安全治理结构。从治理的领域来看，公共安全治理包括食品药品安全治理、安全生产治理、应急管理等。就治理的构成而言，包括公共安全治理组织体系、公共安全治理机制、公共安全治理制度、公共安全治理能力和公共安全治理绩效。从治理的对象而言，安全与风险同时并存，风险与突发事件（事故）紧密相连，因此，公共安全治理包括风险治理和事件治理。与此同时，从治理过程来看，公共安全治理过程包括准备、预防、处置和恢复重建等，①但公共安全治理的重点也转向于预防环节。因此，防御性公共安全治理能力是指公共安全体系防范、应对和复原公共安全的超级力量。包容性公共安全治理体系和防御性公共安全治理能力是有机统一的整体，相互不可或缺。公共安全治理从来就不是某个人、某个组织的单独事务，也从来就是短时间、短时段的工作；它是多个利益相关者长时间合作的行动。因此，公共安全治理体系越具有包容性越能各司其职，公共安全治理体系的防御能力越强，反之亦然。

### 1. 公共安全治理体系现代化：包容性

从学术角度来说，治理本质是政府、市场与社会共同行动的结果。公共安全治理组织体系是由监管体系、自治体系、第三部门和消费者联盟构成的组织体系。

（1）监管体系。从监管体系来看，监管权分散是当前公共安全监管组织体系的特点。因此，也有学者认为，中国有监管组织但无监管体系，因为任何体系包括组织和协调机制。由于公共安全监管权力往往分配给不同

① 李瑞昌：《危机、安全与公共治理》，上海人民出版社2007年版，第39页。

监管机构，于是，协调机制成为这些掌握监管权的组织形成有机组织体系的关键要素。例如，食品药品安全监管权就涉及农业部门、国土部门、水利部门、质监部门和工商行政管理部门；为了协调这些部门集体行动，也曾在政府办公厅内设食品药品办公室，但是，效果仍然不佳。再如，生产安全的监管也涉及安全生产监督管理局、消防局、质监局和工商局等，事实上，这些部门的管辖权又非常复杂，并不同属于某一级地方政府，协调更加困难。又如，灾害安全监管也涉及国土部门、气象部门、环保部门和民政部门，也设置国家减灾委协调相关部门。还如，网络与信息安全监管也涉及党的宣传部门、广电部门、电信部门和网络管理部门等。当然，国家安全涉及的部门可能更多。

（2）自治体系。一些安全监管的对象因协作需要而结成各种自治体系，例如行业协会、企业联盟等，这些组织既因自治能力强大而联手致力于安全自我约束也可能会结成利益同盟而放弃安全上自我约束，于是，就必然破坏公共安全。例如，由食品企业结成各种食品协会等制定了一些本行业的标准，并以此指导同行遵循相关标准。当然，食品企业也可能结盟制定出比较低的行业标准从而为本行业谋取丰厚利润，如乳制品协会曾因支持过低的行业标准而饱受媒体和大众的口诛笔伐。

（3）第三部门。社会因自治权而结成一些非营利性的第三部门，这些部门也承担着公共安全的相关职责。它们通过募集公益资金或者承接政府转移的任务，担负起相关公共事务，甚至与公共安全监管部门结成伙伴关系。例如绿色环保组织就为环境安全承担了一些调查取证、议题设置等任务。

（4）消费者联盟。消费者或者居民是公共安全的最终得益者也是最后的受害者，但是，作为分散的个体，他们的影响力有限。① 为了捍卫自己

① ［德］乌尔里希·贝克：《全球化时代的权力与反权力》，广西师范大学出版社2004年版，第6页。

的权利和生命财产安全，消费者或居民会自发结成临时联盟，成为公共安全治理的重要力量。在社会治安中，居民联结起来的各种联防组织、志愿治安小分队或居民安防小组等均属于居民联盟。在食品安全治理中，也有一些消费者会结成实体或虚拟的联盟，要求区域内甚至世界范围内的消费者抵制某种不安全的产品，从而给予不安全产品生产者重击。

如果这些组织之间能够各司其职，就能产生积极治理效果。但是，无论哪一个组织失去自己的功能而承担错误的角色，那么，包容性公共安全治理体系就会运转不畅。如果这些组织能够信息共享、相互有机配合就能提升公共安全治理水平，但是，一旦它们各自为政，就会留下更多的“监管空白”和“治理缝隙”。公共安全事故、事件就会随之上升，人们的安全感就会相应地下降。各种组织的积极参与、有机合作和有效协作，均会促进公共安全治理体系走向紧密化、系统化和整体化。完整统一的公共安全治理体系是公共安全治理能力现代化的组织基础，是公共安全治理水平跃升的制度保障。

### 2. 公共安全治理能力现代化：防御性

前文已经谈到，从公共安全治理对象来看，公共安全治理包括风险治理和突发事件（事故）治理。就公共安全治理主体能力而言，风险治理的有效性依赖于参与的情报能力和预防能力。公共安全风险既有传统的自然风险又有技术风险[①]，公共安全技术风险形成的根源既来自技术活动本身，也源于政治、经济、文化等各种社会因素单独或合力的作用。技术风险因素具有人造性、不确定性和复杂性。无论是自然风险还是技术风险的相关情报信息提前获取都需要科学技术能力，因此，利用现代科技培育信息情

① 李瑞昌：《风险、知识与公共决策》，天津人民出版社2006年版，第61页。

报能力成为风险治理的重要支撑。风险情报能力的培养依赖于科技能力发展，也依托于相关情报制度成熟，因此，必须从技术和制度两方面同时加强风险情报能力建设。

获取风险情报是为了有针对性地预防风险。预防风险措施不仅需要科学技术，还需要人文观点和社会技能。因此，开展相关的防灾减灾教育与建设减灾防灾基础措施具有同样重要性。风险预防能力既得益于科学技术发展也受益于公民意识增长，因此，公共安全监管方的风险预防能力和公民预防风险能力可以同步变革。

突发事件治理能力是一个复杂的能力体系，其中最为重要的能力是反应能力和恢复能力。所谓反应能力是指突发公共安全事件发生之后，作为事发地的初次处置能力以及相应的各方依次反应处置能力。反应能力是一个资源聚集和使用，也是人才调配和技术运用的过程。恢复能力指突发公共安全事件处置结束后，重建相关设施和恢复秩序的能力。恢复能力是社会动员能力和建设规划能力的综合，尤其是重大公共安全事故后，破坏性严重、损失惨重，那么，需要动用社会资源和社会力量参与事后的恢复和重建工作。

能力需要制度保障。因此，建立公共安全治理制度是保障公共安全治理体系能力的基础。公共安全治理制度有：

（1）日常监管制度。前文已经谈到公共安全包括食品药品安全、安全生产、灾害安全、社会治安、网络与信息安全和国家安全，每一种安全事务都是由一个特定的部门进行监管，监管部门分工负责制定相关政策，每个部门都设置一套日常监管制度，这些制度运行正常，公共安全风险就能得到相对有效的控制。例如上海市为了加强食品安全管理提出了“最严的准入、最严的监管、最严的执法、最严的处罚、最严的问责”来整治食品药品安全问题监管制度。为了确保执法权得到最严格实施，上海市组建了上海市公安局食品药品犯罪侦查总队和17个区县公安机关的侦查支队，公安机关坚持主动介入，各级公安机关会同食药监部门深入重点区域、重点部位、重点场所，进行“地毯式”“滚动式”排查，主动发现隐匿的制售假劣食品的“黑作坊”，加强行刑衔接，打造完整证据链的处罚机制，以零容忍的态度严厉打击危害食品药品安全犯罪。

（2）公信力制度。行业协会参与公共安全治理是当前安全防御系统建设的重要组成部分。但是，行业协会要有自己的公信力，否则就容易被消费者或公众所抛弃，从而不仅导致行业协会生存空间紧缩，而且导致公共安全治理体系的能力下降。因此，行业协会不仅要建立一套维护自身公信力的制度，而且还要建立一系列防止自己被企业所捕获的防御机制。简而言之，行业协会在承担相关安全标准制定和执行安全监管过程中，应按照自身独立性和专业性开展工作，坚守自身公信力，而不能被某种特殊利益所主导。当然，行业协会要保证自身的独立性，除了需要解决日常运转的资金和人才的瓶颈外，还需要处理好与政府和企业之间的复杂关系。政府应通过购买公共服务等方式确保有责任心、有公信力的行业协会能够从政府获取资源，切实担当起责任。

（3）诚信制度。企业要建立产品诚信，着眼企业发展长远而不要局限于当下蝇头小利，从而在消费者心目中建立口碑和诚信。企业诚信制度是企业安全管理的一部分，因此，企业通过确立相关安全生产和质量监控系统，从而保证产品质量安全，建立自身长久信誉。与此同时，企业也要建立完善的售后服务制度，最大程度地维护消费者的权益，赢得消费者的赞誉。

（4）保险制度。有风险就需要有保险，保险制度是转移、削减和防范风险的一项基本制度。因风险差异，保险的种类繁多，总体上包括政策性保险和商业保险。公共安全风险的转移既要依托政策性保险也要借助商业保险，完整的保险制度是削减公共安全风险的另一道机制。无论是企业、政府还是普通的民众都需要通过保险制度转移相关风险，提高自身应对风险的能力。这不仅需要企业和公民购买相关的强制险和商业险，也需要政府加强维权索赔程序规定，充分保证公民的索赔权，确保企业的安全风险能够被保险公司所分担，保证公民的损失能够得到相应的赔偿。

### 3. 公共安全治理机制现代化：整合式

公共安全治理是一个复杂的过程，有相当多的环节，也存在大量治理机制。公共安全治理机制包括：

（1）风险评估机制。风险评估机制是对隐藏的风险源及其发生的概率进行等级评定的制度。通过风险评估可以设定并公开风险信息的标准和等级，推进风险评估的信息工作。风险信息达到设定的标准和等级要求的，应及时向社会公众公开并预警风险；没有达到社会设定标准和等级的风险，应持续追踪并实时监控。风险评估机制要求全面做好危险源的普查工作，对重大危险源和重大事故隐患做好勘查、评估和监控，定期更新灾害安全记录、标识危险等级，并及时告知相关部门、向社会公布。风险评估还要全面做好薄弱评估与监控工作，根据薄弱评估与监控工作，设计出针对危险源的监控办法，包括工作目标、组织结构、工作流程、绩效标准和所需资源等。风险评估机制落实还要强化政府对于危险行业的管制能力，增加项目审批过程中的安全评估环节，使安全评估成为项目审批、合格验收的硬性约束。

（2）风险管理机制。风险管理是现代政府的一项基本的核心职能，是涉及政府组织的全部范围以及政府组织中所有成员的管理职能。[①] 职能的

① 李瑞昌：《干预式治理：公共安全风险辨识与管理》，上海人民出版社2013年版，第310页。

整合需要通过一系列制度和机制将其连贯起来，建立和发展更为有效的全面整合的风险管理模式是大势所趋。构建“发现、定义、防范、抗击、转移、缓冲”的风险相关管理机制，以及确立风险源普查、风险评估和风险沟通等相关制度，是提高风险管理整体水平的主要途径。风险管理机制是将公共安全危机管理的“关口前移”的策略和实践，因此需要大量复杂而烦琐的细致工作运转这套系统，以此提升政府风险管理能力。

风险管理是应急管理的起点和前哨，也是应急管理的第一道防线和重中之重。风险管理致力于从根本上防止突发事件风险隐患的形成与爆发，是一种对突发事件进行超前管理的系统设置，是一套层次高、结构复杂、相关性强的网格化运行体系，具有防患于未然的作用。风险管理的主要目的是为了提前发现潜在的风险隐患，进行风险识别、确认和评估，进而排除潜在的风险隐患，从而预防、规避、阻止公共安全危机和社会风险的发生。而对于那些无法及时排除的潜在风险隐患，进行实时风险监测、风险预测和实时跟踪评估，及时发出风险预警信号，从而将公共安全危机和社会风险消灭在萌芽状态或者尽量使公共安全危机损失减少到最小。避免公共安全危机的发生或将公共安全危机消灭在萌芽状态是成本最小、最经济也是最成功的应急管理方法。

风险管理机制健康运行要求明确政府的应急管理责任，全面厘清政府部门之间的职能交叉问题，落实主管单位和主要责任单位，理顺多个部门共同主管同一灾害的职责分工，落实政府风险管理与评估工作的问责制，积极培养社会中介力量，发挥行业协会对于公共安全危机和社会风险的监管优势，将风险管理机制建成为政府内外部相互协作的共同机制。

风险管理机制健康运行还要求明确企业的责任，落实企业的风险责任，并通过对某些行业和领域实施强制性保险并鼓励发展商业保险，转移或降低政府的风险。例如，上海不仅在农户中推行强制灾害险而且要求食品企业购买食品质量安全险，并且开创性地推行农村自办酒席食品安全责任保险。换句话说，无论食品生产者还是食品消费者，不论是政府还是保险公司都参与风险共担环节，从而妥善转移社会风险。

（3）回溯追踪机制。公共安全风险是一个复杂的、绵长的链条，在某一点风险可能借助风险评估或者突发事件而被发现。一旦发现风险就需要回溯追踪风险源，其目的是消除风险源和追究责任，并以此阻断风险的爆发。因此，风险回溯机制是风险管理系统中最具有约束力和有效性的机制，它不仅将所有参与者聚集起来，而且明确了相关责任体系，从而促使利益相关者主动承担相关责任。

建立风险回溯追踪机制需要两个前提条件：一是风险检测技术发展，即强有力的风险检测技术为风险回溯追踪提供科技保障，为此，一些地区在城市遍布了风险监测点。如上海就食品风险在各个区和一些重要食品交易点建立食品风险抽样检测点。二是保险体系成熟，即不仅要有系统的政策险而且要有完备的商业险等组成保险体系，这个体系完整、缜密就容易被风险制造者和承受者所接受，而且易于被监管者和消费者所接受。

（4）参与机制。参与既是民主管理的需要，也是公民教育的必备。公共安全治理过程尤其需要更加完善的参与机制，这不仅因为参与本身就是对公共安全的供给方监督，而且因为参与机制也是对公民进行安全知识教育的途径。因此，完善的参与机制在公共安全治理中承担着民主决策和安全教育的功能。

公共安全参与机制贯穿于公共安全治理全过程，包括公共安全风险源的探测与辨析、公共安全风险预防、公共安全突发事件处置以及事后的恢复等各个阶段或环节，每一个环节中的参与途径都有着特殊功能。探测与辨析风险源的环节的公众广泛参与有助于甄别风险，例如，上海杨浦区就启动啄木鸟计划奖励民众举报风险隐患点；公共安全风险预防环节的公众广泛参与则促进全民投入资源、人才和设备开展预防工作；公共安全突发事件处置环节的公众参与则鼓励公众利用自己逃生技能和相关安全知识开展自救和互助；公共安全突发事件事后恢复环节中的公众参与则有助于公民群策群力地募集资源恢复重建事后新秩序。因此，参与机制是公共安全治理的动员机制，也是安全社会的学习机制。

## 三、公共安全治理现代化行动与绩效

### 1. 公共安全治理现代化行动

组织体系及其能力最终都要变成行动才能真正达到治理的目的。开展全方位的公共安全治理行动是公共安全治理体系的使命。具体而言，全方位的公共安全治理行为包括：完善公共安全体系，健全公共安全法律法规，增强利益相关者道德伦理意识，精细化管理硬件设备，分清监管部门职责、形成责任明确监管系统，严格国内外标准，做到依法、依标、依规管理。

安全生产一头连接着经济社会发展，一头连着人民群众生命财产安全。生产安全实质上是生产过程安全，生产过程安全是社会安全的一部分，也是产品质量安全的保证。因此，生产安全治理具有非凡意义。生产安全治理既要严格安全生产操作规范又要提高生产人员的安全意识，还要不断地改进安全生产的相关技术。制度、技术和文化是生产安全治理的三大要素。更为重要的是，要始终坚持党政同责、一岗双责、失职追责，建立公共安全隐患排查和安全预防控制体系，完善和落实安全生产责任和管理制度。

应急管理能力体系是国家治理体系的重要组成部分，提高国家应急管理能力和水平，是我们党治国理政的一项重大任务。2018 年党和国家机构改革中组建了应急管理部，形成完整应急管理体系；实现了消防体制改革，建立综合救援队伍；推动了应急管理从静态、职能管理向动态、综合管理转变，从灾害应对向风险管理转变，提高了防灾救灾减灾能力。

食品药品安全事关人民群众身体健康和生命安全，要完善食品药品安全体系，健全食品药品安全法律法规；分清联合监管中各自职责，开展先进经验的交流与沟通等，逐步改变低水平的需求、低质量的供给的状态；增加食品药品科技投入，不断提高食品药品中的科技含量；推动市场机制发育与完善，阻止企业逐底竞争的产品质量，防范政府监管失灵尤其是体制的弊端，使得企业不敢违法；从源头治理食品药品安全稳定的深层次社会、经济和政治原因，调整社会结构，加大药费的补贴力度；动态协调，引导企业生产好的产品，而不是通过降低成本来吸引消费者。构建起消费者或公众的信任，关注食品产业链伦理，提高食品药品企业伦理意识。

公共安全事务紧密相连，都属于社会治理的重要内容，需要将公共安全专业化管理和集约化管理结合在一起。例如，上海市将社会治安和食品安全结合在一起，公安部门主动与食药监等部门协作，搭建多部门对接协作平台，监督危害食品安全犯罪活动的生产、流通、消费环节，面上清查和暗访检查结合，对涉嫌违法、犯罪情形的，依照各自职责及时予以查处。为了进一步提升打击效能，公安机关还加强了警种之间、部门之间联勤联动，对重大案件集中优势警力组建联合专班调查，对涉及外地生产源头等犯罪线索也加大了对跨区域团伙型犯罪的打击力度，从而形成公共安全治理的整体性合力。

### 2. 公共安全治理现代化绩效

如何评价防御性和包容性公共安全治理体系建设的成效是体系建设的

目标，也是能力现代化的核心指标。本章认为，防御性和包容性公共安全治理体系和公共安全治理能力现代化的绩效评价关键性指标，一是事故、事件下降；二是公众安全感上涨。这两个指标是相互关联的，公众安全感上涨是一种直观的感受，事故、事件下降必然让公众安全感上升，而公众安全感上升会激励公众愿意对安全隐患进行举报和干预，积极参与到公共安全治理活动过程中。

公共安全治理体系建设和治理能力现代化是一个动态演化的过程。这不仅表现为公共安全所涉及的领域会随着现代化、城市化和全球化不断地变化，而且表现为公共安全治理方式、方法和价值都在日新月异地调整。科学技术的发展、人的价值观点嬗变以及文化文明的融合与冲突都会将公共安全推向矛盾的运动方式，一方面，科学技术的发展、人的价值观念现代化和文化文明融合带来更好的安全防范、更大的彼此宽容和更深的相互理解；另一方面，科学技术的发展滋生出新风险，人的价值观念的多元化也引发新社会冲突，文化文明相互碰撞容易复活诸多隐匿的根深蒂固的矛盾。因此，公共安全治理现代化必须与时俱进，以集腋成裘、水滴石穿的心态，边建边用、以用促建的行动，以治标促治本、以治本保治标、标本兼治，从风险源和风险意识上双向共治，打造公共安全治理新态势。

（李瑞昌）

# 第十九章　现代城市治理

现代城市的发展结构与治理质量，直接决定现代国家的命运。寻求建构一个完善的城市治理格局，是中国推进国家治理体系和治理能力现代化进程中所面临的重要课题。尤其是作为社会主义国际化大都市，上海市等特大城市的城市治理具有明显的复杂性、专业性、艰巨性等特点，因此，完善的都市治理体系乃是我国现代化国家治理体系的支撑点。从一定意义上来说，现代都市治理的质量和水平，是检验中国国家治理体系和治理能力现代化程度的标杆。

2019 年党的十九届四中全会直接以“国家治理体系和治理能力现代化”作为国家治理目标，再次确认了中国改革开放 40 年来的“国家—社会—政党”的现代化核心议题，而随着中国城市化的进一步加速，尤其是长江三角洲一体化建设、大湾区的规划落地，以及京津冀地区的城市化深入，城市治理就成为国家治理体系和治理能力现代化的主要载体和呈现空间，尤其是国际化大都市的治理水平，更是这一议题的最典型、最重要、最关键的载体。

## 一、回归社会：大国现代化中的都市治理

### 1. 现代世界体系中的大都市区域

无论城市形成的历史多么漫长以及城市的起伏变化多么巨大，从乡村中孕育出城市构成了现代人类文明的一个新的分界点。几乎所有决定现代人类生产与生活的制度创新，都是以城市为实践空间而形成的，而当代世界主要的经济力量和政治核心，基本上都集中在主要大都市（metropolis 或者 megalopolis）当中，尤其是六大形态比较成熟的都市群当中。

从历史上观察，大都市的概念本身就是一个城市群落的政治联盟或者区域集聚体。大型城邦（megalopolis）是古希腊将领及政治家义巴敏诺达于公元前 370—前 362 年建立的阿卡狄亚地区联盟的中心（Arcadian League）的中心，它交通便利，信息灵通，便于交流，发展成为伯罗奔尼撒地区最大的城市之一。[①] 而在此之前的公元前 7 世纪的主要从事海上贸易的伊特鲁里亚城市群（Etruscan Cities），就出现在意大利西北部，它是伊特鲁里亚人的有 12 个城市参加的奴隶制自治的城市联盟，其全盛的公元前 6 世纪就控制了北达阿尔卑斯山而南到拉丁姆的广大地区。[②]

20 世纪 50 年代，法国地理学家简 · 戈特曼（Jean Gottmann）在对美国东北沿海城市人口密集地区做研究时，提出了“城市群”（megalopolis，也译作特大城市或巨型城市或城市群）的概念，认为城市群应以 2500 万

---

① ［美］刘易斯 · 芒福德：《城市发展史——起源、演变和前景》，宋俊岭、倪文彦译，中国建筑工业出版社 2005 年版，第 167 页。

② 同上书，第 138 页。

人口规模和每平方公里250人的人口密度为下限。我国也有人称之为“城市圈”“城市带”或者“城市群落”的。

克利斯泰勒（Walter Christaller，1933）提出“中心地理论”（Central-Place Theory），发现中心地和中心周围地域是相互依赖、相互服务的，彼此之间有着紧密联系。它们之间的关系具有一定的客观规律，一定的生产地必将产生一个适当的中心地，而且这个中心地向周围提供所需的货物和服务，并且也是与外部联系的商业集散中心。廖什（August Lsch，1939）论证并发展了中心地理论，将一般均衡应用于空间研究。根据中心地理论，一个地区的发展需要一个经济增长中心的带动和推动，而作为一个国家，要在全球化竞争格局中获得一席之地，也需要一个大的地区作为增长极。

在此期间，经过贝蒂·奥林（B. G. Ohlin，1933）与沃尔特·艾萨德（W. Isard，1956）、阿隆索（Alonso W.，1964）等人的推进，克鲁格曼（1991）将递增报酬与垄断竞争分析用于空间经济研究，建立了“中心—外围”模型①，此后，克鲁格曼、藤田昌久（Masahisa，Fujita）与沃纳伯尔斯（Venables）等学者（1999）一起开拓了空间经济研究框架，即新经济地理（FKV）②，这为城市群落的产业结构奠定了基本的分析基础。

世界城市群的发展表明，伦敦、纽约、东京等城市之所以能够成为世界制高点，与其背后强大的区域支撑是密不可分的。城市群是城市发展到成熟阶段的最高空间组织形式，其规模是国家级甚至国际级的。这些大的城市群代表了各自所在国家的经济特征，产业结构以及创造力。《中国城市发展报告（2002—2003）》进一步比较了中美日各自的三大城市群对所

---

① Krugman，P. R.，“Increasing Returnsand Economic Geography”，*Journal of Political Economy*，1991，Vol.99，pp.483—499.

② Fujita，M. and Krugman，P.，“The New Economic Geography：Past，Present and the Future”，*Journal of Regional Science*，2004，83，139—164；Fujita，M. and Thisse，J-F.，*Economics of Agglomeration：Cities，Industrial Location，and Regional Growth*，Cambridge：Cambridge University Press，2002.

在国 GDP 的贡献率（中国、美国和日本的大城市群分别为："中国的珠江三角洲地区、长江三角洲地区和环渤海地区"，"美国的大纽约区、五大湖区、大洛杉矶区"，"日本的大东京区、坂神区、名古屋区"），结果发现中国三大城市群的 GDP 占中国 GDP 的 38%，美国三大城市群的 GDP 占美国 GDP 的 67%，日本三大城市群的 GDP 占日本 GDP 的 70%。①

### 2. 城市现代化水平决定着国家的现代化尺度

因此，人们完全可以认为现代城市治理水平，尤其是几个大都市空间的现代化程度，直接决定着一个国家现代化的发展程度与现代文明建构的水平。联合国人口与发展委员会的报告称，到 2007 年，将有一半的世界人口居住在城市中。目前世界上 65 亿人口中有 32 亿居住在城市，这个数字到 2030 年估计会增加到 50 亿，占当时全球人口总数的 61%。随着世界各国城市化进程的加快，人口超过 1000 万的"超级城市"的数量也在迅速增加。目前世界上有 20 座人口逾千万的大城市。②

在 2018 年联合国的世界人口分布上，我们可以清晰地看人口城市化的规模和水平，尤其是中国的空间和区域内。

《中国城市发展报告（2002—2003）》分析发现广州、上海、北京的 GDP 占全国的份额分别是 1.8%、4.6%、2.5%，而纽约、东京、伦敦、首尔的 GDP 分别占全国的 24%、26%、22% 和 26%。③

根据国家统计局发布的数据，改革开放 40 年来，城市空间的经济总量持续快速增加。2017 年，中国地级以上城市地区生产总值就达到 52.1

① 中国市长协会《中国城市发展报告》编委会：《中国城市发展报告（2002—2003）》，商务印书馆 2004 年版。
② 《世界最新城市人口排名：上海第十》，《新闻晨报》2005 年 2 月 18 日。
③ 中国市长协会《中国城市发展报告》编委会：《中国城市发展报告（2002—2003）》，商务印书馆 2004 年版。

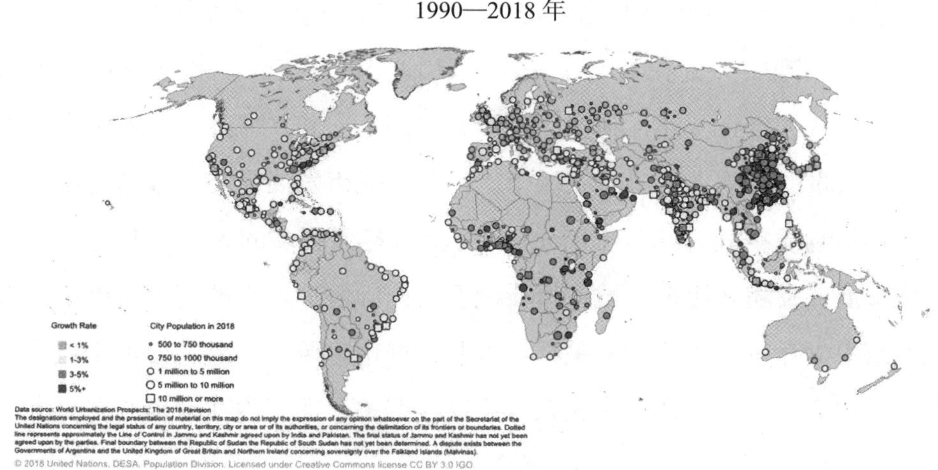


**图 19-1　2018 年联合国的世界人口分布图**

资料来源：https：//population.un.org/wup/Maps/，2020 年 1 月 1 日。

万亿元，占全国的 63.0%，其中上海、北京、深圳和广州 4 个城市的地区生产总值超过 2 万亿元。有人梳理了 2018 年 GDP50 强城市后，发现目前经济强市主要分布在长三角、环渤海、珠三角等区域，中西部、东北入围 50 强的城市主要是省会城市、直辖市和计划单列市，而入围 50 强的普通地级市主要分布在沿海地区，其中苏州和无锡在全国领跑。根据记者统计，50 强城市 GDP 之和达到 496065 亿元，占全国的 55% 左右。50 个城市中，GDP 超过 5000 亿元的城市已经达到 42 个，超过万亿元的城市达到 16 个，比上一年增加两个，新成员分别是宁波和郑州。这 16 座城市的 GDP 之和达到 27.95 万亿元，占全国 GDP 比重为 31%。由此可见 GDP 万亿俱乐部城市、中心城市对中国经济的核心性驱动作用。①

### 3. 城市治理对现代国家（社会）的决定性

芒福德在对整个城市发展史的考察中，可以清晰地看到一个时代的城市

① 《中国城市 GDP50 强：16 城超万亿》，2019 年 8 月 28 日，http：//www.sohu.com/a/337157529_120067802。

生活形态、经济结构以及文化发展，直接决定着一个国家或者地区的兴衰。

城市治理的关键在于城市是在不断地变更和扩张，新的人群不断涌进城市，从古希腊城邦，到罗马帝国城市都是如此，尤其是工业革命后工业需要大量的劳动力人口进入城市。因此，城市发展需要治理结构不断变迁，包括物质空间（physical form）更新以容纳更多的人口，和社会关系网络扩展以及随之而来的城市运行制度规则，但决定性的因素是围绕着人在城市中生存所形成的社会关系。因此，城市中至关重要的力量是城市各个群体的“共生关系和合作关系，只有这些关系保持内在平衡并在更大的环境中保持稳定时，城市才能繁荣”①。

从希腊城邦的历史观察，民主制度并不是单纯解决城市治理的唯一途径，虽然它是城市治理的核心基础。“随着城市人口的增长，以及随之而来的经济和政治生活的复杂化，民主作为一种唯一的政府体制，其局限性也开始显露出来。”“因为纯粹的民主要求有面对面的亲密会晤，它只有在人数较少时才能实现，还须有传统的克制和有条理的程序。”② 因此，芒福德认为：

“希腊城市最大的失败，可能在于它们未能从直接的民主制过渡到代议制政府，这使得它们只能在不负责任的寡头政治或专制政府、和比较负责任但很平庸并且负担过重的民主制度之间进行可怜的抉择。”③

“当人口增长超过了理想的规范——地方分权和地区联盟时，任何一种适当的解决方案都不能仅只是限制它，而且还需要使用新的方法来重新组织和重新分布这些人口。”因此，“当民主制削弱，宗派猖獗，政府无能时”，城市便“无计可施”，人们“只能紧缩成团，并且再请来一位暴君，否则便是皇帝，由他来亲自代理这群乱七八糟的民众，并且强制实行一种

① ［美］刘易斯·芒福德：《城市发展史——起源、演变和前景》，宋俊岭、倪文彦译，中国建筑工业出版社2005年版，第158页。

②③ 同上书，第166页。

外表的统一”。①

罗马帝国也没有很好地完成这一任务，因为“罗马帝国从未设想把限制、禁止、有秩序的安排，以及平衡等原则应用到它的城市和帝国的实际生活当中；而且它未能给稳定的经济和公平的政治制度奠定基础，未能充分代表每一个人和集团的民主利益，因而无法改善大城市的生活。它致力于建立普遍的共和政治的全副努力，顶多只能维持平衡——使威信和腐败相互抵消”②。

## 二、中国问题：国家能力发展与城市治理品质

中国已经进入了城市社会时代，如果不是单纯地考察中国的城市化比率，而是考虑城市的人口总量而言，中国已经是世界上居住在城市里人口最多的国家。随着中国城市化进程的进一步加速，以及城镇化的日益提升，中国的城市发展面临着重大的结构性挑战，如何在推进城市持续发展的基础上，形成一个良好的城市治理体系，已经成为中国城市发展的一个核心议题。

因此，现代中国国家治理核心是国家如何通过现代城市治理品质的提高来提升国家的持续发展能力，如何通过城市治理结构的完善来形成一个良好的社会发展形态，从而为国家发展能力现代化的提升奠定关键性的支撑点，形成国家治理体系的城市支撑网络。但是近现代以来，长期的战争使得中国城市缺乏一个合理的城市规划空间，民国政府时期关于南京首都的建设规划也是无法真正落实。③1949 年后的城市发展又基本沿袭了国家

---

① ［美］刘易斯·芒福德：《城市发展史——起源、演变和前景》，宋俊岭、倪文彦译，中国建筑工业出版社 2005 年版，第 167 页。

② 同上书，第 225 页。

③ 董佳：《国民政府时期的南京〈首都计划〉——一个民国首都的规划和政治》，《规划历史研究》2012 年第 8 期，第 14—19 页。

整体性工业化规划推动城市快速扩展的道路，[①]1978 年后沿袭的是典型西方式的自发工业化推动的城市自由扩张的道路。

改革开放 40 年来，虽然起始点是农村的联产承包责任制，以及乡镇和私营企业在农村区域的兴起，但是中国的市场经济与全面开放基本上是以城市为主要空间而全面展开的，大量私营企业和乡镇企业向城镇和城市集聚，或者说使得乡村就地城镇化了。这一变化的主动力就是人口的大量积聚，从分散的静态居住结构，变成了动态的集聚结构。表 19-1 为联合国经济与社会事务署对中国人口城市化数量的估计。

**表 19-1　1950—2050 年中国城市化人口**

| 年　限 | 城市人口（千人） | 年　限 | 城市人口（千人） |
|---|---|---|---|
| 1950 | 65006 | 2005 | 556017 |
| 1955 | 84297 | 2010 | 660286 |
| 1960 | 106656 | 2011 | 681508 |
| 1965 | 128465 | 2015 | 761579 |
| 1970 | 141744 | 2020 | 846363 |
| 1975 | 159217 | 2025 | 911804 |
| 1980 | 190320 | 2030 | 957649 |
| 1985 | 241679 | 2035 | 984446 |
| 1990 | 302817 | 2040 | 998581 |
| 1995 | 375866 | 2045 | 1004090 |
| 2000 | 455325 | 2050 | 1001612 |

Source：Population Division of the Department of Economic and Social Affairs of the United Nations Secretariat，World Population Prospects：The 2010 Revision and World Urbanization Prospects：The 2011 Revision，Wednesday，February 5，2014；11:03:51 PM.

① 典型争论参见“梁陈方案”的历史遭遇和命运（梁思成、陈占祥：《关于中央人民政府行政中心区位位置的建议》，1950 年；王军：《城记》，生活 · 读书 · 新知三联书店 2004 年版）。

中国的城市不仅要承载这种人口构成变化所带来的社会结构冲击，同时要承载国家转型变化所产生的政治和多元的社会压力，因此，城市自我要在市场化与全球化方面升级转型，否则它也无法承载现代国家的转型和现代社会的发育。

到了2018年，随着中国现代化进程的持续深入，中国人口变化更为突出，其中城市人口的集聚度更为明显：

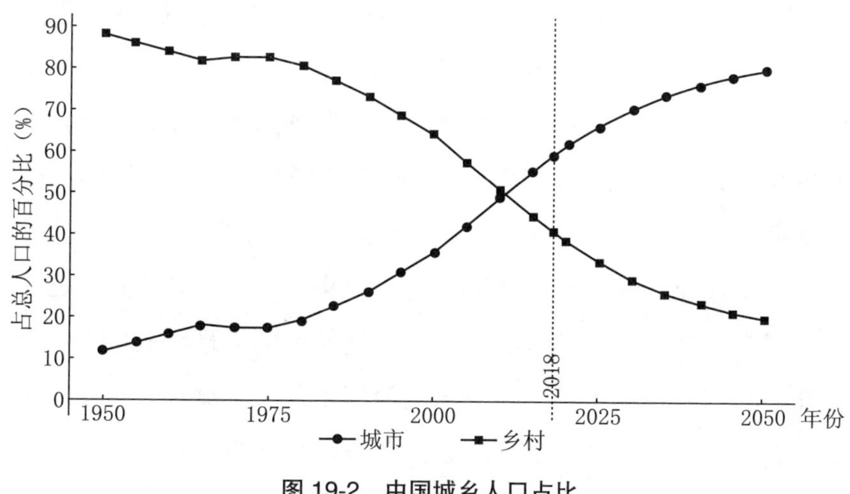


**图19-2 中国城乡人口占比**

资料来源：https：//population.un.org/wup/Country-Profiles/，2020年1月1日。

大量以流动人口形式呈现的产业人口涌进城市，彻底地改变了中国的社会结构，从而也必将改变它的政治结构。根据中国发展研究基金会2019年18日在京发布了《中国城市群一体化报告》，该报告对中国12个大型城市群的一体化水平进行了评估，涵盖了157个地级以上城市。报告分析表明，2006年至2015年12个城市群占全国GDP的比重从70.56%上升至82.03%，年均增长超过1个百分点。其中，长三角、京津冀、珠三角三大城市群的经济份额超过40%。与此同时，上述城市群占总人口的比重从 61.12% 上升到 63.07%，增加了 1.95 个百分点。①

芒福德在论述了中世纪城市的兴起过程，认为人们从农奴或者其他限制性身份变成“城市社区法人”（也就是市民身份），原有的封建制度对城市发展“持有这样一种好恶兼有的矛盾态度”，因为“自由城市确实是一种财源；但聚向城市社会的人口所表现出来的挑战式的自信心和独立性又构成了”对“原有统治结构的一种威胁”。②

掩盖在快速经济发展、城市外在物质形态的大规模建设、工业化扩张与人口大量积聚之下的城市治理问题，一直没有得到足够的重视，带来了城市规划的无序、城市环境和交通问题的积累，以及城市历史和文化的破坏。

因此，中国城市的治理需要从理念的塑造到路径的建设而构成一个完整的制度架构，否则现代城市很难体现“市民的个人和全体的意志”，体现现代城市的目的——“能自知自觉，自治自制和自我实现”③。

在快速工业化和超大规模基础上的人口集聚，中国现代城市必须在比较历史上城市发展的脉络和借鉴世界上不同城市的治理经验的基础上，建构一种新的治理结构和体系。以下试图梳理当前关于城市发展与治理的前沿理论，提出关于当前城市治理的综合性路径和框架。

## 三、有机集聚基础上的城市更新与空间分散

### 1. 城市的现代性之一：现代社会要素的城市有效集聚

城市是人类生活最为典型和集中的载体，城邦政治开启了古希腊关于

---

① “中国 12 大城市群占全国 GDP 比重增至 82%”，九龙网，2019 年 3 月 18 日，http：//dy.163.com/v2/article/detail/EAJ6H6BN0512C38J.html。

② ［美］刘易斯·芒福德：《城市发展史——起源、演变和前景》，宋俊岭、倪文彦译，中国建筑工业出版社 2005 年版，第 283 页。

③ 同上书，第 584 页。

现代国家治理的学问，它一开始就涵盖了经济、政治、文化和对外关系等等所有社会生活的要素；中国古代城市作为政治规划的典范，也集中体现了国家所有的要素特征。古典社会中城市必然是政治中心、宗教中心和手工业技术中心，它的基本要素是以官衙、仓库、民居、集市、宗庙为中心的空间结构，但在农业生产的经济结构下，城市必须依赖于乡村提供必要的物质原材料，才能具有控制乡村的可能性，所以，在古典社会中，城市和乡村具有一种相互平衡的协调关系，但在某种意义上，过去的乡村不需要依赖城市就能生存，但是城市必须依赖乡村才能持续。

广袤的乡村向城市提供物质原材料、人口和军队，即使像古希腊城邦这样的城市国家，也需要通过贸易来交换这些必需的材料，甚至需要一定外围的农村来辅助城市维持必要的物质循环。[①] 在文化、宗教和政治方面，城市和乡村进行着持续的互动。乡村的自治与城市的政治控制，一直是古典城市与乡村之间关系的主要特征。

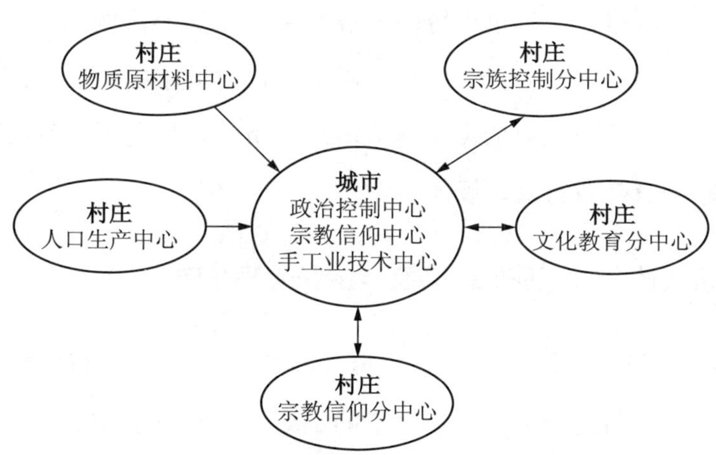


**图 19-3　古代城市与乡村的交往关系图**

① 乡村也会需要城市提供一定的物质产品，但是由于数量极其有限，乡村都会有铁匠铺，古代的冶铁业是在乡村的矿区，而不是城市里的工厂内，因此，乡村对城市的物质需要甚至可以忽略不计。

现代工业革命以来，在市场经济与民主政治不断发育的基础上，城市的集聚功能日益凸显，成为产业、人口和文化集聚的主要载体，城市在现代国家与社会中的功能越来越强大，逐渐处于从物质生产和分配到文化艺术的绝对中心位置，使得乡村在各个方面都呈现出从属于城市的地位和特征。在现代工业城市这一容器里，不同的人群、不同的文化、不同的技术、不同的语言都聚集一起，并且相互融合。

对城市的集聚功能而言，它必须强调它的有效性，只有有效的人口和资源的集聚，城市才能在土地、空间和环境方面对资源的利用最大化，而不是无效的“摊大饼式”的扩展。

一个比较符合社会发展集约城市的就是，大多数工业化国家已经形成了大中小城市基本平衡的发展结构，尤其是许多小城市大量发展，已经基本上形成了人口主体部分在城市集聚的状态。

发达国家的城市化人口比例基本都在 80% 以上，一些发展中国家的城市化人口比例增长速度也十分明显。如果按照这个比例观察，中国的城市化人口比例仍然有一个持续增长的需求。这对城市的发展提出了很大的压力和挑战，而这一压力依靠单纯地增加城市的数量是无法解决的，因为中国的土地面积有限而人口规模超大。

### 2. 城市的现代性之二：形态有机更新与空间合理分散

城市是一个复合体，是合理集聚与有机分散同步进行的复合体。没有人的生产以及与此相关的生活因素的集聚，就不可能构成现代城市；同样，没有人口的城市化集聚以及由此带来的交易与生产的活力，就不可能有城市的成长。因此，现代城市的不断扩张是一个集聚的结果，但城市的发展则需要不断的物质形态的更新和空间的合理分散。

现代城市在不断解决城市治理问题的过程中，进行了持续城市建设形

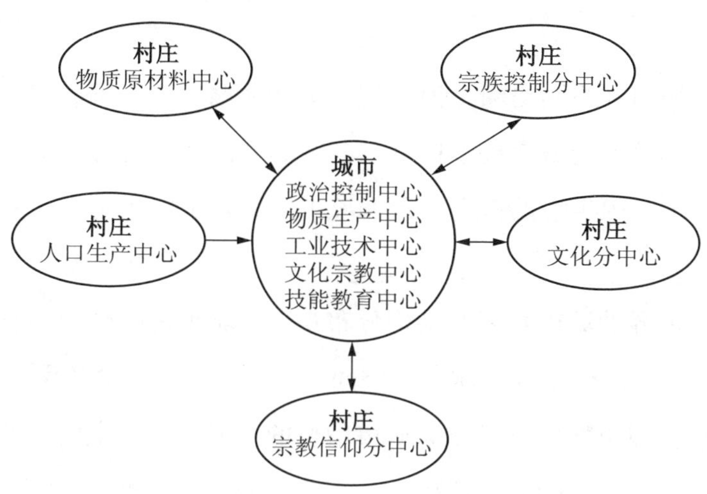


图 19-4　现代城市与乡村的交往关系图

态和内在组织方式的更新，包括现代多元社会主体的发育、城市的物质形态更新与城市业态提升，同时，城市也需要在集聚基础上进行合理的空间结构分散，包括城市空间的多中心展开、城乡结构的合理配置。这些更新与分散不断产生出发展的推动力，从而逐步摆脱“焦炭城”环境集聚困境①和“广亩城市”的过度分散困境。

城市的主要功能之一就是改造人类自身的传统生活方式，每一时期的城市都产生了多种多样的新角色和同样丰富多彩的新潜力，它包含了法律规范、道德标准、建筑样式、市井民风等方面的相应变化，这一切都是随着城市的物质形态不断更新才逐步完成的。从古典的政治文化中心的城市，到现代的工业化城市，城市的外在物质形态已经发生了很大的改变：电力系统和钢筋水泥的应用，现代工厂的建立，以及随着大量工业化人口的居住区不断建立，使得现代城市已经成为一个与自然环境越来越脱离的自发环境，而现代汽车等交通工具的大规模使用，使得城市成为交通拥挤

① ［美］刘易斯·芒福德：《城市发展史——起源、演变和前景》，宋俊岭、倪文彦译，中国建筑工业出版社 2005 年版。

的直接代名词。

因此，城市在不断更新，但是却在不断地偏离“有机”的状态。自发的工业化和无目的的城市规模扩张，已经成为世界上所有城市生长的内在机理，虽然这一内生性的机理已经偏离了人类建筑城市是为了更好地生活这一目的。

从整个世界的城市发展的结构分布观察，城市之间必须要有一个合理的空间分散结构。但是现在城市在空间上存在着几个致命的困境：

（1）现代城市群落已经成为城市增长的主要空间，主要工业化国家的城市都已经形成明显的城市群落，一个普遍的特点是集中在沿海区域。这虽然符合城市群落发展的成本逻辑，但是大城市群落的过度集聚，造成了空气质量低、交通拥挤和水源污染等许多环境问题，以及大量贫民窟的低质量生活状态。绿地、树林、河流、湖泊，这本应是一座城市的环境给养，为城市存留降温的生态空间，然而，工业化造城的模式下，很多环境空间已经在高地价的利益追逐下荡然无存。急于求成的城市群落的超大规模急剧，会带来很多生态环境的根本性破坏。

（2）在大量人口集聚的情况下，城市贫民窟的大量产生，已经成为许多国家治理中的难题。中国现在由于二元户籍制度，没有产生大量的“贫民窟”，但是随着新生代农业户口的人口在城市滞留，如果缺乏有效的治理结构，“贫民窟”可能只是早晚的问题，它会产生城市内部的二元空间结构，最终会制约中国城市长期发展和社会稳定。

（3）在大规模高密度集聚下城市企图返归乡村的“广亩城市”，造成城市对土地的大规模占用。发达国家已经注意到了这一问题，在中国，这似乎是一个正在高涨的趋势，对于人口规模这么巨大而土地稀少的国家而言，这似乎是一个更大的困境。很多城市群落的规划中，把“遍地城市化”看成了“城市群”的发展特征，这值得我们在推进长三角一体化、大湾区和京津冀发展过程中特别注意。

同时，随着全球化进程加速与信息技术的发展，几乎每一个现代城市已经成为全球化网络体系中的一个节点，尤其是伴随着近二十年来的信息技术更新，使得城市的属性已经发生了很大的变化，它主要体现在：城市的性质从“国家属性”变成“全球属性”；从“三维空间”变成“多维空间”；从传统的“内部参与”变成“内外共同参与”的复合主体。这对城市的有机更新和合理分散提出了更高的要求，也对城市的治理提出了国际化的视野与需求。

### 3. 现代城市治理结构的统合性

城市是人类文明的有意识作品和现代工业生产的无意识产物，因此它不是定格化的，而是流动不拘的，具有无限的想象力和再创造的空间，这为城市治理创新或建设创新型城市提供了内在的力量。集聚与分化基础上的流动构成所有城市的根本命脉，现代城市的治理和发展创新都必须遵从这个命脉，实现集聚与分化二者之间的平衡，从中寻找真正的城市活力与创造空间，换句话说，也就是在现代城市的一致性的集聚中，形成多元化的分化，同时在多元化的分化基础上形成具有内在一致性的集聚。

一个有成效的治理结构，也就必然体现在如何在加强城市的集聚功能持续实现上，形成城市物质空间、产业形态和社会结构的有机更新，同时形成城市空间的有机分散。现代城市的集聚，不是城市对所有资源的过度占有和无序的扩展，而是一种有利于城市各个人群“居住、生产、交通和游憩”的资源合理配置；现代城市的更新，也不是各个城市组织部分之间的空间结构的紧张，不是城市各个社会群体的分裂和对抗，更不是政府与社会的对立，因此，更新不是简单的替代而是一种发展生命力的维持。

城市属性的变化是我们思考城市发展与城市治理的基本向度与维度，

这些城市属性的重新定义和发展，尤其突出地体现在中国的城市的集聚、更新与分散的结构上。合理的有机集聚是任何一个现代城市存在的基础，但是持续更新和合理分散则构成一个城市发展的动力。集聚、更新与分散都是城市经济发展、城市市民与城市社会自身运动所形成的，但三者要平衡与协调地共存，并相互促进，就需要超越城市经济力量与社会自治力量的更高结构性存在，这就是城市的治理结构。在现代科学管理与人类历史的知识性充分发展的基础上，人类对城市的管理需要发挥治理结构对城市发展的统合性，实现集聚、更新与分散的有机平衡。

一个城市只有建立了合理的治理体系，才能使得城市发展在有效的集聚、有机的更新和合理的分散之间，建立均衡性和持续性。

## 四、物质形态建设：从生态与规划创造“元治理”

从城市起源的角度观察，几乎所有城市的选址都是人们在一定的空间区域内，自发地追求自然环境最优组合的结果，因为城市的形成需要首先满足人们对生活资源和安全的需求，例如“依山傍水”与“易守难攻”，等等；同时，城市也会在基本资源满足基础上，选择一个最优的自然资源所在，例如北京的什刹海、上海的苏州河、南京的玄武湖、杭州的西湖、苏州的“姑苏城外寒山寺”，等等。

每一个城市都有自己引以为豪的自然景色资源，所以我们在城市治理的比较研究中，一直提倡现代城市需要“保山、保水、保自然”，这些自然山水不仅仅是城市人生存的最基本载体，也是城市人文和历史的所以依托、存在和展示的最重要平台。

与城市有关联的自然，不等同于简单的自然山水，而是一种经过人们不断赋予其历史和文化内涵的“造化”结果，是一种人类通过自身的行动所赋予它以时代内涵的物质遗产。所以，城市的历史遗迹构成了城市自然环境中的活的灵魂，而不是单纯的自然存在。在这种意义上观察，城市的外在物质形态是人们不断地进行城市规划建设的“博物馆”，许多优美杰出的城市历史建筑构成了人们对自然有机改造的典型体现，也是城市民风（文化）的最佳“容器”。所以，城市规划和建设的第一要旨是尊重城市的历史和自然景观，而不是“拆除成白纸再画所谓最美丽的图画”。但很遗憾的是近一个世纪以来国内外的政府和市场，破坏最多的往往也是城市的历史和自然资源。

人们在城市空间内的集聚是一个主动适应和改造自然环境的结果，保存良好的城市生态环境是人类对城市的最好“造化”，而城市环境的破坏性改造最终会演变成人的“异化”。因此，生态与规划构成了城市的“元治理”，它们两个是现代城市治理的“元结构”，是现代城市对实现人们“自治自立、自觉自为、自我发展”本质属性的最基本载体，也是现代城市治理所有层面出发的最元初基础，构成了现代城市治理的坐标原点。

20 世纪 50 年代以来，国际上的城市在城市发展中高度重视“人居环境”。城市更新理论的思想渊源为城市规划的形体规划思想，在具体实践中，包括奥斯曼的巴黎改建，① 柯布西耶的“光辉城市”，芝加哥的“城市美化”运动以及现代建筑国际协会（CIAM）的“功能主义”思想等，在本质上把动态的城市发展看作静态过程，进而寄希望于整体的城市形态改变，这造成许多城市病的产生，因为这些城市规划理念由于过于单纯而无法遏制城市病的产生。

20 世纪 70 年代以来，世界城市更新的动力与方式发生了很大的变化，关注点从早期单纯的物质形式更新转向注重城市社会形态、经济形态

---

① 有人认为他通过“创造性破坏”（creative destruction），使得巴黎成为世界都市现代化的模板，但是也有人认为他“粗暴地折断了巴黎的历史”。

的整体性更新，并且与城市的区域、环境、公共政策相结合。其中经济全球化的趋势、向信息社会转变、生育率下降和高层次市民的增加、产业结构的转换等都是城市更新的动力。国际上发达国家的城市出现了“公共—私人合作型”改造、“公共—个体合作型”改造和“绅士化过程”等路径。

现代城市的有机更新过程都更加注重从“人本”的角度，强调城市发展要考虑人对自然环境的需求，强调城市规划的“利人原则”。因此，现代城市的有机更新把自然与规划有机地结合在一起，形成城市的良性“元治理”：在微观层面上要求城市空间具有宜人的尺度，保证城市空间对人的生理及心理的尊重；在中观层面上，强调具有强烈归属感的社区设计，形成融洽的“邻里”环境；在宏观层面上，力图实现通畅的交通路径、适度的城市规模，形成新的产业形态。这方面经典的理论有简·雅各布斯的“城市多样性”；芒福德的“以人为本”思想和亚历山大的历史价值保护观等。

中国城市近 40 年来的快速发展中，一直忽视对城市自然资源和历史资源的保护，在追求政府政绩的冲动下，盲目地进行经济开放区的开发，进行城市地标和中心商务区（CBD）、中央居住区（CLD）的建设。同时，缺乏维护或者“恶意破坏”城市历史遗迹，以至于“善意破坏”传统街区的现象层出不穷。在地方政府盲目地着眼于经济指标和城市建成面积指标的考核下，城市已经进入了一个内在结构失控的境地，这造成城市“千篇一律”的外在物质结构（physical form），也就必然损失掉了城市的“灵魂”。整个国家战略已经有了“生态文明”的规定，但是城市环境中的“生态与文明”如何协调，更值得关注和深入研究。

所以，现代城市的任何一个对城市物质形态的规划改造，需要充分考虑到城市的“元治理”的构成要素，以及它们之间相互依存和相互促进的结构。人们在城市自然生态的基础上“造化了自然”，成为人类存在的一个最为突出的空间体现。因此，城市也就从“保山、保水、保自然”的基础上，上升为“保山、保水、保民风”，否则，人类就几乎在城市中摧毁了几乎所有与自然界的联系，然后突然意识到他们在这一过程中也已然丧失了自己生存下去的必要基础。

## 五、现代城市管理：从法律与公权建设“硬治理”

城市只有在集聚与分化之间形成一种有机的平衡，才能获得一种持续发展的能量。因此，现代城市如同现代国家一样，都需要一种超越于各个城市集聚人群之上的治理力量。正是在这个意义上，马克思认为“随着城市的出现也就要有行政机关、警察、赋税等等，一句话，就是需要有公共的政治机构，也就是说需要政治”①。因而，不论是城市的政治，还是城市的治理，虽然都离不开政治或行政的强力，但其本质不是政治或行政强力的实现，而是有强力保障的平衡与协调的实现，即城市的集聚性与分化性的平衡与协调，这就构成了城市的“硬治理”。

政府及其背后的国家既可以提供现代城市发展的最为强势的推动力量，也可能形成一种最为明显的破坏性力量。在任何一个社会的城市发展历史中，都可以发现许多城市都被国家与政府的强权力毁于一旦，或者毁灭于战争，或者消失于对城市的过度使用，使得城市发展的根基不复存在。随着现代历史考古的发展，我们可以发现真正意义上被自然本身毁灭的城市反而少之又少。

现代城市“硬治理”是建构在现代民主制度基础上的现代城市的法律体系。之所以把现代城市治理中的政府管理结构界定为“硬治理”，是因

① 马克思、恩格斯：《费尔巴哈》,《马克思恩格斯选集》第1卷，人民出版社1972年版，第56页。

为政府基于公共权力的享有而提供了现代城市治理的外在制度框架。现代政府的任何行为都需要从法律与公权的角度出发，它对城市治理的影响必须基于城市人民对于治理公权力的需求，提供政策规划的供给，而不能破坏城市发展的自然生态与历史文化脉络，更为重要的是，法律体系可以保护城市的发展不受市场行为的过度侵蚀和个体行为的自发破坏。

中国古典社会在乡村中保持一种自治的秩序，但是在城市中却是一种单纯的行政权力中心和自发的商业社会的结合。现代中国城市随着市场经济的建立和社会主义民主的逐步发育和完善，需要在法律和公权的基础上，既要发挥城市政府的主动性，同时又要有效地约束政府的行为，制约市场经济行为的无限制的趋利性，形成一个“依法治市”的良性态势。

同时，现代城市对公权力的内生性需求并不意味着社会力量的削弱，反而恰恰是需要政府公权力对社会力量的主体性尊重、发育支持和有效互动。

只有形成一个在法律框架内的政府与社会的有效治理互动结构，政府管理为主要核心内容所构成的“硬治理”的制度框架，才能在整个城市治理体系中发挥积极的使命。对于中国的城市政府而言，中国城市缺乏西欧的城市分化产生的自治结构，而是一个单一制的城市管理结构，这更加需要我们尊重城市的历史文化脉络，理解城市多元群体的生存，保护城市的生态环境，积极利用现代信息和技术，进而提供一个有效的城市业态发展规划、城市建设规划和城市民主制度。

现代城市治理或城市政治要有调适性与创新能力，取决于多方面的因素，首先是城市要有巨大的制度发展空间。随着大量人口的集聚，未来政府在社会福利体系构建中将扮演越来越重要的角色。同时，社会公平问题也将成为城市政府首要解决的问题之一。城市的制度空间，不是源于城市的物理空间，而是源于城市的时间空间，即城市不能基于简单的过往经验来规划和治理，而必须基于城市的长远发展与未来的空间来治理。所以，城市对经济和社会发展的未来把握以及由此形成的发展规划，对于城市治理来说是十分重要的。没有能力把握未来的城市，是不可能有制度创新的能力与空间的。

## 六、多元参与共治：从社会与公民形成“软治理”

从一个社会的发展角度观察，几乎所有的城市比其所在的国家命运更为久远。民族在变化，国家在更迭，政府在轮换，但是城市却超越了国家与民族的历史，成为人类在社会生活中的最为久远的历史空间载体之一，这也就是“千年营城”的根本原因。因此，一个城市的最基本的活力在于城市社会的成熟与发育，在于城市治理形态中公民素质的提升与公民参与结构的完善。

人类历史发展的趋势表明，城市是文明创造与发展的动力。这决定了城市集聚的要素与城市内部分化的趋势，不是一成不变的，这就要求平衡与协调城市集聚性与分化性的城市治理或城市政治，必须有很强的调适性，对社会的自治和自主空间充分尊重，从而形成政府与社会多元力量的共治与合作，形成一种协作治理的结构。

除了现代城市要具有强大的精神空间之外，城市一定要有很强的社会自治品质。现代城市固然需要政府治理，但其出发点不是政府的“硬治理”，而是社会的“软治理”，因为没有现代的“市”，也就没有现代的“城”，没有城，也就没有政府存在的必要。而现代的市的本质，是基于利益互换与互惠的自律与自治，所以，城市天生具备自治的秉性。现代城市的民主政治制度，就是在现代城市的自治传统中生成和发展出来的，在某种意义上，现代国家制度的基本脉络都在现代城市中得以萌生和发展起来。

现代城市治理所追求的善治，是建构在城市自治秉性得以充分发挥的基础之上的“多元共治”，所以，如果不能激发城市自治秉性的城市治理，不论一个城市如何创新与发展，其最终形成的治理形态都一定是“跛脚”的治理，因为它失去了城市治理中最为基础也最根本的治理要素——城市社会的自治，忽视了城市建构的最根本目的——人的自由发展和自治、自制和自立。

人不仅是趋利的，但同时也是向善的。现代城市的集聚性与分化性，最核心的是人的集聚与分化。“强化的个人责任，加上随之而来的行动自由，便是复合社区中政府的必要发明之一。”①这决定了城市平衡与协调的起点是对人的趋利性与向善性的平衡与协调，其关键基础就是现代城市政府要保护和维持城市具有的强大社会精神空间。这具体体现为城市具有开放的心态、厚实的文化、共同的价值以及创意的活力。因此，现代城市的“软治理”背后的动力机制，是城市治理的创新与发展。中国现代城市在治理结构的不断生成中，要持续形成城市的开放式治理结构，鼓励公民对城市治理的多元参与渠道，保证公民对城市治理的评价权利。

“宇宙的智慧体现在其社会性上”，宇宙“使一切高下有序，互惠合作，它让所有事物都各得其所，它将最适合最能和谐相处的事务安排在一起”。②实践表明，城市治理的创新与发展，在带来城市治理的同时，也使得社会多元力量不断发育，社会组织不断丰富和多元，这给城市发展新要素的产生提供了持续空间，从而使城市获得新的发展的资源与动力。

因此，城市的多元共治需要城市社会的良好发育，需要现代城市公

---

① ［美］刘易斯·芒福德：《城市发展史——起源、演变和前景》，宋俊岭、倪文彦译，中国建筑工业出版社2005年版，第102页。

② ［古罗马］马可·奥勒留·安东尼：《沉思录（5·35）》，李宏顺译，长江文艺出版社2012年版，第72页。

民的逐渐成熟和公民责任的担当，进而形成对城市发展的认同感和责任意识。从城市社会和城市公民中创造出来的“软治理”与依据法律和公权的政府实施的公共硬治理相结合，才能形成一个对城市自然和历史的“元治理”的真正尊重和保护。

## 七、国际智慧城市：从信息与技术创造“巧治理”

现代技术，尤其是现代信息技术的发展对城市空间结构和城市社会发展的深刻影响，成为近30年来国际上各个城市发展中的突出现象。信息以及其他现代技术，改变了城市的内部存在结构，改变了城市间的关系，改变了国家内部的城市层级与世界网络，突破了城市的地域范围，也使得城市成为一个国际性的网络治理社会，因此，现代城市治理必然是一个开放式治理的结构，这就是国际化的本质属性所在。

如果说现代兵器的出现使得城市的城墙失去了对城市范围的限定①，那么信息技术则突破了城市的区域范围局限。因此，任何一个现代城市都需要重视现代信息技术的发展，利用数字的信息化管理平台，建设出一个在自然环境日益美好与城市业态日益完善的基础上的现代“智慧之城”。信息和技术的发展，为人们创造了一个完全不同于以往的对城市“巧治理”的需求，现代城市已经无法依靠传统的治理手段来应对这个复杂化的社会。

国际上的信息化对城市发展的研究，主要集中在经济社会领域、建筑规划领域、城市地理领域、文化和通信技术领域等。② 就研究的重点而言，涉及的内容也较广泛，包括对技术本身对城市规划、管理影响的探讨，对

① 有一些国家的古代城市缺乏有效的城墙体系建设，但是绝大多数古代城市是有一个城墙的保护的。

② 周年兴、俞孔坚、李迪华：《信息时代城市功能及其空间结构的变迁》，《地理与地理信息科学》2004年第2期。

城市宏观层面上发展的探讨以及对城市微观层面上发展的探讨等。①

数字信息化的时代，使得城市的发展形态呈现出了许多新的概念，如“连线城市（Wired City）”“电子时代城市（City in the Electronic Age）”“信息城市（Information City）”“知识城市（Knowledge-based City）”“智能城市（Intelligent City）”②“虚拟城市（Invisible City）”③“远程城市（Telecity）”④“信息化城市（Informational City）”⑤“比特之城（City of Bits）”⑥“网络城市（Network City）”⑦等。

现代信息和其他现代技术在城市治理中的应用，突出表现于“数字城市”以及“智能运输系统”的实践之中。“数字城市”（Digital City）是综合运用地理信息系统（GIS），通过遥感、遥测、网络、多媒体及虚拟仿真等技术系统，对城市的基础设施、功能机制进行信息自动采集、动态监测管理和辅助决策服务的技术系统。国际上发达国家自 20 世纪 80 年代以来，已经初步建立起来一套较完善的 ITS 交通体系⑧，它能够使交通基础设施发挥出最大的效能，使社会能够高效地使用交通设施和能源，从而引起城市功能的变化，因而交通方式的信息化在根本上改变了城市的内部扩

---

① 阎小培：《信息技术对城市职能的影响》，《城市规划》2003 年第 27 卷第 8 期。

② Leigh N. G.，“People versus Place：Telecommunications and Flexibility Requirements of the CBD in Cities in the Telecommunications Age”，in James J.，Wheeler O.，Routledge. eds. *The Fracturing of Geographies*，2000，pp.302—331.

③ Batty M.，“Invisible Cities，Environment and Planning”，*Planning and Design*，1990，17：127—130.

④ Fathy T. A.，“Tele-city：Information Technology and Its Impact on City Form”，Praeger，1991，pp.93—103.

⑤ Castell S. M.，“The Informational City”，Blackwell Publishers，1989，pp.1—9.

⑥ Mitchell J. W.，City of Bits，MIT Press，1996，pp.1—8.

⑦ Townsend A. M.，“The Internet and the Rise of the New Network Cities，1969—1999，Environment and Planning”，*Planning and Design*，2001，28（1）：39—58.239.

⑧ ITS 主要包括：先进的交通管理系统（ATMS）、先进的驾驶员信息系统（ADIS）、先进的车辆控制系统（AVCS）、营运车辆调度管理系统（CVOM）、先进的公共交通系统（APTS）、自动高速公路系统（AHS）等。

展结构。

信息网络导致城市群体空间的重组，网络空间以现实空间为基础，二者相互作用相互叠置互补，这将导致迅速的生产和消费全球化过程，以及产业、组织和城市区域的大范围重组（Restructuring）。[①] 由于信息产业的区位因素发生了很大变化，新的城市产业空间的不断形成，使得城市表现出崭新的空间重组，这改变了城市群落之间的相互关系。从全球的视野观察，全球性空间经济系统也发生转变，大致由三类不同发展水平的区域构成：核心区，即进入后工业社会的区域；半边缘区，即新兴工业化地区和部分老工业化地区；边缘区，即经济欠发达地区，这使得许多城市的职能定位，需视其所处区域经济结构以及全球经济结构中的定位而定。

信息的高度集中以及对于交流的高层次需要，会引起某些特定的城市功能在空间上的高度密集，于是新型的城市聚集与扩散的矛盾在更高的层次上出现，这种矛盾的相互作用将直接关系到未来的城市结构。信息化以新的原则形成新的城市等级体系，它以集聚和分散两种空间极化过程的并存为特征。

在城市空间内人与自然环境的关系上，信息化带来了新的视角和共处模式。工业时代以来，传统的规模化生产消解了城市市民的许多个性化需求，有限的空间让位给"钢筋水泥"的密集建筑成为一个普遍的趋势，但是随着信息技术的出现，人们要求"回归自然"的呼声日益高涨，现代城市生存体系对于生态环境、城市人文景观等因素的重视日益突出，因为信息技术、太阳能利用技术、资源重复利用技术、资源替代技术等先进技术的出现，为城市与自然的和谐可能性提供了强大的技术支持。

同时，信息化使得城市治理的核心内容之一——公众参与，具有实

---

① Kitchin R. M.，"Towards Geographies of Cyberspace"，*Progress in Human Geography*，1998，22（3）：385—406.

现的可能性。每个人借助信息手段，成为城市治理的一个网络节点，同时“大数据”的处理功能，也使得多数人的参与具有了表达的可能性。在这一过程中，数字政府的建设极大地推动了公众参与的发展，这有利于实现政府工作的公平、透明与高效，提高政府工作的效率。

从另外一个方面观察，信息化也使得现代城市对公共危机的应对和管理发生了一个新的呈现形态。“网络空间”（Cyber Space）产生的“网络社会”（Cyber Society）改变了城市人们的交往方式，信息的迅速传递使得人群的集聚变得更加不可控，许多公共事件的产生和蔓延也使得传统的危机应对方式缺乏了相应的空间和时间。快速的信息传递和大量人口集聚结合在一起，就要求现代城市政府需要借助现代信息技术的发展，不断提升城市对公共危机事件的治理能力和水平。

信息化时代的城市治理中，信息合法性的管理就成为城市管理主要的任务之一。城市政府应该在尊重网络空间带给人们以信息的共享自由和信息披露的自由的基础上，对于信息共享的安全性进行管理。需要强调的是，中国现代信息管理的重点应该是保护公民个人的信息隐私权，防止不法企业和个人对非经本人同意的信息使用和出售，而不是因为部分的虚假信息出现，就走向所谓的“网络管控”的传统社会管理方式，如果这样，就失去了信息化带来的城市治理之“巧”。

“从奥古斯特·孔德（Auguste Comte）到 W. M. 惠勒（W. M. Wheeler）的一系列学者都认为，社会是一种‘积累性的活动’，而城市正是这一活动过程中的基本器官。”① 所以，我们在集聚与分化这两个城市发展的基本动力基础上，必须高度重视“元治理”“硬治理”“软治理”“巧治理”四者之间的合理配合，形成一个有机的治理体系，而不是特别倚重于某一个具

① ［美］刘易斯·芒福德：《城市发展史——起源、演变和前景》，宋俊岭、倪文彦译，中国建筑工业出版社 2005 年版，第 104 页。

体的治理部分。

事实上，这个治理的环节既呈现了一个城市发展的历史进程，也体现了现代城市所需要的多元治理体系的复合性需求。同时，只有四个治理的环节形成一个有机的互动体系，现代城市的集聚功能才能推动城市更为快速地发展，分化功能才能创造更加有活力的城市治理结构。

在这样的一个现代城市治理体系当中，就需要城市政府具备现代的政治智慧，通过政府的制度载体供给和政策行动激励，使得现代城市的“元治理”“硬治理”“软治理”“巧治理”之间相互匹配，形成一个完善的、功能明确而又相互配合的整体。也正是在这个意义上，城市“依靠经久性的建筑物和制度化的结构，以及更为经久性的文学艺术的象征形式，城市将过去的时代、当今的时代，以及未来的时代联系在一起”①。

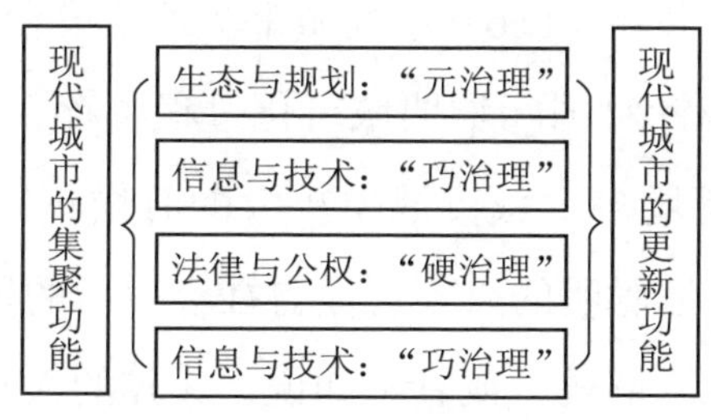


**图 19-5　现代城市治理体系内部结构关系图**

现代城市治理中的政治智慧与现代技术的结合，为城市发展提供了一个新坐标：现代城市政府应该使得城市从一个传统的“城乡二元对立”的发展结构，转变成一个全球化网络节点的城市发展体系，同时，把国家内部的基于行政和区域的城市匹配层级结构，转换成一个国际化与本土化相结合的城市发展体系。

现代城市一定要实现集聚的功能，各种资源要在城市空间内形成一种

① ［美］刘易斯·芒福德：《城市发展史——起源、演变和前景》，宋俊岭、倪文彦译，中国建筑工业出版社 2005 年版，第 105 页。

有效的集聚效率；同时，现代城市一定要实现分化的功能，社会才能不断地创造，形成一个新的发展力量。要在集聚功能发挥的基础上使城市合理分化而不是分裂，就需要当下的政府提供高超的政治智慧，在城市的集聚与分化之间形成一个合理的连接结构，形成二者之间的有机匹配，而不至于形成单纯的过度集聚而缺乏分化的活力，也不至于过度分化而导致城市发展的分裂。

因此，政府要创造一个良好的制度治理的环境，在现代技术得以充分利用的基础上，使得城市的发展可持续。城市创新的要素得到有机组合，城市的需求转化成城市发展的动力，城市的创新获得有效的资源支撑。这恰恰是改革开放 40 年以来，尤其是从党的十八大、十九大注重城市社会治理，特别是十九届四中全会提出的“治理体系和治理能力现代化”的城市答案，也是上海市出台“1+6”系列城市治理政策和文件的精神所在。

刘易斯·芒福德针对国际早期城市化过程中存在的问题指出：“正当西方文化中城市数量增多、城市规模扩大的时候，却把城市的性质和目的，忘得一干二净：最聪明的人不再懂得社会生活的形式，而最无知的人却准备去建设社会生活形式。或者不如说，无知的人毫无准备，却硬是要进行建设。”①

这个针对全球化城市发展历程的警告，也是中国现代城市治理中政党—政府和社会最应该避免出现的未来，换句话说，只有形成一个多层次的现代化城市治理体系，才能避免这个问题在中国的产生，否则，对于中国这样一个超大规模的国家来说，将是一个现代化进程的历史性倒退。

（韩福国）

① ［美］刘易斯·芒福德：《城市发展史——起源、演变和前景》，宋俊岭、倪文彦译，中国建筑工业出版社 2005 年版，第 435 页。

# 第二十章　中国的边疆与边疆治理

我国是一个疆域面积较大的国家，如果把国家的疆域按“中心 / 边缘”的二分法进行划分，可以分为腹地和边疆两个空间区域。相距国家政治中心、经济中心、文化中心较近的区域称为腹地，而与上述几个中心较远的区域就是边疆。以此相对应，国家治理可以划分为腹地治理和边疆治理。边疆作为国家疆域的边缘性区域，存在着特殊的社群、特殊的政治关系、特殊的政治文化、特殊的行政环境等，导致其和国家的中心区域存在着较大的差异性，或者异质性，国家在治理这一区域时面临的问题和挑战要比中心区复杂、艰巨得多，于是国家在治理该区域过程中不得不设计和推行一些特殊的治理制度、政策、方略。所以，边疆治理有其自身的规律性。充分探究和认识边疆治理的规律，才能提高边疆治理效能，推进边疆治理现代化。

## 一、边疆的地位和作用

边疆是指我国领土范围内，国家权力管控效度不理想，治理难度较大，且存在较大管控风险和较多治理挑战的边缘性行政区域。提出边疆概念，明确边疆内涵，界定边疆范围，发掘边疆问题，制定边疆政策，目的是为国家权力有效管控边疆和治理边疆提供认识前提和奠定理论基础。

边疆是一个边缘性地方行政区域。边缘性区域有两层含义：一是指远离国家经济中心、政治中心、文化中心的欠发达地区；二是指紧邻边境线一定范围内的我国领土地带。我国边疆不仅是一个边缘性区域，而且是一个边缘性地方行政区域。政治学视角下的区域划分不是为了满足地理认知与研究的需要，而是为了方便国家对地方进行有效管控和治理的需要。毕竟，治理区域的明晰化、责任主体的明晰化、权责关系的明晰化，特别有利于区域治理效能的提高。我们把国家的地理空间划分为中心区域和边疆区域，目的也在于方便国家对边疆有效管控和治理的需要。边疆区域的范围要划分到何种程度最为合适，与国家的行政区划制度紧密相关，对于我国这样一个国土面积和人口都属于超大规模型的国家，实施区域范围、责任主体、权责关系等明晰化的分级管理是国家治理的必然选择。《宪法》规定我国行政区划分为省级行政区、县级行政区和乡级行政区三级，由此，我们把具有陆上边境线的省级行政区明确地规定为边疆，其治理的责任主体就是省级政府。越是靠近边境线的行政区，其边疆属性越强，如具有边境线的县级行政区和乡级行政区，其边疆属性最为强大。

边疆是一个有较大失控概率的行政区域。从国家治理的角度把国家地理空间进行“核心区 / 边疆区”的划分，就是由于国家权力对边疆的管控相对于中心区而言具有更多的难度和挑战性，导致国家权力对这一区域的管控存在着局部的失效、失灵，甚至失败。国家的中心区（也称为腹地）

政治关系和社会公共问题相对简单，国家权力的在场效应也非常强大，所以管控难度较小，失控概率也较小。相反，在国家边疆区政治关系复杂，不仅存在国内的民族关系、宗教关系，还涉及跨境民族关系、宗教关系、边民关系等；边疆区的国家安全挑战更为突出，社会公共问题也极其复杂，政治认同问题、文化认同问题、民族问题、宗教问题、贫困问题、跨境犯罪问题、跨境婚姻问题、“三非”问题等相互交织，治理难度很大。再加上国家权力中心与边疆之间的空间距离遥远，造成国家权力的在场效应相对较弱，一旦国家权力的管控能力出现瑕疵或者问题，边疆的局部失控或者整体失控就存在着较大的可能性。

如果从上述理论界定来理解边疆划分，我国边疆包括 9 个省级行政区，即广西、云南、西藏、甘肃、新疆、内蒙古、黑龙江、吉林、辽宁。边疆的面积 577 万平方公里，约占我国国土面积的 60%，在陆地边疆生活的人口 2.8 亿，约占全国总人口的 21%。9 个边疆省区与周边 14 个国家毗邻，国境线长达 2.2 万公里。不管从我国经济可持续发展的大局来看，还是从国际地缘政治与国家安全格局的构建来看，边疆的战略地位越来越凸显。

边疆尽管处在国家主权疆域的边缘地带，但对国家中心区域甚至整个国家的安全、稳定和发展来说，其地位和作用极其独特而重要。

第一，边疆拱卫着国家安全。在国家治理中客观地存在着“核心区 / 边疆区”的划分，核心区是我国人口密度高、社会经济发达的地区，是国家主要财富的聚集区，所以国家核心区的安全是整个国家安全的重中之重。国家安全威胁分为外来型威胁和内生型威胁，目前我国国家安全面临外来型威胁最为严峻，涉及国土安全、军事安全、政治安全、文化安全、社会安全等领域。边疆的存在，为消解外来型国家安全威胁提供了时间和空间转圜余地。如果边疆的国家安全治理有效展开，可以把大量不安全因素消解在边疆内部，防止这些不安全因素向内地核心区蔓延和扩散，避免了局部性安全风险恶化成为系统性安全风险。可见，边疆不仅是国家核心区的安全屏障，而且也是整个国家安全的缓冲地带。有边疆的存在，国家核心区的财富积累、文明积淀、安宁祥和才成为可能，整个国家的领土主权完整、综合国力增长才成为可能。

第二，边疆是国民经济可持续发展的后盾。集中体现在两个方面：一是边疆为国民经济的持续发展提供源源不断的自然资源。我国边疆虽然地广人稀，但土地、矿产、水能、森林、草原等自然资源蕴藏量较为丰富，大部分自然资源是内地不具有的，这为国民经济的可持续发展提供了坚实的自然资源支撑。二是边疆是内地经济发达地区产业转移的接续地。经过改革开放 40 年的发展，内地经济发达地区为了保证经济持续发展，加快调整产业结构，推进产业升级步伐。边疆因拥有丰富的自然资源、相对廉价的劳动力、周边国家前景广阔的市场、熟悉且可预期的投资环境等独特的优势，当然成为内地产业转移的最佳接续地。内地经济发达地区的产业向边疆转移，既加快了边疆的开发和建设，又为内地核心区提升产业层次腾挪出了发展空间和发展资源，边疆和内地的协调发展，共同推进了国家综合经济实力的增强。

第三，边疆是国家生态安全的屏障。边疆大多是我国主要生态功能区，在国家生态系统，乃至全球生态系统中承担着特殊的生态服务功能，发挥着独特的作用。如西南边疆的主要生态服务功能是生物多样性保护、水源涵养、水土保持、生态旅游等；西北边疆的主要生态功能是防风固沙、水源涵养、生态旅游，以及农、畜产品提供等；我国北部边疆的主要生态功能是防风固沙、气候调节、污染消解，以及畜、林产品提供等；我国东北边疆的主要生态功能是土壤保持、防风固沙、水源涵养，以及农、林产品提供等。如果没有陆地边疆独特生态服务功能的发挥，整个国家的生态系统必将处于失衡和紊乱状态，国家的生态安全将遭受严重威胁。

第四，边疆对中华文化发展发挥着滋养作用。中华文化是全国各民族文化、各地域文化在长期的交流交融中有机融合的结晶和产物。我国少数民族大多生活在边疆区，各民族均有自己独特的文化传统。我国 9 个边疆省区分布在从西南、西北、北部、东北等大跨度地区，由于人们所处的自然地理环境差异较大，导致地域文化呈现出差异性和多样性特征。民族文化和地域文化的异彩多样，为中华文化的涵育和发展注入了源源不断的营养，使中华文化充满着活力和巨大的发展空间。

第五，边疆在周边外交中承担着重要的公共外交责任。公共外交是发生在不同国家的政府与民间、民间与民间的外交关系，这有别于政府之间的政府外交。公共外交对加深不同国家国民之间的理解和友谊，树立良好的国家形象，提高国家软实力有重要意义。目前公共外交是我国外交工作的短板。我国边疆与 14 个国家直接接壤，这 14 国是典型的周边国家。有些国家如泰国、孟加拉、乌兹别克斯坦等不与我国接壤，但却是我国的近邻，这些国家也应该是我国的周边国家。我国边疆省区与周边国家由于存在着地理位置上的相邻或相近性，使双方的经济交往、文化交流等非常频繁。在频繁的经济交往和文化交流中，边疆省区应自觉确立公共外交的意识和责任，扮演好国家公共外交实施者的角色。

进入新时代以来，我国边疆的地位又大大提升，作用进一步拓展了，主要体现在以下方面：

第一，边疆在国家“一带一路”建设中肩负着重大使命和责任。“一带一路”建设是我国为化解从大国转向强国过程中的挑战，而提出的全球化发展思路。我们通过与有关国家既有的双多或者边机制，以及行之有效的区域合作平台，在共商共建共享的原则下，积极发展与沿线国家的经济合作伙伴关系，共同打造政治互信、经济融合、文化包容的利益共同体、命运共同体和责任共同体。“发挥新疆独特的区位优势和向西开放重要窗口作用，深化与中亚、南亚、西亚等国家交流合作，形成丝绸之路经济带上重要的交通枢纽、商贸物流和文化科教中心，打造丝绸之路经济带核心区。”“发挥内蒙古联通俄蒙的区位优势，完善黑龙江对俄铁路通道和区域铁路网，以及黑龙江、吉林、辽宁与俄远东地区陆海联运合作，推进构建北京—莫斯科欧亚高速运输走廊，建设向北开放的重要窗口。”“发挥广西与东盟国家陆海相邻的独特优势，加快北部湾经济区和珠江—西江经济带开放发展，构建面向东盟区域的国际通道，打造西南、中南地区开放发展新的战略支点，形成21世纪海上丝绸之路与丝绸之路经济带有机衔接的重要门户。发挥云南区位优势，推进与周边国家的国际运输通道建设，打造大湄公河次区域经济合作新高地，建设成为面向南亚、东南亚的辐射中心。推进西藏与尼泊尔等国家边境贸易和旅游文化合作。”① 可见，在国家的“一带一路”建设规划中，我国陆地边疆省区实际上是“一带一路”的主要承担者、实施者、参与者。“一带一路”倡议的提出和实施，迅速提升了我国边疆的战略地位，一方面边疆的发展迎来了前所未有的机遇，另一方面国家也赋予边疆省区融入和服务国家战略的更大使命和责任。

第二，边疆对周边国家承担着交流互鉴功能。边疆之所以要承担对周边国家的交流互鉴功能，源于以下理由。一是国家实施周边外交战略的需要。以往我国的外交战略以大国外交为重心，近年来，由于我国的快速崛起，引起了一些大国对我国的忌惮和打压，大国外交遭遇很多困局。提升周边外交的战略地位是破解大国外交困局的必然选择。周边外交战略地位的提升，导致边疆在国家外交格局中的地位也相应提升。二是跨境区域治理的需要。随着中国国家实力的提高，国际社会产生了要求中国多承担

① 参见2015年3月28日国家发展改革委、外交部、商务部联合发布的《推动共建丝绸之路经济带和21世纪海上丝绸之路的愿景与行动》。

全球治理责任的呼声。客观地说，我国的国家实力仍然是有限的，不足以承担艰巨的全球治理责任，但又要给国际社会一个积极的回应，这个回应就是跨境区域治理。跨境区域治理也是全球治理的有机构成部分，跨境区域治理做得好，一方面回应了国际社会的诉求，另一方面也为我国的发展创造了一个安宁的周边环境。三是帮助周边国家发展的需要。帮助周边国家实现共同发展，也是我们应尽的国际义务，何况周边国家发展了，和谐周边关系才成为可能，反过来使我们更加集中精力解决内部的改革和发展问题，形成内政和外交的相互促进和良性循环。我国边疆对周边国家承担的辐射功能主要通过经济辐射、文化辐射、教育辐射等方式实现。经济互利，即要鼓励我国企业加大到周边国家投资的力度，把我国的资本、商品、技术等与周边国家深度交流，在互利共赢的条件下实现我国和周边国家的共同发展；文化互鉴，即持续提高我国与周边国家的文化交流频度和强度，增强周边国家官方与民间对中国文化的认知和了解；人才互往，即利用我国丰富的教育资源为周边国家培养所需的各类专业人才，为周边国家的发展提供人才支撑。

第三，边疆将成为建成社会主义现代化强国的主战场。党的十九大报告明确提出："从二〇三五年到本世纪中叶，在基本实现现代化的基础上，再奋斗十五年，把我国建成富强民主文明和谐美丽的社会主义现代化强国。"从目前我国的现代化发展程度看，不管从经济发展指标来衡量，还是社会发展指标来衡量，我国边疆都是整个国家现代化发展程度最低的地区。未来 30 年，如果在占国土面积 60%，占人口比例 21% 的广大边疆地区没有达到现代化的标准和水平，那么要谈建成社会主义现代化强国，自然就会成为空话。由此可见，我国边疆实际上已经成为 21 世纪中叶建成社会主义现代化强国的最大短板、最大的弱项。为补齐这个短板，补强这个弱项，在接下来的 30 年里，国家必然加强对边疆的开发和建设力度，可以预见，边疆必将成为我国社会主义现代化建设的主战场。

## 二、边疆治理的使命与价值目标

目前，我国政界和学界对边疆治理的理解仅局限在三个方面：一是边疆治理意味着守护好国家主权范围内的领土；二是边疆治理意味着解决好民族问题，处理好民族关系；三是边疆治理意味着维护好边疆的社会稳定。上述边疆治理观具有明显的消极色彩，导致了消极治理模式的逐渐形成，即不积极主动地发展边疆地区的生产力，不积极主动积累边疆地区的社会财富，不积极主动推进边疆地区的文化繁荣，不积极主动培育边疆地区的社会力量。在我国面临周边国家战争威胁的形势下，在我国内地发展程度不高的历史条件下，为迅速增强国家生存和发展的实力，国家在核心区治理与边疆治理的选项上，向核心区治理倾斜是必要的，是可以理解的，毕竟边疆地区面临战争破坏的概率最大，有限的建设资源如果很大部分投入边疆地区，那么好不容易积累下来的社会生产力，最容易在战争中遭到破坏。国家的这种担心是有道理的，故而选择优先发展核心区社会生产力，建设资源优先投入到核心区的建设中，是符合国家整体战略利益的。相应地，广大边疆地区也就被放在“先放一放”的处境下。

在国家治理格局中，对核心区的积极治理取向和对边疆的消极治理取向一旦形成习惯和模式，就会产生巨大的思维惯性。即使在“和平发展、合作共赢成为时代发展主题”的今天，政府乃至全民对边疆治理的理解仍然停留在过去的历史条件和思维惯性下，而没有开辟和发展出新的边疆治理观，更没有形成全新的成熟的边疆治理模式。特别是近 40 年来，“世情”和“国情”都发生很大变化的条件下，构建全新的边疆治理观，探索形成崭新的边疆治理格局显得必要和重要。从“世情”上看，周边国家新的地缘政治格局在剧烈的变化和重组；从“国情”来看，以市场经济为导向的改革深入推进，促使区域利益、阶层利益、民族利益等严重分化，边疆问题层出不穷，我国边疆治理面临前所未有的挑战。如果国家政权系统不能适应“世情”和“国情”的变化，变革和发展新的边疆治理理念，探索形成新的边疆治理格局，那么，我国边疆治理将面临越来越严重的危机，近年来我国边疆危机事件频发，已经给我们敲响了警钟。

党的十八届三中全会正式提出“推进国家治理体系与治理能力现代化”，党的十九届四中全会系统提出“推进国家治理体系与治理能力现代化”的全面深化改革目标。我国边疆在国家治理格局中因具有特殊地位，发挥着重要作用，加强边疆治理，推进边疆治理体系与治理能力现代化，正当其时。党的十九届四中全会决议中明确提出了“加强边疆治理，推进兴边富民”的战略任务，这是有史以来党的文件和文献中第一次提出“边疆治理”的概念，明确了边疆治理的任务。

站在国家治理现代化的视角，我们认为边疆治理就是以政府为主导的多元主体为实现边疆的安全、稳定和发展，依法对边疆区域内的公共事务进行管理和处置的活动及其过程。

边疆治理的实质就是从异质性走向同质性的过程。边疆治理是国家治理的重要组成部分，边疆治理具有特殊性，存在诸如边疆开发和建设、国家安全、民族与宗教、政治认同、中华文化认同等特殊问题，形成了与国家核心区治理的巨大差异。边疆治理的过程就是逐步消除边疆与国家核心区之间的显著差距，最终达到“同”的理想状态。几千年来，中国的文化传统十分强调“天下大同”的社会理想。边疆治理过程也浸润着“大同”的愿景诉求。“同”不是什么都一样，而是指边疆与腹地之间在经济社会发展层面没有悬殊差别，显现出趋近性和相似性；在精神心理层面没有隔阂和冲突，呈现出一致性和和谐性。

边疆与腹地之间由较大的异质性逐渐走向同质性，是边疆治理的使命，也是边疆治理现代化的必然要求。通过边疆治理所要达到的“同”愿景，包含以下方面的内容：（1）奋斗目标同向，即指整个边疆治理在总体目标与方向上与国家治理具有一致性。当前边疆治理的奋斗目标就是建设中国特色社会主义，实现伟大复兴中国梦；（2）科学发展同步，即指整个边疆治理都必须坚持以创新、协调、绿色、开放、共享的五大发展理念引领跨越式发展，坚持“五位一体”同步发展，超常规发展；（3）社会和谐同创，即指构建人人参与社会治理的体制机制，有效协调各方面利益关系，最大限度地增加社会和谐因素，保持边疆社会长期和谐稳定；（4）民族团结同心，即指边疆各民族都能正确看待中华民族一体多元的辩证关系，自觉确立起中华民族共同体的意识，并在这个前提下能够做到和睦相处、和衷共济、和谐发展；（5）民族文化同彩，即指边疆各民族创造的文化都是中华文化的有机构成部分，都应得到尊重和发展，都拥有出彩的机会和权利；（6）美丽家园同建，即指要把生态文明建设纳入边疆治理“五位一体”总体布局，努力建设美丽边疆，实现边疆各民族永续发展；（7）边疆安全同担，即指边疆各民族、各组织，甚至是每个公民，都是边疆国家安全的维护者、促进者，都应依法履行自己的安全职责，担当保护国家安全的使命。

边疆治理是高度理性化的国家行动，必须设计正确而明确的价值目标作为治理的方向。国家治理现代化的总体要求以及边疆的区情决定了边疆治理的价值目标应该是：（1）富裕边疆，就是通过有效的经济和社会治理，实现边疆基础设施的现代化、产业体系的高端化、民生保障的完善化，使各族群众享有与发达地区人民同等程度的物质文明和富足生活。（2）法治边疆，就是在边疆治理中真正确立国家法律的最高权威地位，形成以法治思维和法治方式解决边疆问题的习惯；依法严格规范地方政府的权力，形成“法无授权不可为”的施政自觉；充分尊重和保障各族群众的公民权利，形成“法无禁止即可为”的社会共识。（3）文明边疆，就是在边疆的文化治理中，凝练形成各族群众高度认同的共同理想和愿景，在各族群众中建立起先进的价值观认同，不断提升各族群众的科学素养和道德水平。（4）平安边疆，就是在边疆的社会治理中，有效保障边疆政治稳定和社会稳定，打造良好的社会治安，维护边疆经济的平稳发展和文化的安全。（5）和谐边疆，就是通过政治治理，实现边疆地区各民族间的和衷共济、和谐发展，各宗教间的和顺共处、互鉴发展，各阶层间的自由流动、交融发展，干群间的一体同心、共享发展，军民间的深度融合、协作发展。（6）美丽边疆，就是在美丽中国的整体框架下，科学定位边疆的生态功能与责任，通过有效的生态治理，在边疆培育形成先进的生态文化，打造形成绿色的生产生活方式，建设形成优良的生态环境。（7）开放边疆，就是利用边疆的区位和资源优势，建构更多的经贸合作平台和人文交流平台，提高域内外自然资源、资本、技术、人力、商品、信息等在边疆的聚集程度和流动速度，打造边疆在国家对外开放战略格局中的独特优势和地位。

## 三、边疆治理的主要任务

### 1. 边疆经济问题的治理：加大开发和建设力度

我国边疆的基本区情是仍然处于社会主义初级阶段的低层次，边疆各族群众日益增长的物质文化生活的需要与落后的社会生产的矛盾仍然是边疆社会的主要矛盾，因此，通过陆地边疆开发和建设，进一步解放和发展生产力，提高边疆经济社会发展程度，仍然是边疆社会的首要问题。边疆的开发和建设要以发展壮大边疆地区的经济实力，缩小与内地经济发展之间的差距为目标。

要加大边疆的开发和建设力度，边疆地区必须主动融入和服务国家发展战略。国家发展战略决定着国家发展的大趋势，边疆地区主动融入和服务于国家发展战略，就是顺势而为、借势发展的高明之举，能够起到事半功倍的经济治理效果。边疆地区的党委政府要花更大的力气研究、谋划、建设融入和服务国家战略的平台、管道以及体制机制。今后如何借助自身的区位、资源优势融入和服务“一带一路”战略，是边疆加大开发和建设力度的重中之重。

要加大边疆的开发和建设力度，边疆地区必须用足用活用好国家给予的开发和建设政策。长期以来，国家给予了边疆地区很多倾斜、照顾、优惠政策，今后这样的政策仍然会不断地出台和实施。这种类型的政策是促进边疆开发建设的重要推动力，要提高对这些政策贯彻实施的责任心建设和能力建设，在充分尊重政策原意的条件下，有创造性地展开政策的实施，争取用足用活用好这些政策。

要加大边疆的开发和建设力度，边疆地区必须加大改革步伐，促进边疆的开发和建设。按照“四个全面”的总体布局，全面深化边疆地区各领域的改革，是加大边疆开发和建设力度的根本动力。要以最大的执行力、最持久的创新力贯彻落实国家在各领域的改革方案，坚决而坚定地排除既得利益者设置的改革阻力和障碍，借助全面深化改革的推动力，加大边疆的开发建设力度。

要加大边疆的开发和建设力度，边疆地区必须扩大开放的程度，以大开放促大开发、大建设。扩大开放是促进一个地区开发建设的主要推动力之一。要借助边疆的区位和资源优势，引进更多的内资和外资，进一步扩大经济领域、社会事业领域、城市公用事业领域、环境生态保护领域等的投资空间。要加大边境自贸区、边境经济合作区、边境经济开发区等开放平台的建设。坚决打击政府部门的不作为、乱作为、设租寻租等阻碍开放事业进步的现象，最大限度地消除官僚主义作风，营造一个行政成本低、社会成本低、交易成本低、生产成本低的营商环境，建设一个最有利于开放事业快速发展的现代服务型政府。

要加大边疆的开发和建设力度，边疆地区必须创新制度与政策为边疆开发和建设提供持续动力。制度创新、政策创新是加大一个地区开发建设步伐的重要推动力。边疆地区的党委政府要善于向发达国家、发达地区学习，积极借鉴别人的优秀制度成果和政策成果。要结合本地具体领域、具体行业开发建设实践的重大需要，通过提高自主性、主体性来促进制度创新和政策创新的能力。

### 2. 边疆政治问题的治理：强化政治认同

“政治认同，是政治建设的重要范畴，是政治发展的重要前提。所谓政治认同，即社会成员在一定的政治生活和政治发展中所产生的情感和意识上的归属感，具体体现为政党认同、国家认同、制度认同、体制认同、理想认同、政策认同、宗教认同，等等。政治认同既是把社会成员团结和组织起来的重要凝聚力量，又是激励和促进社会成员共同奋斗与前进的重要思想基础，同时还是社会成员共同遵循的价值目标和理想归宿。”①

良好的政治认同是一个国家团结凝聚、平安稳定、和谐发展的前提和基础。我国边疆民族地区政治文化的多样性、复杂性、异质性，决定了边疆各族群众政治认同仍然存在诸多的缺陷和不足，与富裕边疆、和谐边疆、平安边疆、法治边疆、文明边疆、美丽边疆、开放边疆的价值追求有

---

① 包心鉴：《当代中国的政治认同》，《光明日报》2014 年 4 月 9 日。

很大差距，需要花更大的气力、更多的智慧来改善边疆各族群众的政治认同。正因如此，习近平总书记在中央第六次西藏工作座谈会上明确要求："必须全面正确贯彻党的民族政策和宗教政策，加强民族团结，不断增进各族群众对伟大祖国、中华民族、中华文化、中国共产党、中国特色社会主义的认同。"①

建立健全有边疆基本公共服务体系，持续改善民生，这是改善边疆民族地区政治认同的物质基础。改善民生是赢得民心的基础。边疆各族群众的民生如果长期得不到改善，那么伟大祖国的向心力、中华民族的凝聚力、中华文化的自信力、中国共产党的动员力、中国特色社会主义的号召力等都可能出现流失。改善民生，最根本的是建立健全基本公共服务体系，并且随着经济的发展不断提高基本公共服务的标准。

增进和维护边疆社会公平正义是改善边疆民族地区政治认同的心理基础。社会公平正义是社会成员最基本的精神需求，是一个社会团结凝聚的前提条件，是社会共同体存在和发展的基本保障。一个社会只有提供给其成员较高水准的社会公平正义，才能满足其精神及心理的需要，进而增进对社会共同体的向心力和凝聚力，增进对社会政治系统的认同感。相反，社会公平正义流失，普遍的社会成员感到公平正义需求没有得到满足，最直接的后果是容易导致社会心理失衡，进而导致社会行为失范，再进而导致社会矛盾增多、社会问题累积，最终导致社会秩序崩塌和社会稳定丧失。我国边疆经济社会发展的落后性、社会阶层的复杂性、民族及宗教的多样性等，决定了边疆各族群众对社会公平正义的需求更为强烈和迫切，只有切实增加和维护边疆的社会公平正义，才能凝聚民心，改善政治认同。

---

① 《人民日报》2015年8月26日。

完善军民、警民共建制度，建立合作治边的情感纽带，这是改善边疆民族地区政治认同的重要方法。发端于革命战争年代的“军民鱼水关系”理论与实践，为保证战争与革命的胜利发挥了重大作用。在新时期这一理论指导下的创新实践就是军民、警民共建制度的实施。军和警都拥有强大的组织资源、先进的思想文化资源、一定的物质资源，边疆民族地区各种形式的军民、警民共建活动，不仅使各族群众受益，而且使军队的工作和警察的工作都从中受益，频繁的交往互动，有利于各族群众建立起对人民军队和警察的情感认同，进而建立起对党和政府的政治认同，达到改善政治认同的目的。

积极推进新农村指导员制度、大学生村官制度等，为边疆基层植入先进的文化基因。中共中央组织部在全国实施了“大学生村官制度”，在应届大学生中选拔大批大学毕业生到农村基层一线挂职任职；一些边疆省区实施了“新农村指导员制度”，定期从各级党政机关、事业单位、国有大中企业选拔大批干部下到农村基层一线任职挂职。不管是大学生村官，还是新农村指导员，进驻最基层的村社，不仅帮助村社脱贫致富、发展生产，更为重要的是形成了“精英下乡”的制度安排，给封闭落后的边疆基层乡村社会带去了现代的知识和思想观念、文明的生产生活方式等，在潜移默化中播撒了先进的文化基因，而且这批大学毕业生和机关干部，是带着帮扶村社使命到农村工作，在爱心与关怀的心理场域下，基层各族群众也特别容易建立起对下乡精英的情感认同，进而改善乡村社会的政治认同。

完善对口支援制度，这是改善边疆民族地区政治认同的重要途径。新中国成立以来，未来帮助边疆民族地区的发展，我国各级党委政府相继建立了对口支援边疆民族地区的制度。由发达省区或发达城市对口支援相应的边疆民族省区，在公共基础设施、教育、技术、人才、资金、产业等方面进行支持和帮扶，这项制度的推行，加快了边疆民族地区经济社会发展进程，加深了边疆地区对中央政府和发达地区的情感认同，改善了各项政治认同。当然，由于对口支援制度的规范化、标准化、精细化程度不高，也存在对口支援工作比较粗放，效果不理想，效益较差等情况。如果进一步完善对口支援制度，充分发挥其对边疆民族地区的治理潜能，不仅有利于加快边疆的经济社会发展，更能够改善边疆社会的政治认同状况。

大力推进精准扶贫政策，补齐政治认同短板。边疆民族地区是我国贫困发生率最高的地区，这些年来，我们主要采取“大水漫灌”式的扶贫政策和措施，手段和方法和粗放，导致扶贫收效不理想。尽管付出了很多人财物资源，但边疆地区的贫困人口仍然很高。国家在“十三五”期间，决定转换了扶贫的方式，主要依靠精准扶贫方法来解决困难群众的脱贫问题。贫困地区和贫困人口真正脱贫致富了，不仅能补齐协调发展的短板，而且也能补齐政治认同的短板。贫困人口从“被边缘化”的心理状态回归到和全国同步建成小康社会的心理状态，非常有利于确立正确的政治认同。

### 3. 边疆安全问题的治理：完善戍边体系

国家安全是国家的各个领域均不受内外破坏性因素的威胁，而按照既定的规则和秩序平稳运行的状态。导致国家安全问题的因素来自内外两个方面，从国家内部来说，有自然资源贫乏、自然灾害多发、经济发展落后、财富分配不均、社会阶层流动性不畅、社会公平正义丧失、政府治理能力低下等；从外部来说，有殖民主义、霸权主义、强权政治、干涉主义等因素。当然，内部因素是根据，外部因素是条件，对国家安全威胁最大的还是内部因素，外部因素是重要的影响因素。“当前我国国家安全内涵和外延比历史上任何时候都要丰富，时空领域比历史上任何时候都要宽广，内外因素比历史上任何时候都要复杂。”[①] 我国当前面临的国家安全问题极其严峻，国家安全挑战是全方位的，我国边疆民族地区的国家安全威胁尤为突出，主要包括政治安全威胁、国土安全威胁、军事安全威胁、经济安全威胁、文化安全威胁、生态安全威胁和资源安全威胁等。

维护边疆民族地区的国家安全，化解各种安全威胁，必须拓展新思路，打造新方法。

要高度重视边境地区的新型城镇化建设，实现从“屯垦戍边”到“建城戍边”的跨越。屯垦戍边作为一项极富中国特色的治边政策，早在2000多年前的西汉王朝就开始实施。新中国成立以后，党和政府继承和创新了屯垦戍边政策，先后组织数十万人民解放军转业官兵和知识青年扎根边疆，特别是边境地区参加垦荒垦殖、发展生产，这一制度一直延续到今天。屯垦戍边制度对于加快边疆经济发展，促进民族团结，维护国家安全等方面发挥了重大作用。当前随着边疆以工业化、城镇化、市场化为内容的现代化进程的推进，屯垦戍边制度的局限性逐渐显现，须转型为“建城戍边”，即在我国边境地区加快新型城镇化建设，只要环境条件和资源条件许可，应该尽可能在边境一线规划发展更多的城镇和城市。城镇和城市具有聚集资本、商品、技术、人口、人气等功能，更为重要的是它还发挥着戍边功能。

打造边疆文化长廊，构筑维护边疆文化安全的防御体系，形成“文化戍边”新格局。边疆文化长廊是以边疆人文地理为前提，以主要交通线穿越的县（市、区、旗）、乡（镇）、村、户为基础，以文化活动中心为基点，连点成线、线连成片，形成一条有较大文化设施密度，各具民族文化

① 2014年4月15日，习近平在中央国家安全委员会第一次会议上的讲话。

特色，基本满足各族人民文化生活需要，适应改革开放和经济发展需要的“廊”形文化地带，包括建设文化设施、开展文化活动、培训文化活动人才、加强文化市场管理等诸多方面。边疆文化长廊建设，传承和传播了优秀中华文化，增强了边疆各族群众的中华文化认同和中华民族认同，有效抵御了消极文化的侵蚀或渗透，维护了国家文化安全。

打造边疆党建长廊，构筑维护边疆政治安全的防御体系。历史经验证明，堡垒最容易从内部被攻破。边疆国家安全的最大威胁来自我们党自身。如果边疆党的基层组织涣散、思想僵化、能力下降、作风漂浮、脱离群众，不能团结凝聚民心，不能阻止动员群众，那么边疆的国家安全将受到最大的威胁。所以在边疆打造坚实的党建长廊，以“强组织、建阵地、聚人心、固边疆”为主要内容，以“政策支边、产业富边、组织固边、民主兴边、文化活边”为主要措施，切实增强边疆党组织的能力和活力，真正使边疆基层党组织成为维护民族团结、边疆稳定与国家安全的政治堡垒和组织堡垒。

要高度重视边疆民防体系建设，形成军防体系与民防体系有机结合的边疆国防体系。我国边疆地区都驻扎着一定数量的军警部队，以这些部队为主体构建起了国防体系中的军防体系。在国防体系的结构中，还应该存在一个由民兵组织为主体的民防体系。民防体系由于其群众性强，涉及面广，使其具有很多军防体系不具备的功能和作用。近年来，党中央要求把推动军民融合深度发展作为重大的国家战略，不仅指装备科研生产、后勤保障、国防动员等物质层面的深度融合，也指军民在精神层面、关系层面的深度融合，这就要求部队与地方之间发展良好的互助合作关系，做到军民之间心心相印、心灵相通，以部队为主形成国防体系中的军防体系，以地方为主形成国防体系中的民防体系。军防体系与民防体系相互分工、相互协作、相得益彰，将构筑效能强大的国防体系。

### 4. 边疆民族及宗教问题的治理：促进民族宗教关系和谐和顺

民族问题和宗教问题是边疆治理的主要客体。在当前我国处于社会主义处级阶段的历史条件下，我国民族问题的实质就是不同民族之间的关系问题，包括汉族与少数民族之间的关系问题、少数民族与少数民族之间的关系问题。新中国成立以来，我国边疆对民族问题的治理遵循了先进的理念——民族平等、团结、共同繁荣理念；设计了较科学的制度——民族区域自治制度；实施了合理的政策——干部政策、帮扶政策、宗教信仰自由政策、语言文字政策、风俗习惯政策等，民族关系总体上是和谐的，宗教关系总体上是和顺的，但由于民族间自然属性和社会属性的差异长期存在，民族间事实上的不平等也不是很短时间能够解决的，于是隔阂型民族问题仍然广泛地存在着。21 世纪以来，受市场经济大潮的冲击，边疆各民族的利益主体意识和权利主体意识迅速觉醒，这使以利益争夺、权益维护为特点的矛盾型民族问题较快地滋生和蔓延。因此，当前我国边疆地区隔阂型民族问题和矛盾型民族问题是普遍存在的，若治理不当，或者治理失效，隔阂型民族问题将恶化为矛盾型民族问题，而现有的矛盾型民族问题则恶化为冲突型民族问题，这对维护边疆的民族团结、经济发展、社会稳定等是很不利的，甚至对整个国家的安全及其现代化事业都是不利的。因此我国边疆治理必须把有效治理民族问题和宗教问题作为一个极其重要的任务。

提高边疆各级党委政府领导民族工作、宗教工作的能力。实践证明，一个地方党委政府如果政治责任感很强，又非常熟悉民族政策和宗教政策，还能够有效地、创造性地实施政策，那么这个地方的民族工作和宗教工作会开展得富有成效，民族关系和宗教关系都较和谐。相反，地方党委政府对于民族工作和宗教工作的能力不足，则会造成民族问题和宗教问题治理成效不佳。所以，有效促进民族和谐和宗教和顺的关键是提高边疆地方党委政府领导民族工作和宗教工作的能力。

在边疆民族地区大力发展协商民主。民族关系、宗教关系是边疆最显著的政治关系，由于民族关系进和宗教关系中又掺杂着阶层关系、干群关系、政党关系、军民关系、边境线内与边境线外的关系等，所以边疆的民族、宗教关系呈现出特别复杂的特点。协调这种政治关系仅仅靠现有的四个基本政治制度是不够的，还要依靠发展广泛多层制度化的协商民主，以丰富多彩的各种形态的协商民主形式来化解民族间、宗教间的隔阂，来协调民族间、宗教间的利益关系，这样才能使和谐民族关系、和顺的宗教关系始终有丰富的、可靠的、适用的制度保障。

加强对少数民族上层人士和宗教上层人士的统战工作。统一战线工作不仅是过去革命取得胜利的法宝，也是当前建设事业顺利推进的法宝。改革开放 40 多年来，边疆少数民族的阶层分化较为严重，少数民族上层人士的内涵和结构都已经发生了重大变化，已经形成了一批在少数民族群众中掌握话语权的政治精英、经济精英、知识精英、文化精英和宗教精英，这些精英分子构成当今少数民族上层人士，所以要根据少数民族阶层关系的变化，及时甄别和确定出新时期少数民族上层人士，把他们中的具有典型性、代表性的人士纳入统一战线对象，通过他们政治作用的发挥来维护民族关系的和谐和宗教关系的和顺。

构筑促进各民族、各宗教交往交流交融的制度管道和平台。通过频繁交往，平等交流，才能达到彼此关系交融的境界，进而促进民族关系和谐、宗教关系和顺，这是民族宗教关系发展的规律。民族间、宗教间的交往，不能仅限于经济交往和政治交往，还应该大力发展文化交往、社会交往等方式，要让每种交往方式都建立制度化的管道和平台，形成平等交流的规则和氛围，在相互尊重、包容差异的基础上逐渐形成手足相亲、守望相助的交融关系。我们曾亲自体验过云南五大宗教领袖在一个学历班上共同学习和共同探讨学问的过程中加深了解、加深友谊，形成和谐宗教关系的历程。

### 5. 边疆社会问题的治理：推进社会治理现代化

以党和政府为核心的多元化的治理主体，通过整合社会资源，依法有效解决社会性问题的过程就是社会治理。当前边疆的社会性问题主要包括：毒品问题、艾滋问题、跨境犯罪问题、跨境赌博问题、跨境非法婚姻问题、“三非”问题、偷越国境问题等。这些社会性问题如果不加以认真对待和有效解决，会演化成为政治性问题，从而危害国家安全、边疆稳定、民族团结。解决这些社会性问题，必须推进边疆社会治理的现代化，当前的关键是促进边疆社会治理的科学化、民主化、法治化和精细化。

提高边疆党委政府社会治理的能力。党委政府是边疆社会治理的核心主体，是解决边疆社会性问题的决定因素。提高边疆地方党委政府的社会治理能力，才能有效解决问题，从而维护边疆社会的长治久安、和谐稳定。边疆地方党委政府需要的能力主要有：捍卫社会公平正义的能力、疏导平衡社会心理的能力、规范社会行为的能力、化解社会矛盾的能力、解决社会问题的能力、协调社会关系的能力、维护社会秩序的能力。

提高边疆社会治理的科学化水平。社会治理是一种具有客观规律性的活动。要实现边疆社会治理的科学化水平，就必须在实践中不断探究边疆社会治理的规律。边疆社会性问题有其特殊性，决定了边疆社会治理也存在着特殊的规律，需要在实践中不断地加以观察、体验、思考，最后透过复杂的现象，寻找到真正的本质。看到了本质就接近了规律，就容易制定出科学化水平较高的社会治理政策。

提高边疆社会治理的民主化水平。边疆社会性问题的复杂性、艰巨性、长期性决定了只靠党委政府肯定解决不好。边疆社会治理的民主化，就是要鼓励各种社会组织及其公民广泛参与到社会治理的进程中来，从公共政策问题的确认，到公共政策制定，从公共政策执行，到公共政策评估，最后到公共政策调整或终结，都应该充分把社会组织及其公民中蕴藏的财力、物力、人力、知识、技术、智慧等资源，吸引和吸收到社会治理过程中来。当然，边疆社会治理民主化水平的提高也包括要规范社会组织和公民参加行动，要始终在法治的范围内活动。

提高边疆社会治理的法治化水平。法治是治国理政的根本方式，当然也就是边疆社会治理的根本方式。提高边疆社会治理的法治化水平，首先意味着在边疆社会治理中必须确立国家法律的最高权威地位，要养成以法治思维和法治方式解决边疆社会性问题的习惯；其次意味着必须依法严格规范边疆地方政府的权力，在社会治理行动中必须形成“法无授权不可为”的施政自觉；再次意味着在边疆社会治理中必须充分保障边疆各族群众的公民权利，真正形成“法无禁止即可为”的社会新风尚。

提高边疆社会治理的精细化水平。精细化的社会治理是相对于粗放式的社会治理而言的。过去治理边疆社会问题，习惯于粗放式的治理方式，结果造成很多后遗症，即解决了一个社会问题，结果带来了诸多社会问题的滋生或者恶化。因此必须借鉴企业管理中的精细化管理理念和方式。边疆社会治理的精细化，要求治理目标的明晰化、治理过程的程序化、考核标准的精确化、治理主体之间的协同化、治理行为的法治化、权力与责任的清单化。总之就是在边疆社会治理中注重细节的成败。

（方盛举）

# 第二十一章　网络治理

近年来，新一代信息通信技术已渗透到政府、企业和社会的方方面面。移动互联网、大数据、社会化媒体、云计算、物联网等新技术、新理念和新实践深刻改变了组织与个人间的互动方式。政府治理迎来了全新机遇，也面临巨大挑战。在各类技术、社会、经济、政治、组织等因素的共同作用下，电子治理模式也开始向更高阶段转型，展现了许多全新的趋势和动向。

本章将首先引出电子治理的概念与内容，然后探讨新兴信息通信技术的特征，接下来再重点分析互联网时代治理模式的转型趋势与方向，具体包括政府信息公开、政策制定与决策方式、公共服务方式、公众参与和政民互动模式、政民合作方式、组织架构与关系、治理能力等方面。

## 一、互联网时代的治理：电子治理的概念与内容

电子治理是指运用信息与通信技术来支持公共服务、政府行政、公民参与，并改善公民、企业与国家之间的关系。电子治理突破了传统意义上的电子政务的概念。传统的电子政务的概念侧重于政府从自身角度出发，通过应用信息通信技术来提升政府组织的行政效能；而电子治理则强调运用信息通信技术来改变政府与公民、企业及社会之间的关系，不仅包括信息化支撑下的政府行政和公共服务，还包括信息政策、公众参政议政、政府改革转型等方面。因此，电子政务的主体是一元的，即政府部门自身，而电子治理的主体是多元的，涉及政府、企业和社会公众等多元主体之间的双向互动、参与和合作。因而，电子治理不等同于电子政务或政府信息化，而是指信息化背景下政府、企业、公众之间的关系构建和转型，在电子治理中，政府不仅仅是信息通信技术的应用者，更是信息社会的治理者和公共价值的创造者。电子治理的最终目标是实现善治，创造公共价值。

Dawes 将电子治理定义为运用信息与通信技术（ICT）来支撑公共服务、政府管理、民主程序，并改善公民、市民社会、私有部门与国家之间的关系，并阐述了电子治理的五个具有内在关系的目标：

一是信息政策框架——与信息有关的法规与政策为电子治理提供了合法性基础。他们为政府、个人、私有部门对信息的收集、使用、保护与共享设定了政策目标，明确了规则与条件。

二是提升公共服务——电子治理关于提升服务的目标蕴含了一种常识性的途径，即以客户导向代替组织视角，为公民和企业提供开放、方便和多样的信息与服务。

三是高质量低成本的政府运作——包括一整套管理、专业和技术方面的改进目标，不仅关注效率的提高，更注重于基础设施投资、信息管理

与使用、组织创新、风险管理、采购改革、团队能力建设及绩效评估等各方面。

四是民主程序中的公民参与——经常也被称为“电子参与”，覆盖了民主程序中的各个领域，包括了技术和信息内容的开放与使用、公众与政府的互动、政治议题的公共表达以及公众咨询。

五是行政与体制改革——着重于政府的责任、透明度与信任度，改革既包括政府的架构与流程，也包括政府在授权私有部门和非政府部门提供公共服务时的角色与责任。改革还涉及政府文化，以及如何理解公共服务与治理、公民、社会的关系等。

## 二、新兴信息通信技术的特征

近年来，在移动互联网、社会化媒体、云计算、物联网、大数据等新一代信息通信技术开始兴起和普及。这些信息通信技术的主要呈现出以下特点：

（1）大众化。移动技术和云计算技术有助于降低技术应用的成本，并提高技术应用的覆盖面和普及程度，使更多公众可以在任何地点任何时间以多种方式获得信息和服务。

（2）去中心化。在过去信息传播模式中，政府作为资源和信息的拥有者和发布者在信息流中处在主导地位，而新兴的信息通信技术使公众所拥有的信息量急速扩大，信息流动速度加快，越来越多的大众借用新兴信息通信技术，参与到社会生活和政治活动中，政府的政策制定与执行受到公众越来越多的关注、参与和监督。由于信息不对称的打破，原有的金字塔形的自上而下的信息传播方式被颠覆，更为平等的、去中心化的信息传播方式成为主流。

（3）互动化。新兴信息通信技术，例如微博微信等社会化媒体改变了过去政府向公众的单向沟通模式，政府与公众的沟通方式成为双向互动的模式，使政民之间随时随地进行互动沟通成为可能。

（4）个性化。新兴信息通信技术满足了多对多的个性服务模式，实现了以用户为中心，根据个人需求定制信息。新型的服务提供方式取代了传统的集中式的一对多的服务提供方式。

（5）智能化。大数据技术可实现对海量数据迅速进行分析并找出其中的规律，从而使更智能化的决策和政策制定成为可能。

在以上这些信息通信技术的影响下，电子治理向以下这些方向转型。

## 三、政策制定与决策方式转型：数据驱动的决策

近年来，有关“大数据”的探讨和实践已成为社会各界热点。大数据是指不可能用常规软件和分析工具来进行分析的巨大数据集。大数据具有数量巨大，来源广泛，随时更新的特点。大数据是全体数据，而不是随机样本；强调混杂性，而不是精确性；寻求相关关系，而不是因果关系。大数据可来自网络、手机、社会化媒体和感应器等各种渠道，可覆盖经济、环境、气候、交通、卫生、消费等各种领域。

大数据的战略意义在于“通过对海量数据的交换、整合和分析，发展新的知识，创造新的价值，带来大知识、大科技、大利润和大发展”。大数据已被许多国家视为战略资源和生产要素，被比喻为未来的石油和金矿。

大数据将使公共政策制定和政府决策方式和过程发生重大变化，推动数据驱动的公共政策制定和决策。“引导政府前进的将是‘基于实证的事实’，而不是‘意识形态’，也不是利益集团在政府决策过程中施加的

影响。”

各国政府已有许多利用大数据进行决策的案例。美国新泽西州运输部通过汽车和移动电话 GPS 装置上的信号和数据所采集的车速数据，掌握任意主干道上的路况险情，同时向司机的车载 GPS 装置或移动电话发送警示来提醒司机注意路况险情。美国纽约州能源研究和发展管理局运用一系列的大数据技术来评估气候变化对纽约州的影响，并为农业、公共卫生、能源和交通运输等领域提供应对气候变化的策略。美国交通安全管理局通过交通事故死亡数据的分析，发现了交通事故在时间、地点、司机行为等方面的规律，为改变执法方式提供了依据。中国国家信息中心通过分析网民访问政府网站所留下的数据，来分析网民的兴趣点和使用习惯，从而为政府网站改版提供决策依据。

## 四、公共服务方式转型：用户导向的服务

传统的公共服务提供较少考虑公众的个性化需求，而新一代技术使量身订制的个性化服务成为可能。普通公众、弱势群体、企事业单位和公务员等各类型人群对公共服务的需求不一，而统一的服务项目与内容将无法充分满足各类民众的个性化需求。政府部门应结合客户关系管理与顾客导向理念提供个性化的服务。

中国台湾“e 管家”（https：//msg.nat.gov.tw/）是由当局出资，运用现代资讯通信技术构建的便民服务平台，提供整合的个性化的一站式公共服务，包括各项与日常生活息息相关的资讯与服务。一般行政机关提供给民众的网络公共资讯及服务分散在各个行政机关单位网站，为了替民众省下查询与奔波的时间，“e 管家”平台服务让民众除了可以接收感兴趣的资讯，还能在需要缴交各项公用事业费用时收到提醒通知并直接在网上办

理。“e 管家”提供的服务主要为资讯订阅与主动提醒。资讯订阅又分为公众资讯、个人资讯两种，两者都在不定期不定量的更新中。公众资讯订阅提供来自各机关单位的最新公告等资讯，让民众资讯接收不落伍。合共 251 项个人资讯订阅提供和民众个人切身相关的服务。各项通知若是有办理时间限制，便会自动列入个人日程中，在到期前主动提醒民众需办理事项。

## 五、政府信息公开向纵深发展：开放政府数据

政府数据开放是政府信息公开在大数据背景下的深入发展。“数据”与“信息”并不是同一个概念。“数据”是第一手的原始记录，未经加工与解读，不具有明确意义；而“信息”是经过加工或解读之后赋予意义的数据。“数据”是原始的，简单地存在着，本身没有意义；而“信息”是通过相关连接赋予了意义的数据。

随着政府信息化水平的不断提升，政府部门在履行职责过程中已生成、采集和保存了海量的数据，成为一个国家内最主要的数据保有者。政府所保存的这些数据与公众的经济和社会生活息息相关。在大数据时代，政府向社会公众开放其所保有的数据，供社会进行增值利用和创新应用，为其生产、生活和经济社会活动服务，将创造巨大的公共价值，推动经济转型和社会发展，提升国家整体竞争力。

大数据往往建立在开放数据的基础上。大数据应用需要整合和利用来自政府、企业、社会组织和公众等多种来源的数据，而政府数据是大数据不可或缺的重要组成部分。因此，开放政府数据供社会利用是实现国家大数据战略的重要前提。开放政府数据，并鼓励社会公众充分利用政府信息，开发出各种各样的服务和应用，有利于激发创新创业、促进信息消

费、推动数据驱动的经济增长，提高社会生产力和推动社会全面发展。

政府数据开放是政府信息公开在大数据背景下的深入发展。政府信息公开是政府数据开放的前提和基础，政府数据开放是政府信息公开的发展和跃进，在开放的广度和深度上都达到了新的高度。在目的上，虽然两者都有利于提高政府工作的透明度，促进依法行政，让权力在阳光下运行。然而，“开放政府数据”的目标不仅仅在于保障公众的知情权和监督权，而更强调发挥数据对社会生产、生活和经济社会活动的服务作用。开放政府数据的理论依据为，政府数据是行政机关在履行职责过程中制作或者获取的，数据的生成来源于公共财政，数据产权应归全社会所有，属于公共产品。因此，开放政府数据应是公共服务的重要内容，应在不违反相关政策法规的情况下，向公众免费开放，供其利用，实现“数据惠民”。

近年来，开放政府数据以供企业与社会公众进行增值利用，已在美、英、加、澳、新、韩等许多国家迅速开展，成为国际政府机构数据共享工作的重要议题。美国自 2009 年起开始推行开放政府指令，随后美国联邦政府建立了一站式的开放政府数据网站（www.data.gov），将政府数据开放给企业、机构与公民下载使用，并对数据进行增值开放和应用。截至 2014 年 2 月，美国联邦政府在 data.gov 上公开的数据库共有 90565 个。英国政府也开设了 data.gov.uk 网站，将中央政府与地方政府部门的数据向社会开放。根据开放政府联盟（www.opengovpartnership.org）的数据，目前已有六十多个国家和地区的政府和国际组织（如 OECD 与世界银行等）推行政府数据开放。

我国开放政府数据虽起步相对较晚，一些沿海地区的政府部门和地方政府已开始探索政府数据开放，建立了开放数据门户。国家统计局于 2013 年推出了“国家数据”网站（data.stats.gov.cn）。北京建立了“政务数据资源网”（www.bjdata.gov.cn），上海市政府推出“上海市政府数据服务网”（www.datashanghai.gov.cn）。广东省政府各部门开展数据开放试点，通过部门网站向社会开放可供下载和分析使用的数据。青岛市政府开始建设“数据开放服务平台”。政府数据开放已越来越受到我国各级政府部门的重视和推广。

## 六、公众参与和政民互动模式转型：开放与回应

新兴信息通信技术为公民提供多元化、多途径表达意见和参政议政的途径和平台，激发了公民参与政治生活的兴趣，降低公民参政议政的成本，为公民参与政府决策、提出建议等提供机会，扩大政策制定参与者的多元化范围，进一步促进政府政策制定的民主化。技术发展，特别是社会化媒体，可以扩展决策信息的收集范围，提升信息收集量，并经过科学的数据整理和分析，从而克服传统决策所具有的片面性，并使政府及时了解公共需求，把握社会动态，及时针对社会公共问题作出反应，提升政府决策的科学化程度。新技术的应用还可促进公众网络监督体系的形成，创造公众参与行政监督的网络环境，使每个公民都有可能成为政策制定的参与者和政策执行的监督者，从而提升政府政策执行水平，提高政府的公信力。

2009 年以来，微博与微信等社会化媒体在中国发展迅猛。社会化媒体的成熟和普及使公众获取和传播信息的渠道、方式和数量都发生巨大转变，公民参政议政意识不断提高，积极踊跃地利用这一平台点评时事，发表观点，共享信息，参与公共事务。微信也以其即时性、隐私性、互动性、经济性等独特优势在众多网络社会化媒体中异军突起，并在政务传播发布方面扮演着越来越重要的角色。

以微博与微信为代表的社会化媒体应用已使公众获取和传播信息的方

式发生转变，政府所面对的外部信息环境也已发生重大变化。面对在社会化媒体时代发生的新变化，2010 年起，中国各地的政府部门也纷纷利用这一平台开设政务微博向公众发布信息，提供公共服务，开展政民互动。政府的信息公开、新闻发布、信息服务、政民互动、舆情采集等方式都开始转型。

然而，面对着外部环境向着网络化扁平化方向发展的大趋势，政府组织在体制机制、人员能力、人员意识与组织文化、领导力、资源分配等方面都未能及时有效地作出调整，政府的科层制体系正面临巨大挑战。微博微信所代表的平等、开放、回应、互动、协作等价值观和社会关系都与中国政府组织现有的科层制的管理架构和组织文化格格不入。在社会化媒体时代，政府组织与外部环境不相适应，并形成张力和矛盾。而政府组织与外部环境之间的这对张力正体现了制度环境和技术环境之间的矛盾，即外部环境在微博技术的推动下发生了重大变化，而政府组织仍然更多受到既有制度的制约，无法适应外部技术环境的变化。面对新环境，政府需要对政府组织内部与信息化时代不相适应的治理理念、体制机制、人员能力、组织文化进行调整和转型，使其向网络化扁平化和无缝隙的方向发展，以适应外部环境的变化。

## 七、政民合作方式转型："众包"

基于社会化媒体技术，公众参与和政民合作模式出现了全新的模式。"众包"（crowdsourcing）不同于过去的政府外包（outsourcing），前者是指即政府向广大的公众外包，而后者是政府向某一公司或机构外包。

政府"众包"具体案例在世界各地出现。纽约市政府由于金融危机面临财政紧缩的压力，政府无力开展新的服务项目；而经济不振时期，又恰恰是市民对政府的公共服务有更多更高需求的时期。此时，通过信息化工具来促成市民与政府的合作成为一条出路。2010 年，纽约市遭遇了一场暴风雪袭击，整个城市被白雪覆盖，许多街道几天都未能除雪。市长办公室临时建立了一个网上平台发布即时的除雪信息，由于政府人力有限，其采集到的道路除雪信息不够准确，因此纽约市政府就发动市民通过社交媒体向政府提供有关道路除雪状况的信息和照片，使市民成了政府检查除雪情况的免费“耳目”。

此外，纽约市政府还开设了多个网上论坛使公众可与市政府部门交流意见和点子，从而通过众包来解决公共问题。例如，在“通过我们来改变”这一论坛上（http：//nyc.changeby.us/），纽约市民可自发完成从提交创意、组织团队、寻找资源，直到建成一个项目的全过程，从而提升社区的生活品质。除了通过政民合作提供公共服务外，纽约市还实行了“参与式预算”（Participatory Budgeting），使纽约每个区的市民可以直接决定如何使用至少 1000 万美元的公共预算。市民可以在网站上（http：//pbnyc.org/）直接提交意见，通过社区成员的讨论，并将其总结成多个项目方案，然后再通过市民投票来选择能得到资助的方案。

在波士顿马拉松爆炸案的调查中，警方向公众收集在爆炸案现场拍摄的图片和视频，并依赖这些“众包”数据来协助查找凶手。在爆炸发生后，海量照片和视频出现在 Twitter、Facebook 和 YouTube 等社交媒体上，组成了一个巨大的数据库。通常情况下，警方主要通过街头安装的监控摄像头拍摄的视频数据来侦查案件，而通过公众自行拍摄的照片和视频，比街头安装的摄像头提供更多的角度和时段，为调查人员构建一个更大更完整的拼图，提高了办案效率。

在众包模式中，市民成了政府的“合作者”，市民与政府共同“提供”公共服务，而不仅仅是“消费”政府独自提供的服务。前者是横向扁平的模式，而后者则是上下层级模式。以众包为代表的平行的“共同创造”和“合作治理”正成为21世纪的治理新模式，开始取代“政府知道什么对你最好”的传统模式，而新兴信息通信技术正是实现这一转变的关键因素。

## 八、组织架构与组织间关系转型：协同与整合

连接性治理强调组织间的纵向与横向协同与整合，被普遍视为电子政府最成熟的发展阶段。许多国家的电子政府战略和国际评估报告中都强调了无缝隙连接、跨部门协同与整合、合作伙伴网络和整体性政府等理念。

新兴信息通信技术的运用对政府组织架构的影响可以从两方面来看。从纵向上下层关系来看，新技术使传统的金字塔式的单一传输渠道，转变为扁平化、网络化、多层次的传输渠道，不仅可使处在金字塔顶峰的管理者及时掌握全局信息，也可使不同层级的工作人员及时了解全局信息，打破了信息不对称，使上下级间获取信息的数量、时间等影响因素不断缩小，降低行政成本，提升行政效率。同时，从横向部门间关系来看，Web2.0技术、移动技术和云计算的深入进一步整合部门间职能分工，向着无缝化、一体化、交互化的方向发展，化解政府部门间条块分割、上下对应的格局，为同级部门间工作交流沟通提供平台和渠道，加强部门间协同合作，提升政府效能。

联合国2008年国际电子政府评估报告特别强调了连接性治理（Connected Governance）的目标，并将其视作电子政府的一个重要的发展趋势。世界经济论坛报告指出要实现无所不在的服务提供，需增强系统连接性的宽度和深度。新加坡政府公布的电子政务总体规划强调电子政府发展重点从“（电子）过程”转向“（整合）成果”，建设一个“整合性政府”（Integrated Government），通过先进的信息通信技术将政府各个分散的流

程、系统、信息和应用统一起来。通过跨部门的业务流程整合，可提供高效率行政的“一次收件、全程运用、服务回馈”整合服务。过去，公众为办理一项业务，需要在不同的政府部门之间来回奔波，耗费原可用于工作或正常生活的时间与精力。信息通信技术使政府得以集中办理、统一管理和精简流程，以垂直整合、水平分工与统一调度的方式，向公众提供单一窗口的、跨部门的全流程服务，省时、省力并省心地实现一门受理，统筹协调，规范审批，限时办结，全程服务。公众只需要与一个机关、一个窗口、一个柜台或与一位公务员接触，即可完成申办业务的事项。

广州市政府于 2011 年正式开通广州市民网页，实现政府服务从被动服务、分散服务向主动服务、一站式服务的理念和模式的重大转变。广州市民网页通过整合政府机构、公共事业单位和社会资源，集行政服务、公共服务、便民服务为一体，为通过网络注册为门户网站用户、拥有市民邮箱的市民与由单位集体申请的开户的市民群众，以网页版、手机版、自助终端版三种方式提供个性化、主动式的一站式服务全新体验。上海市闸北区就业促进中心大厅改变了原先固定窗口固定业务的工作方式，采用了全新的可定义流程的叫号系统，继而实现了窗口相对不固定的“一窗式”服务。一窗式服务，能有效地在各窗口之间实现平衡，提高服务完成的效率。鉴于多数业务的专业性和特殊性，根据服务工作量的多少将窗口分为两个区域，一部分是公众服务区域，一部分为企业服务区域。并分别在各自区域实现一窗式服务，这样既提高了服务的专业性，也提高了服务的效率。

## 九、治理能力提升：多维与复合型能力

电子治理的未来发展受到技术、政治、社会、商业、管理等各方面因素的影响和制约。所需要的治理能力远远超出了技术层面，涉及政策和

组织管理能力。技术进步虽然使得创新成为可能，但光有技术能力是不够的，还需要有推动组织和制度调整及变革的能力。因此，具备多维的复合的能力至关重要。

首先，世界各国政府十分注重加强政府信息化顶层管理架构与领导力建设，并积极推动公共行政改革。美国、加拿大进一步巩固了首席信息官制度。2009 年 3 月，奥巴马将原美国联邦管理和预算办公室电子政府和信息技术行政官正式更名为联邦政府首席信息官（Federal CIO）。早稻田大学的国际电子政府评估报告中特别指出电子政务的推动必须与公共行政改革相协调。

同时，信息化时代所亟需的治理能力是多维的，包括了一系列要素：领导力、政策框架、组织能力、电子准备度、技术、知识、数据资产等，而且能力之间应是互补的。各种因素的不同组合可决定整体治理能力的高低，而某一方面的高水平可以弥补另一方面的低水平。第三，治理能力应是动态的。所需要的能力会随着内部条件或外在环境的变化而增加或减少。最后，能力是适用于特定情境的。虽然某些能力可适用于所有情境，但任何一个特定项目所需要的能力都必须针对其特定目标和环境来进行评估。

学者和政府管理人员还意识到，在信息时代，复杂的社会需求只有通过网络化的战略才能予以满足，需要个人和集体开展跨部门、跨机构、跨行业、跨领域、跨政府、甚至跨国合作。因此，有效的跨界工作能力已经成了全世界政府工作人员的核心竞争力。

（郑　磊）

# 第三编　文献与案例

# 第二十二章　治理研究文献

## 一、治理理论的经典概念

治理理论在西方兴起于20世纪90年代初，国内对治理理论的引介与发展也接近二十来年。经过二十来年的发展，通过对西方理论的引介、本土化以及应用，治理理论的研究和实践在国内取得了一定的成果，形成了一套比较完善的治理概念体系。除了“治理”“善治”和“社会资本”等经典的基本概念外，如果从治理的模式来看，还有“网络治理”“元治理”“参与式治理”“合作治理”“整体性治理”和“电子治理”等经典概念；如果从治理对象的层级或规模来看，还有“全球治理”“国家治理”“地方治理”和“社区治理”等经典概念。

### 1. 治理（Governance）

20 世纪 90 年代初，“治理”一词在世界银行和全球治理委员会等国际开发机构的倡导与使用下兴起，逐渐成为社会科学领域时髦的概念与分析框架。一时间，经济学、管理学、社会学、政治学、国际关系、国际政治等学科都在研究治理。

治理的英文 governance 源于古拉丁文和古希腊语中的“掌舵”一词，原意是指控制、引导和操纵。长期以来它与统治（government）一词交叉使用，并且主要用于与国家的公共事务相关的管理活动和政治活动中。① 但是自 20 世纪 90 年代开始，随着全球化在世界的蔓延，西方福利国家危机所导致的国家与市场在资源配置上的裂缝，以及西方社会科学界简单两分的解释模式带来的范式危机，“治理”逐渐与“统治”区别开来，开始被赋予新含义。

治理与统治至少存在两方面的不同：一方面，两者的主体不同，统治的主体只能是政府机构，而治理的主体除了政府机构之外还有民间社团、协会、社区组织、利益团体等非政府组织的参与；另一方面，两者的权力运行逻辑不同，统治是自上而下的发号施令，而治理是上下互动的协商与合作。正如治理研究权威专家詹姆斯 · N. 罗西瑙所言：“治理是由共同的目标所支持的，这个目标未必出自合法的以及政治规定的职责，而且它也不一定需要依靠强制力量克服挑战而使别人服从。换句话说，与统治相比，治理是一种内涵更为丰富的现象。它既包括政府机制，同时也包含非正式、非政府的机制，随着治理范围的扩大，各色人和各类组织得以借助这些机制满足各自的需要、并实现各自的愿望。”②

---

① 俞可平：《引论：治理与善治》，载俞可平编：《治理与善治》，社会科学文献出版社 2000 年版，第 1 页。

② 詹姆斯 · N. 罗西瑙主编：《没有政府的治理》，张胜军、刘小林等译，江西人民出版社 2001 年版，第 5 页。

不过，治理是一个模糊与宽泛的概念，迄今学界仍未在治理概念上达成共识，学界存在多种对治理的界定。罗伯特·罗茨列举了六种关于治理的不同定义：（1）作为最小国家的管理活动的治理，它指的是国家削减公共开支，以最小的成本取得最大的效益；（2）作为公司管理的治理，它指的是指导、控制和监督企业运行的组织体制；（3）作为新公共管理的治理，它指的是将市场的激励机制和私人部门的管理手段列入政府的公共服务；（4）作为善治的治理，它指的是强调效率、法治、责任的公共服务体系；（5）作为社会—控制体系的治理，它指的是政府与民间、公共部门与私人部门之间的合作互动；（6）作为自组织网络的治理，它指的是建立在信任与互利基础上的社会协调网络。①

在关于治理的各种定义，全球治理委员会的定义最具代表性和权威性："治理是各种公共的或私人的个人和机构管理其共同事务的诸多方式的总和。它是使相互冲突的或不同的利益得以调和并且采取联合行动的持续过程。这既包括有权迫使人们服从的正式制度和规则，也包括各种人们同意或以为符合其利益的非正式的制度安排。它有四个特征：治理不是一整套规则，也不是一种活动，而是一个过程；治理过程的基础不是控制，而是协调；治理既涉及公共部门，也包括私人部门；治理不是一种正式的制度，而是持续的互动。②

虽然治理在实践和理论界都产生了不小的变革，但是治理本身也存在其缺陷和风险。鲍勃·杰索普概括了治理的四对两难困境：合作与竞争，开放与封闭，治理性与灵活性以及责任与效率；③同时，对国家主权概念

① 罗伯特·罗茨：《新的治理》，转引自俞可平：《引论：治理与善治》，载俞可平编：《治理与善治》，社会科学文献出版社2000年版，第2—3页。

② 全球治理委员会：《我们的全球伙伴关系》，转引自俞可平：《引论：治理与善治》，载俞可平编：《治理与善治》，社会科学文献出版社2000年版，第4—5页。

③ 鲍勃·杰索普：《治理的兴起及其失败的风险》，转引自俞可平：《引论：治理与善治》，载俞可平编：《治理与善治》，社会科学文献出版社2000年版，第76—79页。

的轻视以及民族国家边界的模糊使治理理论面临很大的政治风险。

## 2. 善治（Good Governance）

统治与治理都有各自的终极目标，统治追求善政，治理追求善治。追求善治是各国政府的共同目标，中国治理改革的最终目标同样是实现善治。所谓善治，即良好的治理，是实现公共利益最大化的管理过程。

善治是一个相对新的概念，被诸多国家开发机构和国际组织（如世界银行与联合国）用来处理发展中国家或转型国家面临的问题。例如，世界货币基金组织（IMF）在 1996 年宣称从确保法治、改善公共部门效率与责任、防治腐败等方面全面推进善治是经济繁荣的基本要素。然而，近期的经济与金融危机表明，恶治（Bad Governance）不只是发展中和转型国家面临的难题，发达国家同样面临着诸如此类的问题。①

治理概念迄今在学界未能达成共识，可想而知，作为治理理想形态的善治也必定是个广受争论的概念。最常使用的定义来自世界银行："在一个国家实施权威的规约与制度，包括 1）政府所选择、监督以及替换的程序；2）政府有效规划和执行合理政策的能力；3）对公民利益的尊重以及保证社会经济正常运作的制度设计。"② 这是一个广义的定义，在此基础上形成了被广泛使用的世界银行"世界治理指标"（Worldwide Governance Indicators），该指标从回应与责任性（voice and accountability）、政治稳定与暴力（political instability and violence）、政府效率（government effectiveness）、管制质量（regulatory quality）、法治（rule of law）和腐败控制（control of corruption）六个大类指标对治理进行衡量。

---

① Bo Rothstein, "Good Governance", in David Levi-Faur edited, *The Oxford Handbook of Governance*, New York: Oxford University Press, 2012, p.143.

② Daniel Kaufmann, Aart Kraay, and Zoido-Lobaton, "Governance Matters", *Policy Research Working Paper* No.2196, Washington, D.C.: World Bank Institute, 1999, p.1.

俞可平总结了善治应当具有的10个要素：（1）合法性，即社会秩序和公共权威被自觉认可和服从的性质和状态；（2）法治，即法律成为公共政治管理的最高准则，法律面前人人平等；（3）透明性，即政治信息的公开性；（4）责任性，即管理者应当对自己的行为负责；（5）回应，即公共管理人员和管理机构必须对公民的要求做出及时的和负责的反应；（6）有效，即管理应当有很高的效率；（7）参与，即公民广泛的政治参与和社会参与；（8）稳定，即国内的和平、生活的有序、居民的安全、公民的团结、公共政策的连贯；（9）廉洁，即政府官员奉公守法，清明廉洁；（10）公正，即不同性别、阶层、种族、文化程度、宗教和政治信仰的公民在政治权利和经济权利上的平等。①

改革与创新是实现善治的途径之一，“在社会政治生活中，治理是一种偏重技术性的政治行为，政府只有通过不断地进行自身的改革和创新才能实现善治。”② 这也是为何各个国家和国际机构重视公共部门创新的原因。如美国国务院专门成立的“行政创新中心”，联合国与其成员国共同发起的“全球政府创新论坛”，我国中央编译局和北京大学等机构主办的“中国地方政府创新奖”，等等。

### 3. 社会资本（Social Capital）

社会资本也曾是一个时髦的概念。法国社会学家皮埃尔·布迪厄首次提出“社会资本”概念。布迪厄认为社会资本是“实际或潜在资源的集合体，它们与或多或少制度化了的相互认识与相互认知的持续关系网络联系在一起……通过集体拥有的资本的支持提供给它的每一个成员”。③

---

① 俞可平：《民主与陀螺》，北京大学出版社2006年版，第84—86页。

② 俞可平：《走向善治：30年来中国的治理变迁及其未来趋势》，载俞可平主编：《中国治理变迁30年（1978—2008）》，社会科学文献出版社2008年版，第2页。

③ Bourdieu，“The Forms of Capital”，转引自周红云：《社会资本：布迪厄、科尔曼和帕特南的比较》，《经济社会体制比较》2003年第4期。

罗伯特·帕特南率先将社会资本理论引入政治学研究中，他从宏观把握的角度将社会资本定义为："社会资本是指社会组织的特征，诸如信任、规范以及网络，它能通过合作来提高社会效率。"① 在对意大利长达二十年的跟踪研究中，帕特南发现新制度在意大利南北部的绩效差异的原因是南北部社会资本存量的不同，而社会资本的不同又需要追溯到意大利两千多年的历史传统中去。

社会资本有助于形成自发性的合作，通过合作来提高社会效率和增进社会公共利益，一个社会如果存在着大量的社会资本，那么就会减少这个社会的公民"搭便车"的行为，避免"集体行动的困境"。因而，帕特南进一步深化和拓展了社会资本理论，将社会资本概念的应用进一步扩展到更大规模的民主治理研究中，把社会资本的概念带入了主流政治话语体系之中。②

治理是以各组织机构之间的协商与合作精神为基础的，因而治理与社会资本有着天然的契合性。诸如信任、规范以及网络等构成社会资本的要素决定着社会的协商与合作精神，而这正是治理的理想形态——善治——得以形成的关键基础。换言之，社会资本是善治达成的前提条件。

### 4. 网络治理（Network Governance）

网络治理是指在一定的框架和合约规定下，政府通过行政授权、购买服务等合作方式与其他非政府部门（包括企业组织、社会团体、公民个人等）一起为实现公共利益最优化而采取的协同行动。③ 具体来看就是，政

① 罗伯特·帕特南：《使民主运转起来：现代意大利的公民传统》，王列、赖海榕译，江西人民出版社 2001 年版，第 195 页。
② 周红云：《社会资本及其在中国的研究与应用》，《经济社会体制比较》2004 年第 2 期。
③ 姚引良、刘波、汪应洛：《地方政府网络治理与和谐社会构建的理论探讨》，《中国行政管理》2009 年第 11 期，第 91—94 页。

府针对特定的公共管理目标，与其他参与主体共同遵循所制定的合约或机制构建网络，参与治理网络的运行。

网络治理与20世纪80年代公共部门改革所产生的政府性质的变迁紧密相连。公共部门改革在公共服务的提供方面促成了从科层官僚制向市场、准市场和网络的广泛应用的转变。这种改革的效应被跨国经贸活动的增长和与欧盟一样的区域性制度的增加等全球变迁现象所增强。其结果就是政府越来越依赖其他组织执行它的意图与政策。政府权力弥散在由各种公共、自愿和私人组织所构成的空间与功能各异的广阔网络之中。①

治理理论的初衷是应对市场或政府协调的失败，但随着研究的深入和不同地区治理实践的开展，治理理论的不完整性开始显现：强调多方参与却无法明确给出多方参与的具体框架；试图整合政府、市场和社会等多种力量却缺乏操作章程；不同学者尝试用各学科理论解释，却难以形成共识。② 网络治理存在四个方面的主要特征：一是治理主体多元化，宏观上涵盖政府、市场和社会三个领域，微观上包括政府、企业、非政府组织、普通公民等多种主体参与；二是治理手段多样化，主要表现为行政、市场和社会手段的综合运用；三是治理结构网络化，政府与其他社会主体更多以平等合作的方式组成服务网络，实现公共利益，而不仅是政府自上而下运用权威；四是治理目标明确化，网络治理旨在提高公共服务的质量和效率，增进公共利益，满足公众需求。③

网络治理的理论与实践意义体现这样四个方面：第一，无论是20世纪80年代改革造成的“破碎化”增长还是90年代对更好协同性的追求，

---

① R. A. W. Rhodes, “Waves of Governance”, in David Levi-Faur edited, *The Oxford Handbook of Governance*, New York: Oxford University Press, 2012, p.34.

② 姚引良、刘波、汪应洛：《地方政府网络治理与和谐社会构建的理论探讨》，《中国行政管理》2009年第11期，第91页。

③ 刘波、王力立、姚引良：《整体性治理与网络治理的比较研究》，《经济社会体制比较》（双月刊）2011年第5期，第135页。

网络治理都提供了一个对公共部门变化的现代主义——经验主义的描述；第二，它对政府变迁提供了解释，责任政府的科层模式已不再精确，它给我们描述了一个通过网络从科层制政府转变到治理的事实，这种转变是功能分化和现代化的结果；第三，它给公共管理者就如何最好地掌控网络（networks）并合作式的运转提供了政策建议；最后，它给民主治理与网络和治理如何提高参与开出了处方。①

5. 元治理（Meta-Governance）

元治理被称为“治理的治理”，旨在对市场、国家、市民社会等治理形式、力量或机制进行一种宏观安排，重新组合治理机制。

治理理论经过一段时间的发展后，学者发现，与市场失灵和政府失灵一样，治理也同样会失灵。治理理论过高估计了市场和市民社会的作用，在现实中的应用和实践并不如理论界想象得那么美好，效果并不理想。因而不少理论家开始反思，治理研究权威专家罗茨指出：“与治理理论之前的想象不同的是，治理不仅没有削弱国家的作用，反而增强了公共部门对社会的控制，这也往往导致了治理的失败。”② 治理各方在谈判和协作过程中，由于各自不同的地位和立场，以及各自不同的利益考量，使他们无法达成共同的治理目标。在此背景下，治理研究专家杰索普在 2000 年提出了“元治理”的概念，企图修正和完善治理理论。

元治理是西方学者为寻求解决治理失灵而使用的词汇，但实际上，元治理不过是治理理论重视政府在社会公共管理网络中重要功能的另一种表述而已。在社会公共事务的管理网络中，政府是各参与者中“同辈中的长

---

① R. A. W. Rhodes, “Waves of Governance”, in David Levi-Faur edited, *The Oxford Handbook of Governance*, New York: Oxford University Press, 2012, pp.34—35.

② R. A. W. Rhodes, “Waves of Governance”, in David Levi-Faur edited, *The Oxford Handbook of Governance*, New York: Oxford University Press, 2012, p.36.

者”，它主要是承担建立指导社会组织行为者行动的共同准则和确立有利于稳定主要行为主体的大方向和行为准则的重任。①

“元治理”与“治理”理论相比，最大的区别就是在坚持治理理论基本理念的同时，强调国家（政府）在社会治理中的重要作用。在“元治理”理论中，国家（政府）要发挥这样的制度作用：（1）政府在社会治理体系中要发挥主导作用，要做社会治理规则的主导者和制定者；（2）政府要与其他社会力量合作，通过对话、协作，共同实现社会的良好治理；（3）要促进社会信息透明，使政府和其他社会力量在充分的信息交换中了解彼此的利益、立场，从而达成共同的治理目标；（4）政府要做社会利益博弈的“平衡器”，避免社会各阶层因利益冲突而损害治理协作。②

“元治理”的实施、成功和有效性受多种因素的影响：一是“政治—行政”文化、行政传统与历史和社会制度的影响；二是负责的政治家或领导者个人信念的影响；三是对政府组织职能（角色）的社会期待的影响；四是组织特征的影响；五是政策问题类型的影响。正因为如此，政府“元治理”的有效性、可靠性具有很大的不确定性。③

### 6. 参与式治理（Participatory Governance）

参与式治理是治理的一种形式，强调通过民主参与特别是协商的形式实现治理。具体来看就是指与政策有利害关系的公民个人、组织和政府一起参与公共决策、分配资源、合作治理的过程。参与式治理建立在参与式民主（Participatory Democracy）的理论基础上，通过协商过程实现公共参

① 胡祥：《近年来治理理论研究综述》，《毛泽东邓小平理论研究》2005 年第 3 期，第 27 页。

② 丁冬汉：《从“元治理”理论视角构建服务型政府》，《海南大学学报》（人文社会科学版）2010 年第 5 期，第 19 页。

③ 熊节春、陶学荣：《公共事务管理中政府“元治理”的内涵及其启示》，《江西社会科学》2011 年第 8 期，第 235 页。

与。[①] 因而参与式治理作为一种新型的治理模式，是参与式民主在治理中的运用。

参与式治理作为社会科学的“流行话语”，学者们的理解不同。目前对这一术语的运用，主要集中在三个方面：参与式治理是一个规范性的概念，等同于协商民主或审议民主；参与式治理是一个利害相关者参与的决策过程；参与式治理是一个经验分析概念，强调治理过程包括决策在内的全程参与。[②]

在学术界，对参与式民主的关注很快成为社会和政策科学的重点研究议题。而且，在过去的几十年中，参与式治理已经进入了国内外政治组织的实践。作为对当代政治体系的“民主赤字”特点的回应，几个大型的国际组织，如世界银行、美国国际开发署、联合国和欧盟已投入大量资金与力量发展参与式治理。[③] 参与式治理在世界范围内的实施和推广，改善了当地的政治生态，提升了公民的主体意识，促进了当地经济和社会发展。

参与式治理对目前中国的政府改革创新具有重要的借鉴和启示：参与式治理作为一个决策框架，有利于政府自身决策的科学化和民主化；有助于重塑政府与公民的关系；有助于培育市民社会；塑造良好公民；参与式治理从地方和基层入手的实践本质也给出了我们治理创新的方向。[④]

但是参与式治理不可能尽善尽美，它也存在诸多的缺陷。“参与治理实际上是近代以来追求形式民主思路的延伸，是对近代以来政治的民主追求与行政的集权实践的综合。虽然学者们极力证明参与治理是一种更好的治理，实际上，它并不能满足当前社会变革的要求，参与治理的中心—边

---

① Frank Fischer，“Participatory Governance：From Theory to Practice”，in David Levi-Faur edited，*The Oxford Handbook of Governance*，New York：Oxford University Press，2012，p.457.

②④ 陈剩勇、赵光勇：《“参与式治理”研究述评》，《教学与研究》2009 年第 8 期，第 75—82 页。

③ Frank Fischer，“Participatory Governance：From Theory to Practice”，in David Levi-Faur edited，*The Oxford Handbook of Governance*，New York：Oxford University Press，2012，p.457.

缘结构决定了它依然是一种包含着治理主体不平等内涵的治理模式，而且在实践上也必然会遇到各种各样的困难。”①

### 7. 合作治理（Collaborative Governance）

合作治理是近年来在西方国家尤其是在美国出现的旨在解决跨地域跨部门公共问题的一种新治理形式。它的出现一方面是基于全球化时代的来临使得行政管辖边界已经越来越模糊，交通的便利和信息传递的迅捷使得各种跨越边界的行为越来越常见；另一方面，现代社会的奇特问题不断出现，这类没有明确解决方案的奇特问题因为复杂的相互依赖关系，而使得解决该类问题的一个层面的努力往往会产生或加剧另外的问题。在这样的背景下，一种“具有可渗透的结构，可以跨越组织功能和边界而联系起来的组织形式”——合作治理——就应运而生。②

Ansell 和 Gash 将合作治理定义为，“一个或多个公共部门与非政府利益相关者一起参与正式的、以共识为导向的、商议的、旨在制定或执行公共政策或管理公共项目或资产的治理安排”。③ 可以从四个维度对该定义进行理解：（1）谁合作？（Who collaborates ?）：公共部门和非政府利益相关者；（2）谁倡导合作？（Who sponsors collaboration ?）：由公共部门发起和倡导；（3）合作意味着什么？（What does collaboration mean ?）：合作的目的是为了制定或执行公共政策或管理公共项目或资产；（4）合作如何组织？（How is collaboration organized ?）公共治理是一个正式的、以共识为

---

① 张康之：《对“参与治理”理论的质疑》，《吉林大学社会科学学报》2007 年第 1 期，第 83—89 页。

② 蔡岚：《合作治理：现状与前景》，《武汉大学学报》（哲学社会科学版）2013 年第 3 期，第 41 页。

③ Chris Ansell, A. Gash, “Collaborative Governance in Theory and Practice”, *Journal of Public Administration Theory and Practice*, 2008, 18（4）, p.544.

导向的和商议的集体决策过程。①

从广义的视角看，合作治理是在计划、监管、政策制定和公共管理中用来协调、判决和整合各利益相关方目标与利益的策略；从狭义的视角看，合作治理是用来应对公共机构、利益集团和公民之间的冲突解决与合作增进的一种技术。可以从四个方面对合作治理进行评估：（1）合作协议的成功达成；（2）合作的效率；（3）利益相关者对合作的过程与结果的满意度；（4）改进利益相关者之间关系和增强利益相关者的知识和技能等形式社会资本的获取。

合作治理能否成功面临两方面的挑战：一方面，公共部门和非政府利益相关者最初是否忠诚于合作过程，公共部门与非政府利益相关者的合作意志的不坚定，以及相互之间的猜疑都将影响合作治理的成功实现；另一方面，合理的制度设计是合作治理成功的另一关键因素，因而有学者列举了合作治理制度设计的八大原则：（1）公民应该共同参与公共物品提供；（2）应该调动共同资产；（3）专业知识应该分享；（4）公民应该一起协商；（5）应该鼓励可持续的伙伴关系；（6）资产和政府网络应该被充分动员和利用；（7）将制度文化转变为支持共同体授权和公民问题解决；（8）合作伙伴之间的共同责任应该确定。②

### 8. 整体性治理（Holistic Governance）

整体性治理是新公共服务学派在对新公共管理的批判反思中提出来的，也称为整体治理。整体性治理着眼于政府内部机构和部门的整体性运作，主张管理从分散走向集中，从部分走向整体，从破碎走向整合。这一

① Chris Ansell, “Collaborative Governance”, in David Levi-Faur edited, *The Oxford Handbook of Governance*, New York: Oxford University Press, 2012, pp.498—499.

② Chris Ansell, “Collaborative Governance”, in David Levi-Faur edited, *The Oxford Handbook of Governance*, New York: Oxford University Press, 2012, pp.505—506.

理论产生主要有两个背景：一是新公共管理的式微，二是数字时代的来临。新公共管理的“碎片化”产生了诸如转嫁、项目和目标冲突、重复浪费、缺乏沟通和各自为政、服务质量差等问题，而数字时代的来临使信息技术成为当代公共服务系统理性运行的工具，其在公共行政变革中的重要作用以及在公共管理中的核心位置为整体性治理的产生和发展提供了坚实的技术基础。①

整体性治理主要针对新公共管理在实践操作中的不足而提出，其理论与方法基础是整体主义和新公共服务理论。②整体主义理论与整体性公共治理理论，与个体主义和管理主义相对立，后者造成了公共领域的破碎化，表现为公共产品供给的组织属性多样化、决策执行系统的持续分化以及公共行动者动力分散化。③

整体性治理的主要思想包括重新整合与整体性治理。重新整合是新公共管理的一种对立，其内容包括逆部门化和大部门式治理等。而整体性治理主要涉及以顾客为中心和以功能为基础的组织重建、一站式服务提供等内容。希克斯依据目标和手段进一步将治理划分为四个层次的实践形态，即渐进式政府、贵族式政府、碎片化政府和整体性政府。简而言之，整体性治理就是对新公共管理将组织结构、服务提供、决策执行和政府形象过分细分割裂的一种矫正，希冀还原公共管理的公共性原则。④

不过，整体性治理从理论走向实践还面临着许多问题：一是公共管理变革通常既包括技术操作，又内含价值判断，而整体性治理单纯关注信息

---

① 竺乾威：《从新公共管理到整体性治理》，《中国行政管理》2008 年第 10 期，第 52—58 页。

② Tom Christensen, Per L. Greid,《后新公共管理改革——作为一种新趋势的整体政府》，张丽娜、袁何俊译，《中国行政管理》2006 年第 9 期。

③ 曾维和：《当代西方“整体政府”改革：组织创新与方法》，《上海交通大学学报》(哲学社会科学版)2008 年第 5 期。

④ 刘波、王力立、姚引良：《整体性治理与网络治理的比较研究》，《经济社会体制比较》(双月刊)2011 年第 5 期，第 135 页。

技术却忽视政治社会因素，显然难以全面客观地认清公共管理本质；二是整体性治理要求网络化的组织基础，而现有政府结构依然是科层制式的；三是整体性治理理念下的电子治理、电子政府和电子政务需要相应的人员准备和能力要求，而现有公务员的知识能力结构还无法满足这一要求。①

9. 电子治理（E-Governance）

电子治理是指运用信息与通信技术（ICTs）来支撑公共服务、政府管理、民主程序，并改善公民、市民社会、私有部门与国家之间的关系。

可以从两个维度来阐述电子治理概念。第一是政府工作的自动化，实现政府上网。电子治理就是政府业务的自动化或计算机化，是政府应用电子和通信技术在方便的时间、方便的地点，为公民提供政府的信息或服务，表现形式是因特网、移动电话和固定的政务服务大厅。第二是实现信息化的政府治理模式。电子治理是依靠信息通信技术，促进社会经济文化全面发展和民主政治进步。电子治理就是应用新的电子和通信技术改革政府及治理方式，构建虚拟政府治理模式、改善公共服务的提供和增进政府与公民互动的一系列过程。②

电子治理既区别于传统治理也区别于电子政府。传统治理是指传统官僚制政府以非电子技术方式从事的治理活动，侧重的是与“电子治理”手段或方式的区别，前者采用非电子方式，后者采用电子技术或信息技术作为治理手段；电子治理不同于电子政府（e-government），二者具有不同的治理程度体现，但是前者是在后者基础上的发展，后者是人们最初的电子治理印象，体现出了人们对电子治理的要求从最初的政府信息发布到实现

---

① 刘波、王力立、姚引良：《整体性治理与网络治理的比较研究》，《经济社会体制比较》（双月刊）2011 年第 5 期，第 135 页。

② 朱新现：《国内外电子治理研究文献综述》，《中国行政管理》2010 年第 10 期，第 100 页。

治理的动态过程。①

电子治理与民主质量的提升存在很大的关联。通过利用信息通信技术实现政府管理和治理，电子治理能在政府和公民之间建立更好的沟通渠道，增强民众、市民社会、市场活动参与者和政府部门之间的沟通。由于电子治理自身的网络特性，信息通信技术通过提供更好的基础设施条件，可以使民主更加直接，通过将更多的公民纳入到协商与咨询的过程，可以使代议制民主变得更具参与性。简言之，电子治理可以提高民主以及民主过程的质量。因而，鉴于电子治理具有较强的培育参与的能力，理论与实践界都认为电子治理可能会导致电子民主（e-democracy）的产生。②

经过20余年的技术创新与政策回应，电子治理的发展可以用五个具有内在关联的目标来描述：建立政策框架、提升公共服务、高质量低成本的政府运作、民主程序中的公民参与、行政和体制改革。在可以预见的未来，以信息通信技术为手段的电子治理将会继续发展，并不断为研究与实践提供一个动态的环境。③

## 10. 全球治理（Global Governance）

所谓全球治理，指的是通过具有约束力的国际规制（regimes）解决全球性的冲突、生态、人权、移民、毒品、走私、传染病等问题，以维持正常的国际政治经济秩序。④

---

① 董礼胜、牛沁红：《传统治理与电子治理融合趋势分析》，《中国行政管理》2011年第2期，第106页。

② Eran Fisher, “E-Governance and E-Democracy: Questioning Technology-Centered Categories”, in David Levi-Faur edited, *The Oxford Handbook of Governance*, New York: Oxford University Press, 2012, p.570.

③ Sharon S. Dawes：《电子治理的演进及其持续挑战》，郑磊、纪昌秀译，《电子政务》2009年第10期，第108页。

④ 俞可平：《全球治理引论》，《马克思主义与现实》（双月刊）2002年第1期，第25页。

“全球治理”迄今没有一致与明确的定义，“全球治理”概念最初与“国际规则”“国际制度”“多边主义”和“国际治理”等概念是重叠的。以致有学者提出了“全球治理”概念在国际关系的研究文献是否新瓶装旧酒的质疑。①21世纪初期，全球治理的当代用意主要指为应对经济全球化和全球问题的挑战（诸如环境退化与核扩散）所带来的政治全球化的改变。其结果是产生从“政府”向“治理”的运动，并伴随着从国际关系向“全球政治”的改变。②

研究全球治理的著名学者安东尼·麦克格鲁认为：“全球治理不仅意味着正式的制度和组织——国家机构、政府间合作等——制定（或不制定）和维持管理世界秩序的规则和规范，而且意味着所有其他组织和压力团体——从多国公司、跨国社会运动到众多的非政府组织——都追求对跨国规则和权威体系产生影响的目标和对象。很显然，联合国体系、世界贸易组织以及各国政府的活动是全球治理的核心因素，但是，它们绝不是唯一的因素。如果社会运动、非政府组织、区域性的政治组织等被排除在全球治理的含义之外，那么，全球治理的形式和动力将得不到恰当的理解。”③

全球治理可以看成是全球化时代全球公共事务的管理方式。全球公民依照某种普遍认可的规则或制度，由此世界得以有序发展。全球治理理念表达了通过多方面、多层次谈判来解决全球公共领域问题的需求与愿望。

---

① Arie M. Kacowicz, “Global Governance, International Order, and World Order”, in David Levi-Faur edited, *The Oxford Handbook of Governance*, New York: Oxford University Press, 2012, pp.688—690.

② Arie M. Kacowicz, “Global Governance, International Order, and World Order”, in David Levi-Faur edited, *The Oxford Handbook of Governance*, New York: Oxford University Press, 2012, p.688.

③ 参见戴维·赫尔德等：《全球大变革：全球化时代的政治、经济与文化》，社会科学文献出版社2001年版，第70页。

在缺乏等级体制、缺乏强制性权威的国际社会领域，全球治理尤其适用于国际公共事务管理。

全球治理是一个非常迷人和有用的概念，我们可以用它去解释纷杂的世界以及应对我们面临的挑战。然而，它远未完美，存在多层面的问题与局限：在理论层面，全球治理存在内在的偏见，它把无政府状态下的国际合作与国际制度的可能与可行作为理所当然的前提；在实践层面，全球治理在从理论转化为实践上存在很大的局限；在伦理层面，全球治理忽视了世界秩序和全球化的伦理和道德意涵。① 因此，也有国内学者指出，全球治理建构的“治理社会”只是一个乌托邦式的幻想，全球治理是一个脆弱的概念。②

## 11. 国家治理（State Governance）

虽然国家治理概念在学界没有一个统一的定义，但是我们基本认为，国家治理是指通过国家与地方的分权、国家与市场的分权以及国家与社会的分权，实现政府组织、市场和市民社会以协商合作的方式共同对社会实施控制与管理的过程。治理理论的一大特点在于它在国家与市场之间引入第三方的市民社会力量参与到公共事务的管理过程中，那么国家治理也必然要具备这一特性。国家治理需要在传统的政府与市场两大行为主体之间引入市民社会的力量参与到国家的管理活动中来，以此弥补“政府失灵”和“市场失灵”的问题。围绕国家—社会—市场的不同组合的探讨，形成了多种国家治理模式。

张慧君、景维民对国家治理的目标、手段、行为主体和治理模式做了

---

① Arie M. Kacowicz，“Global Governance，International Order，and World Order”，in David Levi-Faur edited，*The Oxford Handbook of Governance*，New York：Oxford University Press，2012，pp.695—696.

② 唐贤兴：《全球治理：一个脆弱的概念》，《国际观察》1999 年第 6 期，第 21—24 页。

系统总结。“国家治理的目标：形成一种能够促进经济持续发展和社会公正目标实现的国家整体的政治、经济和社会秩序结构；国家治理的手段：维系国家秩序的一整套相互协调的正式（外在）制度（如宪法、普通法、政府指令、市场上的正式合约安排等）和非正式（内在）制度（如惯例、习俗、传统、文化等）；国家治理涉及的行为主体：政治行为主体，如政治家、官僚等，市场行为主体，如个人、企业、中间性组织，其他社会行为主体，如各种公民团体、利益集团等，外部行为主体，如外国政府、跨国公司、国际金融机构、国际 NGO 等；国家治理模式的宏观制度结构：政府——强制性的制度供给和秩序治理；市场——基于自利性交易基础上的自发制度供给和秩序治理（包括家庭、企业以及中间性组织等市场主体）；市民社会——具备非官方性、独立性和自愿性的民间组织，以及蕴涵在这些组织网络内部的‘社会资本’。”①

从治理对象的层级与规模来看，国家治理是最为宏大与繁杂的一种治理，面对如此庞杂的公共事务治理，如何化繁为简是保证国家治理不至于迷失方向的重要原则。因此国内学者任剑涛就认为：“复杂的现代国家结构需要简约的治理机制。依据国家治理的奥卡姆剃刀原理，可以确立国家简约治理的两个相关准则：一是国家治理的以简驭繁定理，确认国家结构上国家—社会—市场的三分结构，建立国家权力的分权制衡架构，确定国家治理的政治、法律与管理方略；二是国家治理删繁就简的改革选择，力求将国家权力加以规范，避免国家成为吞噬市场和社会的大政府，杜绝国家成为将所有社会资源吸纳其中的超级政府，并以此为原则进行有效的政府改革，使政府确切定位为有限有效政府。凡是不符合国家简约治理两项基本原则的，均应使用奥卡姆剃刀加以剔除。国家简约治理的绩效，已经

① 张慧君、景维民：《国家治理模式构建及其应注意的若干问题》，《社会科学》2009 年第 10 期。

得到国家运作长程历史的验证。”①

## 12. 地方治理（Local Governance）

从治理对象的层级和规模来看，地方治理的层级要次于国家治理，地方治理的规模要小于国家治理。从定义来看，沙安文、沙萨娜将“地方治理”定义为：“它既包括正式的组织机构如地方政府和政府各层级在追求集体行动中的直接和间接作用，也包括非正式的准则、网络、社区组织、邻里联合会在追求集体行动中的作用，它们界定着公民之间及公民与国家之间的互动、集体决策的制定，乃至地方公共服务提供的框架。”② 国内学者孙柏瑛做了进一步的表述，认为：“地方治理是在一定的贴近公民生活的多层次的地理空间内，依托于政府组织、民营组织、社会组织和民间组织等各种组织化的网络体系，应对地方的公共问题，共同完成和实现公共服务和社会事务的改革与发展过程。”③

但是由于在中国，地方政府是地方治理的主要主体，因此地方治理往往被等同于地方政府治理，从而缩小了“地方治理”概念的范围。“实际上地方治理与地方政府治理二者虽然关系密切但并不相等，二者视角、范围不一样：地方治理的范畴更大些，主体还包括除地方政府外的第三部门、私人组织等，强调多主体的合作对地方公共事务的治理；而地方政府治理主要指在治理理论的指导下地方政府如何通过分权、重组等改革提高能力以适应全球化等不确定因素的挑战，如何促进公民参与，如何促进多中心网络的建立、发展，如何在多中心合作中起到核心作用，以更好处理

---

① 任剑涛：《国家治理的简约主义》，《开放时代》2010 年第 7 期，第 73—86 页。

② 沙安文、沙萨娜：《地方治理新视角和地方政府角色转化》，刘亚平译，《公共行政评论》2009 年第 3 期，第 77 页。

③ 孙柏瑛：《当代地方治理——面向 21 世纪的挑战》，中国人民大学出版社 2004 年版，第 33 页。

地方公共事务，促进整个地方治理的发展的过程。”①

学者娄成武、张建伟归纳了地方治理的三种典型模式：（1）传统官僚模式。该模式假定在市场失灵的情况下，政府部门成为公共服务和产品的垄断性供给者，而独自承担设计、生产及维持等治理职能，扮演独占所有治理职能者的角色，确信公共部门与私人部门的本质完全不同，以公共利益极大化为目的。（2）市场治理模式。市场治理模式是地方政府为了节约施政成本、提升服务品质与绩效等，其特征是由市场机制承担生产的职能，设计和维持的职能则仍由官僚体制负责。（3）政策网络模式。该模式认为在地方治理的过程中，任何行动者通过社会过程的引导作用会形成一种自组织的网络治理。两位学者认为：“地方治理模式之变迁过程并非要摒弃传统官僚体制，而是应该适当调整三种治理模式的分配结构，建立适应地区经济与社会发展的混合治理形态。”②

## 13. 社区治理（Community Governance）

社区治理是指在公民居住社区内，政府、社区组织、社区居民以协商合作的方式共同管理社区公共事务的活动与过程。“社区治理通过借助既不同于国家也不同于市场的制度安排，可以对某些公共资源系统成功地实现适度的开发与调适。它可以弥补国家和市场在调控和协调过程中的某些不足，成为国家和市场手段的补充。”③从治理对象的层级和规模来看，社区治理在层级上次于地方治理，规模上小于地方治理。

我国社区治理的兴起有两方面的主要原因，一方面是传统单位制的解体，“随着城市‘单位制’的改革和解体，大规模的单位人从‘单位制’

① 曹剑光：《国内地方治理研究述评》，《东南学术》2008 年第 2 期，第 66 页。

② 娄成武、张建伟：《从地方政府到地方治理——地方治理之内涵与模式研究》，《中国行政管理》2007 年第 7 期，第 100—102 页。

③ 埃莉诺·奥斯特罗姆：《公共事物的治理之道》，上海三联书店 2000 年版，第 10 页。

转移出来，政府感到了基层社会管理的压力不断加重。为了解决这类问题，政府的注意力首先集中到街道办事处和居民委员会这个我们简称为‘街居制’作用的发挥上，要求‘街居制’对此承担起某种责任”①。另一方面是市民社会的成长带来的民间组织的勃兴，以及公民权利主体意识和自治意识的增长，这两者成为产生共同治理社区的动力。

因而和其他层级的治理形式一样，社区治理也具备治理主体多元的特征，社区治理的主体不仅有政府组织、社区组织和社区居民，还有一些非政府组织、非营利组织的参与。另外，社区治理的另一显著特征是，社区治理强调各参与主体的地位平等性，除了政府的参与行为是必须的之外，其他参与主体都是自愿参与的，而且由于很多社区治理参加者都是利益相关者，所以需要强调各参与主体之间地位的平等性。陈伟东、李雪萍总结道：“从价值理念看，社区治理主体具有两个基本特征：一是治理主体的多元性，它包含各种利益相关者；二是治理主体的平等性，它强调各种利益相关者均是平等的参与者，不存在领导者与被领导者之间、管理者与被管理者之间的明确界限。”②

学者康宇归纳了我国社区治理的几种模式：“中国城市社区治理经历了行政型社区治理、合作型社区治理等模式的发展，正向着自治型社区治理过渡。”并认为：“在城市社区治理日益走向现代化的今天，一些现实的困境也阻碍了其进一步发展。社区多元主体博弈、社区失灵的出现以及NGO在社区治理中应有作用尚未得到充分体现都是人们应关注的问题。”③

① 李友梅：《社区治理：公民社会的微观基础》，《社会》2007年第2期，第163页。

② 陈伟东、李雪萍：《社区治理主体：利益相关者》，《当代世界与社会主义》（双月刊）2004年第2期，第71—73页。

③ 康宇：《中国城市社会治理发展历程及现实困境》，《贵州社会科学》2007年第2期，第65—67页。

## 二、治理研究的著名学者、研究机构及其成果

在近二十来年的时间里，国内外的诸多学者或研究机构及其研究成果对我国治理理论的发展产生了重要的推动作用。

其中著名的国外学者及其成果有：詹姆斯·N. 罗西瑙及其主编的《没有政府的治理：世界政治的变革和秩序》；R. A. W. 罗茨及其所著的《新治理：没有政府的管理》和《理解治理：政策网络、治理、自反性与责任性》；格里·斯托克及其所著的《作为理论的治理：五个论点》；鲍勃·杰索普及其《治理的兴起及其失败的风险：以经济发展为例的论述》；罗伯特·D. 帕特南及其名著《使民主运转起来》；埃莉诺·奥斯特罗姆及其名著《公共事物的治理之道》；让-皮埃尔·戈丹及其《何谓治理》和B. 盖伊·彼得斯的《政府未来的治理模式》。

知名的国内学者及其研究成果有：俞可平及其主编的《治理与善治》与《国家治理评估：中国与世界》，王绍光及其所著的《中国国家能力报告》。

另外，还有一些国际开发机构和研究机构对治理理论的发展也有重要影响，比如联合国开发计划署推动的治理指标项目，以及世界银行创立的世界治理指标等等。

### 1. 詹姆斯·N.罗西瑙

詹姆斯·N. 罗西瑙主编：《没有政府的治理：世界政治的变革和秩序》，张胜军、刘小林等译，江西人民出版社 2001 年版。

詹姆斯·N. 罗西瑙（1924—2011），美国乔治·华盛顿大学埃利奥特（Elliott）国际事务学院国际事务和政治科学教授，1984—1985 年为美国国际研究协会主席。2005 年出版的外交政策杂志把罗西瑙列为国际事务领

域内最具影响的学者。

他的研究和教学领域主要聚焦在世界政治的动力和内政外交事务的交叉。他在美国众多名牌学府（如普林斯顿大学、哥伦比亚大学）和许多国家的大学包括塞尔维亚的贝尔格莱德大学和印度的尼赫鲁大学拥有教学和研究职务。

罗西瑙教授著作颇丰，迄今发表了140多篇论文，出版了30多部专著。最近的著作有：《世界政治的涡流：一个变革和连续理论》(1990)、《骚动世界中的联合国》(1992)、《全球之声》(1993)、《国际政治经济秩序：理解全球失序》(1995)、《沿着内政外交的边缘：探求骚动世界中的治理》(1997)、《与前对手的逆向关系：冷战后的美国外交政策》(1998)。①

罗西瑙作为治理理论的主要创始人之一，由其和另外一位学者主编的《没有政府的治理：世界政治的变革和秩序》(*Governance without Government: order and change in world politics*, edited by James N. Rosenau, Ernst-Otto Czempie, Cambridge University Press, 1992.）一书对世界治理理论，尤其是对我国治理理论的发展起到了启蒙与奠基性的作用。

传统研究把国家体系的无政府主义设为预定的前提假设，但是《没有政府的治理》这本书可以说从根本上推翻了这一前提假设，提出无政府固然是事实，但无政府状态实际上并不存在。国际关系领域中常用的概念——国际规制——是一种避免国际无政府状态，又能绕过民族国家的国际协调方式。以此为出发点，罗西瑙等十位学者开启了对"没有政府的治理"的核心特征的探讨。书中除了对治理相关概念、特征和主体的探讨，还认为世界政治中的结构、制度体系和思想观念的变化，构成了推动全球

① 维基百科：http://en.wikipedia.org/wiki/James_Rosenau，2014年3月17日访问；詹姆斯·N.罗西瑙主编：《没有政府的治理》，张胜军、刘小林等译，江西人民出版社2001年版。

性治理体系的三种核心力量；21 世纪或许将告别民族国家组成的世界体系，等待我们的是一个全球市民社会。①

## 2. R.A.W.罗茨

R.A.W. 罗茨：《新治理：没有政府的管理》，杨雪冬译，《政治学研究》1996 年第 154 期；R. A. W. Rhodes，*Understanding Governance*，Buckingham：Open University Press，1997。

R.A.W. 罗茨（R. A. W. Rhodes），英国南安普敦大学政府系教授，澳大利亚布里斯班格利菲斯大学大学治理与公共政策教授，英国纽卡斯尔大学政治学荣誉教授，1986—2011 年担任《公共行政》杂志的编辑。②

罗茨的主要研究领域包括英国政治、公共行政和政府叙事等。作为权威的治理研究专家，罗茨在治理理论研究领域内著作颇丰。诸如：《没有政府的管理：英国政治秩序与变迁》（*Governing without Government：Order and Change in British Politics*，University of Newcastle-upon-Tyne，18 April 1996）；《新治理：没有政府的管理》（The New Governance：Governing without Government，*Political Studies*，1996（44）：652—667. 中译本载《政治学研究》1996 年第 154 期）；《善治》（Good Governance，*Social Sciences Issue*，36 October 1997：4—5）；《理解治理：政策网络、治理、自反性与责任性》（*Understanding Governance：Policy Networks，Governance，Reflexivity and Accountability*，Buckingham：Open University Press，1997）。③

在《新治理：没有政府的管理》这篇文章中，他所概括的六种关于

---

① 詹姆斯・N. 罗西瑙主编：《没有政府的治理》，张胜军、刘小林等译，江西人民出版社 2001 年版。

② R. A. W. 罗茨个人主页：http：//www.raw-rhodes.co.uk/contact/，2014 年 3 月 17 日访问。

③ R. A. W. 罗茨个人主页：http：//www.raw-rhodes.co.uk/bibliography/，2014 年 3 月 17 日访问。

治理的不同定义在学界有比较重要的影响。他认为治理至少有六种不同的用法：作为最小国家的治理，作为公司治理的治理，作为新公共管理的治理，作为"善治"的治理，作为社会控制系统的治理，作为自组织网络的治理。国内外大多数关于治理概念的研究中都会涉及对他的六种不同定义的引用。《理解治理：政策网络、治理、自反性与责任性》是全面了解罗茨治理理论的一本重要著作。全书围绕网络、治理、自反性和责任性四个方面的十大问题展开，对英国政府管理体制的变迁、治理的技术策略以及治理的未来走向做了系统的论述。

### 3. 格里·斯托克

格里·斯托克：《作为理论的治理：五个论点》，华夏风译，《国际社会科学》1998 年 3 月号。

格里·斯托克（Gerry Stoker），英国南安普敦大学政治与治理教授，也曾在英国曼彻斯特和斯特拉思克莱德任教，当代最负盛名的地方治理研究专家之一，英国布莱尔工党政府地方政策的主要顾问。

他的主要研究领域包括地方政府、多元治理、伙伴制、城市治理、公民参与等。在 1992—1997 年，他主持了"地方治理研究"项目（ESRC），由此名扬天下。代表性著作有：《作为理论的治理：五个论点》（*Governance as Theory: Five Propositions*，1998）；《英国地方治理的新管理》（*The New Management of British Local Governance*，1999）；《英国地方政府的新政治》（*The New Politics of British Local Government*，2000）；《迈入 21 世纪的英国地方政府》（*British Local Government into the 21st Century*，2004）；《公共价值管理：网络治理的一种新叙事？》（*Public Value Management: A New Narrative for Networked Governance?* 2006）等。他还是新地方政府网络（NLGN）的主席，以及多家国际期刊的通信

编辑。①

斯托克的《作为理论的治理：五个论点》这篇早期文章在国内外治理理论界都产生了重要影响。他经过对各种治理概念的一番梳理后指出，各国学者们对作为一种理论的治理已经提出了五种主要的观点。此五个论点为：（1）治理意味着一系列来自政府但又不限于政府的社会公共机构和行为者；（2）治理意味着在为社会和经济问题寻求解决方案的过程中存在着界限和责任方面的模糊性；（3）治理明确肯定了在涉及集体行为的各个社会公共机构之间存在着权力依赖；（4）治理意味着参与者最终将形成一个自主的网络；（5）治理意味着办好事情的能力并不仅限于政府的权力，不限于政府的发号施令或运用权威。

### 4. 鲍勃·杰索普

鲍勃·杰索普：《治理的兴起及其失败的风险：以经济发展为例的论述》，《国际社会科学》1998 年 3 月号。

鲍勃·杰索普（Bob Jessop），英国兰开斯特大学（Lancaster University）艺术与社会科学高级研究院主任。他的研究领域包括国家理论、治理与治理失败、文化政治经济、当代资本主义。虽然他在国家理论方面的成就更加突出，是著名的马克思主义政治理论家。但他作为治理理论研究的权威专家之一，在治理研究方面也有重要影响。

他在治理领域的主要成果有：《治理的兴起及其失败的风险：以经济发展为例的论述》（The Rise of Governance and the Risks of Failure：the Case of Economic Development，*International Social Science Journal*，1998（03），

---

① 浙江大学公共管理学院网站：http：//www.cpa.zju.edu.cn/intranet/show.aspx？id=1325 &cid=198，2014 年 3 月 17 日访问；维基百科：http：//en.wikipedia.org/wiki/Gerry_Stoker，2014 年 3 月 17 日访问。

pp.29—45)；《变迁中的福利治理：主要功能、规模与协调模式的新趋势》(The Changing Governance of Welfare：Recent Trends in its Primary Functions，Scale，and Modes of Coordination. In：*Social Policy & Administration*，1999(12)，pp. 348—359)；《治理失败》(Governance Failure，in Gerry Stoker ed.，*The New Politics of British Local Governance*，Basingstoke：Macmillan，2000，pp. 11—32)；《元治理》[Metagovernance，in Bevir，M.(ed.) *Handbook of Governance*，London：Sage，2011，pp. 106—123]等。

其中他的《治理的兴起及其失败的风险：以经济发展为例的论述》一文对我国治理理论的研究有重要影响。该文较早地强调不仅政府和市场存在失灵，治理也存在失灵，治理也有失败的风险。杰索普试图探索市场、国家与合作伙伴关系在经济协调中的作用，以及它们各自趋于失败的可能性。该文分成四部分，第一部分探讨学术界日渐感兴趣的治理问题，说明了近来的理论发展；第二部分探讨治理范式的兴起是否反映经济、政治和社会生活发生了根本性变化，以致在很长时间内治理将成为一个关键问题，抑或它仅仅是对协调方式的一些周期性变化的回应；第三部分以对比方式讨论“自组织治理”的逻辑，治理失败的性质、形式与逻辑；最后一部分讨论国家在“元治理”即国家在交替运用这几种不同的协调方式中所发挥的越来越大的作用。①

### 5. 罗伯特·D.帕特南

罗伯特·D. 帕特南：《使民主运转起来》，王列、赖海榕译，江西人民出版社2001年版。

---

① 俞可平编：《治理与善治》，社会科学文献出版社2000年版，第52—85页；英国兰开斯特大学网站：http://www.research.lancs.ac.uk/portal/en/people/bob-jessop(d6138658-6b75-461f-acac-02d8861dd529)/publications.html，2014年3月17日访问。

罗伯特·D. 帕特南（Robert D. Putnam），哈佛大学肯尼迪政府学院教授。他是美国科学院（National Academy of Sciences）院士，英国国家学术院院士（Fellow of the British Academy），曾任美国政治科学协会（American Political Science Association）主席。帕特南教授著书十四本，被翻译成二十种不同语言。其中的《使民主运转起来》（*Making Democracy Work*）和《独自打保龄球》（*Bowling Alone：The Collapse and Revival of American Community*）都是社会科学界在近半个世纪被引用较高的经典书目。《使民主运转起来》在 1993 年出版以后，学术界开始了新一轮的关于市民社会的研究热潮。《使民主运转起来》被经济学人杂志赞誉为“社会科学伟大的著作，帕特南可以与托克维尔、帕累托及马克斯·韦伯等大师齐名的学者”①。

帕特南率先将社会资本理论引入政治学研究中，在社会资本和民主治理与公共事务治理之间建立了理论与实践的联系。他在对意大利长达二十年的跟踪研究中发现，新制度在意大利南北部的治理绩效差异在于南北部社会资本存量的不同，而社会资本存量的不同又需要追溯到意大利两千多年的历史传统中去。在意大利的南部存在着一种“永不合作”均衡，公民对公共事务的参与性相当弱，公民总是想“搭便车”，彼此缺乏信任。与此相反，在意大利的北部却存在着一种“勇敢的互惠”均衡，公民之间的相互信任较强，积极参与公共事务。这两种不同的均衡就造成了意大利南北部治理绩效的差异。

社会资本有助于形成自发性的合作，通过合作来提高社会效率和增进社会公共利益，一个社会如果存在着大量的社会资本，那么就会减少这个社会的公民“搭便车”的行为，避免“集体行动的困境”，从而有利于

① 哈佛大学网站：http：//www.hcs.harvard.edu/summercamp/?page_id=3719；http：//www.hks.harvard.edu/about/faculty-staff-directory/robert-putnam，2014 年 3 月 18 日访问。

社会公共事务的治理。社会资本的培育成为公共事务治理必须考量的重要因素。

### 6. 埃莉诺·奥斯特罗姆

埃莉诺·奥斯特罗姆:《公共事物的治理之道》,余逊达、陈旭东译,上海译文出版社 2012 年版。

埃莉诺·奥斯特罗姆(Elinor Ostrom,1933—2012),美国印第安纳大学政治学教授,美国国家科学院院士和美国艺术与科学院院士,曾经担任过美国政治学协会主席、美国公共选择学会主席、公有产权研究协会主席等学术职务。1997 年获得弗兰克·塞德曼政治经济学大奖,2009 年获得诺贝尔经济学奖,也是历史上第一位获得该奖项的女性。[①]

奥斯特罗姆在政治学、政治经济学、行政学、公共政策、发展研究等诸多学术研究领域享受很高的声誉,作为公共经济学研究和公共选择学派的创始人之一,其首创的政治理论与政策分析研究所已经被公认为美国公共选择的三大学派之一。

奥斯特罗姆 1990 年出版的《公共事物的治理之道》(*Governing the Commons*,Cambridge University Press,1990)在学术界产生了很大影响。她通过对"公地悲剧"、"囚徒理论"和"集体行动逻辑"等传统公共事务理论模型的探讨,指出传统分析公共事务的解决方案不是市场的就是政府的,而且最终结果往往是悲观的,指出当前以政府(利维坦)为唯一途径或者以市场为唯一途径的公共事务解决之道是有问题的,她怀疑仅仅在这样两种途径中寻找解决方法的思路的合理性。最后,她从小规模公共资源问题入手,开发了自主组织和治理公共事务的创新制度理论,为面临"公

① 印第安纳大学网站:http://elinorostrom.indiana.edu/,2014 年 3 月 18 日访问。

地选择悲剧”的人们开辟了新的途径，为避免公共事务退化、保护公共事务、可持续利用公共事务从而增进人类的集体福利提供了自主治理的制度基础。

从治理理论的角度来看，奥斯特罗姆的自主组织与公共事务的创新制度理论论证了自主治理的可能。“公共池塘”资源的开拓性研究表明，一群相互依赖的人可以“把自己组织起来，进行自主治理，从而能够在所有人都面对搭便车、规避责任或其他机会主义行为诱惑的情况下，取得持久的共同利益。”市民社会的自组织网络作为治理的一种模式，也是一种“没有政府的统治”。[①]

### 7. 让–皮埃尔·戈丹

让–皮埃尔·戈丹：《何谓治理》，钟震宇译，社会科学文献出版社2010年版。

让–皮埃尔·戈丹（Jean-Pierre Gaudin），法国国家科研中心（CNRS）拉丁美洲—欧洲政治研究中心（CEPEL）高级研究员，埃克斯—普罗旺斯政治学院（Aix-en-Provence）政治学教授，公共管理学界知名学者。其所著《何谓治理》有世界范围的学术影响，多年前已经翻译到中国。

在《何为治理》这本书中，让–皮埃尔·戈丹对治理的概念、治理兴起的社会和时代背景、治理的网络与层次以及治理的未来做了深入浅出的探讨。关于治理兴起的背景，让–皮埃尔·戈丹如此分析道：在20世纪和21世纪之交，不同的观察家都直觉地感到政治世界正在发生深刻的变化。伴随着这些变化的是好奇、吃惊、困惑难解、焦虑不安。面对种种疑问，人们提出了两种应对方案。一种是用传统的预测方式，或乐观或悲

---

① 埃莉诺·奥斯特罗姆：《公共事物的治理之道》，余逊达、陈旭东译，上海译文出版社2012年版。

观。但都是依靠整体解释体系的建构。另一种是一套更为朴实地基于试验的实证，通过试错原理不断完善，从而形成的渐进甚至是临时的解决方案（但这是否为假象呢）。即用管理上的实用主义来回应形而上学的疑虑。考虑到这个权力世界的全新性、多中心性、不确定性和模糊性，这种经验主义是否足够呢？最初发现这片政治行动新天地的人们如何才能把他们支离破碎的直觉转化成为一个关于“治理”的整体概念，使之能够与高贵的政治哲学思想分庭抗礼呢？这些问题从 20 世纪 90 年代之初已显现出来，在 2001 年“9·11”事件后成为焦点议题。

说到底，何谓治理？是（协商）安排方式的胜出还是对民主的神话加工？或者说，是集体能量释放活力还是基层协调？如果说治理观就是兼而有之呢？这是任何治理理论都必须回答的问题，由此也产生了多种的治理模式。让–皮埃尔·戈丹认为，治理是一种联邦制度的辅从性和企业文化的亲密结合，促进了机构、企业和协会之间的谈判式合作的多样化。治理是与新的软权力配合使用的一种新政治鸡尾酒，这包括：日益采用协商方式的国家、偏爱显露公民属性的企业，以及新型地区经济共同体，例如今日正在艰难建构政治型组织的欧洲联盟。①

## 8. B.盖伊·彼得斯

B. 盖伊·彼得斯：《政府未来的治理模式》，吴爱明、夏宏图译，中国人民大学出版社 2001 年版。

B. 盖伊·彼得斯（B. Guy Peters），美国匹兹堡大学政治科学系主任、教授。兼任加拿大管理发展中心高级研究员，香港城市大学名誉教授。他是国际著名的政府治理与改革问题研究专家，公共管理大师，其理论创新

① 让–皮埃尔·戈丹：《何谓治理》，钟震宇译，社会科学文献出版社 2010 年版。

能力在美国公共行政学界享有盛誉。

彼得斯的主要研究领域包括比较公共政策与行政、美国公共行政、比较政治学、比较研究方法等。主要著作有《公共政策的病态》《政府未来的治理模式》《官僚政治》《政策动力学》《公共政策工具：对公共管理工具的评价》《政治科学中的制度理论：新制度主义》《比较政治学导论》等。

《政府未来的治理模式》第一次系统评价了席卷全球的行政改革运动，被誉为对眼花缭乱的全球治理变革进行综合分析的杰出著作。该书在对传统治理和全球行政改革进行多年潜心研究的基础上，提出了政府治理的四种模式，并对每种模式进行了深刻的比较分析。彼得斯从各国政府的革新主张和主要发达国家的政府改革实践中，梳理归纳出四种未来政府治理模式：市场式政府（强调政府管理市场化）、参与式政府（主张对政府管理有更多的参与）、弹性化政府（认为政府需要更多的灵活性）和解制型政府（提出减少政府内部规则）。并且认为这四种政府模式是改善当代政府治理的主要方法。

这四种政府治理模式各有不同的理论基础，适用于不同的政府体制。对每一种政府治理模式，作者都从问题、结构、管理、政策制定和公共利益五个方面进行了深入分析。市场式政府强调政府管理市场化，参与式国家主张对政府管理有更多的参与，弹性化政府认为政府需要更多的灵活性，解制型政府则提出减少政府内部规则。这四种模式不完全兼容，也不完全矛盾；可单独进行，也可结合进行。同时，新模式也并不完全否定传统行政模式。①

① 吴爱明、夏宏图："译者前言"，载 B. 盖伊・彼得斯：《政府未来的治理模式》，吴爱明、夏宏图译，中国人民大学出版社 2001 年版。

## 9. 俞可平

俞可平主编：《治理与善治》，社会科学文献出版社2000年版。

俞可平主编：《国家治理评估：中国与世界》(中英文)，中央编译出版社2009年版。

俞可平，北京大学政治学博士，德国杜伊斯堡大学名誉博士，哲学和政治学双学科博士生导师。现任中央编译局副局长、北京大学中国政府创新中心主任、"中国地方政府改革创新与奖励计划"总负责人，兼任国内多所著名大学教授，曾任联合国政府创新咨询专家，台湾东华大学、美国哈佛大学和杜克大学、德国自由大学、英国诺丁汉大学等校客座教授或高级研究员。主要研究领域：政治哲学、中国政治、比较政治、治理与善治、全球化、公民文化、政府创新。①

俞可平教授著作颇丰，其中与治理理论相关的研究成果有：《治理与善治引论》，载《马克思主义与现实》1999年第5期；《全球化研究的中国视角》，载《战略与管理》1999年第3期；《中国公民社会的兴起与治理的变迁》，载《中国社会季刊》(香港)1999年秋季号；《经济全球化与治理的变迁》，载《哲学研究》2000年第10期；《治理与善治》，社会科学文献出版社2000年版；《全球治理引论》，载《马克思主义与现实》2002年第1期；《增量民主与善治》，社会科学文献出版社2003年版；《国家治理评估：中国与世界》(中英文)，中央编译出版社2009年版；A Journey of Five Roads toward Democratic Governance, *Global Asia*, Volume 5, No. 2, 2010；A Significant Shift towards Social Governance, *East Asia Forum Quarterly*, June 2011；《敬畏民意：中国的民主治理与政治改革》，中央编译出版社2012年版，等等。

---

① 中央编译局网站：http://www.cctb.net/zjxz/fg/yj_1/ykp_1/，2014年3月18日访问。

俞可平作为国内治理理论研究的领军学者，在治理理论的研究方面，他主编的《治理与善治》在国内较早系统地对国外治理权威研究做了引介，为国内治理研究奠定了理论基础；由他主编的《国家治理评估：中国与世界》，在国家治理层面上对治理评估指标体系进行总体考察，在勾勒中国治理评估框架和评述国内国际相关评估体系的同时，重点引介国际组织和西方机构研制并实践的具有重大影响的治理评估指标体系，致力于构建科学的治理评估体系，在国内研究中具有开创性，对我国治理研究的发展有重要的推动作用。

另外在治理的实践应用方面，俞可平领衔发起了“中国地方政府创新奖”，该奖是“中国地方政府改革与创新”研究与奖励计划的主要组成部分之一，旨在激励地方党政机关和群众团体的改革与创新，总结并弘扬地方改革与创新的先进经验和先进典型，促进并完善地方党政机关的公共服务。因而，俞可平在治理的实践方面也作出了重要的贡献。

### 10. 王绍光

王绍光、胡鞍钢：《中国国家能力报告》，辽宁人民出版社 1993 年版。

王绍光，美国康乃尔大学政治学博士（1990），政治学者。曾于 1990 年至 2000 年任教美国耶鲁大学政治系，现任香港中文大学政治与公共行政系讲座教授、清华大学公共管理学院长江讲座教授，英文学术刊物 *The China Review* 主编。

王绍光至今出版中英文著作二十余部，发表论文几十余篇。其中包括：《中国国家能力报告》（合著，辽宁人民出版社 1993 年版；牛津大学出版社 1994 年版）；《中国地区差距报告》（与胡鞍钢、康晓光编著，台湾致良出版社有限公司 1996 年版）；《第二次转型：国家制度建设》（与胡鞍钢、周建明合著，清华大学出版社 2003 年版、2009 年增订版）；《安邦之道：国家转型的目标与途径》(生活·读书·新知三联书店2007年版)。

国家能力或者说政府质量是衡量一个国家治理水平的重要指标，因而也是国内外学者十分注重研究的问题。王绍光在治理领域的贡献在于他在国家能力方面的开创性研究。其中的代表作就是他与胡鞍钢教授于1993年发表的《中国国家能力报告》，主张加强中国国家能力建设，对于中国财政税收体制改革、信息化建设等方面的政策产生重大影响。

《中国国家能力报告》发表的两个重要背景，即冷战结束后的政治转型潮与"国家与社会"理论范式的传播。正是基于对上述背景的反思，该书提出"国家能力"概念，要求"建立强有力的民主国家"，试图与撒切尔夫人的"别无出路"以及福山的"历史终结论"进行对话。

该书旨在探讨中国国家能力变化，分析中央政府在市场经济转变过程中的主导作用。认为，一国的现代化过程，本身就是一个需要动员全社会的人力资源、物力资源的过程，也是一个不断强化国家能力的过程。为了顺应现代化的要求，动员各种社会资源，团结各种社会力量，建立稳定的经济社会秩序，形成全体国民对现代化的共识，维持整个民族团结和国家统一，都迫切需要一个更具权威和强有力的中央政府，不断提高国家汲取财政能力，加速本国的现代化进程。国家（其代表为中央政府）是经济发展、政治变革、社会转型和国际关系的主要指导者和驱动者。提高国家能力，就是提高中央政府控制宏观经济的能力，推进改革与开放的能力，以及加速工业化与现代化的能力。①

① "纪念《中国国家能力报告》发表二十周年"，http://history.sina.com.cn/his/2013-07-22/181750646.shtml，2014年3月19日访问；王绍光、胡鞍钢：《中国国家能力报告》，辽宁人民出版社1993年版。

## 11. 联合国开发计划署：治理指标项目及其出版物

治理指标项目（governance indicators project）是联合国开发计划署（UNDP）治理评估领域的一个招牌项目。作为提升成员国民主治理能力计划的一部分，该项目让成员国自己评估本国的民主治理并为其提供援助。援助的活动主要包括：（1）提升包括政府、市民社会组织、媒体以及所有市民社会在内的本国各利益相关方在使用和建构治理指标方面的能力；（2）促进建立围绕本国发展计划的指标体系；（3）通过关注贫穷和性别两大因素来加强现有指标和发展新的指标。

该项目还为治理评估提供一整套方法，这些方法具有如下八大基本特征：（1）民主/治理评估体系体现国家发展计划或者其他政治发展计划；（2）通过透明、参与等过程选取和产生指标；（3）在信息搜集（包括调查、行政管理数据、国家统计数据和市民社会提供的数据）、储藏和公开方面存在着制度化程序；（4）所有的重要利益相关方都能获取资料来源；（5）在数据来源中专门考虑到了贫穷和性别两大因素；（6）一些国家机构包括学术机构被用于建构指标体系以增强国家能力；（7）评估指标建构的过程应指向提升包括政府决策者、市民社会、媒体、议会、政党以及国家统计机构等在内的国家各利益相关者的能力；（8）通过多次反复的评估以保持指标体系的可持续性，并进一步监督民主治理的改善。

具体来说，这一项目主要开展如下活动：（1）生产指导性的知识产品，以供项目合作伙伴使用；（2）为建构符合国家发展计划的指标体系提供评估目标和建议，帮助认识建构评估指标体系中的问题、挑战和机会；该项目还有助于动员专家的资源和联系以帮助建构和设计国家评估体系；（3）建立伙伴关系：该项目已经建立起包括民主与选举援助国家研究所（IDEA）、OECD Metagora 网络、埃塞克斯大学、DIAL、能力发展机构 InWEnt 等在内的战略合作伙伴。

到目前为止，该项目已经在蒙古、菲律宾、马拉维、阿富汗以及中国开展。在治理评估领域，UNDP 已经出版了《治理指标使用者指南》《千年发展目标指标》等综合性文献，以及《评估民主治理：挑选对贫穷和性别敏感指标的框架》《享有信息权利的影响评估》等专门文献。①

### 12. 世界银行：世界治理指标

世界银行（World Bank）建立了著名的“世界治理指标”（Worldwide Governance Indicators），旨在对世界各国的治理水平进行评估，以此促进世界范围内的治理。该指标目前被决策者、民间社会团体、捐助者、援助者和学者广泛使用。该指标从回应与责任性（voice and accountability）、政治稳定与暴力（political instability and violence）、政府效率（government effectiveness）、管制质量（regulatory quality）、法治（rule of law）和腐败控制（control of corruption）六个大类指标对治理进行衡量。

世界治理指标创建于 1999 年，目前已覆盖 200 多个国家和地区。该指标是依据世界范围内 32 个组织创建的 35 个独立数据源中提取的数百个单独的反映治理的变量而做出的。世界治理指标是最庞大、最知名的多国治理数据合辑之一。主要来源有：住户和公司调查、商业信息提供者提供的数据、非政府组织和公共部门组织的数据。

数据加工的方法首先是识别许多个体的关于治理认识的数据来源，将它们分入治理的六个维度中。然后用“不可观测要素模型”的统计方法来从这些个体量值中构建总体指标。这些总体指标是基础数据的加权平均数，权重反映了个体数据来源的准确度。另外要考虑的是这种方法会产生

① 俞可平主编：《国家治理评估：中国与世界》（中英文），中央编译出版社 2009 年版，第 87—118 页。

对每个国家治理评估的误差容限，在进行国家间和时间段对比的时候需要考虑这些误差。

世界银行通过对世界治理指数数据的解读发现，总体而言，过去数十年间，全球平均治理水平并未取得重大进步。从 1998 年起，除了个别国家取得进步之外，其他国家在各个治理维度上都出现了严重恶化，其中包括阿根廷、科特迪瓦、厄立特里亚、泰国、委内瑞拉和津巴布韦等。其他国家的分数近年来并未发生显著波动。此外，有一些国家仍然处于治理危机时期，如索马里、委内瑞拉、缅甸、苏丹和阿富汗。①

（刘乐明）

① 俞可平主编：《国家治理评估：中国与世界》（中英文），中央编译出版社 2009 年版，第 119—129 页；WGI 网站：http：//data.worldbank.org.cn/data-catalog/worldwide-governance-indicators，2014 年 3 月 18 日访问。

# 第二十三章　数字化城市治理的探索与实践

推进国家治理体系和治理能力现代化，必须抓好城市治理体系和治理能力现代化。作为城市治理的全新模式，数字化治理与数字产业化、产业数字化并列为数字经济的三大组成部分。当前，伴随着数字经济的迅猛发展，尤其是新一代信息技术的快速变革，不仅改变了城市的生活方式与工作方式，而且也创造了新的制度供给，不断催生新的城市应用场景与激发城市治理效能，进而对基于数字技术创新城市治理模式、重塑城市治理格局、变革城市治理体制、提升城市治理效率、建设“数字政府”乃至在更大范围、更宽领域、更深层次推动城市治理的全方位变革产生了深远影响。2020 年 4 月习近平在浙江考察时强调，“运用大数据、云计算、区块链、人工智能等前沿技术推动城市管理手段、管理模式、管理理念创新，从数字化到智能化再到智慧化，让城市更聪明一些、更智慧一些，是推动城市治理体系和治理能力现代化的必由之路，前景广阔”。这些重要的论断为推进城市治理打开了一条技术赋能的新路径。

## 一、数字化城市治理的价值意蕴

从城市数字化治理内涵的把握来看，数字化治理是推进城市治理体系和治理能力现代化的重要支撑手段与主要发展方向，是以数据治理为基础，以城市大脑为依托，有序推进城市规划建设管理、生产生活生态、经济社会文化各领域向数字化、网络化、智能化迈进的一种新型城市治理模式。换言之，数字化治理是指借助数字技术赋能，特别是数字化治理探索实践、技术领先数字化企业支持、运转高效数字化基础设施和场景丰富数字化应用项目，集成“城市大脑”，聚集、打通和分享城市大数据，做到“一屏观天下、一网管全城”，进而为城市管理者配置公共服务资源、提升治理效能提供准确识变、科学应变、主动求变的依据，以及让市民享受更优质、更贴心、更便捷的城市公共服务。

从城市数字化治理意义的把握来看，着眼将数字化转型先发优势转化为强大治理效能的考虑，要牢牢牵住政务服务“一网通办”与城市运行“一网统管”这两个城市治理的“牛鼻子”，聚焦“高效办成一件事”与“高效处置一件事”，加快探索基于大数据技术和一体化平台支撑、面向复杂场景和一体化应用需求的城市数字化治理模式，推动城市治理从单向管理转向双向互动、从线下转向线上线下融合，以及从单纯政府监管向更加注重社会协同治理的转变，进而为全面运用数字技术提高城市社会治理智能化水平，以及加快政府职能转变、抓实精准管理、服务社会民生、发挥多元治理主体作用乃至构建全面共建共享数字化治理协同机制，提供强大内生动力。

从城市数字化治理着力点的把握来看，要遵循政府引导、社会参与、应用主导、集约建设、汇聚整合、保障安全的原则，围绕“一屏观天下、一网管全城”的总目标，建立健全城市治理数据资源共享体系，推进跨业务、跨系统、跨部门、跨领域、跨层级的数据共享与业务协同，保障政府科学决策、高效监管和精准治理；要针对城市治理的难点、堵点和痛点，充分利用智慧城市建设成果及其物联网、大数据、云计算、人工智能、5G、区块链和边缘计算等先进技术，构建全面、多维、立体的技术架构与万物互联、互联互通的完整系统；要加快推进旨在让城市有感知、会思考的“城市神经元”感知系统建设，借助一整套空间化、网络化、智能化和可视化的技术系统，支撑实体城市在数字世界的信息化映射，进而实现城市管理过程、管控手段、管理绩效评估的数字化；智慧化社区是智慧城市的细胞，要紧扣城市大脑、数字赋能、社区治理等重点内容，沿着“社区安防”“社区服务”和“社区矛盾纠纷化解”方向推进，切实把市民群众最希望、社会治理最迫切的应用场景做实做好，进而不断夯实“城市大脑”+“社区细胞”社区数字化管理的根基；要建立数据安全监管制度，对城市治理数据资源的归集、传输、共享、访问、运用等数据资源利用行为进行有效监管，确保合法正当，杜绝非法侵害个人信息、隐私和商业秘密的行为。

从城市数字化治理国外案例的借鉴来看，伴随着数字经济特别是大数据技术的不断成熟，为城市治理创新提供了新的手段。在国际上，纽约、新加坡是较早利用大数据进行治理创新的城市，在创新城市治理以及提升治理效率、降低治理成本上收效显著。

以纽约为例，从2009年起开始数字化治理的探索实践。一是出台《纽约市开放数据法案》（2012年），通过法律促进政府数据开放，营造良好数据开放环境；二是提出数据驱动城市服务目标，要求各政府部门必须确保兑现开放数据法案作出的承诺；三是打破部门壁垒，开发数据交换平台，汇聚 40 多个政府机构数据，形成聚合数据库；四是完善组织体系，设立市长办公室数据分析团队，任命城市首席数据分析官与首席政府开放平台官，成立城市数据分析指导委员会；五是基于已有技术和平台，研发“Data Bridge”和“DEEP”两大数据融合共享系统。

以新加坡为例，新加坡是较早将大数据应用于城市治理的国家。一是 2003 年建立了风险评估与漏洞扫描系统（RAHS），开展涉及“黑天鹅”事件、国家安全、政府采购、公共预算、经济、社会、移民、房地产、教育、医疗卫生等领域可能出现突发事件的预测预警工作；二是建立数据开放法律与制度保障体系，颁布了《个人资料保护法》(2012 年)，成立个人资料保护委员会，对不遵守《个人资料保护法》行为进行调查；三是整合土地（地理信息）、人口、商业和公共安全等四大政府数据，在 data.gov.sg 网站上开放来自 60 多个公共机构的 8600 多个数据集；四是引进大数据人才，设立负责数据开放的政府首席信息官，聘用数据科学家出任政府首席数据分析官。

从数字化治理国内案例的借鉴来看，目前包括杭州等在内的国内城市纷纷依托智慧城市平台，高标准、高起点地建设城市政务数据共享体系，赋能城市治理能力和治理体系现代化建设。例如，杭州围绕打造“全国数字治理第一城”的目标定位，持续深化城市大脑应用，强化数字赋能城市治理，致力于探索大城市治理数字化的“杭州方案”。例如，以推进城市大脑建设为抓手，构建“中枢系统 + 部门（区县市）平台 + 数字驾驶舱 + 应用场景”的城市大脑核心架构，建成了 148 个数字驾驶舱和 48 个应用场景。再比如，杭州持续推进数字与治理融合创新，以深化城市大脑应用为突破口，不断拓展“健康码”“亲清在线”等应用场景，将应急治理效能固化为常态治理机制。此外，杭州还将“城市大脑”数字赋能城市治理议题纳入 2020 年度市人大立法计划，组织起草了《杭州城市大脑数字赋能城市治理促进条例（草案）》。再比如，深圳盐田区与平安、腾讯、华为等公司签署了智慧城市和“数字政府”建设服务项目总承包合同，以C端应用服务居民、游客、企业为突破口，加快大数据、人工智能、5G和区块链等先进技术的深度应用，推动技术融合、业务融合和数据融合，目标旨在实现数字经济、数字生活对城市治理的赋能。

## 二、数字化城市治理的发展方向

近两年，互联网、大数据、人工智能、5G、区块链等新技术加速应用到城市治理领域，通过对城市治理全民性、全时段、全要素、全流程的覆盖，实现了城市治理的转型与升级。新型智慧城市已经进入全面落地的新阶段，数字科技多要素全面驱动城市治理朝着更加人性化、智能化、便捷化的目标持续提升，各地区、各部门、各行业也展开了应用实践。

### 1. 互联网+城市治理，共享驱动治理要素互联

利用互联网共享驱动城市治理中各环节、各要素互联互通，使得服务便捷化、资源均等化。党的十八大以来，党中央、国务院加快推进政务信息化建设，打通信息壁垒，构建全流程一体化在线服务平台，助力建设人民满意的服务型政府。一些部门和地方积极探索，深入推进“互联网+政务服务”，加强信息共享，优化政务流程，一批堵点难点问题得到初步解决，重庆市“渝快办”、福建省“一号式”、广东省“一窗式”、浙江省“最多跑一次”等创新典型不断涌现，引领政务服务创新改革不断取得新成效。不少地方在大力推动“互联网+社区治理”工作，也取得了不错的成效。越来越多的小区业主通过微信公众号、智慧社区APP软件、客户端等互联网技术手段，获取管理信息、参与社区治理。“移动业委会”“掌

上社区”等形式，正在搭建起基层政府部门、物业公司与业主良性互动的“云上互动平台”。此外，各地试点的互联网＋教育、互联网＋人社、互联网医院、互联网法院等一批创新举措，在推进资源均衡化和方便群众办事等方面也发挥着越来越重要的作用。

### 2. 大数据+城市治理，数据驱动治理模式创新

将大数据引入城市治理，充分挖掘大数据价值，利用数据驱动城市管理决策手段更加全面科学，治理模式得到不断创新。一方面，大数据能够有效促进城市治理决策模式创新，真正做到基于数据的科学决策，提高城市治理的精准性和有效性。应用大数据，可以将数据信息、政策仿真、社情民意呈现在决策者面前，揭示出传统方式难以展现的关联关系，为城市治理带来重要突破，形成“用数据说话、用数据决策、用数据管理、用数据创新”的管理机制。另一方面，大数据能够推动城市治理监管模式变革，实现城市治理从事前审批向事中事后监管转变。通过高效采集、有效整合、深化应用政府数据和社会数据，将市场监管、检验检测、违法失信、企业生产经营、销售物流、投诉举报、消费维权等数据进行汇聚整合和关联分析，统一公示企业信用信息，预警企业不正当行为，提高事中事后监管的针对性、有效性。

### 3. 人工智能+城市治理，智力驱动治理质量提高

人工智能技术及其应用可以整合城市的各种系统和服务，提升资源利用的效率，优化城市管理和服务，推动城市治理向纵深方向发展。一方面，人工智能技术的发展极大地提升了城市治理生态的硬件和软件的智能化水平，越来越多的人工智能元器件和智能基础设施嵌进城市环境中，使城市具备越来越高的智能水平、敏感程度和类人情感，智慧化成为城市生

态的自我基因和典型特征。另一方面，人工智能从信息处理、决策方式与治理流程等方面增强城市治理过程的数字化水平。人工智能技术可以构建即时、便捷和高效的信息处置机制，为城市治理的科学决策提供有效且精准的决策信息。人工智能技术的发展可以为决策过程提供有效的技术支持，优化决策程序，增强决策精准度。目前全国许多城市开展的城市大脑中心、智慧交通、智慧服务、智慧社区和智慧公安建设，都是人工智能技术在智能管理应用场景的实践探索。例如，杭州城市大脑通过人工智能调度城市交通、有效提升出行效率，在全国最拥堵城市的排行榜上，杭州排名从 2016 年的第 5 名下降到 2018 年的第 57 名。此外，人工智能技术还可以不断优化城市管理流程和服务流程，使城市管理和服务更贴近民众需求，更加人本化和优质高效。例如，浙江杭州、衢州引进 AI 机器人助力“最多跑一次”业务，办事群众满意率高达 94.7%。

### 4. 移动通信+城市治理，效率驱动治理效果改善

5G 具有广连接、大带宽、低时延、高可靠等特性，不仅加快了网络速度，也将终端全部纳入网络，实现“万物皆可联”的状态，为城市治理提供了更多可能性。一方面，5G 能够助力提升城市治理效率。随着“天网工程”“雪亮工程”“蓝天保卫战”等一系列政府工程的推进，大量数据、视频通过采集、传输、应用到公安、综治、环保等领域，业务的纵深拓展使得数据传输量更大、安全性要求更高、执法时效性更强，对网络侧提出了更高的挑战。例如，在应急、安保等城市综合治理应用场景上，远程视频回传、4K 高清视频实时共享、信息化执法等推广应用，使增大网络带宽、降低网络时延等方面的需求迫切，而 5G 网络让这些问题迎刃而解。在 2020 年新冠疫情防控中，5G 视频直播是 5G 最直观的应用，数亿遍及全国的“云监工”共同见证了火神山、雷神山医院的建设。另一方

面，5G 能够助力提升城市治理效能。5G 广连接特性让万物互联成为现实，对城市实现动态监控、风险管理、突发事件预测预警、应对及处理提供了便利。借助各类传感器、监控器、计算器及实时定位系统，将可实现对各类物品的智能化感知、识别与管理，给城市管理、照明、抄表、停车、公共安全与应急处置等行业带来新型智慧应用，使得基于数据的决策有了来源，人工智能的应用有了“血液”，推动城市治理走向精准高效。

### 5. 区块链+城市治理，新的信任机制驱动治理结构优化

区块链技术拥有点对点（P2P）、时间戳、智能合约、共识机制和加密算法等核心技术，天然地具备去中心化、去信任、透明可信、防篡改、可追溯、安全可靠等特性，近年来被广泛应用于政府治理领域。爱沙尼亚自 2008 年以来一直在测试区块链技术，将其用于司法、医疗卫生、网络安全、身份认证等“1000 多种在线政府服务”，被认为是世界上最先进的数字化国家之一。欧盟将区块链技术用于知识产权保护，帮助政府打击假冒伪劣产品。美国将区块链技术用于食品药品安全监管、患者数据共享、国土安全保护、政府信息加密、航空零部件跟踪。墨西哥将区块链技术跟踪公共服务的招投标，以提高政府透明度，减少政府腐败。迪拜则计划在 2020 年建设由区块链技术驱动的政府，使所有政府服务都使用区块链技术。我国也是较早探索将区块链技术应用于城市治理的国家。2016 年工信部《中国区块链技术和应用发展白皮书（2016）》及“十三五”规划将区块链作为“战略前沿技术”加以重视，《2018 年中国区块链产业白皮书》更是将区块链作为推进数字中国建设的重要支撑。区块链技术在我国城市治理中的应用主要以试点为主，杭州、贵阳、广州、上海和雄安新区等都开展了政府区块链项目，主要应用于政府重大工程监管、食品药品防伪溯源、电子票据、审计、公益服务事业等领域。例如，贵阳发布了《贵

阳区块链发展和应用》白皮书，制定了区块链发展规划。北京利用区块链将全市 53 个部门的职责、目录以及数据高效协同地联结在一起，打造了“目录区块链”系统，为全市大数据的汇聚共享、数据资源的开发利用等提供了支撑。雄安新区 2017 年将区块链技术引入城市治理，希望通过区块链技术构建一个全方位监管体系，以建立一个廉洁、透明、高效的政府；2018 年则将其用于居民租房管理，通过加密算法保护租户隐私；2019 年又将区块链技术用于建设资金管理，以确保资金安全，提高资金使用效率。

## 三、数字化城市治理的上海实践

从上海来看，数字经济不仅成为了推动城市新旧动能转换的重要引擎，而且还将开启城市治理全面数字化的新格局。着眼面向全球、面向未来和加快构筑新时代发展新优势的考虑，上海要切实把握数字经济发展的战略机遇期，以及数字治理体系和治理能力现代化的内在要求，以“一网通办、一网统管”两张网建设为抓手，充分发挥数字政府、数字经济和数字场景的先发优势，有效补齐数字治理体系和治理能力的短板，积极探索新时期政府、企业、行业协会、社会组织、市民和媒体多方共治的新型数字治理体系，不断提升城市数字化治理的社会化、法治化、智能化和专业化水平。

### （一）政务服务“一网通办”

党的十八大以来，全面深化“放管服”改革，优化发展环境，最大限度激发社会与市场活力，构建最简、最优、高效的政务服务体系，成为新一轮行政体制改革的重要内容。如何在政务服务中利用大数据、云计算等数字技术，推动“互联网＋政务服务”模式的转型升级，实现简政放权、优化服务，成为各地政务服务创新竞相发力的主要方向。继浙江提出“最多跑一次”、江苏提出“不见面审批”等服务承诺后，“一网通办”成为上海深化“放管服”改革又一个标志性地方政务服务品牌。

1. 坚持科学规划，明确责任主体

“互联网＋政务服务”是一项系统性工程，建设、推行“一网通办”必须谋定而后动。2016年，国务院出台《关于加快推进“互联网＋政务服务”工作的指导意见》，并多次召开国务院工作会议、常务会议总结“一网通办”开展的成功经验，对“一网通办”进行全面部署和科学指引。上海市政府深入贯彻中央决策部署，成立了由上海市委领导、各部门主要负责人和各区负责人组成的上海市政务公开与“互联网＋政务服务”领导小组，专门负责上海市政务公开与“互联网＋政务服务”工作，先后出台了上海市人民政府关于印发《本市落实〈国务院关于加快推进“互联网＋政务服务”工作的指导意见〉工作方案》的通知、《“一网通办”2018年实施方案任务节点表》《2019年上海市推进“一网通办”工作要点》等政策文件，列出“一网通办”建设的任务清单、时间表，规范“一网通办”建设的工作流程和实施标准，明确“一网通办”建设的牵头单位和责任主体，对“一网通办”建设作出了切实可行的工作安排。

2. 坚持创新驱动，不断开拓发展

一是完善数据的互联互通。虽然上海在很早以前就建成了法人、人口以及空间地理三大基础数据库，并于2010年在“中国上海”门户网站开通了上海市网上政务服务大厅，各部门的自身信息化程度较高，但是彼此间的数据互联共享仍处在“割裂”状态。为打破信息壁垒，2018年，上海在“一网通办”开通之前，就首先成立了大数据中心，统一组织和负责上海市的公共数据归集、整合、共享、开放和应用管理。并很快出台了首部《上海市公共数据和一网通办管理办法》，对于数据采集、整合、共享、开放、应用、安全等作出了全面规范。目前，上海已经建成了市级数据共享交换平台，推动政务数据按需 100% 共享，形成了个性化的“一人一档”和“一企一档”数据集合，将市民的个人信息、生活服务信息、证照信息和个人政府办事类信息汇总到一处。二是革新业务流程。围绕“减时间、减环节、减材料、减跑动”的目标，上海市政府不断向自身“动刀子”，取消大量行政审批、评估评审事项，开展工程建设项目审批制度改革试点，将工程建设项目流程审批时间压缩到原来的二分之一以内，使企业在开办企业、获得电力、办理施工许可、跨境贸易、纳税、登记财产等领域的办事和审批环节大幅缩减。2019 年，上海市政府继续提升“一网通办”政务服务效能，承诺行政审批事项审批时限平均减少一半、提交材料平均减少一半。三是勇于打破地区壁垒，加强地区合作。在国务院建设长三角地区政务服务“一网通办”的要求下，上海联合浙江、江苏、安徽三省，建立了政务服务用户跨省身份认证体系，建成了长三角地区数据共享交换平台，统一和规范了长三角“一网通办”业务标准，并于 5 月 22 日正式开通了长三角地区政务服务“一网通办”，涉及长三角地区 14 个城市企业的 30 项服务事项和个人的 21 项服务事项，实现了异地在线办理。

### 3. 坚持以人为本，不断优化服务

上海的“一网通办”建设始终坚持问题导向、需求导向和效果导向，以服务人民群众的办事需求、改善人民群众的办事体验和保障人民群众的信息安全为宗旨，贯彻落实以人民为中心的发展思想，通过业务流程和各部门内部流程以及跨部门、跨层级、跨区域协同办事流程的重构优化，打造服务集成、全覆盖、标准化、线上线下融合的服务体系，确保面向企业和市民的所有政务服务“进一网、能通办”。为使人民群众和企业“轻装

上阵”，上海市政府认真履行“店小二”职责，围绕企业群众到政府办事，还存在“搞不清楚找哪个部门，看不懂办事流程，备不全材料需要反复跑”等痛点，通过实地调研和摸排，利用大数据和人工智能技术，给用户“画像”，分别上线了市民主页和企业主页，以用户视角，按照部门分类和主题分类的模式，穷尽审批中的所有办理情形，研判企业和市民的潜在需求，提供智能引导服务，让市民来政府办事由做填空题变为做选择题。只要是持上海身份证的居民，或是在上海注册的企业，在“一网通办”系统注册后即能生成自己的专属页面，享受个性化服务。为了进一步方便企业和市民，“一网通办”还推出了移动端“随申办市民云”APP和微信端登录入口，方便企业和市民随时随地能够在线办理，在“全流程一体化在线服务平台”上推出了“统一身份认证、统一总客服、统一公共支付、统一物流快递”服务，让市民和企业随时随地都能出具相关电子证照，足不出户就能进行政务服务咨询、投诉和建议，完成各项缴费和各种材料的交收，如同网络购物一般，使人民群众切实感受到政务服务的便利性。

2020 年是上海推进政务服务“一网通办”的第三个年头，根据 2020 年 4 月 14 日上海“一网通办”“一网统管”工作推进大会精神，未来上海要对照最高标准、最好水平，加大改革攻坚，不断优化提升，让“一网通办”功能更强、体验更佳、口碑更好、品牌更响。要从“能办”向“好办”转变，加大环节精简和流程优化再造，强化跨部门协同和前台综合、后台整合，更好推动“高效办成一件事”。要从部门管理导向向用户体验导向转变，进一步拓宽服务事项、畅通受理渠道，推动网上办、掌上办，强化“随申办”功能，提升在线办理率和全程网办率。要从被动服务向主动服务转变，做优个人主页和企业专属网页，加强和群众、企业的互动，提供定制化、个性化的政务服务，把企业专属网页打造成为企业掌握政策的平台、反映问题的通道。

## （二）城市运行“一网统管”

一座城市的综合管理水平是体现智慧城市建设水准的重要指标。如何利用智能化为精细化赋能，打响“一网统管”城市运行品牌，是当前上海城市管理的重要任务。紧扣“一屏观天下、一网管全城”目标，上海统筹、加强各类城市运行系统互联互通，带动城市管理走向“一网统管”，实现“高效处置一件事”。当前全市网格化综合管理主动发现问题能力不断提升，公众参与积极性不断增强，案件处置质量明显进步，管理效能持续显现，一个纵深立体的智能城运体系正逐步形成，城市管理日趋向科学化、精细化、智能化方向发展。

### 1. 总体建设思路

经过十多年的发展，上海的网格化管理已经形成了较为成熟的体系，在城市管理领域发挥了重要作用，已经成为落实城市管理常态长效的重要机制。表现为：在体制上，建立了覆盖市、区、街镇三个层级的实体机构，包括市、区、街镇、居村四级管理架构，解决了什么事情谁来管的问题。在机制上，建立了一套管理的制度和规范，纳入市级标准的部、事件由刚开始的 5 大类 116 小类增加到了 13 大类 144 小类，年立案量近 1800 万件；各区，尤其在街镇，又都结合自身实践，拓展了许多自定义的内容。在手段上，建立了一个全市统一的信息管理系统。但是，对照全球卓越城市的最高标准、最好水平，当前的网格化管理水平仍有提升的必要：一是从管理要求看，与“应发现尽发现、快发现，应处置尽处置、快处置”尚有差距；二是从管理内容看，与基层在城市管理和社会治理的工作的需要尚有差距；三是从管理系统本身看，与当前信息化智能化发展水平相比尚有差距。为此，上海市住建委在现有的城市网格化管理信息系统的基础上从四个方面进行升级改造。一是聚焦突出问题、理清业务流程。升级工作始终以业务流程为重点和起点，分析历史数据，梳理老大难问题，找出薄弱环节，完善业务流程，形成管理闭环。二是体现感知泛在、实现智慧研判。在综合了网格巡查、行业监管、热线投诉、市民信访等主、被动发现渠道的基础上，充分应用物联感知设备，培养具有深度学习能力的人工智能，叠加算法模型，实现自动发现。三是打通横向部门、贯通纵向层级。通过底层数据的汇集和平台系统的集成，实现横向部门间的信息共享、联勤联动，纵向层级间的垂直支撑、相互监督，并把一些专业化管理中需要块上参与协同的事项予以纳入。四是模块化开发，个性化拓展。出台区和街镇社会治理智能“一张网”的标准基础版，在基本要求、功能配置、安全管控等方面进行了规范；通过应用场景强化实用功能的同时，也为各街镇的个性化拓展提供了数据的接口和标准。

2. 阶段性成果

目前上海市、区、街镇三级标准基础平台已完成了系统开发，在市政务云进行了集中部署，通过政务外网实现调用和共享。为适应“一网统管”的工作需求，经各属地政府确认，原5515个责任网格已调整为5307个；16个区和234个街镇级平台已全部开通，半数以上的区完成了接入。一是明确了技术架构。以市、区两级电子政务云和网络的集约化建设为基础，确定了“云上部署、全市使用、共同维护”的技术策略。同步推进的市、区、街镇三级平台标准化建设，各有侧重：市级平台更关注管理标准、技术选型、推广应用和监督考评等内容；区级平台作为中间环节，是重要的枢纽节点，着重统筹各区城市管理的范围和内容；街镇平台作为“一张网”的落脚点，关键在于用好责任网格，强化处置能力。增加向责任网格派单和系统自动派单的功能，实现了普通网格与专业网格的联勤联动，各种管理、执法、作业力量的联勤联动。二是新建了一套观屏展示系统。对上海城市运行基础数据，管理覆盖的事件、部件问题的预警预判、发现处置等有关管理环节，管理实效的实时分析和考评等内容进行直观展示。三是汇聚了业务数据。深化活化地图应用和移动端作业，实现了各类信息的精准定位、智能关联、融合互动，提高了便捷性和有效性。目前，在中央地图上已经汇聚了1495万个城市部件，26815公里地下管线，5000多个建管、房管、拆房工地，14020个住宅小区，5批次3000多处历保建筑，13000多栋玻璃幕墙和实时的城管执法车辆、网格巡逻人员、人口库、法人库等数据，轨交站点的实时客流和地下空间数据也将陆续上图。全力打造的数字孪生城市将为城市日常运维和案件快速处置提供实时的信息资源。四是优化了网格化派单系统。增加向网格派单和自动派单功能。在街镇层面可以实现将处置部门相对单一、处置人员相对固定的案件，按照责任网格派遣到人；将有些业务流程清晰的案件，进行自动派单。既提高了效率，也为多部门联勤联动创造条件。五是统筹了管理内容。吸纳了基层在工作实践中拓展的自定义内容，将适合街镇统筹的综治、市场监管、公安非警情等业务纳入“一张网”，把与街镇密切相关的智能应用（如违法建筑治理、历史保护建筑、燃气安全、群租治理等）进行分层部署。第一批包括深基坑安全、玻璃幕墙管理、架空线入地、房屋修缮监管、进博会保障在内的9个场景已经上线，第二批渣土管理、电梯安全监管、工地监管、高坠风险防控、高铁沿线监管、水葫芦治理等6个场景正在抓紧开发。

### 3. 未来发展方向

目前，上海城市运行“一网统管”已经从探索设想进入全面建设阶段。根据“两网建设”工作推进大会精神，未来上海要坚持“一屏观天下、一网管全城”的目标定位，在一个端口上实现城市治理要素、对象、过程、结果等各类信息的全息全景呈现，在一个平台上对城市治理各类事项进行集成化、协同化、闭环化处置。要秉持系统治理、综合治理理念，推进全域全量数据汇聚与运用，整合城市治理各领域的信息数据、生产系统，构建万物互联、互联互通的完整系统。要实现“观管防”有机统一，以数字化方式展现城市全景，依靠技术手段进行智能管理、高效处置，智慧精准预警预判预防风险隐患。要加强“神经元”感知系统建设，更充分掌握城市运行基本体征。

（阎加林　詹水芳）

# 结语：政治现代化与治理现代化

习近平总书记指出，辛亥革命之后，中国人就一直在寻找适合我国国情的国家治理体系，社会各种力量进行着激烈斗争。无数仁人志士苦苦探索中国政治现代化和治理现代化的政治成果，首先表现为皇权—官僚体系的终结到政党—国家体系的确立，这是从政治主导力量的转换和政权形态的更替的角度来说的；其次是从一元闭合的政党—国家体系到政党—国家—社会体系的转变，[①] 这是从结构性要素及其关系角度来说的。政党—国家体系的形成可以说是近现代中国多种政治力量相互博弈的结果。中国共产党在这一过程中逐渐奠定了超越其他政治力量的领导优势、阶级优势、组织优势以及意识形态优势，从而能够把充斥于现代中国政治舞台上

---

① 我们在这里把“社会”界定为以下三重要素的集合：第一，黑格尔和马克思所说的市民社会（civil society），即市场；第二，滕尼斯所说的社区或共同体（community）；第三，近年来颇受学术界关注的非政府组织（NGO）、非盈利组织（NPO）等。

的消极因素剔除殆尽，又能把各种积极因素归拢到政党—国家体系的构建轨道上来。改革开放时期的所有政策，几乎都包含着这样的趋向：对政党—国家体系制度性优势的继承以及对其结构性缺陷的克服，于是才有了创新边界和修复边界的确立。正是在这一演进过程中，中国政权形态出现了从政党—国家体系到政党—国家—社会体系的转变，其结构性要素也出现了从一元闭合过渡到三者共存。现在的问题是，在这一新兴的政党—国家—社会体系中，中国政治发展的逻辑是否发生了转换？中国政治发展的创新边界和修复边界是否有调整的必要？正如意大利历史学家克罗齐所说的，一切历史都是当代史。我们撰写此书的目的，不在于对过去的留恋，而在于对未来的期许。

皇权—官僚体系维系了古代政权两千多年的延续史。清王朝的崩溃意味着它的终结。在政党时代替代君主时代的日子里，中国进入了政党—国家体系的形成时期。中国共产党在巩固革命成果的基础上，进入了政党—国家体系的构建过程之中。而后，中国共产党又依靠其特有的创新力，使政党—国家体系融合了市场制度并逐步参与日渐成长的全球化进程；与此同时，又依靠其特有的修复力，抵制着各种颠覆性因素的侵蚀，巩固着对经典社会主义原则的捍卫，具有中国特色的政党—国家—社会体系正在形成。

在皇权—官僚体系中，下层是以小农经济为主导的四民社会，上层是由君主和官僚组成的统治阶层，君主代表了具有绝对性的专制权力，官僚代表了具有派生性的常规权力。① 皇权—官僚体系的终结根源于它难以承受现代化的冲击、无法容纳现代化的成果等制度性缺陷，就是本书在第一章所分析的政党时代的来临。政党—国家体系的形成满足了中国克服孙中山所说的“一片散沙”的情况。这一体系将皇权—官僚体系遗留在外的农

① 参见孔飞力：《叫魂》，陈谦等译，上海三联书店 1999 年版。

村社会以及在近现代口岸城市兴起的城市社会完全吸纳进来，在横向上，它由一个个蜂窝状组织组合起来；在纵向上，则是形成以上级管理部门为枢纽的“行政领地”。[1] 城市中的单位体制和农村的村委会体制将整个中国裹在了一起，宛如一个大家庭。以发展动力的弱化作为代价的政党—国家体系，在“文革”结束时已经面临着严峻的资源短缺的危机了，用文件上的话语来说，就是国民经济到了濒临崩溃的边缘。如何开发发展的动力则成为克服政党—官僚体系之结构性缺陷的唯一出路，这就是现在人所共知的“让一部人先富起来”“联产承包责任制”“经济特区”“有计划的商品经济”以及后来的“社会主义市场经济”“参与全球化”等崭新气象的出现。发展成了硬道理。发展不仅把被束缚的社会能量释放出来了，更为重要的是它还孕育出了崭新的社会空间，如非政府组织、网络空间、国际交往空间等，它们几乎与传统社会结构没有一点亲缘性，都是新的东西。客观而论，政党—国家体系所具有的很多制度惯性依然在延续着，如在党军关系、党际关系方面。但在政党—国家关系、政党—社会关系、国家—社会关系以及国内—国际关系方面，都出现了一些新的变化，涌现出了诸多崭新的要素。政党—国家—社会体系还没有完全成型，在其探索与逐渐成形的过程中，出现了一些关及政治发展战略的新问题。破解这些新问题的关键是如何完善和发展中国特色社会主义制度，推进国家治理体系和治理能力的现代化。中国政治现代化的新里程要从根本上解决如下三个问题。

第一，如何在现代化的进程中保持和实现中国共产党的领导、依法治国和人民当家作主的有机统一？党的领导、依法治国和人民民主是共生共荣的关系，如何使这一复合政治原则在民主政治和国家治理体系的成型中体现出来，就成为在建国、富国、兴国三件大事基础上推进“治国”这第

---

① 刘建军：《单位中国》，天津人民出版社2000年版。

四件大事的重要内容。时至今日，我们必须要明确的是，国家治理体系和治理能力现代化绝不可能在西方式民主的逻辑和通道中孕育出来。西方式民主的实质是政治精英阶级作为人民代表身份的合法与巩固。作为巩固精英统治的代议民主实质上就成了选民和代表的“勾结”从国家的口袋里掏钱。[①]党的领导、依法治国和人民当家作主的有机统一乃是超越西方民主困境和治理困境的战略选择，从这个角度来说，探索实现三者有机统一的基础、机制和动力就具有特别重要的政治价值。

第二，如何通过国家治理体系和治理能力现代化克服寡头统治的铁律？众所周知，米歇尔斯提出的“政党寡头统治铁律”，揭示了任何政党在最后必然走向寡头统治的规律，这一规律甚至成了不可颠覆的“铁律”（Iron Law）。一些国家的老党大党的演进似乎也证明了这一“铁律”的有效性。中国共产党在推进第四件大事的过程中，必须要凸显自身作为领导型政党和使命型政党的独特属性，既与西方服膺于选票逻辑的投机型政党区别开来，又与某些国家的僵化型政党区别开来，这是决定中国现代化事业成败的关键。

第三，如何通过国家治理体系和治理能力现代化克服政权兴衰的周期律？目前，一些国家中那些老党大党执政地位的丧失，迎合了西方学者“历史终结”的意识形态偏见。如何克服这一政权兴衰的周期律呢？现代国家政治发展的历程表明，推进与一国特定历史—文化—社会条件相适应的国家治理体系和治理能力现代化乃是唯一出路。

（刘建军　刘世军）

---

① ［加拿大］梁鹤年：《西方文明的文化基因》，三联书店2014年版，第419—420页。

# 参考文献

## 中文文献

1.《马克思恩格斯全集》，人民出版社 1965 年版。

2.《马克思恩格斯选集》，人民出版社 1972 年版。

3.《马克思恩格斯文集》，人民出版社 2009 年版。

4.《毛泽东文集》，人民出版社 1999 年版。

5.《毛泽东选集》，人民出版社 1991 年版。

6.《毛泽东军事文集》，军事科学出版社 1993 年版。

7.《邓小平文选》，人民出版社 1993 年版。

8.《邓小平军事文集》，军事科学出版社 2004 年版。

9.《江泽民文选》，人民出版社 2006 年版。

10.《中国特色社会主义理论体系学习读本》，学习出版社 2009 年版。

11.《科学发展观学习纲要》，学习出版社、人民出版社 2013 年版。

12.《中国特色社会主义学习读本》，学习出版社 2013 年版。

13.《习近平总书记系列重要讲话读本》，学习出版社、人民出版社 2014 年版。

14. 中共中央文献研究室编：《改革开放三十年重要文献选编》，中央文献出版社 2008 年版。

15. 中共中央文献研究室编：《毛泽东　邓小平　江泽民　胡锦涛关于坚持党对军队绝对领导重要论述摘编》，解放军出版社 2012 年版。

16.《中国共产党章程》（中国共产党第十八次全国代表大会部分修改，2012 年 11 月 14 日通过）。

17.《中共中央关于全面深化改革若干重大问题的决定》（辅导读本），人民出版社 2013 年版。

18. 中国人民解放军总政治部编：《国防和军队建设贯彻落实科学发展观重要论述选编》，解放军出版社 2010 年版。

19. [德] 黑格尔：《法哲学原理》，商务印书馆 1961 年版。

20. [德] 柯武刚、史漫飞：《制度经济学——社会秩序与公共政策》，韩朝华译，商务印书馆 2001 年版。

21. [德] 克里斯蒂纳·阿尔恩特：《政府治理指标》，杨永恒译，清华大学出版社 2007 年版。

22. [德] 马克斯·韦伯：《经济与社会》上卷，林荣远译，商务印书馆 2004 年版。

23. [德] 斯迪芬·海哥德、罗伯特·考夫曼：《民主化转型的政治经济分析》，张大军译，社会科学文献出版社 2008 年版。

24. [德] 魏伯乐等：《私有化的局限》，王小卫等译，上海三联书店

2006 年版。

25. [法] 埃哈尔·费埃德伯格:《权力与规则——组织行动的动力》,张月等译,上海人民出版社 2005 年版。

26. [法] 狄骥:《公法的变迁》,郑戈等译,辽海出版社 1999 年版。

27. [法] 基佐:《欧洲文明史》,程洪奎等译,商务印书馆 1998 年版。

28. [法] 马克·布洛赫:《封建社会》,商务印书馆 2004 年版。

29. [法] 皮埃尔·卡蓝默:《破碎的民主——试论治理的革命》,高凌瀚译,生活·读书·新知三联书店 2005 年版。

30. [法] 让·布隆代尔、[意] 毛里奇奥·科塔:《政党政府的性质——一种比较的欧洲视角》,曾森、林德山译,北京大学出版社 2006 年版。

31. [法] 让-皮埃尔·戈丹:《何谓治理》,钟震宇译,社会科学文献出版社 2010 年版。

32. [美] B. 盖伊·彼得斯:《政府未来的治理模式》,吴爱明、夏宏图译,中国人民大学出版社 2001 年版。

33. [美] E. S. 萨瓦斯:《民营化与公私部门的伙伴关系》,周志忍等译,中国人民大学出版社 2002 年版。

34. [美] 阿图尔·科利:《国家引导的发展——全球边缘地区的政治权力与工业化》,朱天飚等译,吉林出版集团有限责任公司 2007 年版。

35. [美] 埃莉诺·奥斯特罗姆:《公共事物的治理之道》,余逊达、陈旭东译,上海三联书店 2000 年版。

36. [美] 埃莉诺·奥斯特罗姆:《公共事物的治理之道》,余逊达、陈旭东译,上海译文出版社 2012 年版。

37. [美] 巴林顿·摩尔:《民主与专制的社会起源》,拓夫等译,华夏出版社 1987 年版。

38. [ 美 ] 白鲁恂:《政治发展面面观》, 天津人民出版社 2009 年版。

39. [ 美 ] 保罗 · 萨缪尔森、威廉 · 诺德豪斯:《萨缪尔森谈财税与货币政策》, 萧琛译, 商务印书馆 2012 年版。

40. [ 美 ] 彼得 · 埃文斯、迪特里希 · 鲁施迈耶、西达 · 斯考克波主编:《找回国家》, 方力维、莫宜端、黄琪轩等译, 生活 · 读书 · 新知三联书店 2009 年版。

41. [ 美 ] 查尔斯 · 蒂利:《民主》, 魏洪钟译, 上海人民出版社 2009 年版。

42. [ 美 ] 查尔斯 · 蒂利:《强制、资本和欧洲国家 ( 公元 990—1992 年 )》, 魏洪钟译, 上海人民出版社 2007 年版。

43. [ 美 ] 戴维 · 奥斯本、特德 · 盖布勒:《改革政府: 企业精神如何改革着公营部门》, 上海市政协编译组、东方编译所编译, 上海译文出版社 1999 年版。

44. [ 美 ] 戴维 · 波普诺:《社会学》, 李强等译, 中国人民大学出版社 1999 年版。

45. [ 美 ] 戴维 · 瓦尔德纳:《国家构建与后发展》, 刘娟凤、包刚升译, 吉林出版集团有限责任公司 2011 年版。

46. [ 美 ] 道格拉斯 · 诺斯:《经济史上的结构与变迁》, 商务印书馆 1992 年版。

47. [ 美 ] 杜赞奇:《文化、权力与国家》, 王福明译, 江苏人民出版社 1996 年版。

48. [ 美 ] 弗兰西斯 · 福山:《国家构建——21 世纪的国家治理与世界秩序》, 黄胜强译, 中国社会科学出版社 2007 年版。

49. [ 美 ] 赫伯特 · 金迪斯:《人类的趋社会性及其研究: 一个超越经

济学的经济分析》，浙江大学跨学科社会科学研究中心译，上海人民出版社 2005 年版。

50. [ 美 ] 亨廷顿：《变动社会中的政治秩序》，上海译文出版社 1989 年版。

51. [ 美 ] 贾雷德 · 戴蒙德：《枪炮、病菌与钢铁：人类社会的命运》，谢延光译，上海译文出版社 2006 年版。

52. [ 美 ] 琳达 · 维斯、约翰 · 霍布森：《国家与经济发展》，黄兆辉、廖志强译，吉林出版集团有限责任公司 2009 年版。

53. [ 美 ] 刘易斯 · 芒福德：《城市发展史——起源、演变和前景》，宋俊岭、倪文彦译，中国建筑工业出版社 2005 年版。

54. [ 美 ] 罗伯特 · 阿克塞尔罗德：《合作的进化》，吴坚忠译，上海人民出版社 2007 年版。

55. [ 美 ] 罗斯：《社会控制》，秦志勇等译，华夏出版社 1989 年版。

56. [ 美 ] 玛格丽特 · 利瓦伊：《统治与岁入》，周军华译，格致出版社、上海人民出版社 2010 年版。

57. [ 美 ] 迈克尔 · 罗斯金：《政治科学》，吴勇译，华夏出版社 2001 年版。

58. [ 美 ] 庞德：《通过法律的社会控制》，沈宗灵等译，商务印书馆 1984 年版。

59. [ 美 ] 乔万尼 · 萨托利：《民主新论》，冯克利、阎克文译，上海人民出版社 2009 年版。

60. [ 美 ] 乔治 · 霍兰 · 萨拜因：《政治学说史》，盛葵阳等译，商务印书馆 1986 年版。

61. [ 美 ] 沈大伟：《中国共产党“收缩与调适”》，中央编译出版社 2012 年版。

62. ［美］斯蒂芬・戈德史密斯、威廉・D. 埃格斯：《网络化治理：公共部门的新形态》，孙迎春译，北京大学出版社 2008 年版。

63. ［美］文森特・奥斯特罗姆：《美国公共行政的思想危机》，毛寿龙译，上海三联书店 1999 年版。

64. ［美］文森特・奥斯特罗姆：《制度分析与发展的反思——问题与抉择》，王诚等译，商务印书馆 1996 年版。

65. ［美］西摩・马丁・李普塞特：《政治人：政治的社会基础》，张绍宗译，上海人民出版社 2011 年版。

66. ［美］伊曼纽尔・沃勒斯坦：《现代世界体系》，吕丹等译，高等教育出版社 1998 年版。

67. ［美］禹贞恩编：《发展型国家》，曹海军译，吉林出版集团有限责任公司 2008 年版。

68. ［美］约翰・康芒斯：《制度经济学》，商务印书馆 1997 年版。

69. ［美］约翰・刘易斯・加迪斯：《冷战》，瞿强、张静译，社会科学文献出版社 2013 年版。

70. ［美］约瑟夫・R. 斯特雷耶：《现代国家的起源》，华佳等译，格致出版社 2011 年版。

71. ［美］詹姆斯・威尔逊：《美国官僚政治》，张海涛等译，中国社会科学出版社 1995 年版。

72. ［美］詹姆斯・N. 罗西瑙：《没有政府的治理》，张胜军、刘小林等译，江西人民出版社 2001 年版。

73. ［日］安世舟：《漂流的日本政治》，高克译，社会科学文献出版社 2011 年版。

74. ［日］青木昌彦：《比较制度分析》，上海远东出版社 2001 年版。

75. ［日］青木昌彦等：《政府在东亚经济发展中的作用》，中国经济出版社 1998 年版。

76. [ 英 ] 巴里 · 布赞、理查德 · 利特尔:《世界历史中的国际体系》，刘德斌等译，高等教育出版社 2004 年版。

77. [ 英 ] 戴维 · 赫尔德等:《全球大变革：全球化时代的政治、经济与文化》，杨雪冬等译，社会科学文献出版社 2001 年版。

78. [ 英 ] 戴维 · 米勒、韦农 · 波格丹诺:《布莱克维尔政治学百科全书》，中国政法大学出版社 2002 年版。

79. [ 英 ] 芬纳:《统治史》，马百亮、王震译，华东师范大学出版社 2010 年版。

80. [ 英 ] 佛朗西斯 · 培根:《培根论说文集》，水天同译，商务印书馆 1983 年版。

81. [ 英 ] 弗朗西斯 · 马尔文等:《西方文明的统一》，屈伯文译，大象出版社 2013 年版。

82. [ 英 ] 哈耶克:《个人主义与经济秩序》，生活 · 读书 · 新知三联书店 2003 年版。

83. [ 英 ] 哈耶克:《自由秩序原理》，邓正来译，生活 · 读书 · 新知三联书店 1997 年版。

84. [ 英 ] 科特威尔:《法律社会学导论》，潘大松等译，华夏出版社 1989 年版。

85. [ 英 ] 拉尔夫 · 达仁道夫:《现代社会冲突》，林荣远译，中国社会科学出版社 2000 年版。

86. [ 英 ] 拉尔夫 · 密里本德:《资本主义社会的国家》，沈汉等译，商务印书馆 1997 年版。

87. [ 英 ] 罗伯特 · 帕特南:《使民主运转起来：现代意大利的公民传统》，王列、赖海榕译，江西人民出版社 2001 年版。

88.［英］迈尔·舍恩伯格·库可耶：《大数据时代》，浙江人民出版社 2013 年版。

89.［英］迈克·希尔：《执行公共政策》，黄健荣等译，商务印书馆 2011 年版。

90.［英］迈克尔·曼：《社会权力的来源》，陈海宏等译，上海人民出版社 2007 年版。

91.［英］诺南·帕迪森：《城市研究手册》，郭爱军等译，格致出版社、上海人民出版社 2009 年版。

92.［英］佩里·安德森：《绝对主义国家的系谱》，刘北成、龚晓庄译，上海人民出版社 2001 年版。

93.［英］亚当·斯密：《国民财富的性质和原因的研究》，商务印书馆 2004 年版。

94.［英］詹姆斯·布赖斯：《现代民治政体》，张慰慈等译，吉林人民出版社 2001 年版。

95. 马可·奥勒留·安东尼：《沉思录（5·35）》，李宏顺译，长江文艺出版社 2012 年版。

96. 财政部财政科学研究所《绩效预算》课题组：《美国政府绩效评价体系》，经济管理出版社 2004 年版。

97. 曹堂哲：《公共行政执行中的中层理论：政府执行力研究》，光明日报出版社 2010 年版。

98. 程竹汝：《司法改革与政治发展》，中国社会科学出版社 2001 年版。

99. 邓国胜：《非营利组织评估》，社会科学文献出版社 2001 年版。

100. 国务院环境保护委员会秘书处编：《国务院环境保护委员会文件汇编》，中国环境科学出版社 1995 年版。

101. 何增科、包雅钧:《公民社会与治理》,社会科学文献出版社2011年版。

102. 何增科主编:《公民社会与第三部门》,社会科学文献出版社2000年版。

103. 贺卫方:《司法的理念与制度》,中国政法大学出版社1998年版。

104. 康晓光:《权力的转移——转型时期中国权力格局的变迁》,浙江人民出版社1999年版。

105. 李培林:《中国社会和谐稳定报告》,社会科学文献出版社2008年版。

106. 李瑞昌:《风险、知识与公共决策》,天津人民出版社2006年版。

107. 李瑞昌:《干预式治理:公共安全风险辨识与管理》,上海人民出版社2013年版。

108. 李瑞昌:《危机、安全与公共治理》,上海人民出版社2007年版。

109. 李忠杰、金钊:《中国共产党执政理论新体系》,人民出版社2006年版。

110. 林尚立:《党内民主——中国共产党的理论与实践》,上海社会科学院出版社2002年版。

111. 林尚立:《中国共产党执政方略》,上海社会科学院出版社2002年版。

112. 陆学艺:《当代中国社会阶层研究报告》,社会科学文献出版社2002年版。

113. 罗峰:《嵌入、整合与政党权威的重塑——对中国执政党、国家和社会关系的考察》，上海人民出版社 2009 年版。

114. 罗荣渠：《现代化理论与历史经验的再探讨》，上海译文出版社 1993 年版。

115. 吕福春：《中国复合型社团研究：以中国共青团的职能变迁为个案》，天津人民出版社 2007 年版。

116. 南怀瑾：《论语别裁》，复旦大学出版社 2010 年版。

117. 潘小娟、张辰龙主编：《当代西方政治学新词典》，吉林人民出版社 2001 年版。

118. 瞿同祖：《中国法律与中国社会》，中华书局 1981 年版。

119. 任远等：《转型期就业：城市社区就业状况与社会政策分析》，复旦大学出版社 2007 年版。

120. 汝信：《2004 年：中国社会形势分析与预测》，社会科学文献出版社 2004 年版。

121. 沈荣华：《地方政府改革与深化行政管理体制改革研究》，经济科学出版社 2013 年版。

122. 沈原：《市场、阶级与社会——转型社会学的关键议题》，社会科学文献出版社 2007 年版。

123. 沈长云、张渭莲：《中国古代国家起源与形成研究》，人民出版社 2009 年版。

124. 世界银行：《1997 年世界发展报告：变革世界中的政府》，中国财政经济出版社 1997 年版。

125. 孙柏瑛：《当代地方治理——面向 21 世纪的挑战》，中国人民大学出版社 2004 年版。

126. 孙立平：《转型与断裂：改革以来中国社会结构的变迁》，清华大学出版社 2004 年版。

127. 童建挺：《德国联邦制的演变（1949—2009）》，中央编译出版社 2010 年版。

128. 涂子沛：《大数据：正在到来的数据革命》，广西师范大学出版社 2012 年版。

129. 王俊豪等：《美国联邦通信委员会及其运行机制》，经济管理出版社 2003 年版。

130. 王名、刘培峰：《民间组织通论》，时事出版社 2004 年版。

131. 王绍光、胡鞍钢：《中国国家能力报告》，辽宁人民出版社 1993 年版。

132. 王长江、姜跃：《现代政党执政方式比较研究》，上海人民出版社 2002 年版。

133. 王长胜、徐晓平主编：《电子政务蓝皮书：中国电子政务发展报告（2010）》，社会科学文献出版社 2010 年版。

134. 王志平：《大转变时代：后垄断资本与世界和平》，上海社会科学院出版社 2007 年版。

135. 乌尔里希·贝克：《全球化时代的权力与反权力》，广西师范大学出版社 2004 年版。

136. 阎照祥：《英国政治制度史》，人民出版社 2012 年版。

137. 俞可平：《民主与陀螺》，北京大学出版社 2006 年版。

138. 俞可平主编：《治理与善治》，社会科学文献出版社 2000 年版。

139. 俞可平主编：《国家治理评估：中国与世界》（中英文），中央编译出版社 2009 年版。

140. 俞可平主编：《中国治理变迁 30 年（1978—2008）》，社会科学文献出版社 2008 年版。

141. 詹中原：《新公共管理：政府再造的理论与实务》，台湾五南图书出版公司 1999 年版。

142. 张国清：《社会治理研究》，浙江教育出版社 2013 年版。

143. 张恒山、李林、刘永艳、封丽霞：《法治与党的执政方式研究》，法律出版社 2004 年版。

144. 赵鼎新：《社会与政治运动讲义》，社会科学文献出版社 2006 年版。

145. 郑杭生：《中国人民大学中国社会发展报告 2007》，中国人民大学出版社 2007 年版。

146. 中国社会科学院经济研究所微观室：《20 世纪 90 年代中国公有企业的民营化演变》，社会科学文献出版社 2005 年版。

147. 中国市长协会《中国城市发展报告》编委会：《中国城市发展报告（2002～2003）》，商务印书馆 2004 年版。

## 英文文献

1. Patricia H. Thornton，William Ocasion，Michael Lounsbury，*The Institutional Logics Perspective：A New Approach to Culture，Structure，and Process*，Oxford University Press，2012.

2. Ting Gong & Stephen K. Ma，*Beyond Enforcement：Anticorruption Reform as a Problem of Institutional Design*，London and New York：Routledge.

3. Whitehead Laurence，*Democratization：Theory and Experience*，Oxford：Oxford University Press，2002.

4. Robert Williams and Alan Doig，*Controlling Corruption*，Edward Elgar Publishing Limited，2000.

5. Robert E. Goodin, *The Theory of Institutional Design*, Cambridge University Press, 1996.

6. Tang, Shiping, *A General Theory of Institutional Change*, London and New York: Routledge, 2011.

7. Boris Pleskovic (ed), *Annual World Bank Conference on Development Economics 1997*, Washington DC: The World Bank, 1997.

8. Annan, Kofi, The Address for World Habitat Day, In Collections of Inter-regional Conference on Strategies for Enhancing Rural-urban Linkages Approach to Development and Promotion of Local Economic Development, 2004, http://www.upo2planning.org/detail.asp? articleID=219.

9. Bloom D., Canning D., Sevilla J., *The Demographic Dividend: A New Perspective on the Economic Consequences of Population Change*, Rand Corporation, 2003.

10. David Levi-Faur, *The Oxford Handbook of Governance*, New York: Oxford University Press, 2012.

11. Castell S. M., *The Informational City*, Blackwell Publishers, 1989.

12. Daniel Kaufmann, Aart Kraay, and Zoido-Lobaton, "Governance Matters", *Policy Research Working Paper* No.2196, Washington D.C.: World Bank Institute, 1999.

13. Esty Daniel C., *Governing by Numbers: The Promise of Data-driven Policymaking in the Information Age*, Reece Rushing, 2007.

14. Fathy T. A., *Tele-city: Information Technology and Its Impact on City Form*, Praeger, 1991.

15. Fujita, M. and Thisse, J-F., *Economics of Agglomeration: Cities, Industrial Location, and Regional Growth*, Cambridge: Cambridge University

Press, 2002.

16. Mitchell J. W., City of Bits, MIT Press, 1996.

17. Chalmers Johnson, *MITI and the Japanese Miracle: the Growth of Industrial Policy*, California: Stanford University Press, 1982.

18. Alan Ware, *Political Parties and Party System*, New York: Oxford University Press, 1996.

19. William Martin, *Semi-peripheral States in the World Economy*, New York: Greenwood Press, 1990.

20. Jamil E. Jresisat, *Comparative Public Administration and Policy*, Westview Press, 2002.

21. Jefferey M. Sellers, *Governing from Below*, Cambridge University Press, 2002.

22. Jon Pierre and B. Guy Peters, *Governance Politics and the State*, St. Martins's Press, New York, 2000.

23. Mayer, David S. and Sidney Tarrow, *The Social Movement Society: Contentious Politics for a New Century*, Lamham, MD: Rowman and Littlefield, 1998.

24. Moshe Maor, *Political Parties and Party Systems: Comparative Approaches and the British Experience*, Routledge, 1997.

25. Peter Evans, *Embedded Autonomy: States and Industrial Transformation*, New Jersey: Princeton University Press, 1995.

26. R.A.W. Rhodes, *Understanding Governance: Policy Networks, Governance, Reflexivity and Accountability*, Open University Press, Buckingham, Philadelphia, 1997.

# 后 记

党的十八届三中全会提出，全面深化改革的总目标是完善和发展中国特色社会主义制度，推进国家治理体系和治理能力现代化。围绕这一总目标所提出的重大理论和实践课题，我们组织研究撰写了《大国的复兴——国家治理体系与治理能力现代化》一书，并由上海人民出版社于 2014 年出版。2019 年 10 月 31 日，党的十九届四中全会通过《中共中央关于坚持和完善中国特色社会主义制度，推进国家治理体系和治理能力现代化若干重大问题的决定》，较为全面系统地回答了推进国家治理体系和治理能力现代化的一系列重大理论和实践问题。在王为松先生的提议策划推动下，我们根据党的十九届四中全会精神对原书进行修订。令人欣慰的是，原版的基本框架和结构与全会《决定》精神是吻合的。修订版在原版的基础上吸纳了党的最新理论创新成果，调整和修改了部分标题和表述，重新写了一篇序言，新增加中国的边疆和边疆治理、数字化城市治理的理念与实践两章内容，删除了治理创新案例。全书修订期间，正是新冠肺炎肆虐之时，诸位作者和上海人民出版社鲍静等克服困难，倾情投入，至为可感。

全书分工如下：序言：刘世军；第一章：刘建军；第二章：唐亚林；第三章：陈明明；第四章：陈水生；第五章：汪仕凯；第六章：赵杰、孔曙光；第七章：罗峰；第八章：曾峻；第九章：高帆；第十章：胡惠林；第十一章：任远；第十二章：王向民；第十三章：朱德米；第十四章：高民政；第十五章：薄燕；第十六章：李辉；第十七章：程竹汝；第十八章：李瑞昌；第十九章：韩福国；第二十章：方盛举；第二十一章：郑磊；第二十二章：刘乐明；第二十三章：阎加林、詹水芳。刘世军和刘建军负责全书修订大纲、框架设计和书稿审定。

本书的修订得到市委宣传部副部长、出版局局长徐炯先生的悉心指导，理论处陈殷华、黄亚给予了大力帮助，汪仕凯先生做了大量繁琐工作，费力甚多。本书的出版得到上海人民出版社的高度重视和上海市东方青年学社的资助，在此一并表示感谢。由于水平所限，错误不足在所难免，任何批评和建议都是我们欢迎的。

刘世军　刘建军

2020 年 4 月 6 日于上海

**图书在版编目(CIP)数据**

中国之治:国家治理体系与治理能力现代化/刘世军等著.—上海:上海人民出版社,2020
ISBN 978-7-208-16368-3

Ⅰ.①中… Ⅱ.①刘… Ⅲ.①国家-行政管理-现代化管理-研究-中国 Ⅳ.①D630.1

中国版本图书馆 CIP 数据核字(2020)第 050078 号

**责任编辑** 熊 捷
**封面设计** 零创意文化

**中国之治:国家治理体系与治理能力现代化**
刘世军 刘建军 等 著

**出 版** 上海人民出版社
(200001 上海福建中路 193 号)
**发 行** 上海人民出版社发行中心
**印 刷** 上海商务联西印刷有限公司
**开 本** 720×1000 1/16
**印 张** 29.75
**插 页** 2
**字 数** 376,000
**版 次** 2020 年 6 月第 1 版
**印 次** 2020 年 6 月第 1 次印刷
ISBN 978-7-208-16368-3/D·3571
**定 价** 98.00 元